戦時下の映画

日本・東アジア・ドイツ

岩本憲児・晏妮［編］

森話社

［装幀図版］
（カバー）「支那事変」の様子を伝える朝日新聞社ニュース映画会、大阪市天王寺公園、一九三八年五月二六日（朝日新聞社提供）
（扉）方沛霖監督『萬紫千紅』（中聯、一九四三年）左・李麗華と東宝歌舞団の福本泰子（本書「占領下の上海映画と日本映画」参照）

戦時下の映画——日本・東アジア・ドイツ　目次

Ⅱ　越境する映画

（凡例）引用文の旧字は、固有名詞などをのぞき原則として現行字体に改めた。また、引用文中の〔〕内は引用者による注記である。

岩本憲児

「映画戦」への遠い道程

1　国際映画戦とプロパガンダ——帝国主義と映画カメラ

二〇世紀の前半は日本にとって戦争の時代だった。幕末から明治維新へと至る内乱・内戦を経て、日清・日露の対外戦、欧州を戦場とする第一次世界大戦に加わった対独戦（青島ほか南太平洋諸島での戦闘）、そして満洲事変以降に深みにはまった対中国戦、さらに拡大して米英豪蘭をも相手にした〈大東亜戦争〉（アジア・太平洋戦争）……。そして敗戦で終止符を打ったのが一九四五年八月である。この時期、日本映画は戦争とどのように関わってきたのだろうか。

エジソン社の初期映画に見られるように、映画は誕生したときから、カメラの題材に戦争が入ってきた。したがって、映画には当時の植民地主義や帝国主義のイデオロギーが目に見える形で入っており、映画とプロパガンダには切っても切れない関係があった。日本近代の戦争と視覚メディアが直接に関わってくるのは、まず日清戦争（一八九四年六月—一八九五年四月）からであるが、これはまだ幻燈機の時代であり、スライドでは写真よりも絵画的に描かれた戦争、その絵物語としての構成が主である。実際に映画カメラ（撮影と映写）が戦争に関わるのは日露戦争（一九〇四年二月—一九〇五年八月）以降となる。日本は日清戦争の結果、台湾を、そして日露戦争の結果、韓国と南満洲鉄道を自国の権益下に置いた。韓国の初代統監・伊藤博文は一九〇五—〇九年の間、映画を積極的に利用した。すなわち、日本の映画製作業者である吉沢商店に韓国の「平穏な」風景や生活を撮影させ、あるいは二代目皇帝（純宗）の韓国内巡行や統監の民政視察の様子を撮影させた。純宗の異母弟で皇太子の李垠《イウン》を日本で保護・教育する様子も撮影させた。それは、日本人に向けては韓国の平穏と日本統治の安定ぶりを印象づけるためであり、韓国人に向けては、皇太子の安全と日本での優遇ぶりを伝え、日本による韓国統治の不安を懐柔するためであった。[1] 一方、南満洲鉄道（満鉄）は一九二三年、宣伝部に記録映画班を設置して、ここから記録映画が多数製作され、のちの満洲映画協会（満映）へと続いていく。[2] 近代日本は帝国主義化とともに、韓国、台湾、南満洲へ映画装置を持ち込み、「侵攻者／統治者／監視者」の目による映画撮影および製作と上映活動を始めたのである。満映や、そこから生まれたスターの李香蘭（山口淑子）に関して、日本側にはいくらかの研究の蓄積があるものの、まだ多くの課題が残っている。中国側では満映の問題にふれることは長年タブー視されてきており、資料への接近自体が難しい。『満映——国策映画の諸相』[3] は研究の幕開けになるかと期待されたが、その後の継続的研究が活発化したとは言えないようだ。

〈大東亜戦争〉期に登場したと思われがちな「映画戦」という言葉、これはもっと早く使われている。石巻良夫は「欧米の映画戦」という記事の中で、アメリカ映画による経済的圧迫が欧州で問題になっていること、一九二六年九月にはパリで国際会議が開かれたことを報告している（『キネマ旬報』一九二八年一月一日号）。日本では映画業界の若き指導者・松竹の城戸《きど》四郎（一八九四—一九七七）が「国際映画戦」と、「国際」という言葉を付けて見解を述べた（『改造』一九二八年二月号）。第一大戦後の国際連盟誕生が象徴したように、当時の日本では〈国際〉と〈文化〉は流行語にもなっていたので、城戸の論旨は物理的暴力を伴う戦争とは直接の関係がなく、次のように要約できる。

(1)映画を文化、娯楽、教育、芸術を包み込む産業として、世界地政学の中に位置づけた。

(2)日本映画の海外輸出を推進しようと意図し、そのために、

○商工省に映画調査部を設けて諸外国の情報を収集する。
○外務省には販路拡張の支援を要望する。
○その目的はアメリカの強大な映画国策——産業としても国家イメージの宣伝としても——に少しでも対抗するためである。

彼の見解の背景には、一九二四年のアメリカの「排日移民法」（Immigration Act of 1924）があったことはたしかだ。「排日移民法」は「日本人は入国も国籍取得も不可」という法律であり、日本ではこれを「人種差別法」とみて、政府・民間ともに大いに憤激した。欧米の黄禍論とアメリカにおける人種差別が、日本政府と愛国主義者たちに怒りを引き起こしたのである。アメリカ映画の輸入反対運動が起き——実際には効果がなかったが——日米戦の将来を予想する物騒な本が幾種も刊行されるなど大騒ぎとなった。米国における排日意識が再び高まるのは一九三七年末、日本海軍機が中国で米国艦船を誤爆した事件によってである。同年七月には日中戦争が勃発、その戦闘経過の中で起きた事件だった。日本政府は賠償金を支払うとともに、米国における対日感情の改善に努めた。

満洲事変が起きるまでの一九二〇年代から三〇年代初頭にかけて、日本ではマルクス主義とロシア革命の影響が強く、学生、労働者、農民へ多大な影響を与えた。とりわけプロレタリア文化芸術運動は映画の大衆への宣伝力・煽動力を重視して、「武器としての映画」をスローガンに実践運動を展開した。彼らは資本家階級との「映画戦」を強く意識したが、満洲事変（一九三一年九月）前後の政府・警察権力による大弾圧によって壊滅状態となり、彼らの「国際」「文化」「武器としての映画」などのスローガンは、逆に政府・体制側に利用され、強化されていった。新聞、ラジオ、言論などメディア統制も強化されていくが、娯楽媒体としての映画は国民への影響力がとりわけ重要視されたからである。

関東軍が中国東北部で独断暴走して満洲事変を起こし、傀儡国家「満洲国」建設へと至り（一九三二年三月）、国際社会から非難された日本は翌年三月に国際連盟から脱退した。したがって国際的には日本イメージが悪化し、その悪印象を改善しようと、政府や外務省は自国の正当性と近代国家・文化国家としての日本像を広報する必要に迫られた。外務省は〈正しい日本像〉を外国へ伝えるべく、映画による広報活動の重要性を認識したのである。民間では、一九三四年刊行の『国際映画年鑑』に映画の産業・経済に関する情報が満載され、そこには「世界映画国策調査資料」もあって、ソ連を含む欧米一一か国の事情が記されている。これ以降、同年鑑の主宰者・市川彩《さい》は、「日本映画は海外市場へ出よ、アジア市場へ出よ」と目を国外に向けて活発に論じていく。

海外への広報宣伝の重要な媒体として映画を選んだ外務省は、一九三五年秋に国際映画協会を設立した。その業務は先立つ国際文化振興会（一九三四年四月設立）へと移行するが、これらの協会は松竹の劇映画『荒城の月』（佐々木啓祐監督、一九三七年）ほかをヨーロッパへ送り、『新しき土』（同年）をドイツと合作した。『荒城の月』は実在の作曲家・瀧廉《たきれん》太郎《たろう》をモデルにして、西洋音楽の受容とその日本化を描いた作品。『新しき土』はドイツ人監督アーノルト・ファンク（Arnold Fanck）が日本の家族の伝統と近代の両面を描いたものの、日本人にとっては奇妙な作品となった（協力者の伊丹万作による「日英版」も同時公開）。ドイツ公開時の題名は『サムライの娘』、邦題の「新しき土」とは〈満洲〉のことである。国際文化振興会はそれまでばらばらだった外務省、文部省、鉄道省の分立活動を一元化した組織で、目的は日本の芸術・文化を海外へ紹介し、広めることにあった。近衛文麿首相の弟で音楽家の近衛秀麿はサンフランシスコでニュース映画を見たとき、観客の中国贔屓に驚き、中国側の宣伝上手と日本側の宣伝下手を対比して、日本の情報戦の拙さに危機感を抱いた[4]。

国際文化振興会は、映像分野に関しては、海外展示に向けての幻燈パネル（幻燈用の絵や写真）の作製、写真誌『NIPPON』（日本工房）への援助、写真壁画や歌舞伎舞踊の記録映画『鏡獅子』（小津安二郎監督）の製作、教育・歴史・文化・産業などの日本紹介映画の製作、アマチュア映画の公募など多岐におよんでいる。(5) また、英語版の *Cinema Year Book of Japan* を三度刊行(1936-37,1938, 1939)、日本映画の紹介記事と、統計数字などを写真とともに掲載して、文化映画(記録映画)や朝鮮映画の紹介も行った。ソ連邦に向けての映画広報としては、満鉄発行のロシア語版『現代日本映画』(一九四〇年)があり、興味深いことに、その著者は英語版 *Cinema Year Book of Japan* の主要な筆者の一人、岩崎昶《あきら》であった。(6) 映画にとどまらない広報活動の一大プロジェクトは、ニューヨークとサンフランシスコにおける万国博覧会(いずれも一九三九年)を日本政府が最大限に利用しようと試みたことだろうか。(7) 市川彩が『国際映画年鑑』を刊行した翌年(一九三五)二月、山根幹人主幹の『映画国策』が創刊された。これは教育映画または文化映画に焦点を合わせた小雑誌だったが、内務省警保局の意向に沿うかのように「映画報国」なる言葉が使われた(第二巻第七号)。

2 映画界の臨戦体制/新体制——「弾丸」としてのフィルム

一九三七年七月に北京郊外で盧溝橋事件が勃発、日本が〈支那事変〉と呼んだ日中戦争が始まった。この年、映画界が国家から要請された事項を田中純一郎が列挙している(『日本映画発達史』第三巻、中公文庫、一九七六年、一二二頁)。それによると、映画作品冒頭の画面に「挙国一致」「銃後を護れ」などの文字を入れる、一方、描写を避ける表現のなかに、戦争の滑稽化、残忍な戦争場面、誇張や実戦感をそそるもの、兵士や家族の意気をくじくもの、享楽的・頽廃的なものなどがあった。たしかに、いまに残る日本映画を見ると、戦争の残虐さの表現はほとんどなく、敵味方にかかわらず戦死者の遺体はむろんのこと、戦傷者の苦悶する姿などもない。製作側の注意深さもあっただろうが、製作後でも検閲による細かい指摘と削除要請があったからである。ほかに大規模映画館の新築禁止、興行時間および上映フィルムの長さの制限もあり、これらの制限事項は年ごとに厳しくなっていく。

翌三八年には、映写機の新規製造も禁止された。シナリオ作家たちへ要請された事項では、戦争映画に限らず、日本映画全般の内容に関わるものであった（前掲書、一一三―一一四頁）。たとえば、欧米映画に見られる個人主義的傾向を排除する、日本精神と家族制度の美風を顕揚する、国家社会の犠牲となる国民精神を高揚する、映画を通しての国民的再教育をする、軽佻浮薄の言動を銀幕から絶滅する、父兄長上に対する尊敬の念を深める等々、当時の体制側道徳観の押し付けだった。

内閣情報部はドイツほか外国の映画統制を研究しつつ、映画の国策化および映画法制定への道を急ぎ、一九三九年四月に映画法の公布、同年一〇月に施行へとたどり着いた。映画法制定の是非をめぐり、新聞・雑誌に論評が掲載されたなかで、反対論の代表者は映画評論家の岩崎昶である。(8) 規制と罰則が目立つ不自由法とみたからであるが、業界の大半が賛同したのは、自由競争の弊害がなくなることを利点と考えたためである。岩崎は映画法施行後に拘留され、執筆活動を禁じられた。映画人の各団体が統合されて日本映画人連盟が結成されたのも同年六月のことである。

映画法の制定は映画界にとって画期となった。そこにはさまざまな規制が盛り込まれ、映画製作側（俳優も含む）の登録認可制、脚本の事前検閲――むろん映画の完成後検閲も――番組（プログラム）の上映時間制限、劇映画と文化映画の併映義務化、文化映画の概念の明確化などがなされ、のちにはニュース映画の強制上映も加えられた。(9) 立法化の意義に、芸術文化としての映画、その保護や育成も謳われ、「文化立法」とも呼ばれたので、映画業界は国家・社会から公認されて地位が高まることを歓迎した。戦時下では作品ごとの検閲の厳しさとともに、国内の映画製作・配給・興行の形態と組織の改編・統合にまで及んでいくが、それは映画ジャーナリズムに対しても同様であった。映画雑誌の統合が行われたからである。もっとも、国内の映画製作会社はすべて民営企

図①　映画『ハワイ・マレー沖海戦』（山本嘉次郎監督、1942年12月）

業だったから、政府の意向が円滑には浸透しなかったが、満映の映画製作は日本国内より早く国策化が進展し、日本統治下の朝鮮でも国策化が進んだ。台湾では、独自の映画事業が大きくは育たなかったためか、日本内地から届く娯楽映画に厳しい検閲が行われた。

〈国策映画〉とは政府（軍部の力が強かった）が映画法に基づき製作会社へ要請して、政府に協力させる映画作品のことを指す。また〈国民映画〉とは、文部省や情報局[10]が脚本公募や委嘱製作により国民全体へ鑑賞を薦めた映画のことをいう。国策映画の概念はゆれており、日中戦争開始のころは記録映画の類を指し、のちには劇映画へも広がった。国策映画であれ国民映画であれ、その企画意図、作品の仕上がり（評価）、興行成績（観客の満足度）の三つが合致する成功作は少なく、観客の多くは国策色の薄い娯楽映画やスターの出る映画に慰安と楽しみを求めた。製作各社の本音は観客動員と興行上の利潤にあったことはいうまでもない。国策映画・国民映画の成功作としては記録映画に『マレー戦記』（一九四二年）があり、劇映画に『ハワイ・マレー沖海戦』（同年［図①］）がある。国策映画のなかには、記録映画『戦ふ兵隊』（亀井文夫監督、一九三九年）のように、完成後、検閲で厭戦的だと批判され、公開不許可になった作品もある。劇映画『陸軍』（木下恵介監督、一九四四年）の長いラストシーン――出征兵士として行進する息子を追う母――は戦意高揚か反戦平和を祈るのか、両義的であり、撮影に協力した軍部にとっては大きな不満が残った。

一九四一年一二月、日本軍はハワイ島の真珠湾とマレー半島北部を同時に攻撃して、日中戦争は〈大東亜戦争〉へと拡大され、プロパガンダとしての映画はさらに重要性を高めた。ただし、これよりひと足早く、同年の夏から秋にかけて、内閣情報部から昇格した情報局は映画業界へ大きな譲歩を迫っている。その先がけは課長の不破祐俊《すけとし》による「国民映画の樹立」（『日本映画』一九四一年七月号）だろう。彼は、国民映画とは「国民的性格」を持っていること、日本人の伝統的性格を正しく反映したもの、「われ〳〵の歴史が育み、われ〳〵の国土が培った日本人の生活感情、日本人の本当の美しさを深く掘り下げたものでなければならない」と言い、国民映画とは国民文化の健全な進展を意図し、高い指導性を持ち、国民の士気を鼓舞し、生活に喜びと希望を与え、日本民族の発展に寄与すべきもの、それは日本国民の重要な使命かつ誇りでもあると力説した。[11] 重大な時局〈東亜新秩序の建設〉に合わせるべく、映画界に国家への協力を呼びかけたのである。

　同年八月半ばには新聞各紙に、生フィルム欠乏のために業界の大改革が必要だという情報局の方針が伝えられ、映画業界を震撼させた。情報局側は、軍需品であるフィルムは政府統制下にあるので、貴重な〈弾丸としてのフィルム〉を業界の改革なしには配給できないと言う。困惑した映画業界との会談、映画統制官民懇談会が何度も開かれた。『日本映画』（同年一〇月号）では特集「映画臨戦体制案を巡って」を組み、川面隆三（情報局第五部長）の発言（「戦時下の映画」）を載せた。

> 戦時下に於ては映画も亦弾丸と同じ様な重大使命を持つに至って居り、国家総力戦を遂行するためには弾丸と同様に欠くべからざる武器なのであります。既に映画が戦時下の武器となりました以上、国家の目途する処と一体となって、映画に課せられている重大な使命を、万遺漏なく果すべきであります。殊に今日、帝国国防遂行上映画になくてならぬ生フィルム製造に許される資材は極めて少ないのであります。しかも弾丸に一発の不発弾もあってはならないように私共は今日最少限の映画資材で、最大限の映画効果をあげる事が絶

対必要となって参りました。

映画業界もこれに対応せざるをえなくなり、新体制をめぐる態度表明がなされるに至った。新興映画の京都撮影所長・永田雅一も決意を述べている（「臨戦体制案雑感」、『日本映画』同号）。日本映画全体に新たな出発が求められており機構変革が必要なこと、極度のフィルム生産減により今後は「最小量のフィルムをもって最高度の効果を発揮」する映画製作を目指すと。野心家の永田にとっては、まさに好機到来と映ったにちがいない。

新しい理念の下に、弾丸的効果を発揮せしむる映画を製作する。新しい機構の下に、新しい日本映画は東亜共栄圏に活発に拡がって行く。考えるだに愉快である。／新機構が確立され、近く現存会社の整理統合が、行われるであろう。新たな会社が成立した上は立派な映画が製作される事必定である。文字通り日本文化と云えるものが映画に収められる。／私は声を大にしてさけびたい。全て映画にある者、映画に関心を有する者は嘘いつわり無く、己を捨てよ。小を捨て大に就くべき秋《とき》なのである。

（九月三日）

「九月三日」の日付に注目すると、遡って七月二日の御前会議では南方進出の強化、対英米戦も辞せずの方針が定まり、九月六日の御前会議で、米・英・蘭への戦争準備が決定された。「臨戦体制」は対中国を指してはいたが、九月六日には仮想敵国アメリカが現実の敵へと浮上し、「臨戦」の意味には緊迫度が増していた。映画法施行（一九三九年一〇月一日）や映画新体制（一九四〇年九月）以降でも、映画界にはまだゆるい空気があったようだが、〈フィルム欠乏〉の一声が空気を一変させた。同誌には田坂具隆《ともたか》が「臨戦体制の秋」を寄稿、この空気の一変を好しとしながらも、本音は、映画製作機構の解体・統合よりも、むしろ従来の映画製作会社の存続を求めているように読める。
欠乏フィルムの配給を餌に業界統制を行なおうとする官、業界再編を新たな飛躍ととらえる民（永田雅一）、撮影所や従業員の削減に懸念を抱いて距離を置こうとする田坂。業界は曲折を経て再編へと大きく動き、九月中に既存一〇社が三社へ統合された。松竹系、東宝系、日活・新興キネマ・大都を合併した大映の三社。大映発足を画策したのが永田雅一である。日活は配給部門を大映から切り離した。群小業者が乱立していた文化映画は一社に統合された。田坂具隆が提起した撮影所の製作気質の重要さ、これはのちに『日本映画』が「劇映画の調に就いて」（無署名）で連載していく（一九四四年六月一五日号以降）。同じ『日本映画』一〇月号（一九四一年）では、中村武羅夫《むらお》「映画臨戦体制への希望」、上野耕三「映画新体制に望む」、津村秀夫「映画人に告ぐ」、山根庄吉「南方映画工作」などが映画臨戦体制への覚悟を吐露した。「臨戦」とは日中戦争が泥沼の深みに入った状態であると同時に、政府・軍部の上層部たちが予測する日米戦争、それを前提とする産業経済の引き締めと軍事物資優先の状況を指していた。

『映画評論』でも特集「映画界の新体制を繞《めぐ》って」が組まれた（一九四一年一〇月号）。冒頭の写真頁には「映画文化を説く人々」の見出しで、壇上の田坂具隆、五所平之助ほかの様子が大きく掲載されている［図②］。これは九月一一日から一七日まで、築地の国民新劇場で開催された映画文化講座での講演で、主催は日本映画雑誌協会と全日本映画人連盟、後援が文部省、情報局、大政翼賛会文化部だった。論評記事には内田岐三雄、岡田眞吉、伊丹万作、野田高梧、上野耕三ほかが寄稿、「映画新体制案に対する私見」欄へは、大勢の人から短い見解が寄せられた。この九月から、臨戦体制、新体制、いずれにせよ映画界の戦時体制化は否応なく進むことになった。

ちなみに、国民新劇場とは一九二四年に創設された新劇初の常設劇場・築地小劇場の改名である。土方与志《よし》、小山内薫らによる草創期の活動、また一九三〇年前後の左翼劇団各種の活動を想起するとき、戦時体制へ組み込ま

図② 「映画文化を説く人々」（『映画評論』1941年10月号）。上は田坂具隆監督、下は倉田文人監督

れた劇場の姿は無残に見える。だがおもしろいことに、同じ雑誌（同年同号）には「映画創作法講座3」があり、これは国立映画大学監督科教科書とあるように、内容はソ連の映画創作法講義録の連載なのである。どこにも「ソ連」「ロシア」などの文字はないが、文中での作品分析はまさにソ連映画だけが対象となっている。御前会議の段階でソ連は仮想敵国にならなかったものの、日本における本来の仮想敵国は――とくに陸軍にとって――絶えずロシア、ソ連であり続けた。国体（天皇主権）と相容れず、明治以来の政府が最も忌避し、弾圧してきたのが共産主義イデオロギーだったからである。

3　広がる映画圏――東亜から大東亜へ

〈大東亜戦争〉という呼称は、日本による対米・英・蘭への戦争開始（一九四一年一二月）から日中戦争を含むように拡大して使われた。ただし、一九四〇年八月の閣議決定時に、国策として「大東亜共栄圏の確立を図る」という文言が使われていた。このとき〈大東亜共栄圏〉は当時の日本・満洲・中国、そして南方の蘭印（オランダ領東インド。ほぼ現在のインドネシア）・仏印（フランス領インドシナ。ほぼ現在のベトナム・ラオス・カンボジア）を指しており、英領ビルマ（現在のミャンマー）はあとで南方に含まれた。こうして映画界の新体制、臨戦体制は〈大東亜映画圏〉の建設へ、すなわち日本国家の拡張イデオロギーへ付き合わされることになった。

日中戦争開始まもなく、大連へ向かう船中で「東亜大陸への第一歩」を書いた市川彩は、日本映画は海外市場へ、アジア市場へ目を向けるべきと訴え（『国際映画新聞』一九三七年一一月上旬号）、翌年早々には「日本映画の大陸進出」特集を組んで、「亜細亜映画ブロックの結成」を提唱した（同紙、一九三八年一月上旬号）。当初の市川彩には映画市場としてのアジアに目を向け、国内でパイを争うだけの映画各社に覚醒を促す意図があった。だが、日本軍が大陸侵攻を続ける勢いと重なるように、市川の海外進出論も熱気を増して、〈大東亜映画圏〉の構想とも重なっていく。同紙の特集号について、筆者（岩本）は別のところでふれたのでここでは省くが、[12]彼の『アジア映画の創造及建設』（一九四一年）は資料満載の、まさに〈大東亜映画圏〉ないし〈共栄圏映画〉を網羅する大著となった。また中華電影（一九三九年設立）の責任者となった川喜多長政も重要な役割を担った。川喜多は一九二八年に東和商事（のち東和映画、現東宝東和）を設立、映画の輸出入を仕事として妻のかしこととともに佳作・秀作の紹介に努めた人物。社名の由来は「東に和す」、すなわち「東亜と調和す」からという。一九三〇年代から四〇年代初めまでに日本で欧州映画ファンを魅了した輸入作品群――『自由を我等に』『制服の処女』『巴里祭』『会議は踊る』『女だけの都』『望郷』『民族の祭典』等々――がある。日本映画の合作や輸出にも努力、一九三七年には日独合作映画『新しき土』を製作したが、戦時下ではなにより中華電影との関わりが重要だろう。[13]

〈大東亜戦争〉の名称とともに、[14]〈大東亜映画〉の呼称も広がり、映画各誌には一九四二年の二月号以降、関連記事が増えている。たとえば山根正吉は「大東亜映画圏確立の急務」を寄稿、映画界の統合再編が進行中とはいえ、いまだ各社ばらばらに製作を続けており、日本人にしかわからない映画ばかりを送り出している、映画界全体を強力に統括する一元的組織が必要ではないかと主張する。そして〈大東亜映画連盟〉とでも称する機関の設立を提案し、東亜圏内の全映画分野の最高の機関として、製作、配給、興行、映画機器、資材、宣伝等あらゆる部門に対して絶対的支配権を持たせるべきだと言う（『映画旬報』二月一一日号）。山根の念頭には、ドイツの強力な映画政策とドイツ国内にとどまらない作品の宣伝力（たとえばベルリン・オリンッピックの記録映画、リーフェンシュタール監督『民族の祭典』）とがあった。映画の国営化や国立映画学校などの案も以前から出てはいたが、山根も大規模な俳優学校、技術者養成所設立を提案している。そこで日本人俳優は中国語なりマレー語なりを学び、また共栄圏内の俳優には日本語を学んでもらい、アメリカ映画が各国語版を製作しているように、日本映画もそうすべきであると。(15) この論者、山根正吉は外国映画の対訳叢書をたくさん手掛けていた人だったが、当時は南洋映画協会に所属、業務部長として仏印のサイゴン事務所で日本映画を積極的に紹介上映する立場にあった。駐在地域の映画界事情や日本映画の反響など、映画雑誌にはたびたび報告を寄せている。

〈大東亜戦争〉勃発によって映画界の新体制は急速に整備の必要に迫られ、また開戦を伝えるニュース映画への関心が国民の間に大きく高まった。「日本ニュース」の宣戦第一報プリントは従来の二〇〇本から六〇〇本へと一挙に増大、三週間で全国上映を完了したと、情報局の鮮やかな手並みに感嘆した記事もあり、これはフィルム不足以前のストックを使ったので、次報からは二〇〇本へ逆戻りするとも言う。宣戦第一報プリントとは日本映画社『日本ニュース』第七九号のことで、(16) 内容は「対米英宣戦布告」から始まり、東条首相の開戦声明、一二月八日の大本営陸海軍部発表を収録し、続いて洋上会談のルーズベルトとチャーチル、シンガポールの英国軍「日本包囲へ！　米英の策謀」、隠忍実に八ケ月　帝国遂に起つ、疾風早くも戦果挙る、などを見せた。当時製作準備中の文化映画には情報局監修の『大東亜戦争　撃滅戦記』（全九巻、日本映画社）があった。この広告も大きく出て、二月一一日全国の大都市映画館で公開予定とある。序編「大東亜戦争は斯くして起こった」と第一部

「燃ゆる太平洋」から成る九一分の作で、日本国民へ、そして周辺諸国へ戦争の正当化を告げる国策プロパガンダ映画だった[17]。

川喜多長政が司会をした座談会「大東亜映画建設の前提」（『映画旬報』一九四二年三月一一日号）では、森岩雄（東宝）、永田雅一（大映）、池田義信（松竹）、茂木久平（満映、東京支社）、牧野満男（満映）、筈見恒夫（中華電影）らが出席、中国大陸での映画製作や興行をめぐる課題を論じている。ここでは川喜多の発言に注目してみよう。以下、冒頭の発言から後半を引用する。

われわれが上海へ行って中華映画（中華電影）を経営している目的は、今度の日支事変によって破壊されかかった支那の映画界を勃興し、支那にいい映画事業を起すということであったのです。支那のためにひいては全東亜のために支那映画界をよくするということを、日本が協力するという仕事を今やっているので、これはどこまでもその目的に副うようにして行きたいと思います。決してわれわれは支那の映画界を日本化しようとか、満洲化しようとかいうのではなく支那の映画界をよくすることによって、日本を益し、満洲を益し、全東亜を益しようという考えであります。（二七八頁）

中国映画界（ここでは中心の上海映画界）をよくすることが、日本のために、また東亜のためにもよいという視点。これには晏妮が二度の挫折と呼ぶ川喜多の苦い経験――上海での強い反日感情――が反映されていたのだろう。一度目は東和商事の上海からの撤退（一九三二年）、二度目は製作した日独合作『新しき土』の上海興行の失敗である。これらの反省からか、あとに製作した日中合作『東洋平和の道』（鈴木重吉監督、一九三八年）ではキャスト、スタッフともに中国人を多く用いた。ただし、戦時下の川喜多の言説を追った晏妮は、川喜多は国策への協力と日本映画の中国進出を両立させようとしたとみている。(18) 彼には終始、日本文化や日本映画の押し付けはだめだという考えが基調にあったようだ。この考えは戦時下の他の評者たち——陸海軍の報道部軍人、情報局の役人は論外として——内外の映画会社役職者、社員、国策協力の映画評論家たちとも異なっていた。彼らの多くは劇映画であれ文化映画（記録映画を含む）であれ、まず日本映画を東亜各国へ送り出すことを優先したのだから。彼らは日本映画の、日本文化の、そして共栄圏のプロパガンダを、また日本精神の伝播と東亜の「日本化」を目指していた。すでに統治下の台湾と朝鮮だけでなく、占領下の諸地域に向ってはなおさらそうであった。しかし中国に限れば、当時は政治的困難期にあって、日本よりも古い歴史と伝統を持つ、交戦中の敵国でもあった。亡父と自分と、中国生活を体験していた川喜多には中国への心情的理解が強くあったと思われる。

現在の日本映画を用いて異民族に対する映画工作をするということは非常にむづかしい。これは言葉だけではない。日本の文化そのものが独特のもので、これは日本民族以外の民族にはなか〳〵分って貰えない。われわれのよさというものは、内面的なよさ、精神的なよさであって、外面的なものではない。映画というものは心のよさを撮るのはむづかしい。／一言で南洋と言うけれども、仏印へ行けば安南人がいる。マレーにはマレーの住民がいる。蘭印へ行けば、ジャバ、スマトラ、ボルネオの土着の民がいる。さまざまな異民族が各々独自の宗教と風俗習慣と言語を持って生活している。これを東京におって机の上の数字を見て、それで南洋に対する映画工作を考えていたのでは地につかない。（二八一—二八二頁）

東亜映画圏のなかで日本映画を見せること、見てもらうことの困難さは、日本映画人たちが川喜多同様に直面していく課題であり続けた。日本映画界は政府と戦争に引きずられながら、東亜、めざすは中国を、そして大東亜、めざすは中国を含む東南アジア諸国を――つまり欧米植民地下にあった多くの国や南方の島嶼までも視野に入れる――壮大な構想を抱えることになったのである。

4　共栄圏、潰えた野望

一九四二年、情報局課長だった不破祐俊は「大東亜映画建設の目標」を雑誌に発表した（『映画評論』四月号、特集「大東亜映画建設への構想」）。雑誌巻頭で述べられた文章は五節あるので、その要点をまとめてみよう。

冒頭（その一）では、ここ数年における対外映画宣伝の重要性について、国際観光局や国際文化振興会で認識が高まったこと、しかし映画業界の認識がまだ不十分だったことを指摘する。

その二では、支那事変以降に映画業界の認識に新たな変化が生じたことを告げる。後者は松竹、東宝、東和三社の出資による南洋映画協会が設立（一九四〇年）したことを指している。

その三では、いまや大東亜映画共栄圏の建設こそ、日本映画界の重要な課題であることを説く。「敵国に対する思想攻勢、占領諸民族に対する文化工作」の重要性はもちろん、「見て直接に端的に訴える」映画の効果は大である。すでにニュース映画海外版は日本映画社によって実行されつつあり、「これを全占領地域に及ぼし、日本の実力、国防力、産業力、文化の力等を知らしむべき文化映画の該地版」製作を始めたと言う。問題は配給組織の整備と上映館の確保にあるが、これには日本映画各社が積極的に対応するよう、文化の戦士たれと、檄を飛ばす。

その四では、映画の南方進出に向けて強力な統制機関を設置すべきであり、まず南洋映画協会を改組拡充する。日本映画界の総意としての南方進出――各要所へ支社を置き、出先官憲の指揮監督の下で事業を行う。出先官憲とは、大使館、特派大使府、軍司令部などで、具体的には時事映画（ニュース映画）と文化映画を先行させる。当該各地で劇映画の大半はアメリカ映画が占めており、残りを中国映画が埋めている現状では日本劇映画の進出は難しいと判断しながらも、中国映画が順次、中華映画、華北映画、満洲映画などに置き替わることを望んでいる。また、現地における映画製作はいずれ必要となるが、「日本の劇映画を量的にも多数輸出し、彼等に共感せしむるところまで持って行くことが、その目標である。道は遠いが希望に輝いている」と述べ、巡回映画の強化も忘れずに付け加えている。

その五ではごく短く、国内映画製作各社へ、南方事情の紹介映画、あるいは大東亜諸民族の交歓を描く企画を期待する。

結び（その六）では、関係各官庁と協議し、映画関係者に協力させて、具体策を立てるために大東亜映画会議を開催せねばならないと訴える。

不破は映画業界全体を見渡しながら、目標とその道筋を簡潔に示した。文章には〈大東亜戦争〉開始まもないころの緊張感がみられるが、とりわけ彼は、南方諸地域に日本映画界がどう対処しなければならないか、的を絞っている。官が主導して国策の意義を伝え、民間企業を覚醒させ、使命感を奮い立たせ、協力させようとの意図からである。

同じ雑誌には、「大東亜映画政策に関するノート」が掲載されており、この筆者は津村秀夫、『朝日新聞』の記者・映画評論家として国策に最も協力した人物であった。[19] 彼は日本精神・国民精神の欧米への翻訳不可能性を説き、当然、西欧文化の科学的精神とは相容れないことの理屈を並べながら、英米文化に劣らない日本文化を提供して「文化戦によって啓蒙をせねばならぬ」と言う。南方諸国、各地方の原住民、膨大な華僑人、英米化した第二・第三世代の華僑人、そしてフィリピンの知識階級、あるいはタイ、仏印と、文化工作の対象も複雑になるだろうから、各地域を個別に研究する必要があると。津村は南方諸地域と日本との相違を認識はしていた——言語・宗教・文化・生活習慣の相違と多様性について。ただし、南方諸地域に関しては山根正吉による「大東亜映画と南方映画界」（同誌）が津村の総論よりも具体的である。山根は日満支の三映画界を統一する参謀本部的映画機関の設立を提案するが、これは不破祐俊の説にも近い。より具体的には、仏印、マレー半島、泰国（タイ）、ビルマ、蘭印、比島（フィリピン）、豪州、印度などに日本の資本・技術・人材を導入して、製作・配給・興行の総合会社を設立し、東京の映画参謀本部がこれらを総攬（統括）する。そこでは大局的に東亜映画建設へ向けて構想を立てる。また、南洋諸地域への映画工作上、南支、つまり占領下の香港はきわめて重要である、そこで使用される広東語は南洋諸地域の多数の華僑が使う言語でもあるから、南支発の映画を製作すべきで、日本の映画会社よりも、すでに同地の軍報道部と中華電影華南支社が先駆的に取り組み始めていると言う。

しかし、南方諸国・地域における文化戦・映画宣伝の難題は早急には解決できないまま、統制下の映画諸雑誌で、官・軍・民の座談会・報告・論評を通して類似の課題が何度も反復議論されていった。日本は海外（占領地を含む）へ向けて、日本文化の発信と「国策の正しさ」を宣伝したが、日本製劇映画は占領地の文化との相違が大きく、理解されない作品が多かった。そのため「日本映画の普遍性とは何か」という疑問が日本側——とりわけ現地の映画上映関係者——に生まれた。プロパガンダ、国策宣伝や文化侵略ではなく、現地の観客に必要な映画の製作と上映への要求である。ともあれ、〈大東亜戦争〉期の日本占領各地では、映画による宣撫・啓蒙・教育・慰安が実施されたのである。藤木秀朗は大著『映画観客とは何者か』の第四章「〈東亜民族〉の創造／想像」のなかで、この時期の日本で多用された「東亜民族」概念について分析している。それらに共通したのは、アジア民族共同体という「同一性のファンタジー」、日本こそ盟主であるという「ひそやかな中心性」、国民精神を総動員させるための「身体的感覚」（映画）、資本主義を利用した「動員システムと映画」だったと述べる。つまり「帝国日本のファンタジーと映画による動員」がなされたのであり、そこで「動員」とは「映画館・映画上映会（つまり映画観客）への動員、映画を観ることを通じた「東亜民族」への動員、そして戦争への（兵士または労働力としての）動員」という三段階だったという。[20] しかもこれらは曖昧であり、実態が多様化しており、実効性も薄かった。

それらの映画を大別すると、劇映画、文化映画（または記録映画）、ニュース映画になるが、現地で理解されやすかったのは、文化映画、記録映画、ニュース映画、教育映画などだった。それらは日本国内で製作された既成作品よりも、各地の状況に合わせて現地で製作するほうが好ましかった。だが、戦争末期には生フィルムが欠乏しており、既成作品にさえ選択の幅と数が不足していたので、「映画戦」すなわち映画工作は試行錯誤のうちに敗戦を迎えた。[21] マイケル・バスケットの言う〈Attractive Empire〉[22]、つまり〈魅惑の帝国〉は大半の占領地に反感と憎悪を残す〈Unattractive Empire〉、つまり〈魅力のない帝国〉となり、〈大東亜共栄圏〉の幻想は消え去った。

戦争末期、シンガポールで映画工作に携わった映画監督・小津安二郎は、一本の映画も作れないまま、敗戦を迎えた。その小津の戦争体験を、隠されたトラウマとしてみごとにあぶりだした著作が與那覇潤の『帝国の残影』[23]である。同書は小津の戦前・戦後作品に通底する暴力と家族の関係を、昭和史の日本国内にとどまらず、帝国たらんとする日本が抱えた外地問題、植民地、占領地、傀儡満洲国まで視野に収め、一映画監督を通して日本映画の内と外、その屈折を繋いでみせた。〈大東亜共栄圏映画〉は小津の背中におぶさったまま、亡霊のごとく戦後も付きまとっていたのである。

（1）詳しくは、以下を参照。ト煥模「韓国皇太子と伊藤博文――明治末期の日韓皇室における映画の役割」、岩本憲児編『映画のなかの天皇――禁断の肖像』森話社、二〇〇七年。

（2）満鉄初期の映画に関しては、小関和弘「満鉄記録映画と〈満州〉――異郷支配の視線」、岩本憲児編『映画と「大東亜共栄圏」』森話社、二〇〇四年。

（3）胡昶・古泉『満映――国策映画の諸相』横地剛・間ふさ子訳、パンドラ発行、現代書館発売、一九九九年。

（4）近衛秀麿「国際宣伝戦に於ける映画の重大性」、『国際映画新聞』第二〇九号、一九三七年一一月上旬号。

（5）〈国際文化振興会〉の全体像については、以下を参照。柴崎厚士『近代日本と国際文化交流――国際文化振興会の創設と展開』有信堂、一九九九年。

（6）ロシア語原題 Современное Японское Кино / 1940 Восточное Обозрение. 奥付は日本語で「現代日本映画（露文版）／昭和十五年十月二十四日発行／発行所　南満洲鉄道株式会社」。ただし、「Printed in Japan」。

（7）山本佐恵はこの利用を、日本政府が「モノ」の展示から「イメージ」の展示へと大きく転換したことにあるとみた。山本佐恵『戦時下の万博と「日本」の表象』森話社、二〇一二年、二五七頁。

（8）映画法をめぐる当時の議論のいくつかは、アーロン・ジェローほか編『日本戦前映画論集』（ゆまに書房、二〇一八年）に収録されている。

（9）これら政策過程の詳細な研究は、加藤厚子による『総動員体制と映画』（新曜社、二〇〇三年）にまとめられており、同書からは多くの知見を得た。

（10）情報局は一九四〇年一二月、各省・各軍部に置かれていた情報関係組織を一元化して設立された。それ以前は内閣情報部、その前は情報委員会。

（11）「国民映画」の呼称に関して、藤木秀朗は当時流行の感があった「国民〇〇」との関連を指摘しながら、不破祐俊は「国家に従属すべき国民」を前面に打ち出したとみた。ただし、そのとき国民は操作される対象に止まらず、「自らを従属させる主体だった」と興味深い見解を示している。藤木『映画観客とは何者か――メディアと社会主体の近現代史』名古屋大学出版会、二〇一九年、九一―九二頁。

（12）岩本憲児「日本映画の海外進出――願望と実態」、『日本映画の海外進出』森話社、二〇一五年。市川彩に関しては、ほかに以下も参照。岩本憲児「アジア主義の幻影――日本映画と大東亜共栄圏」、前掲『映画と「大東亜共栄圏」』。本地陽彦「市川彩と『国際映画新聞』が問いかけるもの」、『国際映画新聞』別巻、復刻版、ゆまに書房、二〇〇八年。渡邉大輔

「戦中期映画国策運動における市川彩と『国際映画新聞』の国際性」、『芸術・メディア・コミュニケーション』第九号、日本大学大学院芸術学研究科、二〇一二年。川喜多長政に関しては、晏妮『戦時日中映画交渉史』岩波書店、二〇一〇年。土田環「戦前期の日本映画における「国際性」の概念――『NIPPON』に見る川喜多長政の夢」、『Cre biz　クリエイティブ産業におけるビジネス研究』第七号、映画専門大学院大学、二〇一二年。

(13) この時期の川喜多長政に関しては、晏妮、前掲『戦時日中映画交渉史』。土田環、前掲「戦前期の日本映画における「国際性」の概念――『NIPPON』に見る川喜多長政の夢」。

(14) 終戦後、当時の連合国は〈太平洋戦争〉と命名、戦後の日本でも学校の歴史教育やマスコミなどではこの呼称が使われたが、現在の日本では〈アジア・太平洋戦争〉の呼称が広まりつつある。

(15) 日本映画学校は一九四三年五月に設立、四五年に閉校。年限は演技科と撮影科が一年、映写科が三ヵ月、合格者へは内務大臣名の証明書が授与された。参考文献に『彷書月刊』「特集・戦時下　幻の映画学校」二〇〇〇年五月号。内藤誠『昭和映画史ノート』平凡社新書、二〇〇一年。

(16) 『日本ニュース』のすべての号は現在NHKが所蔵してネット上で公開しており、個別の主題ではYouTubeでも見ることができる。

(17) 『大東亜戦争　撃滅戦記』はDVDへの収録版が市販されている。ただし、六一分の収録、『続　戦時下のスクリーン――発掘された国策映画』日本映画新社、二〇〇七年。なお、このDVDには正続とも、国策に沿った当時の貴重な短編記録映画が収められている。

(18) 晏妮「見果てぬ同文同種の夢――川喜多長政」、前掲『戦時日中映画交渉史』五六―六一頁。

(19) 津村秀夫は戦争末期に『映画政策論』(一九四三年)と『映画戦』(一九四四年)を著わして、映画による宣撫工作、プロパガンダの意義を訴えた。後者の文章は書名の激しさに較べると扇動的ではなく、研究的・報告的・客観的な筆致が見られるが、そこには〈大東亜戦争〉へ同調する高揚感および緊張と熱気も強く感じられる。津村に関しては、長谷正人「日本映画と全体主義――津村秀夫の映画批評をめぐって」、岩本憲児編『日本映画とナショナリズム　1931-1945』森話社、二〇〇四年。

(20) 藤木秀朗、前掲『映画観客とは何者か』二三六―二五二頁。

(21) 戦況が悪化した一九四四年六月刊の『世界映画戦争』(東洋社)冒頭で、著者の柴田芳男は欧米映画の背後に巣食う「ユダヤ人の国際的陰謀」に危機感を抱き、欧米映画にかぶれた日本の批評家たちを強く非難した。このユダヤ人陰謀説は、ロシア帝国時代の「ポグロム」や、ナチス・ドイツによるユダヤ人弾圧の理由同様、荒唐無稽なでっちあげだったことは言うまでもない。

（22）Michael Baskett, *The Attractive Empire : Transnational Film Culture in Imperial Japan*, University of Hawaii Press 2008.

（23）與那覇潤『帝国の残影――兵士・小津安二郎の昭和史』NTT出版、二〇一一年。

〈参考文献／注に記載のあるものは省いた〉

寺見元恵「日本占領下のフィリピン映画」、『戦争と日本映画』講座日本映画第四巻、岩波書店、一九八六年

内海愛子・村井吉敬『シアネスト許泳の「昭和」』凱風社、一九八七年

櫻本富雄『大東亜戦争と日本映画――立見の戦中映画論』青木書店、一九九三年

清水晶『戦争と映画――戦時中と占領下の日本映画史』社会思想社、一九九四年

ピーター・B・ハーイ『帝国の銀幕――十五年戦争と日本映画』名古屋大学出版会、一九九五年

東京国立近代美術館フィルムセンター（大場正敏ほか）編『海外に残存する戦前期の日本映画に関する調査研究――日本占領下インドネシア地域における映画製作』東京国立近代美術館、二〇〇二年

古川隆久『戦時下の日本映画――人々は国策映画を見たか』吉川弘文館、二〇〇三年

岡田秀則「南方における映画工作」、岩本憲児編『映画と「大東亜共栄圏」』森話社、二〇〇四年

伊香俊哉『満州事変から日中全面戦争へ』吉川弘文館、二〇〇七年

吉田裕・森茂樹『アジア・太平洋戦争』吉川弘文館、二〇〇七年

三澤真美恵『「帝国」と「祖国」のはざま――植民地期台湾映画人の交渉と越境』岩波書店、二〇一〇年

姜泰雄「〈満州文化〉の創出と満映」、徐禎完・増尾伸一郎編『植民地朝鮮と帝国日本――民族・都市・文化』勉誠出版、二〇一〇年

池川玲子『「帝国」の映画監督坂根田鶴子――『開拓の花嫁』・一九四三年・満映』吉川弘文館、二〇一一年

李英載『帝国日本の朝鮮映画――植民地メランコリアと協力』三元社、二〇一三年

晏妮「満州における日本映画の進出と映画館の変容」、岩本憲児編『日本映画の海外進出――文化戦略の歴史』森話社、二〇一

五年

張新民「占領下の華北における日本映画と映画館」、前掲『日本映画の海外進出』

岸富美子・石井妙子『満映とわたし』文芸春秋、二〇一五年

吉田裕ほか編『アジア・太平洋戦争辞典』吉川弘文館、二〇一五年

三澤真美恵編『植民地期台湾の映画——発見されたプロパガンダ・フィルムの研究』東京大学出版会、二〇一七年

笹川慶子『近代アジアの映画産業』青弓社、二〇一八年

川崎賢子『もう一人の彼女——李香蘭／山口淑子／シャーリー・ヤマグチ』岩波書店、二〇一九年

下川正晴『日本統治下の朝鮮シネマ群像——戦争と近代の同時代史』弦書房、二〇一九年

「日本映画史叢書」全一五巻（森話社）のうち、注に記した『日本映画とナショナリズム 1931-1945』『映画と「大東亜共栄圏」』『映画のなかの天皇——禁断の肖像』のほかに、『映画と戦争——撮る欲望／見る欲望』（二〇〇九年）、『占領下の映画——解放と検閲』（同年）の各論にも本書に関連した参考文献が記載されている。

（付記）本論は国立台北芸術大学における国際研究集会での発表「文化の広報か、国策の宣伝か？——戦争の世紀における日本の映画戦略」をもとに大幅に加筆した（「第1回　台湾與亜洲電影史國際検討會　1930與1940年代的電影戦争／The First International Conference on the Film Histories of Taiwan and Asia」台北藝術大學、二〇一五年一〇月三一日—一一月一日）。

映画統制構想の展開と映画工作

加藤厚子

はじめに

日本では、映画は一九一〇年代から対外文化交流事業に使用されていたが、一九三〇年代になると国際社会に対し日本の立場を闡明《せんめい》するため利用されるようになっていた。また一九三〇年代初め、日本国内では総合的映画統制＝映画国策が提唱され、一九三九年（昭和一四）に制定された映画法を根拠法として、映画新体制・映画臨戦体制が実施された。そして、これらの国内統制と並行して日本支配地において実施されたのが「映画工作」であった。映画工作には明確な定義はなく、映画を通じた教化を目的に実施された情報宣伝・教化活動を総称する用語であるが、日本の支配地域においては、中国大陸を対象とする大陸映画工作、東南アジア・南洋諸島を対象とする南方映画工作、朝鮮・台湾映画工作が実施された[1]。近年では新資料の発見によりこれら映画工作の決定過程や実施状況の詳細が明らかにされ、さらに各映画工作の体系化が図られ、戦後への影響も考察されている[2]。

各映画工作では対象地域における映画の普及状況や映画産業の発達段階に応じ、様々な統制政策が策定・実施されたが、その内容は、(1)一般映画興行とそれに関与する映画産業の統制、(2)一般映画興行以外の映画上映（巡回映写や特定集団を対象とした集団鑑賞など）の指導・実施に大別される。実際には常設映画館での割引集団鑑賞や映画会社主催の巡回映写など、両者が重複する部分も存在するが、営利活動の統制と非営利活動の指導・実施に区分することができる。映画工作は支配地における統治政策の一環であり、日本国内の映画統制とは別個の現地政策であるが、各映画工作も、映画国策に基づき策定された映画統制政策も、映画の社会的影響力を利用しようとしていたという点では一致している。一九三〇年代の映画統制をめぐる議論では「消極的統制」「積極的統制」という用語が用いられ、消極的統制は作品内容に対する検閲や興行取締を、積極的統制は作品に対する指導や映画産業に対する助成を指していたが(3)、日中戦争以降の日本では、国家が映画の社会的影響力を認め活用すべきだという主張が、官僚や映画関係者の間で見られた。映画工作はいわば、「積極的統制」を具現化した統制ということができるが、従来の研究では、日本の映画統制構想と映画工作との関係は明確ではなかった。また、歴史研究では外務省や外郭団体による文化工作、同時期に実施された対支文化事業の実態は検討されているが(4)、映画に関する分析は少なく、映画研究では当該期の外務省の動向が明らかにされてこなかった。本章では、一九三〇年代以降の外務省による映画の対外利用を映画統制構想の構築過程と並行して検討することで、映画統制構想と映画工作との関係を分析し、映画工作と総称されている施策の多面性を明らかにする。

1 外務省による映画利用

(1) 満洲事変・上海事変期の映画利用

官庁による映画を利用した文化宣伝・観光宣伝は一九一〇年代から行われていたが、政治・外交を含む「国情」を知らしめる目的で官庁側が映画を本格的に利用し始めたのは満洲事変後であると推測される。一九三〇年代、外務省は外交ルートを利用し対外映画宣伝を展開したが、外務省が関与した対外宣伝映画には、政治・外交関係の改善を主目的にしたものと、文化紹介を主目的としたものが存在した。

政治・外交関係の改善を主目的にしたものは、満洲事変・上海事変がその利用の契機となった。当時、日本は国内外に情報発信する必要に迫られ、一九三二年（昭和七）九月、外務省は情報委員会を設置した。情報委員会は官制によらない組織であったが、情報委員会が挙げた「差方リ実行スベキ事項」の第五項では対外宣伝に重点を置いており、日本の正当性を自ら発信すると同時に、外国新聞記者・通信員に満洲を視察させ、満洲国独立の正当性を世界に発信させることを掲げている。(5) 一九三二年三月には陸軍省の依頼により満洲事変関連の映画が製作され、欧米各国に送付されているが、(6) これは諸外国における日本への非難を緩和し、日本の正当性を主張するための措置であったと推測される。上海でも、上海事変に関し日本の立場を不利にするようなニュース映画が上映されており、上海公使・重光葵《まもる》は外国人撮影班の要求を容れて日本軍の後方勤務の撮影を許可するなど状況緩和に努力していたが、日本側に不利になるような宣伝に「カウンターアクト」（対抗）するような写真や映画を日本から送付してほしいと要求している。(7) アメリカでも上海事変関連のアメリカ製ニュース映画について同様の傾向が報告されている。

如何ニモ我方ノ侵略的攻撃ニヨリ経済的ニ絶大損害ト迷惑トヲ支那民衆ニ及ホセルノ感ヲ与フルコト、ナルヘシ特ニ其ノ説明タル「トーキー」ハ「センセーシヨナル」ノ新聞見出ト大差ナク恰モ映画ニヨリ裏書実証セルヤノ虞アリ(8)

このような宣伝による日本の悪印象を払拭し、「カウンターアクト」するために使用されたのが映画であった。中でもリットン調査団記録映像(9)は、外務省・在外公館を通じ、日本の対外宣伝に活発に利用された。南満洲鉄道株式会社（満鉄）はリットン調査団の行動を映画に記録していたが、(10) そのフィルムは国際連盟日本国事務局により編集され、英語・仏語字幕が追加された。そして一九三二年一二月八日、日本国事務局主催で映画会を開催し盛況であったため、ネガ一本ポジ三本のコピーを作成し、欧米を中心に各国に送付したのである。公開は現地の政治家・外交官・知識人・新聞記者等を招待した上映会が中心であったが、一部の国では一般興行でも上映されており、各在外公館は上映が「好評」を得たと外務省に報告している。例えばベルギーでは常設館で一五日間興行し八七四三名が観覧し、その後学校などから団体鑑賞の申込（計約六五〇〇名）があり[11]、スペインでは上映会の感想を基礎とした好意的な論説が数種の新聞に掲載され[12]、現地報道機関や知識人に対する「教化効果」があったと在外公館では評価している。その一方、中国側も映画による日本の宣伝活動を警戒していたようである。

〔前略〕余リ日本側ノ宣伝的ノモノトナス時ハ在当地〔イタリア〕支那公使館側トノ関係モ考慮スル要アリ旁々現代ノ満洲ノ写真トシテ日本ノ努力ノ現実ヲ知ラシムルモノトスルコト適当ナルヘク之カ為ニハ「フイルム」ヲ多少「カット」シ説明モ必要ニ応シ変更シ度旨〔「イタリア国営教育映画協会」より〕申出アリ〔中略〕伊太利語説明附「フイルム」複本ヲ作成セシメ同時ニ主題モ「満洲ノ今日」ト改メテ公開スルコトトセリ〔中略〕

尚在当地支那公使館側ヨリハ右「フイルム」ヲ広告スルヤ右協会ニ対シ抗議ヲ申込来リ公開後モ之カ中止方ヲ主張シ来レルカ同協会トシテハ本件「フイルム」ハ日支事件ノ善悪ヲ示スモノニ非スシテ現実ノ説明ニ過ギザルヲ以テ右抗議ヲ認ムル能ハストテ拒絶セル趣同協会理事ヨリ当方へ内報アリ右為念申添フ[13]

欧米において映画による宣伝の効果を認識した日本側は、新たな宣伝映画を製作した。満洲国総務庁情報処より満鉄に製作を依頼した『新興満洲国の全貌』[14]である。一九三二年一〇月頃から、外務省情報部は満鉄に対し満

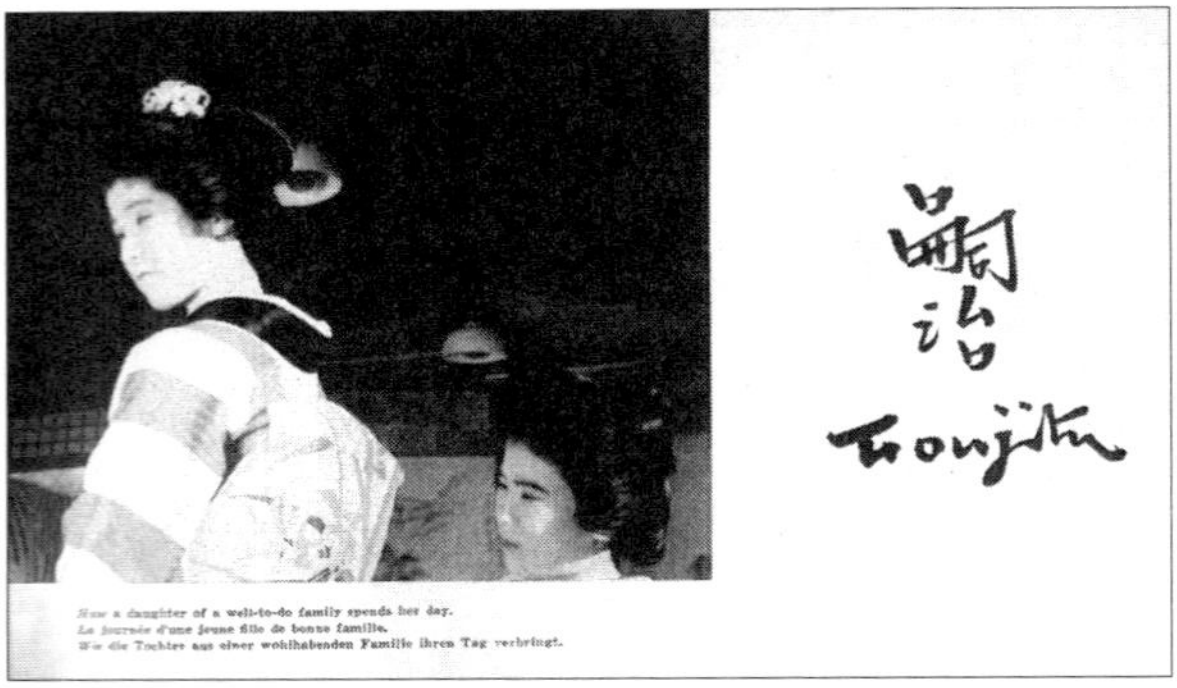

図① 『現代日本』紹介（部分、国際映画協会『Japanese life in pictures』1936年12月）より

洲の実情を紹介する映画を製作するよう依頼していたが、一二月半ばに満鉄に再度催促を行い、翌年五月に完成したのが『新興満洲国の全貌』であった。全五巻のこの作品は欧米各国への配布を企図して製作されており、内田康哉外相から新京の武藤信義特命全権大使に対する命令には、「尚「リットン」委員会渡満ノ際作成シタル「フイルム」ハ当時寿府ニ於テ短縮編輯シ直シタル上「コピー」作成欧米諸国ニ送付シ極メテ好結果ヲ挙ゲタル次第アリ御承知トハ存ズルモ申□〔一字不明〕フ」という付記が見られる(15)。このような経緯からも分かるように、この作品はリットン調査団記録映像による対外宣伝の経験と効果を踏まえた上で製作された作品であり、最終的にはイギリス大使館・アメリカ大使館・サンフランシスコ総領事館・シカゴ総領事・フランス大使館・ドイツ大使館・イタリア大使館・ブラジル大使館・アルゼンチン公使館・上海公使館等日本の在外公館へ発送された(16)。『新興満洲国の全貌』の上映反響報告で確認できたのはドイツ・上海のみであり(17)、国際連盟脱退後の対日感情悪化の影響もあって映画に対する反響の全容は不明である。しかし、『新興満洲国の全貌』は、リットン調査団関連映像上映の経験を踏まえ、企画段階から対外宣伝効果を強く意識していたと推測され、二つの作品を通じて、外務省は対外的な映画利用の有用性を認識したと考えられる。

外務省が関与したもう一種の対外宣伝映画は、文化紹介を主目的としたものであった。外務省は外郭団体である国際文化振興会（一九三四年設立）や国際映画協会（一九三五年）に、日本の「国情」を紹介する映画を製作さ

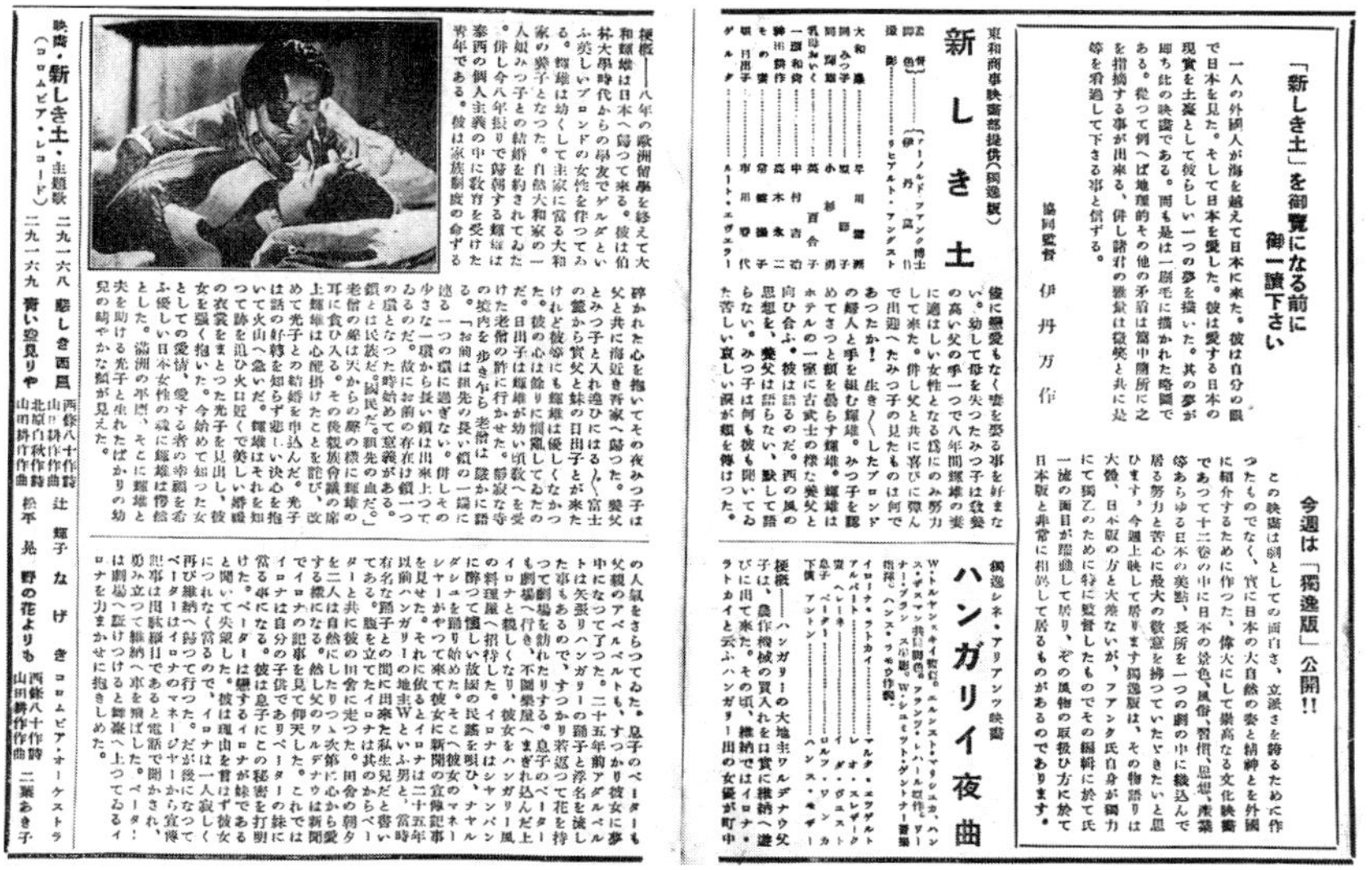
「新しき土」を御覧になる前に 御一讀下さい

一人の外國人が海を越えて日本に來た。彼は自分の眼で日本を見た。そして日本を愛した。彼は愛する日本の現實を土臺として彼らしい一つの夢を描いた。其の夢が即ち此の映畫である。而も是は一刷毛に描かれた略圖である。從つて例へば地理的その他の矛盾は隨所に之を指摘する事が出來る、併し諸君の雅量は微笑と共に是等を看過して下さる事と信ずる。

協同監督 伊丹万作

今週は「獨逸版」公開!!

この映畫は興としての面白さ、立派さを誇るために作つたものでなく、實に日本の大自然の姿と精神とを外國に紹介するために作つた、偉大にして崇高なる文化映畫であつて十二卷の中に日本の景色、風俗、習慣、思想、產業等あらゆる日本の美點、長所を一つの劇の中に織込んで居る努力と苦心に最大の敬意を拂つていたゞきたいと思ひます。今週上映して居ります獨逸版は、その物語りは大體、日本版の方と大差ないが、ファンク氏自身が獨力にて獨乙のために特に監督したものでその編輯に於て氏一流の面目が躍如して居り、その風物の取扱ひ方に於て日本版と非常に相違して居るものがあるのであります。

東和商事映畫部提供（獨逸版）

新しき土

監督 脚色……｛アーノルド・ファンク博士 伊丹万作

撮影……リヒアルト・アングスト

大和巖……早川雪洲
同 みつ子……原節子
同 輝雄……小杉勇
乳母おいく……英百合子
一瀨和貴……中村吉治
神田耕作……高木永二
その妻……常盤操子
娘 日出子……市川春代
ゲルダ……ルート・エヴェラー

後に戀愛もなく妻を娶る事を好まない。幼して母を失つたみつ子は敎養の高い父の手一つで八年間輝雄の妻に適はしい女性となる爲にのみ努力して來た。併し父と共に喜びに彈んで出迎へたみつ子の見たものは何であつたか！ 生き〴〵したブロンドの婦人と手を組む輝雄。みつ子を認めてさつと顔を曇らす輝雄。輝雄はホテルの一室に古武士の様な養父と向ひ合ふ。彼は語るのだ。西の風の思想を、養父は語らない、默して語らない。みつ子は何も彼も聞いてゐた苦しい哀しい涙が頰を傳はつた。

獨逸レネ・アリアンツ映畫

ハンガリイ夜曲

W・トルヤンスキイ監督。エルンスト・マリシュカ、ハンス・ザスマン共同脚色。フランツ・レハール原作。ヴァーナー・ブランス撮影。W・シュミツト・ゲントナー音樂指揮。ハンス・ラキウ作詞。

イローナ・ラトカイ……マルタ・エッゲルト
アルバート……レオ・スレザーク
實 ヘレーネ……イダ・ヴュスト
息子 ペーター……ロルフ・ワンカ
下僕 アントン……ハンス・モザー

梗概——ハンガリーの大地主ワルデナウ父子は、農作機械の買入れを口實に維納へ遊びに出て來た。その頃、維納ではイロナ・ラトカイと云ふハンガリー出の女優が町中の人氣をさらつてゐた。息子のペーターもすつかり彼女に夢中になつて了つた。二十五年前アダルベルトは矢張りハンガリーの踊子と浮名を流した事もあるので、すつかり若返つて花を持つて劇場を訪れたりする。息子のペーターも劇場へ行き、不圖樂屋へまぎれ込んだ上イロナと親しくなり、彼女をハンガリー風の料理屋へ招待した。イロナはシャンパンに醉つて懷しい故國の民謠を唄ひ、ナヤルダシュを踊り始めた。そこへ彼女のマネージャーがやつて來て彼女に新聞の宣傳記事を見せた。それに依るとイロナは二十五年以前ハンガリーの地主Wといふ男と、當時有名な踊子との間に出來た私生兒だと書いてある。腹を立てたイロナは其のからペーターと共に彼の田舍に走つた。田舍の朝夕を二人は自然にしたりつゝ次第に心から愛する様になる。然し父のワルデナウは新聞でイロナの記事を見て仰天した。これではイロナは自分の子供でありペーターの妹に當る事になる。彼は息子にこの秘密を打明けた。ペーターは戀するイロナが妹であると聞いて失望した。彼は理由を言はず彼女につれなく當るので、イロナは一人寂しく再び維納へ歸つて行つた。だが後になつてペーターはイロナのマネージャーから宣傳記事は出鱈目であると電話で聞かされ、勇み立つて維納へ車を飛ばした。ペーターは劇場へ駈けつけると舞臺へ上つてゐるイロナを力まかせに抱きしめた。

梗概——八年の歐洲留學を終えて大和輝雄は日本へ歸つて來る。彼は伯林大學時代からの學友でゲルダといふ美しいブロンドの女性を伴つてゐる。輝雄は幼くして主家に當る大和家の養子となつた。自然大和家の一人娘みつ子との結婚を約されてゐた。併し今八年振りで歸朝する輝雄は泰西の個人主義の中に敎育を受けた青年である。彼は家族制度の命ずる

砕かれた心を抱いてその夜みつ子は父と共に海近き吾家へ歸つた。養父とみつ子と入れ違ひにはる〴〵富士の麓から實父と妹の日出子とが來た。けれど彼等にも輝雄は優しくなかつた。彼の心は餘りに惱亂してゐたのだ。日出子は輝雄が幼い頃敎へを受けた老僧の許に行かせた。靜寂な寺の境內を步き乍ら老僧は靜かに語る。「お前は祖先の長い鎖の一端に連る一つの環に過ぎない。併しその少さな一環から長い鎖は出來上つてゐるのだ。故にお前の存在は鎖一つの環となつた時始めて意義がある。鎖とは民族だ。國民だ。祖先の血だ。」老僧の聲は天からの聲の様に輝雄の耳に食ひ入る。その後親族會議の席上輝雄は心配掛けたことを詫び、改めて光子との結婚を申込んだ。光子は話の好轉を知らず悲しい決心を抱いて火山へ急いだ。輝雄はそれを知つて跡を追ひ火口近くで美しい婚禮の衣裳をまとつた光子を見出し、彼女を強く抱いた。今始めて知つた女としての愛情、愛する者の幸福を希ふ優しい日本女性の魂に輝雄は惜然とした。滿洲の平原、そこに輝雄と夫を助ける光子と生れたばかりの幼兒の晴やかな顔が見えた。

映畫・新しき土・主題歌（コロムビア・レコード）
二九一六八 悲しき西風 西條八十作詩 山田耕作作曲 辻輝子 なげき コロムビア・オーケストラ
二九一六九 青い空見りや 北原白秋作詩 山田耕作作曲 松平晃 野の花よりも 西條八十作詩 山田耕作作曲 二葉あき子

図②　武蔵野館パンフレット『新しき土』紹介（1937年2月11日）

せたが、「国情」には、文化・風俗や観光名所など文化的なトピックと、外交問題や日本の対外政策などの政治的なトピックが含まれており、両者は不可分の関係にあった。風光明媚な景色を紹介するだけではなく、「伝統」や「日本固有の文化」など日本の独自性と、日本が短期間で近代化を達成したことを強調することで、現代日本の先進性や国際社会における日本の正当性を主張しようとしたのである。[18] 国際映画協会は「国際映画事業ノ振興ニ依リ我国文化ノ海外宣揚ヲ図リ国運ノ進展ニ貢献スルヲ目的」として設立されており、国際映画事業という用語には、映画による日本の海外への紹介と「従来一方的ニ門戸ヲ封鎖サレテヰタ日本映画ノ海外進出ニ協力」するという二つの目的が含まれていた。[19] 国際映画協会は、外務省から助成金を受け、鈴木重吉《しげよし》と洋画家の藤田嗣治《つぐはる》を監督に起用した『現代日本』［図①］と、ドイツからアーノルド・ファンク監督を招聘して伊丹万作を共同監督に迎えた『新しき土』［図②］を製作したが、[20]『現代日本』の藤田が監督した部分が「国辱的」であるという批判を受けた。輸出検閲を行う内務省が、民間習俗や

行事の映像が「非文明的」で、日本が前近代的であると誤解される恐れがあると指摘したのである。このため国際映画協会は一九三七年一月に理事会を開催、協議の結果、藤田編の輸出中止が決定された(21)。その後国際映画協会は予算不足を理由に翌年四月解散が決定された(22)。

(2) 日中戦争期の映画利用

日中戦争開戦後、外務省は国際社会における日本の立場を有利にするため各種メディアを通じた情報工作を展開し、映画もその一手段として利用された。当時の外務省の資料では「映画工作」の用語が使用されているが、これは「新聞通信工作」「放送工作」のようにカテゴリ別の情報工作を示す用語であり、太平洋戦争期の営利活動の統制を含む包括的な映画工作とはやや意味が異なる。しかし、映画を通じた世論操作を試行している点で、日中戦争期の外務省による映画利用は、映画工作の起点の一つといえるであろう。

一九三八年（昭和一三）九月付で外務省情報部が作成した「支那事変ニ於ケル情報宣伝工作概要」によれば、外務省は情報部書記官が引率する「海外宣伝用トシテ効果アルヘキ映画並写真ノ撮影班」を上海・南京方面に派遣し、撮影した映像を在外公館に送付している。この映像は「支那側虚報暴露ニ多大ノ効果アリタリ」とし、特に「（一）我軍ノ第三国人権益財産ノ保護振（二）我軍ノ文化施設保護ト支那側ノ軍事的利用振（三）我軍ノ捕虜待遇振（四）我軍ノ民衆救済状況（イ）施薬治療（ロ）食料ノ給与」に顕著な効果があったとしている。また、国際映画協会に「今次事変ノ発端事変ノ性質等ヲ知ラシム」ための映画『「アジア」平和ノ為ニ』を製作させ、在外公館を通じ英語版・米《ママ》版・仏語版合計二〇本を海外に発送したとしている(23)。

さらに、在外公館は所在地の映画会社や映画館に対しても工作を実施しており(24)、その手法は二種類に大別される。第一は外国製ニュース映画の上映への介入である。イギリスでは「『ブリテイツシュ・パラマウント』『パテー』、『ゴーモン』等各社」と交渉し、ニュース映画の解説を是正するため、試写に日本の在外公館の館員を立ち会わせる交渉に成功したとしており、ロサンゼルス・ポートランド・フランスでも同様に、外国製ニュース映画の内容チェックが行われている。また、ベルギーでは「「パテー・ジュナル」会社配給「ニユース」映画カ米会社撮影ニ係ル我方不利ノ「フイルム」ナルヲ以テ右会社支社長ト接衝ノ上反日的ナル部分ハ我方要求ニ応ジ「カツト」セシムルコトヲ約セシメ尚我方作製「ニユース」ヲモ配給スル様工作方努力」しているが[25]、時には、次に挙げるバンクーバーのように、現地の検閲に介入している事例も見られる。

（イ）「ソートン」ヲシテ映画検閲官ト接触セシメ同人ヲシテ映画検閲ニ立会ハシメ我方ニ不利ナル部分ノ削除方ニ成功ス（ロ）「リーグ・フオア・ピース・アンド・デモクラシイ」カ再三“Bombs examin China”ナル宣伝映画ヲ当地劇場ニ上映セント計画シタルモ「ソートン」ヲシテ検閲官ト交渉セシメ之カ禁止ニ成功ス[26]

「ソートン」という人物の詳細は不明だが、この人物は「「州」ラヂオ監察官」と懇談し、中国の宣伝班によるラジオ放送も中止させている。ブラジルでも同様に「「ニユース・フイルム」ニ関シテハ外務及検閲当局ト接衝ノ上反日的宣伝「ニユボス《ママ》」ノ削除ヲ実行セシメルコトトナリタリ」という記述が見られる。映画館や映画会社など民間企業だけではなく、検閲当局に対し交渉を行っているということは、他国の映画行政への介入であり、外務省が映画の社会的影響力を重視していたことの証左であるといえる。日中戦争関連のニュース映画が多数製作されていたアメリカについて外務省は次のように報告している。

映画ニ依ル宣伝工作ハ米国ニ於テハ最モ効果的ナルニ鑑ミ我国文化紹介ノ傍我方「ニユース」ノ配給網ヲ確

立スルコトハ極メテ緊急ナル処先ツ映画界各方面トノ接触ヲ画シ若杉総領事〔ニューヨーク総領事・若杉要〕主トシテ之ニ当レルカ（イ）「ハースト・メトロトーン」支配人 Water Breadon カ親日的ナルニ依リ我方映画上映ニ付接衝シ好結果ヲ得タリ（ロ）「フオツクス・ムービートン《ママ》」支配人 Demond Reek トモ懇談シ来春早々ヨリ本邦映画日本上映契約シタリ(27)

ここでは配給網確立の必要性が指摘されているが、日本は海外において、在留邦人以外を対象とする恒久的かつ安定した配給網を持っていなかったため、外務省は在外公館を通じて日本映画の上映を図っている。これが外務省による工作の第二の手法である。ドイツやジュネーブ、ベルンでは映画館や在外公館で開催する上映会でニュース映画や文化映画を上映しているが、ポーランドについては「欧州大戦当時ノ波蘭孤児救済映画ハ有効ナリキ」という記述があり、作品名は不明だが、一九二〇年と一九二二年に日本が実施したシベリアからのポーランド人孤児救出に関する映画が上映されたと推測される(28)。日中戦争に直接関係するニュース映画ではなく、日本のイメージアップを図ることで日本に対する支持を集めようとする発想は、日中戦争以前にあった文化紹介を主目的とする映画利用の系譜を引くものであると同時に、太平洋戦争期の映画工作の理念に通底するものである。

一九三〇年代半ばまでの外務省の映画利用には、単発的に実施される、政治・外交関係の改善を主目的にするものと、国際社会における日本の立場を闡明するという中期的な目標の下に行われた文化紹介を主目的とするものが存在した。そして日中戦争開戦後、外務省は対外工作の一環として、映画による宣伝工作を実施したが、これには内閣情報委員会の設置（一九三六年六月）により、情報を内外に向けて積極的に発信する方針へと政策転換した影響があると考えられる(29)。しかし外務省による映画利用は長期的かつ恒常的な施策ではなく、後述する映画国策と時期的に重複するものの、内務省・文部省が主管する国内の映画行政とは全く別の、外務省による独自の施策として実施されていた。映画行政は国内での映画興行を対象とする内政事項であるから、外務省の対外的な映画利用が独立した施策となるのは当然のことではあるが、対外的な映画利用に使われた作品の多くが、「国情」紹介のため特別に製作された作品で、日本の国内市場に影響を及ぼすものではなかったことも理由の一つであると推測される。

2 映画国策における映画利用

外国を対象に日本の映画を利用する場合、国内の映画行政における映画の移出・輸出に関する規定が関わることになる。ここでは、国内の映画統制の構築過程における映画利用の位置づけを検討する。一九二〇―四〇年代の国内映画統制を統制機構の観点で区分すると、映画法制定以前と以降に区分できる。映画法制定以前は、府県令による地域別検閲から内務省警保局による全国統一検閲へと移行し、一九三三年(昭和八)二月の「映画国策樹立ニ関スル建議案」可決を契機に、翌年映画統制委員会が設置され、映画統制政策が「国策」へと移行した時期である。映画法は一九三九年一〇月に施行され、映画新体制(一九四〇年決定)・映画臨戦体制(一九四一年)の根拠法規となったが、この時期は日本の映画産業構造の再編が実行された時期であった。

映画法制定以前の映画行政は作品内容の検閲と興行場の取締が主であり、対象は国内映画市場に限定されていた。映画行政において外国・海外という視点が付加されたのは「映画国策樹立ニ関スル建議案」以降であると考えられる。第六四議会衆議院建議委員第二分科会で可決された「映画国策樹立ニ関スル建議案」は、それまで漠然と認識されていた「消極的統制」「積極的統制」の区分を明確化し、後者の重要性を訴えるものであったが、理由の一つに挙げられていたのが外国の映画会社による日本紹介映画の弊害であった。外国製の日本紹介映画は

「本邦ノ品位ヲ傷ケ不測ノ誤解ヲ招来スル場合」が少なくなく、「対外的国家ノ損失ヲ防止」するためには「純正且高雅ナル日本紹介映画」を製作して海外に提供すべきであるが、民間の映画会社に一任していては実現できないため国家による指導統制が必要であり、専管機関を設置すべきだという主張である[30]。

建議案の可決を受け、内務省警保局は一九三三年六月『各国に於ける映画国策の概況』を編纂した。序言では映画国策樹立にあたり考究が必要な事項を列挙しており「(二)、国産映画の指導保護奨励の問題」として「(四)国産映画の海外に於ける販路開拓の問題、就中映画に依り我国の政治、経済、社会事情其他文化一般を外国に宣伝紹介する問題」が挙げられている。また、一九三四年三月に設置された映画統制委員会の審議事項にも同様に、「三、国産映画事業ノ指導統制並ニ保護奨励ニ関スル事項」として「ホ、映画ニ依ル我国文化ノ宣伝紹介ニ関スル事項」がある[31]。一九三五年一二月には輸出活動写真フイルム取締規則の施行により「多衆観覧ノ用ニ供スル活動写真ノフイルム」は検閲に合格しなければ輸出できなくなり、従来はノーチェックだった輸出映画の内容を、国内で上映する映画同様に、内務省警保局が管理することになった。

映画統制委員会の活動内容は詳細不明な部分が多く、今後の検討が必要であるが、この段階では、前述した外務省による映画利用のように、内務省内で特定の目的で行う対外的な映画の利用について具体的な検討を行った形跡は確認できない。しかし、輸出活動写真フイルム取締規則の草案作成段階では、映画利用を想定した内容が含まれていた可能性がある。草案を作成した内務省警保局事務官・舘林三喜男の日記には、内務省内の審査委員会について次のような記述が見られる。

第一条いろいろ質問出ず。積極的に日本の国情の正解をなさしむる事の警察権の限界なりや否やの認識の点に於て必ずしも賛成し難き意見あり。お互い様にて取締るべき筋のものに非ず。軍事上の必要のものは別に

それのみの規則を作れば足るとの意見もあり。(32)

草案本体が未発見であり、加除の内容は不明だが、輸出するにあたり不適切な部分（または作品全体）を排除するための輸出活動写真フイルム取締規則に「積極的に日本の国情の正解をなさしむる」意図を持たせようとしていたことは興味深い。なお、実際に施行された輸出活動写真フイルム取締規則は検閲に特化した内容になっている。

一九三六年になると映画国策に基づき、従来の検閲主体の省令に代わる総合的映画統制法規の制定が検討され始めた。映画行政における官民の連絡を目的に設立された大日本映画協会では、一九三六年一月に映画統制法規の制定をめぐる打ち合わせを実施しており、「教化映画ノ普及発達ノ件」に「国策、公益ノ鼓吹ノ為ノ映画上映ニ関スル事項」があるが、対外的な映画利用に該当する事項は見当たらない。統制理念である映画国策を政策として具体化する際に、国内の映画行政の整備が優先されるのは当然であり、対外的な映画利用は将来検討すべき事項として留保されたと考えられる。

しかし、国内の映画行政において対外的な映画利用が全く話題になっていないわけではなかった。大日本映画協会発行の雑誌『日本映画』の「戦争と映画の大座談会」には次のような発言が見られる。

太田（外務省）（前略）日本で占領致しました地域の活動写真に就てですが、殊に北支の民衆の宣撫工作の一つとして活動写真を使ふ必要がありはしないかと考へて居ります。北支で今大分占領して居りますけれども、その地方の支那人を如何にして宣撫して行くか。これに何か娯楽を与へなければならない。新聞なんかにも書いて居るけれども、今迄全然タッチされて居らんのは活動写真です。これは日本の活動写真を直ぐ持つて行つても、果してどの程度利くか分りませんけれども〔中略〕、映画の支那語版でも作つて如何に支那が実際負けてゐるか知らせる必要がありはしないかとそれと《ママ》一緒に出来ましたら、支那人にどんな映画でもいゝ、簡単な映画で慰めるやうなものを持つて行つて、北支の各地で掘立小屋でもいゝから其処で見せるといふことにして、民衆の宣撫といふことに利用したらいゝと思ひます。(33)

華北地域の組織的な映画工作は一九三八年二月の新民映画協会の設立からであるが、日中戦争開戦後、華北では北支派遣軍が日本の映画製作業者や満洲映画協会に作品を発注し巡回映写を実施していた。(34)また満洲では一九三二年の満洲国建国後から政府の各部局による映画工作が開始されており、一九三七年八月には満洲映画協会が設立されている。日中戦争開戦前後の状況を整理すると、国内では映画国策に基づく総合的映画統制法規の検討がなされる一方、対外的な映画利用は具体的施策として組み込まれず、諸外国に対しては外務省が、中国においては軍が映画を利用して現地住民に対する宣撫工作＝大陸映画工作を実施していた。映画工作は現地施策であり国内の映画行政とは接続していなかったのである。

3　映画法制定過程における映画利用の位置づけ

一九三七年（昭和一二）一二月頃から内務省において映画法案の作成が開始された。映画法案の中でも最も初期に作成されたと推測される「極秘　映画法（仮称）案要綱」では、(35)「第六　主務大臣必要アリト認ムルトキハ映画製作事業者ニ対シ内容ヲ指定シテ映画ノ製作ヲ命ズルコトヲ得ルコト」という条項があり、指定製作させる映画の内容として「国外宣伝用映画、例ヘバ海外ニ日本ノ対支国策ヲ宣明セントスルモノ、日本ノ文化ヲ宣伝セントスルモノ等」が挙げられている。また「第七　主務大臣ハ日本映画ニシテ其ノ内容国家思想ノ涵養、国民ノ智徳ノ啓発外国ニ対スル宣伝其ノ他公益ニ資シ且其ノ製作技術優良ナルモノト認メタルトキハ其ノ製作ニ関シタル者ニ対シ賞金ヲ交付スルコトヲ得ルコト」という条項が設けられている。「国外宣伝用」「外国ニ対スル宣伝」の用語が条文中に明記されていることから、この段階では対外的な映画利用を想定した条項を法文中に組み込む構想だったと推測される。ただし、これらの用語は法案作成過程の早い段階で削除され、実際に公布された条文には記載されていない(36)。

映画法案は検討と改訂を繰り返し、この後およそ一〇案が作成されたが(37)、一九三八年一二月には外務省から「映画法草案ニ対スル外務省意見」が提出されている(38)。例えば脚本の事前検閲に関する条項の「主務大臣公安又ハ風俗上必要アリト認ムルトキハ前項ノ規定ニ依リ届出ヲ為シタル撮影台本ニ付改訂ヲ命ズルコトヲ得」という箇所について、外務省は「公安、風俗又ハ外交上必要アリト」という表現を提案し、同様に優秀映画の保存に関する条項では「公益上必要アリト認ムルトキハ」について「公益上並帝国ノ国際的必要アリト認ムルトキハ」への変更を求めている(39)。また、映画法案の主務官庁・大臣は内務・文部・厚生であったが、外務省は外国映画の配給制限や輸出検閲、外国映画の上映制限について、主務官庁・大臣の後に外務省・外務大臣を併記するよう求めているが、これら外務省の提案は公布された条文には反映されていない。

なぜ法案の初期段階で、対外的な映画利用を想定した条項が削除されたのであろうか。これには、映画行政の総合的統制法規として国内の映画産業を指導・助成するという、映画法の「積極的統制」の性格が影響していたと考えられる。

一九三八年三月四日の法制局の決裁を経て、同月六日に映画法案は第七四帝国議会に提出された。九日からの衆議院本会議・映画法案委員会での議論では、外務省や映画利用に関連する事項について質問が出された。主務官庁・大臣に外務を加えるべきであるという鶴見祐輔の質問に対し、木戸幸一内務大臣は、輸出検閲に関しては外務省と連絡を取るが、この点だけで外務省を主務官庁に加えることはできないとして、運用上外務省との連絡を緊密にすることで対処すると回答した(40)。また、対外的な映画利用について、福田悌夫は次のように質問している。

邦画ノ輸出ヲ如何ニシテ振興スルカト云フ問題デアリマスガ、其ノ点ニ付テハ此ノ法案ニ具体的ナ点ガ現ハレテ居ナイヤウデアリマス〔中略〕今マデ本会議ニ於テモ当委員会ニ於テモ、映画ガ国際的ニ思想戦、経済戦等ニ極メテ重大ナ関係ガアル、例ヘバ亜米利加ニ於テモ反日或ハ反独ノ空気ガ相当強イノハ、映画ノ力ガ甚ダ大ヲ為シテ居ルト云フヤウナ御意見モアツタノデアリマス(41)

これに対し、町村金吾内務書記官は、『五人の斥候兵』が外国の映画館で上映され観客に感銘を与えたことを挙げて次の様に述べている(42)。

結局我国ニ於キマシテノ映画ノ質的ノ向上ヲ図リマスコトガ、輸出促進ノ第一ノ鍵デハアルマイカト考ヘテ居ルノデアリマス、所謂特別ナ輸出向ノ映画ト云フヤウナモノヲ殊更ニ拵ヘマスルコトハ、非常ニ無理ガ伴フバカリデナク、却テ外国人ヲシテ日本ヲ誤解セシメル危険ガアルノデアリマス〔中略〕要ハ結局質的ニ立派ナ映画ヲ拵ヘテ参ルコトガ、輸出促進ノ第一ノ要諦デハナイカト考ヘテ居リマス(43)

質疑では日本から輸出された映画が酷評されたという事例が多く挙げられており、「只今日本デ輸出シタ映画、ソレカラ国際《マ》文化協会《マ》アタリデ作リマシタ映画ト云フモノハ、寧ロ向フへ持ツテ行ツテドウカト思フヤウナ映画ガ沢山アリマス」という発言もある。(44) また、木戸内務大臣は、海外に国情を知らせるための映画に補助を行う具体的な計画はなく、各省が関係している対外映画は宣伝映画・文化映画であり、劇映画の製作については「政府トシテサウ云フヤウナ方策ヲ具体的ニハ考ヘテ居リマセヌ」と述べている。(45) 衆議院での質疑からは、対外的な映画利用について、「国内の映画産業を指導・助成することで優秀な映画作品が製作されれば、日本映画の海外市場が拓け、それにより対外宣伝の効果が発揮される」という発想が存在していたことがうかがえる。映画国策の理念を明文化した映画法は、日本の映画産業の保護・育成を主眼としており、事業統制によって映画の「質的向上」を図るものであったが、(46) その発想は対外的な映画利用にも援用されていたのである。

おわりに

一九三〇年代の日本には、対外的な映画利用について二つの構想が存在していた。第一は外務省とその外郭団体による対外宣伝・情報工作であり、同時代的な政治・外交問題を主題とする映像を使い、外交政策の一環である単発かつ短期的な施策として実施されていた。外務省と在外公館は対外的な映画利用の効果を認め、日中戦争においても積極的に「映画工作」を実施したが、その一方、国内においては、日本とその文化を紹介する目的で製作された映像が、誤解を招き日本が後進国であるという印象を与えたと認識されており、対外的な映画利用に対する評価は低かった。第二は、「積極的統制」による国内映画産業の育成とそれに伴う輸出拡大であり、これは映画法制定というプロセスを通して明示されたものである。これは中長期的な映画行政の施策として構想され、民間の映画会社の営利活動を保護・育成することで海外に日本映画の市場を展開し、「優秀作品」が社会的影響力を発揮することを期待するものであった。大陸映画工作は企業・団体を設立して現地の製作・配給・興行のシステムを管理する方法を採っていたが、太平洋戦争開戦後本格的に展開された南方映画工作では、軍が策定する基本方針の下、日本映画社と映画配給社が実施主体になり現地の管理を行った。映画配給社の管轄下に入った南方は日本の映画市場圏内に取り込まれることになったが、これは映画利用の第二の構想のうち、輸出拡大のための枠組だけを先行して設定したものであるといえる。

映画工作は、支配地の統治政策や外交・軍事戦略、企業の海外における経営戦略などが複合した施策の総称であるということができる。その全体像と展開過程を立体的に明確化するためには、軍や他の官公庁、民間団体による映画利用や、映画会社の海外市場に対する方針などを含めた分析を行い、単発の映画利用が、中長期的かつ戦略的な意味を付与され、複雑な映画工作へと変化していく過程を改めて考察する必要があるだろう。

（1）「映画工作」という用語は日本支配地に対して使用するものであり、領土であった朝鮮・台湾は厳密には対象外であるが、現地住民の教化という目的は同一であるため、朝鮮・台湾も映画工作の対象地域ということができる。ただし、後述するように本章では制度の観点から映画工作を分析するため、内地の行政と総督府統治、映画工作との関係については別稿に譲ることとしたい。なお、地域の呼称については当時の呼称を使用しているが、これは当時の日本の認識を示す歴史的用語として使用するものである。現在の中国東北地方に対し日本が使用していた「満洲」「満洲国」についても歴史的用語として使用する（以降、煩雑を避けるため「」は表記しない）。

（2）大陸映画工作については五味渕典嗣「日中戦争期〈大陸映画工作〉への一視点――大妻女子大学図書館所蔵『中支派遣軍報道部映画関係調査資料』を手がかりに」（『大妻国文』第四八号、二〇一七年）が新資料を用いた考察を行い、晏妮『戦時日中映画交渉史』（岩波書店、二〇一〇年）が日中両国の所蔵資料と研究をふまえた総合的な分析を行っている。南方映画工作については田中寛「大東亜共栄圏下のタイにおける文化映画工作――二つの国策文化映画「泰国の全貌」と「起ち上る泰」を中心に」(『日タイ語文化研究』第四号、二〇一七年)をはじめ地域研究が進められている。台湾については三澤真美恵が戦前・戦中・戦後の連関性を重視した研究を行っている(『「帝国」と「祖国」のはざま――植民地期台湾映画人の交渉と越境』岩波書店、二〇一〇年。三澤真美恵編・国立台湾歴史博物館出版協力『植民地期台湾の映画――発見されたプロパガンダ・フィルムの研究』東京大学出版会、二〇一七年)。

(3) 加藤厚子『総動員体制と映画』新曜社、二〇〇三年、四六―六七頁。

(4) 芝崎厚士『近代日本と国際文化交流――国際文化振興会の創設と展開』有信堂、一九九九年。阿部洋『「対支文化事業」の研究――戦前期日中教育文化交流の展開と挫折』汲古書院、二〇〇四年など。

(5) 奥平康弘編『言論統制文献資料集成 第二〇巻 戦前の情報機構要覧』日本図書センター、一九九二年、六頁。

(6) 昭和八年三月二二日芳沢謙吉外相発米・英・仏・伊・独各大使及代理公使宛機密合二四八号「満洲事件関係活動写真「フイルム」送付ノ件」、外務省記録『満洲事変輿論並新聞論調 輿論啓発関係』第四巻(A.1.1.0.21-4-2)。

(7) 「昭和八年三月三日重光葵在中華民国公使発芳沢謙吉外相宛第三八八号」「昭和八年重光葵中国公使発芳沢謙吉外相宛第六七三号」、外務省記録『満洲事変輿論並新聞論調 輿論啓発関係』第五巻(A.1.1.0.21-4-2)。

(8) 昭和七年四月一六日内山清在シアトル領事発芳沢謙吉外相宛普通第一四一号「上海事件ニ関スル時事活動映画ニ関スル件」、外務省記録『満洲事変輿論並新聞論調 輿論啓発関係』第五巻(A.1.1.0.21-4-2)。

(9) 映像の名称は「満洲に於ける国際連盟調査団」であるが、外務省記録中では統一名称がなく、改編や配布先によってタイトルが変えられていたと推測されるため、本章ではリットン調査団記録映像という名称で扱う。

(10) 正確な製作主体は不明であるが、満鉄映画班であると推測される。

(11) 昭和八年二月二八日山形清在白耳義臨時代理大使発内田康哉外相宛機密第二八号「「リットン」委員会満州旅行「フィルム」ニ関スル件」、外務省記録『満洲国対内外宣伝関係』第一巻(A.3.1.0.3-1)。

(12) 昭和八年三月七日青木新在西特命全権公使発内田康哉外相宛機密公第五三号「国際連盟満州調査員活動「フイルム」ニ関スル件」、昭和八年三月二二日青木新在スペイン特命全権公使発内田康哉外相宛普通公第六六号「国際連盟支那調査委員満洲旅行活動写真「フイルム」映写ノ影響ニ関シ報告ノ件」、外務省記録『満洲国対内外宣伝関係』第一巻(A.3.1.0.3-1)。外務省への報告内容から見ると、これらは自発的な記事であり日本公使館の依頼による記事ではない。

(13) 昭和八年二月一四日発松島肇在伊特命全権公使発内田康哉外相宛機密公第二二号「「リツトン」委員会満洲旅行活動写真

「フィルム」ノ件」、外務省記録『満洲国対内外宣伝関係』第一巻（A.3.1.0.3-1）。

（14）『新興満洲国の全貌』満鉄弘報係撮影製作、監督芥川光蔵。

（15）昭和八年六月一三日内田康哉外相発在新京武藤信義特命全権大使宛普通第二三一号「満洲国作成対外啓発用映画ニ関スル件」、外務省記録『満洲国対内外宣伝関係』第一巻（A.3.1.0.3-1）。

（16）昭和八年八月一四日内田康哉外相発普通第九五四号「「サウンド、フイルム」「満洲国」送附ノ件」、外務省記録『満洲国対内外宣伝関係』第一巻（A.3.1.0.3-1）。胡昶・古泉『東北淪陥十四年史双書　満映——国策電影面面観』（北京　中華書局、一九九〇年）ではソ連にも送付されたとしている（二〇頁）。

（17）昭和八年一一月六日有吉明在中華民国特命全権公使発広田弘毅外相宛「「サウンド、フキルム」「満洲国」利用方ニ関スル件」、昭和八年一二月一五日永井松三在ドイツ特命全権大使発広田弘毅外相宛公第四八号「満洲国「サウンド、フキルム」利用ニ関スル件」、外務省記録『満洲国対内外宣伝関係』第三巻（A.3.1.0.3-1）。上海では中国人を刺激するとして上映が見送られ、フィルム送付を申し入れていたマニラ総領事に送られた。ドイツでは現地団体の日本文化協会が主催する満洲講演会で上映され、「非常ナル好評ヲ博シ」たが、満洲に関する知識を与える効果が乏しく、映写技術にも問題があると批判を受けている。

（18）加藤厚子「映像による『日本文化』表象をめぐる議論——一九三〇年代官公庁関連機構製作映画を中心に」、『Intelligence』第七号、二〇〇六年。

（19）国際映画協会『国際映画協会事業報告　昭和十一年度特別年度』一九三七年一一月、二—三頁。

（20）『現代日本』監督鈴木重吉・藤田嗣治（一九三六年公開）。『新しき土』日独版監督アーノルド・ファンク、日英版監督伊丹万作、主演小杉勇・原節子（一九三六年公開）。『新しき土』は当初ファンクと伊丹の共同監督の予定であったが、演出をめぐる意見の相違により、日独版と日英版が製作された。

（21）前掲「映像による『日本文化』表象をめぐる議論——一九三〇年代官公庁関連機構製作映画を中心に」。

（22）国際文化振興会と業務内容が重複していることも解散の一因であるといわれた。「時報」「文化映画彙報」、『キネマ旬報』一九三八年五月一日号。

（23）JACAR（アジア歴史資料センター）Ref. B02030585200（第三五画像目）、外務省記録『支那事変一件世論並新聞論調』A-1-1-0-30_2（外務省外交史料館）所収。

(24) 以下、各国の状況については JACAR（アジア歴史資料センター）Ref. B02030585200「支那事変ニ於ケル情報宣伝工作概要」、『支那事変一件世論並新聞論調』A-1-1-0-30_2（外務省外交史料館）による。
(25) JACAR（アジア歴史資料センター）Ref. B02030585200（第一二画像目）前掲「支那事変ニ於ケル情報宣伝工作概要」。
(26) JACAR（アジア歴史資料センター）Ref. B02030585200（第三五画像目）、B02030585300（第一画像目）前掲「支那事変ニ於ケル情報宣伝工作概要」。「リーグ・フォア・ピース・アンド・デモクラシイ」は、Canadian League for Peace and Democracy を指すと考えられる。
(27) JACAR（アジア歴史資料センター）Ref. B02030585200（第二〇画像目）前掲「支那事変ニ於ケル情報宣伝工作概要」。
(28) 一九二〇年代、シベリアには独立運動に関与し流刑になったポーランド人がおり、さらに第一次世界大戦により難民化したポーランド人が流入していたが、ロシア革命と内戦によりそれらの人々が孤立したため、在ウラジオストクのポーランド人がシベリア出兵中の日本に依頼し、日本赤十字社が陸軍の支援を受けて計七六五名のポーランド人孤児を日本に運ぶ救済事業を実施した。
(29) 内川芳美『マス・メディア法政策史研究』有斐閣、一九八九年、一九四頁。
(30)「映画国策樹立ニ関スル建議案理由書」、『現代史資料四〇　マス・メディア統制一』みすず書房、一九七三年、二六三頁。
(31)「映画統制委員会審議事項」、前掲『現代史資料四〇　マス・メディア統制一』二六二頁。
(32) 舘林成也氏所蔵「舘林三喜男日記」一九三五年（昭和一〇）九月一六日条。
(33)「戦争と映画の大座談会」、『日本映画』一九三七年一一月号。発言者は外務省事務官・太田三郎である。
(34) 華北地域の映画工作に関しては張新民「占領下の華北における日本映画と映画館」（岩本憲児編『日本映画の海外進出——文化戦略の歴史』森話社、二〇一五年）を参照。
(35) 国立公文書館所蔵「映画法案関係書類」、『種村氏警察参考資料第六四集』（4E-15-15 平 9 警 No.745）。この法案は内容から一九三八年五月前後に作成されたと推測される（加藤厚子「映画法案作成過程における統制構想の明文化——「初の文化立法」の条文作成過程」、『文化政策研究』第二号、二〇〇八年）。
(36) 第六は第一八条の命令権に吸収され、第七は第一〇条の優良映画の選奨に代替されている。
(37) 法案の作成過程については前掲「映画法案作成過程における統制構想の明文化——「初の文化立法」の条文作成過程」を参照のこと。

（38）国立公文書館所蔵「映画法草案ニ対スル外務省意見」、『種村氏警察参考資料第一〇二集』（4E-15-15 平9警 No.781）。

（39）外務省意見は当時作成された法案に対して作成されているため、実際に施行された条文とは異なる。

（40）『第七四回帝国議会衆議院映画法案外一件委員会議録第三回　昭和一四年三月一三日』一〇―一一頁。

（41）『第七四回帝国議会衆議院映画法案外一件委員会議録第五回　昭和一四年三月一五日』一二頁。

（42）『五人の斥候兵』日活作品、監督田坂具隆《ともたか》、主演小杉勇（一九三八年公開）。当該作品の海外上映については古賀太「国際文化振興会と日本映画――『五人の斥候兵』のベネチア受賞を中心に」（前掲『日本映画の海外進出』）を参照のこと。

（43）『第七四回帝国議会衆議院映画法案外一件委員会議録第五回　昭和一四年三月一五日』一二頁。

（44）貴族院『映画法案特別委員会議事速記録第一号　昭和一四年三月二〇日』一二頁、徳川義親の発言。

（45）同前。

（46）前掲『総動員体制と映画』四九―六七頁。

〝戦ふ映画館〟

戦時下のオフ・スクリーン

近藤和都

はじめに

一九三九年、日本で最初の文化立法である映画法が施行された。同法を介して映画がいかに戦争に動員されていったのかに関しては、少なくない数の先行研究が蓄積されてきた［古川 二〇〇三／ハーイ 一九九五／加藤 二〇〇三］。だがそれらの多くは、映画と観客が出会う場である映画興行のあり方をどこか消去しているように思われる。たしかに先行研究においても、映画興行がいかに統制下に置かれたのかに関する記述はある。だがそこでは、あくまでも映画館や興行者たちの実践は従属的な立場に置かれ、積極的に主題化されることはない。その結果、下記のような興行者による発言の意図と文脈を捉え損なってしまう。

> 映画法実施以来二ヶ年、漸く軌道に乗つて来た常設映画館経営に一頓挫を来す虞《おそ》れ無きかの危惧があるにしても、徒らに過去の自由時代を夢みる事は尚更の危険で、今後に残された、戦ふ映画館の責任と使命は実に重大である。
>
> （［力善 一九四一］傍点は引用者による）

右記の認識に明らかなように、映画館のあり方は、映画法を介した統制のみならず、興行者たちによる自発的な実践によっても変容していったのである。だとすれば、戦時下の映画と動員の関係を理解するためには、興行者たちがこのような自己了解を行うにいたった背景と、そうした認識のもといかなる実践を組み立てていったのかについての考察が不可欠になるだろう。

本章は以上の関心において、「戦ふ映画館の責任と使命」がどのような文脈のもとで生起し、その考えを介してどのように興行実践が組織されたのかについて考察していく。その際、映画興行のあり方を多角的に分析し、それが戦時下に果たした役割を浮かび上がらせるために、映画興行を、スクリーンに映画を投影するだけでなく、映画館内外の多様な時間-空間的文脈において映画と人々の接し方を条件付ける様々な実践の総体として位置づける。従来から、とりわけ弁士論のように、映画興行のあり方をオフ・スクリーン（画面外の／画面から離れた）実践から考察する議論は多い。本章はそれらの議論を引き継ぎつつ、弁士以降の時代における興行実践の多様性とそれが果たした作用について、映画館が制作した広告等のパラテクスト(1)にまで射程を広げて考察を行う。

第1節では、一九三九年に制定された映画法以降、映画の持つ統制的な効果が「発見」され、その効果を最大化するために映画配給社が重要な位置を占めたことを明らかにする。第2節では、そのような効果を最大化するために興行者たちが積極的に取り組んだ実践を考察する。第3節と第4節では、映画受容が適切に行われるためには「観る前後」の時制に様々なパラテクストが配置されていく必要があるという認識が生まれ、それに応じて様々なパラテクストが生みだされていく過程を論じる。

1　映画法の制定と「観ること」の再定義

一九三九年、「わが国最初の文化立法として内務文部両省共同立案に成る映画法は三月三日法制局の審議会を通過、いよいよ同九日第七十四議会衆議院本会議に上程された」［一九四一「映画法二周年史」、『映画旬報』（二七）：

三九]。同法を考える上で重要になるのは、それが「映画を通じた国民の質の向上という主張」を含むという意味で、「映画を国民の教養を高める手段にしようという教養主義的な」性格をもつという点だ[古川 二〇〇三：八二]。すなわち、銃後の人々を教育するためのメディアとして映画が再定義されているわけだ。それではなぜ、「教養主義的」な法律が必要だという認識が生まれていったのだろうか。

この背景には、映画をめぐる「効果論」的な前提があるといえよう。一九一〇年代に、怪盗を主人公としたフランス映画『ジゴマ』が子供たちに悪影響を与え、犯罪を誘発していると社会問題化されて以降、映画は「大衆」に対して強い効果を与えることができる手段としてしばしば位置づけられてきた。そして、「〔映画を介して〕動員の対象として操作可能なもの、もしくは少なくとも制御可能なもの」[藤木 二〇一二：一二四]として観客を構成する大衆を理解するという認識様式は戦時下にも継続していた。そのため、映画界を産業的な動機に任せたままにおけば低級な娯楽映画が多く製作され、それがひいては「銃後の国民」に悪影響を与えてしまうと考えられた。このことが映画法を通じた生産管理の発想につながり、ひるがえって、映画を通じた国民教育という着想に帰結したのである。映画法以降「観ること」は、映画が持つとされた「効果」との関係で再定義・問題化されることとなった。

このような認識を背景に、映画法は映画事業の許可制や優秀映画への報奨、文部省認定映画の映画館での強制上映といった施策を実行していった。映画興行の場に照準する本研究からすれば、文化映画の強制上映が重要になる。教育手段としての映画も、観客に届かなければ意味がない。とりわけ国策的な意図に適合的な文化映画は確実に人々に送り届けて映画観客全体にプロパガンダの効果を与える必要があったが、このような論理のもとで上映演目の一端が国家的に規格化されるにいたったのである。一九四〇年四月には朝日、大毎東日、読売、同盟の四新聞社のニュース映画事業を統合した社団法人日本ニュース社が設立され、同年九月には映画法が改正されて文化映画に続き時事映画も強制上映の対象となっていった［一九四一「映画法二周年史」、『映画旬報』（二七）：四一―四三］。どの映画館であっても「同一の文化／時事映画」を観賞できる状況が整えられていった。

このように、映画の「効果」が発見され、それを同一にしようという発想のもと興行の場は規格化されていった。その後、映画産業の再編は一九四〇年九月に決定された「映画新体制」によって一層進む。興行時間の短縮化や製作本数の制限を眼目とする同体制［加藤 二〇〇三：七七］の背景には、この時期から深刻化した生フィルム不足が背景にあった［加藤 二〇〇三：七九―八〇］。戦争が進展するにつれ、爆薬に用いられる硝酸化合物を原料とする生フィルムの減少が一層深刻化していったのである［ハーイ 一九九五：二八一／加藤 二〇〇三：一〇四］。銃後の人々の思考を強力に編成するメディアとして認識された映画は、その物質的な条件によって限界づけられ、そしてこのことが映画統制を次なる段階へと推し進める要因となった。

映画新体制移行後の一九四一年八月には情報局第五部長・川面隆三による「民間に回す生フィルムは最早一フィートもなくなつた」という有名な宣言を契機に「映画臨戦体制」が議論されていった［加藤 二〇〇三：九〇］。同体制は最終的に一九四二年には実効化し、映画製作・配給・興行のあり方それぞれに構造転換を強いていった。具体的に言えば、映画臨戦体制は、東宝・松竹・大映（日活の製作部門・新興・大都の三社合同による新会社）の三社に製作会社を限定し、また社団法人映画配給社に配給部門を統一した。全国の映画館は紅白二系統に編成され、製作会社との提携関係にかかわらず、毎週長編劇映画を各系統で一本ずつ封切るという形式へと変わることになった。活用可能な生フィルムの総量から逆算して製作・配給・興行のあり方が規定されていったのである。

本章の関心から考えたいのが、映画配給社のあり方である。というのも映画配給社は、作品流通の秩序化を通してのみならず、（上限はあるものの）興行の際に使用した経費の半額を払い戻す「経費管理」という具体的な手続きを介しても興行のあり方に介入していったからだ。その具体的なあり方は別稿で論じたので割愛するが［二〇一九b］、ここで重要になるのは、この制度が映画館の上映環境に対する支出を積極的に促す役割を与えられていた点だ［柴田一九四三：五〇］。半額払い戻しを約束することで、これを機とした上映環境の修繕・改善へと興行者たちを駆り立てようとし、また経費を管理することで、経営的余裕があるにもかかわらず上映環境に支出を行わない映画館を発見・指導することが可能になるとされたのである。それではなぜ、映画配給社は映画館の上映環境に干渉しようとしたのだろうか。

ここには、映画配給社による映画館の「加工的機能」という認識があった［柴田 一九四三：五〇］。かりに「同一映画」を「同一時間」に上映したとしても、映画館の「加工的機能」の差に応じて「観覧者が享受する「映画」」のあり方は異なってしまう、このような危機感を映画配給社は持っていた［柴田 一九四三：五〇］。映画作品の意味は上映環境のあり方に大きく規定されるという発想を背景として、上映環境の統制を行うことが映画の教育的機能を実効化するために重視されていったのである。そしてそれを達成するために、映画配給社は「経費管理」を通じて興行の場に介入をしていったのだ。その結果、映画興行の場は映画配給社と「共同経営」される公的な場として再編されていくことになった。映画興行という国民と直接対峙する部門はもはやそれ自体で独立した商業の場としては見なされえず、その「営利主義を止揚して公益化を図る」ことが求められていった［一九四二「時事録音　再出発に備える業界」、『映画旬報』（三四）：五］。

2 兵士としての館員・弾丸としてのフィルム・砲としての興行

以上でみてきたように、とりわけ一九四二年以降、映画興行のあり方は統制側から重要な対象として見出され、様々な側面から干渉されていった。だがこのことは、興行者たちが一方的に統制的権力に抑制されたということを意味するのではない。むしろ興行者たちは自己の存立をかけて積極的に統制側に協力していったのである。以下、生フィルムが欠乏し、興行体制の維持が困難になる可能性が予測された映画臨戦体制前後の興行者たちの自己了解のあり方についてみていこう。

映画臨戦体制への移行が発表され、様々な立場からそれに対する反応を記した文章が多く掲載された一九四一年の『映画旬報』第二六号および同第二七号には、多くの興行者たちが文章を寄せている。それらの多くは「映画館の臨戦体制（態勢）」という題名を持ち、戦時下における映画館の使命を強調するものだった。たとえば日本劇場の三上良三は、戦争が激しくなると「現世では到底実現されない束縛のない空想の世界に生きやうとする」傾向が強くなるため、これからますます観客が増えるであろうという想定のもと、映画興行の役割として「受容者である観客を意識的に指導し啓蒙するものであるべきだ」と指摘する［三上 一九四一：五九］。というのも、「映画館もまた国家の必要とする武器であり、政策目的完遂の至大なる役割を負ふてゐるからだ」［三上 一九四一：五九］。先に述べたように、映画配給社の設立目的は映画を通じた国民教育にあったが、その目的意識を興行者たちも十分にくみ取り、内面化していたのである［cf. ハーイ 一九九五］。

このような自己了解が生じる背景には、映画臨戦体制への移行に伴って製作本数が制限されることで、多くの映画興行が立ち行かなくなるという危機意識があったといえよう。新興キネマ北海道配給所代表の小笹正人がいうように、「僅か四本の映画で全国二千以上の映画館で此目的を達するとは三歳の児童でも思はぬであらう」［小笹 一九四一：六二］という考えがあったからこそ、自覚的に映画興行の場を国家に対して有益なものとして位置づける必要があったのである。もちろん実際には、その後一九四三年に配給可能本数がさらに減少した際すらも、「映配の立案は全映画館の維持を目標にして樹立される」とされたように［一九四三「新配給方針と興行の前途」、『映画旬報』（七三）：七］、映画館数の維持は配給統制において至上命題だった。だが一九四二年の統制施行の前段階では、興行者たちは将来的にどのような形で映画上映が可能になるのかに対する見通しを立てることは難しく、映画国策に協力的な姿勢をみせることで自発的に自己の有用性を証明する方向に向かわざるを得なかったのである。(2)

それでは映画興行者たちは、どのような手段をもって映画を通じた国民教育を達成しうると考えていたのだろうか。

たとえば、映画館で働く従業員への指導が重視された。神戸聚楽館の吉本久之が述べるところでは、「映画館――乃ち、映画の使命を直接に大衆に訴へる場所――この場合『大衆』の言葉を、国民と変へても敢て差つかへはないでせう――は、国民指導機関の役割を果すことが急務であり、文化的にする一つの要素として映画館は存在するべきが当然と云はねばば」ならない〔吉本 一九四一：一〇七〕。そして映画を通じた国民教育においては興行の場が重要であると指摘すればするほど、そこで実際に観客を迎える従業員のあり方が問題化されていくことになる。「映画館を構成する人的要素は戦士であり、物質的要素――フイルムその他――は兵器に等しいものであるべき筈」だからだ〔吉本 一九四一：一〇七〕。こうした考えから興行者たちは、観客と映画が出会うインターフェイスとして機能する従業員＝戦士の「充実と向上の完備」〔吉本 一九四一：一〇七〕を果たすために、「従業員の臨戦的訓練」〔橘 一九四一：一〇八〕を行なったり「従業員常会」〔森 一九四一：一〇六〕を設けたりするなどして「戦士」の育成に励んでいった。

このように、映画館で働くすべての従業員たちが興行の場を国策に適う形で十全に活用するための重要な人的資源として見なされていった。他方で従業員教育は映画観客を空襲の被害から守るという目的にも接続されていった。

先の吉本が「戦士の充実と向上の完備は、一に映画館の使命達成のみにかかはらず、一朝有事の際の活躍の礎ともなるべきことは明らかでありまして、観客の誘導は勿論のこと、戦時急を告ぐる時の避難所の役割をも十分に生かし得ることになると信じるのであります」〔吉本 一九四一：一〇七〕と述べているように、従業員の質的向上は戦争遂行のための貴重な人的資源としての観客を失わないためにも必須のことと見なされていった。一九四一年一〇月二二日から「本格化された東都の防空演習」に映画館は積極的に参加し〔一九四一「防空演習と興行界」、『映画旬報』（三一）：五三〕、一九四三年には「「空襲は必ずある」に備へ」都下の映画興行場は館内に設置されている「特設防護団」の強化や「観客と一体化した組織的非常訓練を週一回、少くとも月に二回は実施すること」が求められていった〔一九四三「訓練による強化対策　興行場の防空体制」、『映画旬報』（九六）：四〕。まさしく「映画館の臨戦体制」にふさわしい人的配置が施されていったのである。

同様の文脈のもと、映画館には「防空壕」を設けるべきだという議論も多く展開された。映画配給社は各映画館に対して「空襲時に於けるフイルムの処置に就て」詳細な通達を行い、「必ずフイルムは防火壕或は防火庫を設備し、空襲時にはフイルム袋に入れた儘これに納める」といった指示を出した〔一九四三「空襲時のフィルム処置　映配映画館へ通達」、『映画旬報』（九六）：八〕。戦時においては、人的資源を最大化することが求められる。それゆえに、可燃性であり、まさしく「武器」としてのフィルムの誘爆から人々を守ることが重要だったのである。同時にこのことは、「公共施設」としての映画館の地位向上につながる手段としても位置づけられた。というのも、「防空壕」を設けることは「単に興行場に課せられた任務といふ以上に学校その他の公共施設と並んで映画館の公共性が決戦下一段と高く認められた事であり、それ丈け、映画館及び映画の重要性も強調されたと思はれる」からだ〔一九四三「編集後記」、『映画配給社報』（一三）：三二〕。

3　動員されるオフ・スクリーン

「弾丸としてのフィルム」が用いられる第一線の場としての映画館という自己了解のもと、従業員の教育や映画館の再構築を通じて興行者たちは国策に主体的に従っていった。観客と従業員の相互作用のあり方や、映画館という物理的な場の様式は、戦時下において戦争と関連した役割を担わされることになった。これらの協力を通じて、観客が映画館のなかに足を踏み入れた際に感受される経験のあり方もまた変容していったに違いない。だが映画興行者たちの戦時協力はこれだけにとどまらなかった。興行のあり方は「戦ふ映画館」として、多様な動員技術が展開される場として見出されていったのである。

先の三上の引用にもあったように、この時期の映画館は「受容者である観客を意識的に指導し啓蒙するものであるべき」〔三上 一九四一：五九〕だと多くの興行者たちから見なされていた。この背景には、映画館の役割を積極的に位置づけることでその有用性を示そうという意図があったが、その前提には、映画配給社が抱いたのと同様の受け手観があった。

> だが受容者である観客は、彼等の教養、道徳観、社会観により、その受容に種々なる選択作用がともの《ママ》う。大衆の娯楽を向上せしめ、その娯楽を媒体としての政治性の発揮と云つても、映画は心理的なものであり、意識内容が極めて複雑なものであるから、観客個人々々の受容的選択作用は様々なるものである。教養の低い、社会観の狭小な観客と、教養ある人格ある観客とでは、同一映画を見てもその受容には大いなる差異がある。〔三上 一九四一：五九〕

観客が属する社会階層に応じて「同一映画を見てもその受容には大いなる差異がある」という発想は、統制の効果から逃れ出る受け手を想定するという点で、映画配給社の認識と相同的である。第1節で述べたように、映画配給社は上映環境の差異が作品受容のあり方に大きな影響を与えると考え、作品が提示される文脈の規格化に取り組んだが、興行者たちもまた、観客ごとに異なる経験が生起しないように「指導」「啓蒙」しなければならないとされたのである。(3) アーロン・ジェローはやや異なる文脈を踏まえて、「日本国内における「映画戦」の戦場は、国の映画のために戦う観客を作るための戦いでもあった」と述べるが、この「戦う観客」は「戦ふ映画館」という自己了解との関係から理解される必要があるだろう〔ジェロー 二〇〇二：一四〇〕。

それでは具体的に、どのような手段を通じて映画受容の統制が可能であると考えられたのだろうか。再び三上の言葉を引用しよう。

> それ〔映画館の新たなる使命〕は、プログラム（ニュース）掲示、アナウンス、その他の広告物等あらゆるものを動員して、上映作品の持つ政治性、芸術性、倫理性、科学性を解説し、補足し、又批判することである。プログラムも従来の如き宣伝と単なる解説、予告であつてはならない。上映作品の政策的批判解説、受容を正しく容易に出来るやう補足をすべきである。〔三上 一九四一：六〇〕

このように、オフ・スクリーンにおいて展開される「あらゆる広告物」が「動員」の対象として見出され、それらを通じて上映作品に関する「解説」や「補足」をすることが重視されていった。「映画を観る前」に媒介される作品知識のあり方が、観賞を通じた教育効果を最大化するにあたって重視されているのである。このことを踏まえ、映画館の宣伝方法がこの時期からいかなる論理のもと遂行されるようになったのかをみていこう。

「映画宣伝の新しき動向」(一九四一年)と題された記事は、この時期の「宣伝」概念のあり方を示している。記事はまず、「宣伝は、それが目的自身でなく、むしろ目的に対する手段である」というドイツの宣伝相ヨーゼフ・ゲッペルスからの引用で始まる〔佐藤 一九四一:四一〕。その上で、映画法の制定を通じて「映画の生れ方、すなわち製作面に於ては」成果をあげているものの、「扱ひ方、すなはち配給、興行等の面に於ては、旧態依然たるものがあり」、その結果国策に適う作品の興行的失敗につながっているという認識が示され、「映画法制定以後〔中略〕特に宣伝技術は、全面的な転換をするべきであつた。なぜなら、映画宣伝は、もはや単なる営利の為でなく、国民文化財である映画の真の力を発揮すべき重大な使命を負ふに至つてゐたからである」〔佐藤 一九四一:四二〕と論じられる。つまり、国策映画の効果の伝達が失敗した要因として、作品それ自体ではなくそれをめぐって展開された宣伝が問題化されていったのだ。

上記のような発想は宣伝の位置を経済的な論理から引き離した。札幌松竹座宣伝部長の伊藤重弘は「映画宣伝の新発足」という記事で、過剰な広告を通じて作品の興行価値を引き上げる従来の宣伝方法を反省的に捉え返しながら、これからの映画宣伝において重要となるのは「正しく、大衆の前に指導的立場から〔映画作品を〕案内することである」と述べる〔伊藤 一九四一:五三〕。映画評論家の筈見恒夫は同様のことを、「国家の指導方向をセルロイドによつて伝へるのが撮影所の仕事であるなら、宣伝部は紙によつて、精神によつて、より多くの大衆に、国外の人々に、その指導方針を伝へる責任があるのだ」〔筈見 一九四一:四一〕と表現する。つまり、宣伝は人々を自館に集めることが目的なのではなく、実際に集まった観客が適切な形で映画を観賞することができるようなものでなくてはならないと再定義されたのである。

筈見は「映画自体の持つ宣伝意識」を伝達する「映画宣伝」の意義を強調するが〔筈見 一九四一:四一〕、このような入れ子的な宣伝観のもと、従来から用いられていた映画広告のあり方も別様の意味付けを与えられることになる。たとえば一九二〇年代後半から三〇年代にかけて街頭で以前よりも自覚的に用いられるようになった看板やポスターは［近藤 二〇一七］、単に映画館に人々を集客するための手段としてだけでなく、それ自体で独特の作用を人々に及ぼすメディアとして位置づけられる。筈見によれば、上海では「アメリカ映画の大看板」が目につくが、このような「魔法の弾丸」を日本映画も積極的に用いていくべきだという［筈見 一九四一：四〇］。というのも、上海の人々がアメリカ映画を観ていなかったとしても、それらの広告に触れないでいることは難しく、こういった日常的な接触こそが「異国の精神的制服の武器として」有効だからだ。つまり、街頭の視覚的なイメージを通じた「未だ観ていない映画」についての経験がプロパガンダの観点のもと有効なものとして見出され、積極的に活用されるべきだと捉え返されていったのである。

筈見はとりわけ、ポスターやチラシ、プログラムを用いた宣伝方法を重視したが［筈見 一九四一：四二］、この傾向は映画館外部における宣伝のみならず、多くの映画館内部においても採用され、「観る直前」における作品知識の形成を通じた観賞指導へとつながっていった。「地方小都市館支配人への公開状」と題された記事では、地方の映画館に対する不満として、映画館内部の活用度合いの低さが挙げられている。そこでは「一人でも多くの大衆」に国策に適った映画を観賞させるためには、すでに映画館にいる観客に向けた「館内宣伝」が重要であると指摘され、その上で、たとえば喫煙所にいる観客に対して有効な宣伝を行うために壁面を活用することが推奨される［滴 一九四一：五四―五五］。映画館を立体的に捉えることで様々な「面」が宣伝の舞台として発見され、映画館全体が動員の手段として活用されていく(4)。

動員技術の展開は、もちろん、壁面を利用した紙メディアにのみ限定されていたわけではない。映画館において作品の意図を周知させるために、「展覧会」といった視覚に訴えかけるものから「講演会」や「音楽会」「放送」といった聴覚に訴えかけるものまで、幅広い手段を用いることが提唱されている［佐藤 一九四一：四一／荻原 一九四三：二九／波根 一九四三：二九］。とりわけレコードを用いた聴覚的な面からの働きかけは、一九四三年に一日あたりの興行回数が制限され、興行開始までの待ち時間が長くなると重視されていった。多くの映画館が、待ち時間中に人々を退屈にさせない手段として見出したのが安価で導入可能なレコード伴奏だったのである［富田 一九四三：二〇］。そしてレコード伴奏を利用する時の注意点として挙げられたのが、上映作品の内容と一致した曲調のものを選択することであった［濱田 一九四三：一四］。「レコード音楽の調和」は「決戦下映画興行体制の確立」のためには必須のものと見なされていった(5)［草間 一九四三：七］。

ジャッキー・ステイシーは、戦時下イギリスにおける映画観客の心性として戦争がもたらす日常生活の鬱屈さからの非日常世界への「逃避」感覚を挙げているが［Stacey 1994: 99］、日本の映画観客たちは戦争からの逃避先としての映画館においてすら、戦争と接続された上映環境が提供されていったといえよう。名古屋納屋橋映画劇場の映画館主が述べるように、この時期の映画館経営は、「戦時下の現実から一刻でも離れようとする様な空気をつくつてはならないこと」［柏戸 一九四三：一二］が重視されていたのだ。「観る前」の時制におけるメディアや実践の布置が映画受容を構成する重要な領域として見出され、それを統制に与する形で積極的に活用していくことが戦時下の興行実践の至上命題だった。そしてこのような興行モードの論理が、次節で述べるように、持ち運び可能であるがゆえに映画館の内外で持続的に読まれる映画館プログラムの紙面構成のあり方にも大きく作用していくことになる。

4 映画を読む——文字の論理を介した「思想戦」

前節において、映画宣伝のあり方が作品の意図を観客に周知・教育するための手段として位置づけられ、それに応じた広告展開が映画館内外で行われたことを確認したが、映画館プログラムもまた、このような宣伝・広告の論理が貫徹する場として見出されていった。プログラムとは、戦前期日本の各映画館が上映作品の切り替わるタイミングで発行し、観客に無料配付していた印刷メディアである。映画館に訪れた観客に一義的には配付されるという点で宛先がはっきりとしたメディアで、そのために、戦時下において観客教育の手段として重視されていくことになった。この点について、前節の「観る前」に受容される宣伝・広告に関する議論を踏まえつつ、「観た後」にも受容されるメディアとしてのプログラムの性質について考察していこう。なお、各館が発行するプログラムに付された名称には「映画館名+ニュース」という形式もある。だが本章では、当時の多くの人びとがそれらを「プログラム」と名指していた事実や、一九〇七年以降続くプログラム文化の連続性を強調するために［近藤 二〇一五］、資料を参照する際には「『映画館が立地する地域名+映画館名+プログラム』発行年月日」で示す。

戦時下においてプログラムは、単に一映画館が発行する「取るに足らないもの」としてではなく、国家的任務に応える重要な位置づけを与えられることになった。再び先の三上の言葉を引けば、「プログラムも従来の如き宣伝と単なる解説、予告であつてはならない。上映作品の政策的批判解説、受容を正しく容易に出来るやう補足をすべきである」［三上 一九四一：六〇］とされたのだった。また筈見は映画宣伝のあり方を戦争用語とのアナロジーで述べながら、観客を自館に引きつける類のものを「武力戦」、事前に作品の意味や内容を伝えるものを「思想戦」と分類し、その上で「占領後の宣撫工作と同じやうに、獲得した観客に、その作品について理解を助ける手段」を講じることが重要だと論じる［筈見 一九四二：六〇］。そして「宣撫工作」の手段として「プログラム」をあげ、実際に発行されたものを分析しながら、「製作意図」や「内容の解説」を掲載したものが少ないとして以下のように苦言を呈する。

私は、今参考に、「指導物語」や、「元禄忠臣蔵」を上映した常設館のプログラムを手許に集めて見たのだが、その製作意図や内容の解説を載せたものは余り見当らなかつた。どのプログラムも、大半のスペースをさいて次週上映の広告に懸命である。難解な国策映画を多少でも判り易く見せようといふ親切さが、まるでないのである。［筈見 一九四二：六〇］

このように映画興行者および評論家という異なる立場の人々から、映画館プログラムは、「上映作品の政策的批判解説、受容を正しく容易に出来るやう」にするための「宣撫工作」の手段として重要な位置づけを与えられていた。繰り返しになるが、こうした考えの背景には、観客が属する社会階層に応じて「同一映画を見てもその受容には大いなる差異がある」という発想があった［三上 一九四一：五九］。興行者たちは観客への指導を行う主体として自己画定することで、統制側に自身の有用性を示していったのである。

同様の認識は統制側の主体によっても抱かれていた。「政府の政策の論理を説明する報道官のような」［ハーイ 一九九五：四二六］役割を担っていた評論家・津村秀夫は、映画配給社が設立された際に連続で行われた「映画配給社職員養成所講演」において、「差当つて配給社としてやらなければならないこと」として映画館プログラムを活用した「鑑賞指導」を挙げている［津村 一九四二：四五］。この考えは映画配給社側にも共有され、映画配給社から各館に配布された『映画配給社報』(6)（以下『社報』と略記する）では、各プログラム上で行われている「国策宣伝」に言及しながら、より一層それらを効果的に行ってもらいたいという旨が述べられている［一九四三「編纂後記」、『映画配給社社報』（四）：三二］。「映画を観る前」において形成される作品についての知識を映画館プログラムを通じていかに統制するか、このことがこの時期の統制側・興行者たち両者にとっての問題として浮上していったのだ。

他方でこのような「鑑賞指導」は、必ずしも「映画を観る前」の時間–空間的文脈にのみ限定されていたわけではなかった。映画館プログラムを通じた統制の効果は、「映画を観た後」の時間–空間的文脈における反省的意識のあり方にも及ぶものとして理解されていった。大政翼賛会宣伝部の新井静一郎は「映画館・決戦態勢の強化へ」と題された『映画配給社社報』上の記事で、「映画館に今最も必要なことは、国民映画の「鑑賞の場」としての条件を具備することであり、しかも出来得れば、単なる鑑賞に止めしめず、国民の決意を実践に迄高めさせる「修練の場」たらしめることである」［新井 一九四三：一六］と述べた上で、「映画を観た後」に映画館プログラムを読むことの有効性について、「読むことによつて、観た印象と感銘とを一層強力に裏書きし得る効果から考へても、読んで（しかも多少の時間をかけて）納得させるといふ面の働き」から力説している［新井 一九四三：一八］。

「多少の時間をかけて」映画館プログラムを読むことによって「観た印象と感銘とを一層強力に裏書し得る」、こうした言明には読書行為と映画観賞をめぐるメディア論的差異に対する自覚的な思考が表れているといえよう。映画館における映画観賞は、あらかじめ定まった時間幅＝上映時間に従わざるをえないという意味で受動的な経験の構造を持つ［長谷 二〇一六：二六］。対して読書行為は、自身で書物を所有することが映画に比してはるかに容易であったため、それを読む際にかける時間幅は自由に設定できた。読書中に何か疑問に思った際にはページをめくる手を止めて反省的にその疑問について考える、あるいは自身の経験との類似点を確認した際はその記述と記憶とを対照させる、このような中断可能性の担保と反省的意識の容易さが、映画観賞と読書行為とを分かつメディア論的差異である。

先の新井の言明は、このような差異に自覚的であったからこそ提起されたものである。観客は「映画を観た後」すぐに作品に意識を向けるのをやめるわけではない。そしてまた、作品経験についての記憶を「映画を観た後」に即座に忘れてしまうわけでもない［cf. Staiger 2000: 51-55］。観客は「映画を観た後」においても作品について様々な仕方で思いをはせるのであり、そのため「観た後」の時制においていかにしてそのような意識を捉えるのかが統制側にとっても重要視される。経験の整序を通じて理解度を高めるという意味では、このような事後的なプロパガンダの方がより重要であったとすらいえるかもしれない。「映画を観る前」における作品知識のあり方だけでなく、「観た後」における反省的意識のあり方もまた統制の対象となるのである。このようにして、映画が固有に持つとされた効果は文字という別のメディアを介して最大化されるものとして理解され、「観ること」と「読むこと」という二つの視覚モードは映画館を結節点として接続されていくことになった。

映画館プログラムの紙面は、「観る前後」という二つの時制における経験のあり方を統制するための「宣撫工作」の場として再定義されていった。そしてこの観点から、『社報』上には新作映画の「鑑賞指導」に関する記事が多く掲載されていくことになった。二〇一八年現在復刻されているのが第四号（一九四三年三月一五日発行）―第一三号（一九四三年八月一日）、第一五号（一九四三年九月一日）、第一七号（一九四三年一〇月一日）―第一九号（一九四三年一一月一日）で、残念ながら創刊号については確認できていないが、第四号の段階で同『社報』上には「劇映画新作品」「新文化映画」の項目が設けられており、作品によって詳細はやや異なるものの、「宣伝要目」や「宣伝文例」「梗概」といったカテゴリーに沿った文章が掲載されている。たとえば第四号には、アニメーション史に名を残すプロパガンダ映画『桃太郎の海鷲』に関する「梗概」「宣伝要目」「宣伝文例」「推奨文」（大本営海軍報道部海軍少佐・浜田昇一）が掲載されている。宣伝文例を活用した映画館プログラムがあるため、長くなるが両者の文章を下記に引用しておこう。前が『社報』で後が『岡山金馬館プログラム』のものである。

この映画を大東亜戦争下の少国民に贈る／桃太郎さんもいつ迄もお伽噺の主人公だけでは役不足と、ここに全国少年諸君の大声援を浴びて宿敵米英撃滅へ決然と蹶起しました／漫画の世界では日本一の桃太郎君！／迷利犬製のベテイ・ブープやポパイなんかとは月とスツポンの違ひだ！　大東亜戦争下一たび出撃命令下るや波濤万里鬼ヶ島艦隊大爆撃を敢行！　真珠湾米鬼艦隊を震へあがらせる！　漫画ならでは描けぬ奇想天外！　正に痛快無類の大作戦！　こんな素晴らしい漫画映画を、ルーズベルトに見せてやりたい。

［一九四三「劇映画新作品」、『映画配給社報』（四）：一九］

漫画の世界では日本一の桃太郎君！　迷利犬製のベテイ・ブープやポパイなんかとは月とスツポンの違ひだ！　大東亜戦争下一たび出撃命令下るや波濤万里鬼ヶ島艦隊大爆撃を敢行！　真珠湾米鬼艦隊を震へあがらせる！　漫画ならでは描けぬ奇想天外！　正に痛快無類の大作戦！　こんな素晴らしい漫画映画をルーズヴエルトに見せてやりたい

（『岡山金馬館プログラム』一九四三年三月一八日）

表記の変更（「ルーズベルト」→「ルーズヴエルト」）や改行の有無に違いがみられるものの、配布された宣伝文案から冒頭二文を除いただけで、『岡山金馬館プログラム』ではほぼ指示通りの宣伝が行われていることがわかる。『甲府宝塚劇場プログラム』（一九四三年三月一八日）でもほぼ同様の仕方で宣伝文が用いられており、くわえて、両館のプログラムには浜田昇一による「推奨文」がそのまま掲載されている。あるいは、『社報』を通じて配布された文言を部分的に用いる例も確認できる。銀座東宝四階劇場で『桃太郎の海鷲』が公開された際の同館プログラム（一九四三年四月二二日）上における梗概の冒頭には、封切からおよそ一ヶ月後にもかかわらず、

「宣伝文案」における二文目の文章が転用されている。プログラムを通じた事前／事後的な「鑑賞指導」がどの映画館でも同一なものになるように配慮されていくことになったといえよう。

おわりに

一九三九年以降、映画は観客への「効果」の観点から有用性を獲得し、国策に適うための手段としての地位を築いていった。他方で、資源が不足する戦時下においては、電気や輸送経路、機材、化学物質等を複合的に用いる映画産業のあり方は制限されざるをえなかった。この背景のもと、数少ない「弾丸」としての映画を有効に活用するために、統制の実行機構としての映画配給社は映画館の「加工的機能」を向上させる仕組みを作り、興行者たちもまた、配給社と協力しながら「指導」「啓蒙」〔三上 一九四一：五九〕を多種多様なパラテクストやインターフェイスを介して実現していこうとしたのだった。映画統制は「観ている時」のみならず、「観る前後」の時制をも含み込んで展開された。映画館への移動経路、映画館内部の壁面や待ち時間の音楽、無料配付されるプログラムにいたるまで、あらゆる回路が観客への映画教育を最大化するための手段として発見・活用されていくことになったのである。

このことを踏まえると、戦時下における映画と人々の関係について明らかにしようとするならば、オフ・スクリーンにおいて生産・配置・消費された種々の実践やパラテクストそれ自体の分析が不可欠になるだろう。本章では、オフ・スクリーンをめぐって実践やパラテクストを配置していくことが映画統制において必要不可欠なものとみなされるにいたった背景について明らかにしたが、今後は、より具体的に個別の事例の分析が求められる。たとえば、どのようなレコードが映画館で「観る前」に再生され、そしてその聴覚経験が「観ること」とどのように結びつきえたのか、あるいは、街頭や館内の壁に貼られたポスターがどのような美学のもと制作されたのか、その制作者はだれか、このような研究が必要になるだろう。

くわえて重要なことに、「観ている時」の経験を制御するために「観る前後」の時制が見出されて活用されていくという展開は、戦後も継続していったように考えられる。観客を「指導」「啓蒙」しようという着想は、戦後に製作会社から各映画館に配付された「プレスシート」――そこでは、「上映前」に観客に対して伝えられるべき情報が「放送原稿」や「宣伝ポイント」として掲載されている――にも引き継がれているように思われるのだ［cf. 北浦 二〇一八：第六章］。「プレスシート」を配付して、全国の映画館で一律にオフ・スクリーン実践を実現しようという試みの前提には、観客が作品を誤読して悪い評価を下さないようにするためには教育活動が必要になるという発想があるからだ。言い換えると、観客教育を適切に行えば、作品を介した利益を最大化できるという考えがここにはある。このような観点からすれば、戦時下の観客教育とオフ・スクリーン実践の関係を戦後にも継続して理解する研究が不可欠になるだろう。この点を今後の課題として本章を締めたい。

（1）「パラテクスト」とは本の表紙や目次、裏表紙の概要といった作品に付随するテクストや、作者インタビューや広告、レビューといった作品についての二次的なテクスト等を包括的に示す概念である。パラテクスト研究では、従来は取るに足らないと考えられてきた様々なテクストの意味産出力が強調され、メディア経験は作品以外のテクストから重層的に再定義されることになる。たとえばジョナサン・グレイは、スクリーン経験はオフ・スクリーン経験の内実を明らかにしなければ理解できない類いのものだとし、パラテクストの分析に力点を置いた「オフ・スクリーン・スタディーズ」が重要だと主張する［Gray 2010］。

（2）生き残りをかけて統制に協力するという姿勢は、他の文化領域にも共通して生じた。たとえば百貨店は戦時下に「消費や娯楽を否とする時代の流れに対して、百貨店という業態の公共性、中でもその文化面での貢献を主張して」［難波 一九九八：九三］いき、積極的に「国策への協力を強めていった」［難波 一九九八：九六］。

（3）ここでは、産業側の利益に合致する形でオーディエンスのあり方が言説的に発見＝創出されているという点に注意が必要である。三上が先の引用に「此処に映画館の新たなる使命は生じ、又それをなすことによつて、より政治的に価値づけられる」［三上 一九四一：六〇］と続けているように、興行者たちはオーディエンスの能動性を発見＝創出することによって、それを修正し導いていく自己の立場を確立することができるからだ。

（4）一九二〇年代後半から三〇年代にかけて都市部の一部の映画館は、遊歩場・喫茶室・娯楽室といった娯楽施設を取り込みながら拡張し、それらの空間でレコード伴奏や展覧会等が提供される「複合施設型映画館」へと転換したが［近藤 二〇一九a］、そのオフ・スクリーン空間が戦時下においては動員技術が展開される場として再定位されていったのである。

（5）たとえば道頓堀松竹座では、一九四二年から「レコード演奏」の方針を変更している。いわく、「松竹座のレコード演奏も回を重ねるごと、皆様より種々ご批判を頂き励まされ、鋭意努力致して居りますが、今回より趣きをかへ、上映映画や季節に順応してよりよき雰囲気を味つて頂くべく試み、先づ今週の「母子草」より日本物に転換して御批判を仰ぐ事と致しました。今週の選曲は鎌倉吉蔵氏にお願ひ致しました。「母子草に」日本人の作曲したものを……といふ条件で私は瀧廉太郎の傑作「箱根八里」を推薦致しました。「荒城の月」と共に今も青年男女に愛唱されてゐる純真豪快なこの曲は、緑の季節にも相応しく純真な映画に純真な音楽といふ条件にも合つてゐるだろうと思ひます」（『道頓堀松竹座プログラム』一九四二年六月四日。強調は引用者による）。

（6）一九四三年二月一日に第一号が発行されることになった『社報』は、一日と一五日に月二回発行された。

〈参考文献〉

新井静一郎 一九四三「映画館・決戦態勢の強化へ」、『映画配給社報』（一九）：一六―一八

藤木秀朗 二〇一二「「大衆」としての映画観客」、ミツヨ・ワダ・マルシアーノ編『「戦後」日本映画論――一九五〇年代を読む』青弓社、一二一―一四二

古川隆久 二〇〇三『戦時下の日本映画――人々は国策映画を観たか』吉川弘文館

ジェロー、アーロン 二〇〇二「戦ふ観客――大東亜共栄圏の日本映画と受容の問題」、『現代思想』「特集 戦争とメディア」三〇（九）青土社、一三六―一四九

Gray, Jonathan, 2010, *Show Sold Separately: Promos, Spoilers, and Other Media Paratexts*, New York University Press
荻原鑛三郎 一九四三「戦ふ映画館」、『映画旬報』（九七）：二八―二九
濱田一雄 一九四三「従業員の指導へ――私の思ひつきから」、『映画配給社報』（一八）：一三―一四
波根康正 一九四三「新時代の映画館」、『映画配給社報』（八）：二八―二九
長谷正人 二〇一六「映画というテクノロジー」、長谷正人編『映像文化の社会学』有斐閣、二五―四三
筈見恒夫 一九四一「臨戦体制と映画宣伝」、『映画旬報』（二六）：三九―四一
―― 一九四二「昭和十六年度　映画宣伝総評」、『映画旬報』（三七）：六〇―六三
ハーイ、ピーター・B 一九九五『帝国の銀幕――十五年戦争と日本映画』名古屋大学出版会
伊藤重弘 一九四一「映画宣伝の新発足」、『映画旬報』（三一）：五三
柏戸福夫 一九四三「映画経営の苦心を語る――わたくしの暴言」、『映画配給社報』（一七）：一〇―一一
加藤厚子 二〇〇三『総動員体制と映画』新曜社
北浦寛之 二〇一八『テレビ成長期の日本映画――メディア間交渉のなかのドラマ』名古屋大学出版会
近藤和都 二〇一五「映画観客の読書実践――一九二〇年代日本における映画館プログラムと「観ること」」、『マス・コミュニケーション研究』（八七）：一三七―一五五
―― 二〇一七「遍在する映像経験を理解するために――一九二〇―三〇年代日本の映画広告と都市空間の論理」、『マス・コミュニケーション研究』（九〇）：一四三―一六一
―― 二〇一九a「オフ・スクリーンの映像文化史――大正・昭和期の複合施設型映画館」、大久保遼・光岡寿郎編『スクリーン・スタディーズ』東京大学出版会、三七―一四七
―― 二〇一九b「統制の映画配給――戦時下日本におけるメディア・インフラストラクチャーの再構築」、遠藤薫編『日本近代における〈国家意識〉形成の諸問題とアジア』勁草書房、二〇四―二二八
小笹正人 一九四一「映画館の臨戦態勢に就て」、『映画旬報』（二六）：六〇―六一
草間雅義 一九四三「決戦下の映画興行に望む」、『映画配給社報』（六）：六―七
難波功士 一九九八『「撃ちして止まむ」――太平洋戦争と広告の技術者たち』講談社
三上良三 一九四一「映画館の臨戦体制」、『映画旬報』（二六）：五九―六〇

森元治 一九四一「映画館の臨戦態勢」、『映画旬報』(二七):一〇五—一〇六
力善泰治 一九四一「戦ふ映画館」、『映画旬報』(二七):一〇六
佐藤邦夫 一九四一「映画宣伝の新しき動向」、『映画旬報』(三四):四一—四二
柴田芳男 一九四三「五・七五制度の経済理念」、『映画旬報』(七八):四九—五〇
滴三郎 一九四一「地方小都市館支配人への公開状」、『映画旬報』(三五):五四—五五
Stacey, Jackie, 1994, *Star Gazing: Hollywood Cinema and Female Spectatorship*, Routledge
Staiger, Janet, 2000, Perverse Spectators: The Practices of the Film Reception, New York University Press
橘喜助 一九四一「映画館従業員の臨戦的訓練」、『映画旬報』(二七):一〇八
武田俊一 一九四一「映画館の新しき役割」、『映画旬報』(二七):一〇五
富田暎一 一九四三「時間別興行のあれこれ」、『映画配給社報』(九):一八—二〇
津村秀夫 一九四二「映画新体制の精神——映画配給社職員養成所講演録」、『映画旬報』(五八):三九—四六
吉本久之 一九四一「映画館の臨戦体制」、『映画旬報』(二七):一〇七

(付記) 本稿は、二〇一八年一月に提出・受理された筆者の博士論文(未公刊)の一部を大幅に加筆・再構成したものである。

日中戦時下の農村巡回映画の活動

平賀明彦

はじめに

戦時期の映画に関しては、ピーター・B・ハーイの重厚な仕事をはじめ、これまでにも相当な蓄積がある。[1] しかし、ここで問題にしようとしている「農村文化問題としての映画」の導入――それは、より具体的には、移動映画とか巡回映写といった形をとる場合が多かったが――については、必ずしも十分に明らかにされてこなかった。映画及び映画界と戦争との関わりを明らかにしようとした櫻本富雄『大東亜戦争と日本映画』でも、巡回映画は、もっぱら学校教育の中での国民学校生徒への啓発宣伝として取り上げられており、巡回映画団体の数や活動についても明らかにされていない。また、劇映画のみならず教育映画、文化映画、ニュース映画などについても幅広く、戦前・戦後の映画史をていねいにたどった労作である田中純一郎の『日本映画発達史』及び『日本教育映画発達史』でも、情報局の肝いりで日本移動映写連盟が結成される以前の巡回映画の役割は重視されず、その実態についてもあまり触れられていない。

ここでは、そのような映画史の研究状況もふまえて、この時期の農村への映画の導入の実態を明らかにし、その上で、戦時下の農村文化に関する先の課題意識に沿って検討を進めたい。

1　農村娯楽としての映画

戦時食糧増産運動に駆り立てられている農村民の実情を、農村娯楽との関わりから問題にする議論は、一九三九年頃から目立って多くなる。すでに、一九二〇年代から、農本主義的農村改革論の旗手であった古瀬伝蔵にその主張の典型を見ることができる。すなわち以下のようである。

戦時下に於ける農民は実に過重な犠牲を払って居る。即ち最も多くの応召者を出したる上に、馬を徴発され、重税を負担し、軍需品供出の重大責任を負荷されて居る。殊に昨年以来農産物増産計画のために割当制の実施を受け、物質的にも精神的にも非常に重荷を負って居る。緊張の上に緊張を重ね一寸の隙もなく活動して居る。而も何の娯楽否慰安もなく営々として銃後の護りに精進している有様は、農村の実情を知るものは感謝感激涙なしには見られない実情である。(2)

以後、関西と朝鮮半島の凶作に起因して、一挙に食糧不安が現実のものとなり、一方における戦局の長期化の中で、食糧増産が急速に国策の重要課題として位置づけられていく。また、「人口国策確立要綱」「皇国農村確立運動」＝標準農村設定施策などの展開に見られるように、時局殷賑産業への農業労働力の流出を抑え、経営的中堅層を中核とする生産的農村の建設を進める施策が、官製運動的取り組みの中で進められていった。農村の文化的施設に関する議論も、こういった動きと歩を揃えつつ、次第にトーンが強まっていった。「大東亜戦争を戦い抜き、大東亜共栄圏を建設して行くため、この際食糧自給確保及び農業人口増殖確保を飽くまでも貫徹致さなければならぬことを認め、之を閣議に於いて国策として決定し」たが、「農村文化問題もその観点から方針が指示せられてをる」と位置づけるのである。(3) 皇国農村確立促進方策の重要な一環として進められることになった標準農村設定要綱中で、中核として育成すべき適正経営農家の要件として「適度の自給経済に依り簡素なるも充実せる生活を為し農に即せる固有の文化を培養し得る如き余裕あるものなること」が掲げられていたことをとらえて、この適正経営農家は、経営的な安定度だけでなく、生活にゆとりがあり、将来に対し希望のもてる、精神的・文化的側面でも安定感のある農家であるべきと解釈された。そのため、「農村を目して食糧生産の給源である、人的資源であると謂うのならばこの源泉保護を考えねばならぬ」。その方策は多々あるが、「文化的娯楽として都市に発達した映画、演劇、音楽〔歌謡、演奏等〕美術等の農村移入即ち慰楽会の巡回的開催」が有効な方法であると主張されたのである。(4)

また、従来からの農本主義的色合いを持ちながら、都市と農村との格差の問題を通して、農村文化をとらえようとする主張も見られた。

先ず第一は農村の文化を考える場合には、砂漠であった農村をして之を享受せしめることより出発しなくてはならないのである。即ち、一国の現段階的水準を示す都市文化は、農村に移流すべきである。都会に於ける俸給生活者や労働者に於て、安価な費用で享受出来る文化財や文化的精神は、同時に農村の人々も享受出来なくてはならないのである。即ち、農村では電気器具が不必要ではなく、映画、演劇が不必要なわけではないのであり(5)〔後略〕

食糧増産農村民の負担増であり、それを和らげるために、農村への健全な娯楽の提供をといった、このような論理に対して、農村の側から反発がなかったわけではない。例えば、以下のようなものである。

このごろ農村文化という言葉が一つの流行になった感じがする。全然かえりみられなかった時代より、いいといわなければなるまい。しかし、そうした声の中にはかなり方便的なものもあるようである。農村を重視するという考え方にしても、全く功利的にしか農村を見ていないし、また農村文化の振興を口にするにしても、まるで泣く子に飴をしゃぶらせるような考えで言っている人も見受けられる。〔中略〕今更農山漁村のひとたちに対して、思わせぶりなゼスチュアや媚態を示す必要がどこにあろうか。米や木炭の有難さを今日になって始《ママ》めて知り、その結果農民の労苦に感謝するという程度の利己的なあるいはセンチメンタルな同情や媚態は、心ある農民のひんしゅくを買うばかりであろう。(6)

2 国策普及宣伝と映画

他方、この時期映画に関心が寄せられたのは、また、違った側面からの理由もあった。有馬頼寧はその点に触れていた。

今日お互い農村指導の任にあるものといたしましては、如何にしたならば最も有効適切なる指導が出来るか、或は農林国策の趣旨を徹底し得るかと云う事に就ては相当御苦心になって居られる事と思うのでありますが、従来行われつつあります処の講習とか講演とかいうものも勿論必要であることは申す迄もありませんが、少なくとも現在の時局下に於ては一部の人々のみを対照《ママ》とする指導なり宣伝であっては効果が薄い、どうしても大衆に呼びかける事が絶対に必要であると痛感して居るものであります。此の観点からいたしますと映画を利用することが此の目的に叶う極めて有効な方法ではないかと考えて居る次第であります。(7)

こういった位置づけの背景には、これまでの国策宣伝活動が、上からの押しつけ的内容であり、それ故に国民精神総動員運動化し効力を失ってしまっていることに対する批判と、農村指導者たちの苛立ちがあった。古瀬は、早い時期からこの点について、「大官連中が地方に出張して一県下で一ヶ所や二ヶ所の講演会をやった処で、それは殆ど何等の効果がない(8)」として、実際に農業報国連盟ができてからの半年間、実効のある活動は皆無であったと批判していた。また、農村娯楽について寄せられた末端農村からの声にも、次のような批判が聞かれた。「最近では僅か二、三十戸の村落にも幾つかの組織が持たれ、それらの下部組織指導のため指導者が派遣されて来る。これら指導者の中には」「徒に時局便乗的な言辞を弄して事足れりと」する者も多く、それらの「言葉は犬の遠吠えにも似て、我々には唯うるさく感ずるだけである。随って、これらの指導者が如何に山本元帥に続け！　アッツの英霊に応えよ！　と叫んでも、それは真の叫びとして我々に迫る何物もない(9)」と批判した上で、巡回映画、とくにトーキーの農村での上映を切望していた。上からの題目的な演説よりも、娯楽性もあり新味もあるトーキーをといったところであろうか。

農山漁村文化協会も、このような声を意識して、「講演などは最近余り歓迎されないよう」であるとした上で、「映画だと老人も子供も、男も女も驚くべき多数がよろこんで集まってくる」ので、「宣伝、指導、娯楽の提供ということも容易に出来」ることを重視し、映画普及事業に積極的に乗り出すことを掲げていた。(10)

従来の国策宣伝の不徹底さに対する批判から、映画の普及を望む声が聞かれたわけであるが、これはもとより、映画の持つ宣伝力に対する評価が前提になっていた。この点について、映画の作り手の側からの一つの試算を紹介しておこう。

当時、一本の映画の寿命は概ね二〇〇日余り、すなわち、ほぼ三〇週ほどだといわれていた。[11] 一日二回興行をしたとして四〇〇回以上上映できることになる。これを一回に一〇〇〇人の観客が見たとすると、一本のフィルムで四〇万人の観客動員が可能だったことになる。さらに、一本の元フィルムから五〇本のプリントが可能だったので、この点も考慮に入れると、スクリーンを通して、一つの映画を、延べ二〇〇〇万人以上の人が見ることができる計算になるという。[12] 一本のフィルムの耐久度やプリントの可能本数に関しては、むしろ、控え目な数字を元にしているので、実際は、一本の映画の観客動員は六〇〇〇万人とも言えるとこの説明は続く。そして、二〇〇〇人を収容する劇場で、一日一回興行の演劇が、一か月のロングランを実現したとしても、たかだか六万人の観客動員でしかないことや、煩雑で、読解に相当の苦労を要する書物という媒体の場合は、どんなに売れても一〇〇万部がせいぜいであることと比較して、映画の持つ大衆宣伝能力の高さが強調された。

このような表現ではないにしても、実際に、この時期、映画のもつ大量でかつ説得力のある宣伝力については、あちこちでその効果が力説されていたし、また、後に見るように、移動映画などを通じて、農村で多くの熱心な観衆の反応に接した担当者たちは、むしろ、その体験を通して、実感的に、影響力や宣伝力の強さをあらためて認識していった。[13]

3　巡回映画方式

農村への映画の導入の方法は、巡回映写であった。移動映画などとも呼ばれるこの方式は、とくに、教育映画、啓蒙宣伝映画の上映のために、早くから用いられていた。[14] 初期の巡回のあり方は、講演活動の補助手段としてであった。例えば、一九一六年にマキノ省三によって作られた『都に憧れて』は処女会などの団体で、農村子女の都会流出を防止するための講話会の際に使われた。また、一九一九年に作られた『誘惑の魔手』という映画は、廓清会の男女問題演説会に島田三郎の演説とともに上映された。一方、ほぼ同じ頃、各府県庁が、民力涵養運動の宣伝のために啓蒙的なフィルムの製作を委託し、常備するようになった。『生活安定の巻』『節米宣伝の巻』『公民育成の巻』などといったフィルムのほか、交通安全、防火、衛生などに役立つ映画が盛んに作られた。これらは一フィート三〇～四〇銭で、当時としては相当高額だったにもかかわらず、評判の良い作品は何十本となく売れたという。まず、社会教育の場で巡回映画は利用され、各府県や市町村の教化団体、産業団体、教育会などでの需要が増えていったのである。当時、興行用映画フィルムが販売されることはなかったので、もっぱら巡回映画の素材は、これら教育用、産業技術普及用、あるいは啓蒙的な映画だったのである。

学校教育の中で、映画利用が定着したのは、もう少し後で、一九二〇年代だといわれているが、決定的なきっかけは、一九二五年から輸入されるようになった一六ミリ映写機であった。学校の教室を使用するため、映写距離を必要としなかったので、安価で取り扱いが簡便なこの型式が学校現場で瞬く間に普及した。一九二八年、大阪毎日、東京日日の両新聞社は、「フィルム・ライブラリー」を設置し、これら日中戦時下の農村文化問題を中心として学校巡回映画連盟が設立された。加盟校となった小学校、中学校に定期的に映画を配給する組織で、学校の教室を映写場とする巡回映画の仕組みができあがったのである。

学校教育の場以外でも、一九二〇年代末に始まった教化総動員運動の過程で、文部省が、その趣旨徹底のために巡回映画を多用した。「我が国の歴史を概説して国体観念を明徴にし国民精神の作興に資する」という内容の『日出る国』(三巻)、「経済生活を改善し国力の培養に資する」という内容の『覚めよ国民』(二巻)、「蟻ときりぎりすとの物語、勤倹力行の美風に資する」内容の『二つの世界』(一巻)を自ら作成し、全国各地に巡回映写として展開した。二か月間で二一六万人以上の観衆を集めたといわれている。一九二〇年代に入ると映画の人気はうなぎ上りに上がっていたから、こういった官製運動のための映画会でも、地方では、多くの観衆を集め盛況であった。一九二二年、群馬県新田郡のある村で開かれた巡回映画会では、『東京見物』『一太郎やァい』という映画と二本の短編が上映されたが、二六〇〇人の観衆が集まり、村の小学校開設以来空前の人手と話題になったという。[15] ただし、この当時、巡回映画の事業化は相当難しかった。器材の運搬や会場設営の手間と、それにかかる人件費、出張旅費やフィルムの貸し出し料など資金面の問題であった。新作映画の上映も、常設館との営業上の軋轢をもたらすことが懸念され、古いフィルムを持ち込んで農山村で不定期に興行を行う専門業者はある程度いたが、大手の業者はなかなかこのシステムを導入しなかった。官公庁、翼賛会、産業組合などがバックアップとなり、そういった点の問題がクリアーされてはじめて、移動映写は大規模な展開ができるようになるのである。

4 巡回映画の本格的展開

戦時期に入って、とくに目立って、この巡回方式で映画の導入を進めたのは大政翼賛会であった。一九四〇年までは、宣伝部に表①に掲げたような映画を揃え、希望により無償貸し出しを行っていた。国防思想、低物価政策、貯蓄増強、節米報国、食糧増産、製炭報国などの国策趣旨普及を目指した作品タイトルとともに、劇映画仕立てで時局認識を涵養するための作品が目を引く。娯楽性に意を用いながらの国策宣伝という意図が窺えるが、この種のものにありがちな「時局臭さ」は否めない。[16]

一九四一年に入ると、このような備え付け映画の貸し出し業務から進んで、翼賛会自体が巡回映画に乗り出すようになった。年頭、外郭団体として日本移動文化協会を設立し、資材、人員の提供で朝日新聞社の協力を仰ぎ、

種別	タイトル	内容
文化	物価停止令とは	物価停止令の解説
	海の要塞線	国防の重要性を解説
	共同作業	農村の労力不足対策としての共同作業について
	国策読本	廃品回収による消費節約について
	一銭の力	貯蓄思想を説く
	君達も戦わねばならぬ	社会に巣立つ銃後の戦士の心得
	興亜奉公日	興亜奉公日の実況と精神のあり方について
	繊維長期戦	一片のボロでもパルプ、火薬、輸出品のセルロイド玩具になる
	国防と資源　金属編	重要資源たる金属類の諸問題
	僕たちの覚悟	学窓を巣立つ青少年の覚悟について
	若き日本	明治神宮国民体育大会の状況
	新大陸	中国大陸での東亜新秩序建設の姿
	米と日本	節米運動について
	製炭報国隊	全国男女青年団中等学校生徒の木炭製造勤労奉仕を、特に作業困難な北国の様子を題材に描く
	日本の姿	『聖地高千穂』『敬神崇祖』『勤労の村々』の三部作
	豊野村	合理的組織と協力精神をもって努力実践する村の姿
	母と子の問題	工場地帯の託児所の保母の生活と託児所の状況
	靖国神社	靖国神社の由来を説明して日本精神発揚をめざす
	広東進軍抄	火野葦平の「海と兵隊」の映画化
	捕鯨	南氷洋に活躍する日本捕鯨船の様子。鯨は代用食代用品
	西山荘	水戸の西山荘を解説
劇	起ち上がった少年	出征遺家族の自力更生
	五人の斥候兵	最前線に活躍する兵士の労苦を描く
	爆音	飛行機献納運動と村民の喜び
	村のラッパ卒	農村の食糧増産運動に有益であるとともに、都会人の反省を促す
	上海陸戦隊	事変当初の上海における海軍陸戦隊の決死的活躍
	愉しき町	町をあげて体位向上にいそしむ白石町の姿
	五人の兄弟	健全な国民生活の姿を描く

表①　大政翼賛会宣伝部備え付け映画一覧。種別の「文化」「劇」は会報中の記載のまま、映画は全て、オール・トーキー（『大政翼賛会会報』1940年12月1日号）

二月末日から、一八班の一六ミリ移動映写隊を表②のように各県に派遣し、試験的な試みとして活動を開始した。

この試験的な取り組みののち、移動文化協会の活動は活発化していく。三月には、すでに巡回班は九〇を数え、翼賛会製作及び指定の劇映画、文化映画を上映する映写会を各地域で開催していた。映画館のある町村は対象とせず、映写会は原則として無料とすることなどが規約として定められていた。[17] 三月からの四か月間に、全国三九府県に延べ一二〇二回の巡回映画会を開催し、一回の観客動員数は、概ね八〇〇人から一五〇〇人ほどだったと記録されている。[18]

期　間	地域	市町村数	映写会回数	観客数
3月15日—20日	福島県	6	6	6200
3月17日—29日	山形県	10	11	8000
3月26日—4月19日	青森県	11	11	6630
3月26日	千葉県	1	1	600
3月26日	神奈川県	1	1	400
3月27日	東京府	1	1	200
3月31日—4月5日	茨城県			
3月25日—4月5日	宮城県	11	11	4710
3月17日—31日	岡山県	32	34	20540
4月1日—13日	岩手県	7	7	4300
4月7日—21日	愛知県	4	4	1800
3月22日—4月3日	大分県	8	8	6400
3月23日—4月13日	宮崎県	15	8	5895
3月22日—4月13日	山形県	9	11	6600
3月22日—26日	福岡県	5	5	3000
3月31日	奈良県	1	1	400
合計		122	120	75675

表②　1941年の日本移動文化協会の巡回映画開催状況。青森県、宮城県の観客数は、いずれも4月8日までの数（『大政翼賛会会報』第19号、1941年4月30日より作成）

同じ時期、ニュース映画製作部門を持つ新聞社なども、同様の移動映画組織を各地に展開していた。東日、大毎の新聞社の移動映画班は映画報国隊と称し、三五ミリ発声映写機二台を備えた班を、それぞれ一〇班組織し活動していた。映写班派遣の費用は新聞社負担で、観覧料は無料であった。六月二〇日から八月二六日までの間に、四一三地域で四三一回の巡回映画会を開き、延べ八四万五八六〇人の観衆を集めていた。

最も多くの巡回映画会を開いていたのは、読売新聞社の映画奉公隊で、やはり、一つの班が三五ミリ発声映写機二台を備え、二〇班が各地を巡回していた。四月二〇日から七月四日の間に、一〇九〇回、延べ一七八万四三一七人の観衆をスクリーンの前に集めていた。

農山漁村文化協会の巡回映写活動には、東宝が全面的に協力し、一九四〇年一〇月に、千葉県山武郡の農業組合で開催したのを皮切りに、以後、次第に活動範囲を拡大していった。映写班は、本部直属二〇班（三五ミリ発声映写機）、地方駐在四班（三五ミリ発声映写機）、府県支部に一一班（一六ミリ発声映写機）、計三五班で編成されていた。協会が直接主催するのではなく、地域の青年団や産業組合主催で、そこに派遣する形をとっていた。派遣費用は一回概ね三〇円、映写会を五か所以上連続開催できることが条件であった。翌四一年三月までの開催状況は、三二府県で延べ三六〇回、観客動員数は、三〇万六三〇〇人であった。

各巡回映画班の出張先には、鉱山や工場なども含まれていたが、その多くは、農山漁村であったと考えて差し支えないだろう。

これらの展開の様子をさらに年次を追って突き止めることは史料的に難しいが、最初に掲げた移動文化協会の

期間	映画会名	協賛・協力団体	活動状況
九月一日から平均二週間	重要鉱物非常増産週間	大日本産業報国会・鉱山統制会	平均三時間半の上映
一〇月中旬の二〇日間	航空思想普及映画会	大日本飛行協会	映写隊一三班
一〇月四日から一週間	軍人援護強化週間	軍事保護院	映写隊二六班 全国二四〇ヶ所（一府県平均五ヶ町村）
一〇月一日から二か月近く	増産推進映画会	大政翼賛会	映写隊五〇班 一九府県一一〇〇ヶ町村
一一月から三か月	貯蓄奨励映画会	通信院貯金局	映写隊一三班
一一月二〇日以降	新穀感謝増産激励映画会	大政翼賛会	映写隊三六班 一九府県一〇〇〇町村
主な使用フィルムタイトル	決戦の大空へ、愛機南へ飛ぶ、熱風、無法松の一生、富士に誓う、奴隷船、世界に告ぐ、潜水艦西へ、海軍戦記、大陸新戦場、姿三四郎、望楼の決死隊、風雪の春、シンガポール総攻撃、華やかなる幻想、海ゆかば		

表③　日本移動映写連盟の 1943 年後半期の活動例（映配移動映写計画課「かくれたる功労者――映配移動映写隊の業績報告」、『映画配給社報　社内版』1944 年 1 月 1 日号より作成）

一九四三年に入ってからの活動振りがわかるので見ておこう。記録によれば、映画フィルムの調達難などが叫ばれる中、五月一か月で、全国四二府県で一九九〇回の巡回映写会を開催し、一五五万五五七五人の観衆を集めていたとあるから、[19]その活動量は、拡大していたといえそうである。また、徐々に移動映画組織の統合を進めていた社団法人映画配給社は、この時すでに、全国に五つの支社を持ち、各支部の普及課が移動映画隊の派遣を行っていたが、その活動状況を見ると、六月一か月で、一一九九回の映写回数、七二万五六六七人の観客動員を記録していた。また、翌七月も、一か月に一一五〇回、六五万入九八四人という数に上っていた。

また、実際に、移動映画組織の統合がなってからの活動状況を、同じ四三年の後半期について見ると表③のようであった。組織の一元化と情報局などの本格的バックアップ体制の整備により、大規模な全国展開が行われていたことがわかる。[20]

5 巡回映画班の活動状況

それでは、それら巡回映画班の活動振りはどのようなものだったのだろうか。具体的な活動記録をてがかりに、その実態に迫ってみよう。表④の記録は、一九四一年の二月中に、群馬県新田郡の六ヶ町村を巡回した映写班の様子である。これは、農山漁村文化協会と新田郡青年団との共同主催による巡回映画会で、全日程六日間の予定で行われた。

農山漁村文化協会から派遣された映写スタッフは三人、青年団の全面的支援があったために、興行そのものは、映写や電圧などのトラブルもなく、また、器材、人員とも移動もスムーズで比較的順調だったことがわかる。太田、桐生などの市部に近く、交通機関の便などの条件が比較的良いせいであろう。後述するように、北海道や東北、あるいは、山村地域などの場合は、移動そのものが相当の重労働である場合が多かった。

会場は、おおむね小学校の教室をぶち抜いて作られたが、市場に急ごしらえで囲いを作って代用させるなど急場しのぎの場合もあった。観衆は、児童生徒とともに、出征遺家族の招待者が加わっていたことが特徴で、このような催しの目的の一つが、銃後農村対策としての側面を持っていたことがわかる。児童生徒と一般村民のために昼夜二回の興行が多かった。組織的動員があったにせよ、市部からの業者の興行も比較的ある地域にもかかわらず、観衆は常に会場一杯の状態であり、やはり、農村民の娯楽として映画が人気を集めていた様子が窺える。

プログラムの中では、児童生徒にとっては漫画が、一般村民には劇映画の評判が良かった。この例のように、文化映画は、そのドキュメンタリータッチの映像の新鮮さや科学性で人々の興味をそそる場合が多かったと言われている。(21) それに対して、時局宣伝的な内容を持つフィルムについては、評価が定まらない場合が間々見うけられた。

この巡回映画班に先立つこと三か月前の、前年一二月に、千葉県を巡った班の記録も残されている。そこから、また、特徴的な部分を抜き出してみよう。(22)

第一日目の三川村というところでは、「三川村新体制建設連盟」発会式の記念行事の一つとして、産業組合員の慰安もかねて「農村映画の夕」と題して開催された。会場は、やはり小学校、裁縫室と二教室を取り外し、講堂にして開演。六時開演、八時四〇分終了で、観衆は鈴なりであった。映写は、機械の故障一回とプリント切れで、三度中断。また、後方席では、発声の聞き取れないことがあり、必ずしも好調ではなかった。

二日目の会場は、公会堂と称する古い芝居小屋。信用購買販売利用組合の主催で、昼夜二回の公演。昼間は、午後一時から小学校児童対象、夜は午後六時から九時まで。一〇〇〇名以上の観衆が集まった。

隣村での翌日の主催も信用組合、会場は、小学校。設営した会場では、電圧が低く、音がまったく聞こえない

二月九日	生品村	青年団四人がリヤカー付き自転車で班員三人と八個の器材の荷物を運搬。小学校の教室を三つ連ねた会場。八〇〇人余りの観衆。小学生と婦人が多い。午後六時半開演、九時一〇分まで。『九段の母』が好評。月一回くらい、近隣の太田、桐生から興行師が来て、古い映画をかけるが、三〇銭から四〇銭くらい。
二月一〇日	強戸村	強戸村からの迎えの自動車で移動。小学校の教室三つを連ねて会場設営。郡の教育会所有の暗幕を使用。午後二時開演、四時半第一回終了。昼間映写だったが支障なし。七〇〇人余りの観衆。うち四〇〇人は小学生。他は、出征遺家族の招待者。午後六時四〇分第二回目開始、九時一五分終了。観衆九〇〇人で超満員。六割くらいが婦人で、やはり『九段の母』が大好評。
二月一一日	島之郷村	青年団がリヤカーで器材を運搬。スタッフは東武東上線で移動。小学校の教室三つを連ね会場設営。暗幕も先日と同じものを使用。午後一時四五分開演、四時一五分終了。七五〇人余り。小学生が五〇〇人、家政女学校の生徒が一八〇人。残りは出征遺家族の招待者。午後七時第二回目開始。約一〇〇〇名の観衆。廊下に溢れる超満員で、蒲団持参のお年寄りも多い。途中一〇分間の休憩。警察からの依頼で、学校の先生から防火の講演。九時半終了。
二月一二日	綿打村字金井	自動車で移動。青物市場が会場。六〇坪ばかりの屋根だけの吹きさらしの建物なので、青年団員が周りに筵やトタンで囲いを作る。しかし、床はコンクリートで埃だらけ。午後七時開演、一〇時半終了。観衆約六五〇名。婦人が四割で割に少ない。
二月一三日	藪塚本町	器材は自動車で移動。小学校の教室三つを連ねた会場。暗幕は以前のものを使用。昼の観衆は、高等科までの全校生徒と教員で一〇〇〇人余りの盛況。午後七時第二回目開始、九時半終了。観衆は七五〇人。
二月一四日	世良田村	自動車で器材とともに移動。小学校講堂が会場。女子青年団の主催で、すでに前売券を一〇〇〇枚完売。農山漁村文化協会の方針に基づき、団員は三銭、一般は一〇銭に設定。午後二時開演、四時半終了。高等科までの全校生徒一四〇〇人。午後七時第二回目開始、九時半終了。約一二〇〇人で講堂は立錐の余地なし。婦人が六割ほど。
全体の評価		日々の連絡が順調。映写機の調子も良好で、画面も明るく、音質も普通、電圧もトランスの助けで一〇〇ボルトを維持し映写もうまく進行。フィルムもニュープリントで一度の切断もなし。
番組評		『め組の喧嘩』（漫画）…小学校児童らに圧倒的人気。 『地蜂』『てんぐさ』（文化映画）…小学校低学年には難しすぎたが、高学年、高等科生徒には理科の参考として適当であったと先生の評価。 『更生の光』（軍事保護院提供）…各地で好評。エンドタイトルとともに拍手が起こることが多かった。 『製炭報国隊』…番組中で最も不評。写真そのものも冗漫で、意図明瞭を欠く嫌いがある。製炭報国隊を組織している村では、共感を呼び多少の拍手があった。 『雲月の九段の母』…各地で最も好評。浪曲ファンが多いため、浪曲師の天中軒雲月《てんちゅうけんうんげつ》特別出演のタイトルだけで盛大な拍手がおこる。婦人の啜り泣きの声も随所に起こった。

表④　1941 年 2 月、群馬県新田郡を巡回した移動映写班日記（茂木永三「東上州の村を巡る――移動映写班日記」、『農村文化』第 20 巻第 4 号、1941 年 4 月から作成）

状態で、電源に近いところに機械を移し替える必要から、急遽屋外映写に変更。それでも、一部の年寄りをのぞき、八〇〇人の観衆は、七時半からの公演に最後まで席を立つ人がいなかった。風が起こるたびに映写幕が波打ち、また、月が出るたびに画面が薄くなったが、プリント切れ、機械の故障はなかった。

番組構成は、劇映画『プロペラ親爺』、文化映画『もんしろ蝶』、軍事保護院提供の『更生の光』『血染めのハンカチ』、それと漫画『め組の喧嘩』であった。児童には、漫画が人気を得、また先生たちは、『もんしろ蝶』が教育的・科学的で良かったとの評価。多くの村民は、特に婦人たちが、『血染めのハンカチ』を、その他は『プロペラ親爺』に拍手喝采であったという。

この巡回班の場合も、移動その他の苦労は少なく、産業組合趣旨宣伝の一環として開催されているため、観客動員の面も含めそれらの協力が、実際に効果をあげていたことがわかる。先の例にも共通して、学校の協力体制も重要な要素であったことが窺える。映写技術上の問題としては、機械の故障、電圧の低さ、プリント切れなどが多かったことがわかる[23]。

これらは、比較的巡回の旅程が順調にいった場合で、地域によっては必ずしもそうはいかない場合も多かった。表⑤は、北海道での巡回映写会の一例であるが、器材運搬やスタッフそのものの移動に苦労している様子が窺える。また、必要な電圧が得られないため、部落全体の協力を得て映写にこぎつけたり、音響の不十分な部分を活弁よろしく肉声で補ったりと、悪条件の中で映写会を実施している様子が伝わってくる。一回の観客数も四〇〇〜六〇〇人であった。巡回映画についての記録では、むしろ、前二者のような事例より、このように僻村を巡る中での苦労談が綴られているものの方が圧倒的に多かった。

このように、地域的に巡回の苦労はそれぞれであったが、会場や興行の時間、方法など、映写会そのもののやり方にあまり大きな違いはなかった。

	会場 開催時刻・映写時間	移動の方法・会場や映写前後の様子・映写の実情など	観衆人数・その他
第一日	劇場 夜七時開会	国民儀礼・村長の挨拶・映画配給社による移動映画の趣旨説明	駅三つを隔てた山奥から上映会のために参集
第二日	国民学校調理室	バスで移動。トーキーについて解説	全校児童三二〇名
第三日	国民学校 夜八時から二時間	バスの便が悪く徒歩で移動。器材のみ運搬依頼。開会のあいさつ。音響が悪いので、発声の補助を行う。評判上々	六〇〇名余り 野良着姿が多い
第四日	青年会館 昼間	バスの連絡悪く郵便自動車に便乗して移動。電圧十分のため映写効果上々。移動映写会の意義などについて解説。上映後警防団の指揮の下に、団体訓練実施	四〇〇名余り
第五日	劇場	朝九時バスで移動。一時間半で目的地へ。国民学校が会場の予定だったが、電圧が低いため村の劇場へ変更（乳幼児死亡率が高いので、今度はその分野の啓蒙的映画をとの希望あり）	六〇〇名余り
第六日	国民学校 夕方から	途中までバス。そこからは、バスに断られ、リヤカーで一二キロの山道を移動、正午着。部落全戸約四〇戸が電圧確保に協力するため消灯。感激し解説に熱が入る	二〇〇名余り
第七日	国民学校屋内運動場 夜七時半から	目的地の村から荷馬車の迎え。同じ村で二日間開催。本日は下の部落	四五〇名余り
第八日	夜七時半から	途中警報発令により中止	三〇〇名余り
第九日	青年会館	狭い会館一杯の観衆。団体訓練の必要を解説	四〇〇名余り

表⑤　1943年、北海道での移動映写班活動の一例。巡回映写はこの後も続けれらたが、後は略した。巡回地は北海道内のどこかは特定できなかった（深田斎一「巡映記」、『映画配給社報　社内版』1943年7月15日号より作成）

映写会そのものの手順についても、主催団体や担い手の違いによって多少の異同はあっても、ほぼ同じ基本パターンがあった。これまで紹介した事例の中でも見られたが、定刻になり、観衆が集まったところで、まず、国民儀礼がはじまる。この内容については後述するが、次いで、映写会開催の趣旨説明が行われる。「映写会を開催した主旨を徹底するための挨拶は」「映写にうつってからの集団鑑賞する上によい結果をもたらすし」、移動映画事業の役割を認知させ、「正しい発展の基礎ともなる」[24]大事な役割をもつものと位置づけられていた。以後の映写会順序については、当事者の説明を参照しよう。

「フィルム」の上映順序も第一番目に「漫画」を写す。子供の多い農山漁村の移動映写会ではやむを得ないし、時間的にも〔早い時間では〕大人が多く集まらないのも事実だから、どの移動映写隊でもやると思う。次に「文化映画」をやり、「ニュース映画」をやって休憩する。そして音楽班を同道している映写隊ではこの辺で音楽を公開し、又農村歌などを指導してやれば非常になごやかな会合になり効果的である。最後に「劇映画」を上演して終わる訳であるが、閉会と同時に、聖寿万歳を三唱して解散していただきたい。

これらを大体二時間半から三時間で終えるのが、一つの基本パターンであった。

実際に移動映写にどのようなフィルムが上演されたかは、必ずしも良くわからない[25]。農山漁村文化協会の巡回映写班の活動では、表⑥のようなプログラムが組まれていたことが記録されている。構成の基本は同じであるが、各ジャンルの映画をそれなりに多種類備えていたことがわかる。確かに、前掲表③のように、四三年に入り、巡回映画の機構が一元化され、強力なバックアップの下で展開するようになってから、携行フィルムが豊富に、そして、メジャーなものになっていったのは確かだが、それ以前でも、農山漁村文化協会や大政翼賛会などの後援の下、それなりの体制を整えて巡回活動が行われていたと言える。

紙幅の関係で詳細は省くが、一九三八年以降製作された時局関連映画を雑誌『映画国策』や『農村文化』から見ると、国策宣伝用に、また、農村向けにどのようなものが作られ、上映されていたかを知ることはできよう。一九三八年中の作品群には、雑誌の性格もあり、当時からすでに「国策映画」と呼ばれていた啓蒙宣伝フィルムが多い。例えば、文部省製作の『銃後の長期戦』は、国民精神総動員運動に使用するため、それ以前に製作された『支那事変』『国民精神総動員演説会』に次ぐ三作目の作品であった。これらは、『深く掘れ』、あるいは農村向け国策宣伝映画の『うさぎの村』『雪の村』などへと引き継がれていくが、あとになるにしたがって、文化映画的な色彩を強くしているように見える。また、『国民皆泳』のように、国策宣伝のために作られながら、泳法解説のための高速移動撮影が高く評価されるような作品もあった。劇映画仕立てで国民精神総動員運動の趣旨を盛り込んだものも多く、ドイツやイタリアの動員政策をドキュメンタリー風に描いた啓蒙宣伝映画と並んで、相当数のものが作られていたことがわかる。また、「衛生映画」という括りかたで紹介されていた一連の作品も目を引く。国民体位向上を軸にしつつ、育児や衛生観念の普及に努めていた厚生省の意向を受けたものであった。

群馬県新田郡（四一年二月）	千葉県海上郡（四一年四月）	静岡県田方郡（四二年八月）
め組の喧嘩（漫画）	め組の喧嘩（漫画）	のらくろ一等兵（漫画）
地蜂（文化映画）	もんしろ蝶（文化映画）	国の幸
てんぐさ（文化映画）	更生の光（軍事保護院映画）	興亜馬車大会
更生の光（軍事保護院映画）	血染のハンカチ（軍事保護院映画）	ニュース
製炭報国隊（軍事保護院映画）	プロペラ親爺（劇映画）	翼賛選挙
雲月の九段の母（劇映画）		父は九段の桜花（劇映画）

表⑥　巡回映画プログラム例（『農村文化』20巻2号〔1941年2月〕、20巻4号〔1941年4月〕、21巻8号〔1942年8月〕の巡回映画に関する記事より）

また、子供向けの漫画も一つのジャンルをなしており、『マー坊の大陸秘境探検』は、以後シリーズ化され、『鉄血陸戦隊』『南海奮戦記』『大陸宣撫隊』『落下傘部隊』などが作られた。

一九三九年に映画法が成立し、文化映画の上映が義務化されたのにともなって、このジャンルの作品が大量に作られるようになった。そのような時流に乗って、数多くの廉価な短編の文化映画が量産されたわけだが、中には、技法的・映像的に優れ、後々にまで語り継がれる佳作も多く生まれた。すでに以前から教材映画で質の高いフィルムを製作していた十字屋映画部の作品群や、大毎・東日映画の『阿波の木偶』、科学映画で異彩を放っていた理研映画の『雪と熱』などは、当時でも高い評価を受けていた。国策趣旨を劇映画仕立てにした、『明けゆく土』『華やかなる幻想』などが一九四三年頃に、巡回映画で使われていたことがわかっているが、その他に、これらのうちどれほどのものが、農村に持ち込まれたかは定かではない。しかし、その製作意図から推して、比較的多くが利用されたのではないかと推測できる。

6　巡回映画と国策宣伝活動

巡回映写会は、このように、国策趣旨に沿った映画を上映することで、その普及・徹底を図る役割を果たしていたが、その上に、さらに、農村民の戦意高揚、時局認識徹底を図るための施策が付け加えられることも多かった。産業組合や翼賛会の組織的動員にとって、映写会という娯楽性の高い催しは、都合が良く、また、実際に、これまでの巡回映写会の記録に見るとおり、会場はいつも満員の盛況だったのである。

映写会の冒頭で必ず行われていた国民儀礼もそのひとつであった。そのやり方について、劇場興行の場合であるが、一九四三年に入って定型化されたものを表⑦にまとめた。これは、都市の劇場の場合なので、農村での巡

一、国民儀礼の前に
イ、「みたみわれ」「愛国行進曲」「海ゆかば」などのレコードを放送
ロ、ベル（場内の照明を落とす）
ハ、幕上がる
ニ、舞台正面に日章旗、その前に出演者整列する、出演者の服装はなるべく、男は国民服乙号、女は標準服、モンペ、若しくはそれに類する簡素なもの（以下略）
（ホは略）
一、国民儀礼の次第
イ、「開演に先立ちまして、この激しい決戦下にもかかはらず、このように芝居を楽しみあうことができる日本国民の幸せを、心から感謝いたしまして、唯今から厳粛に国民儀礼を行いたいと存じます、皆様ご起立をねがいます」
ロ、「一同敬礼」（省いてもよい）
ハ、「宮城を遙拝いたします、宮城の御方向にお向きください」あるいは、「正面の国旗を通して、宮城を遙拝いたします」
ニ、「宮城に対し奉り最敬礼（二呼吸）なおれ、もとの位置におなおり下さい」
ホ、「護国の英霊に感謝を捧げ皇軍将兵の武運長久祈願致します」
ヘ、「祈念はじめ」（このとき「海ゆかば」のレコードをかけるのが一番効果的で厳粛な空気で場内を満たすことが出来る、しかし、それが出来ないときは、祈念の長さは、三呼吸ほど）
「祈念を終ります」
ト、（大詔奉戴日とか、記念日などには、ここで短い挨拶をする）
チ、「一同敬礼」（省いても良ろしい）（リ、ヌは略）

表⑦　国民儀礼の次第について（大政翼賛会『大政翼賛』1943年9月8日より）

回映写会とは違うが、基本的な部分は同じであった。農村での映写会の場合は、レコードなどをかけることはあまりなく、「海ゆかば」の斉唱を行うことが多かった。また、開演前の趣旨宣伝の挨拶は、映写会の場合は、記念日に限らず、必ず盛り込まれていることが多く、産業組合や翼賛会などの主催者の挨拶と、農山漁村文化協会や移動映画協会などからの巡回映画の趣旨説明が開演前にあるのが通例であった。

農村民が集会する映写会で、こういった儀礼行事を厳かに執り行うことで、国策趣旨宣伝や戦時意識の徹底を図ろうとした当局者の意図は明らかである。(26)

また、一九四〇年代になると、○○強化週間や増産強化月間といった戦時動員のための官製的な運動が日常化するが、その一つのイベントとして、巡回映写会が組み込まれる例が増えていった。表③からもそれ

は読み取れる。そういった運動への農村民の結集力を引き出す上で、娯楽的要素を多分に持った映写会の効用は大きかったと考えられる。また、実際に銃後後援活動が、映写会の機会を通して行われる場合もあった。次の慰問文集めなどはその典型であろう。

一九四三年、軍事援護強化運動の一環として各地で開催された巡回映画会では、観覧者はそれぞれ慰問文を持参することになっていた。高知県と徳島県のそれぞれ五ヶ町村での実績が報告されていたが、高知県の場合は、観覧者一八八六人に対し、集まった慰問文は一一三一通に上った。また、徳島県の方は、二九三〇人の観覧者に対し、未報告分があり、判明しただけだが一八八三通が集まっていた。同じ時期、同様の報告が、北海道、岐阜、三重、秋田、山形、岩手からも寄せられているとあるから、各地でこのような取り組みが行われていたことがわかる。[27]

こういった役割をも合わせて担いながら、巡回映画活動は、相当の規模で全国的展開を果たしていたのである。しかし、一九四三年中のそのような活動をいつまで維持できたのかは明らかではない。巡回映画活動の中心となっていた映画配給社では、四四年に入ると、男子就業禁止令などにより人員確保が困難となり、部局及び支部組織の大幅削減を行っていた。その際、移動映写隊員の確保、養成が急務であることが叫ばれていたから[28]、ほぼこの頃を境に、その活動力は急速に衰えていったと思われる。

まとめ

日中戦争の全面化・長期化にともなう食糧事情の悪化の中で、俄かに喧しく叫ばれるようになった農村文化問題は、ある意味では、非常に単純明快な内容であった。労働力不足や資材、原料不足による農業生産条件の悪化にもかかわらず、日増しに高まってくる食糧増産の要請に応えるべく刻苦する農村は、しかし、息つくための慰安すらなく、精神的安寧を得るための娯楽にも乏しい。片や都会は、その農村から見ると、到底戦時とは思えない、総動員体制とは考えられない文化的施設に満ちている。今こそ、都会的文化施設の農村への「移流」が果たされるべきであるというこの論調は、戦時における人的資源と国民食糧の源泉＝農村という前提の上にたって、それなりの正当性と説得力を持った。そのため、時の「流行」語となり、「思わせぶりなジェスチャー」「媚態」などと評されながらも、その実現への施策が取り組まれたのである。

一方で、映画もまた、戦時だからこその発展をとげていた。満洲事変によってニュース映画が発展のきっかけをつかんだように、また、映画法を境に文化映画の時代がおとずれたように、戦争と映画は常に密接な関連をもって推移していた。もちろん、ハーイが指摘したように、国民教化を「教室」を舞台に、主に「国語と修身の教科書」によって果たしてきた伝統のために、映画を国内向けプロパガンダにという方策は、かなり慌ただしくセッティングが行われ、「国策映画」というカテゴリーが唐突に準備された(29)。しかし、映画法が成立する一九三九年頃には、国家の宣伝政策の有効な道具として映画を用いることは規定の方針となっていた。

この流れの一方で、劇映画を中心に、映画そのものは、大衆娯楽の代表として急速に人々の間に溶け込み、定着していた。それはまた、常設館を備えられるという点で、都会的な娯楽の代表でもあった。

戦時食糧増産を背景とした農村文化問題、戦時国策宣伝の道具としての映画、都会的娯楽の代表としての映画。農山漁村向けの巡回映画は、これらの要素が絡み合う中で生まれ、その活動の展開が促されていったと考えられるのである。

では、その活動実態はどのようなものであっただろうか。一九四〇年代に入って本格化する巡回映画班の活動は、全国的規模で相当の広がりを持っていた。情報局の指示により、一元化された組織である移動映写連盟が作られる以前から、そのような展開の状況は確認することができるのである。農村への健全娯楽の供給という共通の目的を持ちながら、組織的統合が図られる以前は、翼賛会や産業組合などが、それぞれの意図に応じて映写班を派遣するしくみがとられていた。しかし、巡回映写会そのものの方法は基本的に同一であり、とくに、上映される番組にも相当の共通性があった。器材を抱えての移動の苦労や、電圧不足やフィルム切れに悩まされる様子が綴られた映写班の活動記録からは、しかし、共通して、常に多くの観衆がスクリーンの前に鈴なりになっていた情景をうかがうことができた。

その映写会は、戦意高揚映画や国策宣伝映画の上映という本来の目的のほかに、国民儀礼による国体観念の鼓吹や、慰問文集めといった銃後後援活動への動員の場としても活用された。当時上映された「国策映画」が、観衆にどのような影響を与えたかを計ることは難しいが、少なくとも、娯楽を求めての集まりという、動員効率の高い場での国策宣伝はもちろん、違和感を持ち、いぶかしく思う人々はいたにしても、それだけで一定の成果をあげていたといえるだろう。

巡回映画での上映映画が国策宣伝効果をどれほど持ち得たかという点については、さらに以下のようなことを検討しながら、明らかにしていかなければならないだろう。一つには、映画国策といい、映画法による統制といいながらも、例えば、文化映画の明瞭な枠組みを打ち出せなかった当局の映画政策そのものをどのように評価するかという点である。また、もう一つには、巡回映画に使用されたフィルムの確定はもとより、それらの作品評価を丁寧に行う作業が必要であろう。また、ここでは、巡回映画の送り手の側からの検討に終始してしまったが、当然、受け手の側、すなわち農村の側からの視点が重要になるだろう。

（1）ピーター・B・ハーイ『帝国の銀幕』（名古屋大学出版会、一九九五年）、清水晶『戦争と映画』（社会思想社、一九九五年）などはじめ相当な数にのぼる。ここでは、そのうち、戦時期の農村映画の問題を考える際に参考となるものだけを若干列挙するにとどめる。より細かくは、拙稿「戦前日本ニュース映画史」（『白梅学園短期大学紀要』第三一号、一九九五年）を参照。映画史全般にわたるものでは、田中純一郎『日本映画発達史』全五巻（中央公論社、一九八〇年）、同『日本教育映画発達史』（蝸牛社、一九七九年）、『講座日本映画』全七巻（岩波書店、一九八六年）、辻恭平『事典　映画の図書』（凱風社、一九八九年）、野田真吉『日本ドキュメンタリー映画全史』（社会思想社、一九八四年）、戦争と映画の問題では、櫻本富雄『大東亜戦争と日本映画』（青木書店、一九九三年）、NHK取材班『日本の選択4　プロパガンダ映画のたどった道』（角川書店、一九九五年）など。

（2）古瀬伝蔵「農村映画事業の重要性と其の具現化」、『農政研究』第一八巻第六号、一九三九年六月。この後、次のような都会批判が続く。「翻って都会地に於ける実情を大観する時に農村人としては夢にも想像の出来ない呑気さ加減である。視よ、デパートの雑沓さを、劇場、映画館の超満員さを、花柳界の繁盛振りを、カフェーや飲食店の満員振りを、凡そ戦時下とか非常時下とか、国民精神総動員とか、銃後の護りとか云ふ言葉とは縁のない生活振りである」。

（3）山口弘道「皇国農村確立促進方策と農村文化問題」、『農村文化』第二二巻第七号、一九四三年七月。山口は、農林省農政局技師。

（4）河野八郎「農村生活と農村文化」、『農村文化』第二〇巻第二号、一九四一年二月。

（5）高橋芳郎「農村に於ける文化の享受と創造」、『農村文化』第二〇巻第三号、一九四一年三月。しかし、この後、「文化財と称するものの中にも必ず健全であるといえないものもあり、農村に於ける伝統的な美風を批判したり破壊したりするような結果に陥ったりする様なものは警戒する必要がある」と、都市＝軽佻浮華の農村への流入には敏感な姿勢を示していた。また、映画事業に携わる人々の側からも農村と映画について発言は多くあった。例えば、高季彦「農山漁村と映画との問題」（『映画評論』第一巻第一号、一九四一年一月）は、農山漁村への慰安、娯楽の提供として映画が重要であることと、農山漁村の実情を映画によって周知させる役割を映画界は担っていると主張し、「映画をいつまでも都会生活者の占有物にとどまらせておいてはならないという自覚」が必要であると強調していた。

（6）鍵山博史「農村と農村文化」、『農村文化』第二〇巻第二号、一九四一年二月。

（7）有馬頼寧「社団法人農山漁村文化協会に就いて」、『農政研究』第一九巻第四号、一九四〇年四月。

（8）古瀬前掲。

（9）『農村文化』第二二巻第一〇号（一九四三年一〇月）の特集記事「決戦下の農村文化運動に望む」。すでに、国民精神総動員運動が始められた頃から、農村では、経済更生委員会組織があるにもかかわらず精動運動の委員会を作ることについて「屋上屋を架する嫌い」といった批判や、また、講演会などについても、「県庁の役人が自動車に乗り来り、講演三、四〇分を為して帰るが如きはさなきだに〔それでなくてさえ〕農事に忙殺され居る農民に、余りにも実益なく、却って不平あり」とか、「農村に於ける三〇分乃至一時間の内容空疎なる御役目的講演」が「余りに農村の実状に背馳する」ものであるといった批判は相当出されていた（企画院産業部『日支事変下農山漁村実態調査報告』一九三八年六月）。これらの繰り返しより、娯楽性のある映画をという要望が強かったのである。また、映画法が審議された七四議会でも、「積極的に政府自身が、国民精神総動員に二百万円も金を出すならば、半分でも宜しい、之〔映画〕を持って来てどんどんやる必要があると思う」（前川正一「農村国策宣伝と映画」、『農村文化』第一八巻第九号、一九三九年九月）といった発言が聞かれた。

（10）農山漁村文化協会「農村文化運動の進展を期す」、『農政研究』第一九巻第七号、一九四〇年九月。

（11）『映画技術』昭和一六年一二月号、一九四一年一二月。

（12）今村太平「映画の宣伝力」、『映画評論』昭和一七年二月号、一九四二年二月。

（13）この点については、移動映写の項で具体的に触れる。また、国策宣伝、思想宣伝の具としての映画の効用については、情報局などでは、当然早くから着目しており、そのため、映画統制は、映画そのものの発達と全く同一歩調で行われ、その統制のもとに、政策的にリードされながら映画の普及が進められるという特殊性を持っていた。これらについては、奥平康弘「映画の国家統制」、前掲『講座日本映画4』、ハーイ前掲書、前掲拙稿「戦前日本ニュース映画史」などを参照。ただし一方で、映画法においても、映画と「宣伝」の接点が明確化されていたのは文化映画のみであり、津村秀夫などが、プロパガンダの問題が軽視されていることを批判していたとするハーイの指摘は重要であろう。

（14）この点及び文部省の巡回映画については、以下のものを参照した。「教育映画の市場」、『映画国策』第二巻第二号、一九三八年二月。「文化映画製作者の立場——吾国教育映画の発達と現状」、『映画国策』第二巻第六号、一九三八年六月。田中前掲『日本教育映画発達史』。

（15）田中前掲『日本映画発達史』。

(16)この日本の宣伝映画の「不器用な「時局臭さ」」に対して、ソ連とドイツは、「プロパガンダを「芸術形態」に変貌させることに関して、めざましい躍進をとげていた」とするハーイ前掲書の指摘は興味深い。

(17)徴収する場合は、大人一〇銭、子供五銭以下。また、映画班派遣費用は一日一回につき三〇円であった。

(18)松崎繁「農山漁村と映画の問題」、『映画評論』昭和一六年一一月号、一九四一年一一月、及び田中前掲『日本映画発達史』第三巻。他の団体の活動についても同じ。

(19)『映画配給社報　社内版』一九四三年九月一五日号。

(20)巡回映画組織の統合について簡単に触れておく。映画法の成立により、映画製作会社、映画雑誌などの出版社の整理統合が進められ、それにともなって、フィルム配給に関しても、社団法人映画配給社が設立され、完全に一本化された。一九四二年初頭である。巡回映画についても、一元化の動きはあったが、もともと、異なった母体によって、独自の展開を果たしてきた経緯があり、映画統制全体とは必ずしも同一歩調では進まず、組織としての整理が遂げられたのは、しばらく後であった。

映画配給社設立後、その中に開発普及部が設けられ、そこに、東宝と日本映画社の移動映写隊が吸収され、統合への一歩が始まったが、さらにそこに、読売、朝日、毎日の各新聞社の移動映写隊など、合わせて七つの組織が加わり、巡回映画の一元化が図られたのは、一九四三年八月であった。日本移動映写連盟である。ただし、この機関は、実働部隊を持っていたわけではなく、各移動映写隊の活動を統括する役割を担ったにすぎず、実際の活動は、従来通りの組織で行なわれていた。

田中前掲『日本映画発達史』第三巻では、移動映写事業は、配給面、資材面から積極的な応援がなく、興行場との軋轢、移動用のフィルムが調達できないなどの点で、運営に円滑を欠き、東宝映画が無償で提供した『燃ゆる大空』『九段の母』など十数本のフィルムでかろうじて地方の要望に応えたとなっている。また情報局の肝入りで移動映写連盟となってから、これらの点が改善され、結成以来一〇か月で、映写回数二万八〇〇〇回、観客人員一六〇〇万人という記録を作ったとなっているが、以下の活動状況などによっても、これ以前から、相当規模の展開を示しており、また、映写会の内容も充実していたと考えられる。

(21)ハーイは前掲書で、ニュース映画に代表される、この「「ドキュメンタリー・リアリズム」の楽しみ」が、「民衆の目を開かせ」「昭和十年代（一九三五～四五）の美意識を形成する決定的な要因となった」と指摘している。

(22) 秋山六郎「農村巡回映写日記」、『農村文化』第二〇巻第二号、一九四一年二月。

(23) 巡回映画に加わった映画技術者たちは、その矜持から、完璧を期そうと努め、器材や電圧のトラブルに相当過敏になっていたが、受け手の観衆の側は、悠揚たるもので、むしろそういったことも含めて、映写会そのものを楽しんでいる風情があった。

(24) 富田金吾「移動映写雑感」、『農村文化』第二二巻第六号、一九四三年六月。次の引用も同じ。

(25) 例えば、一九四二年の初頭に東宝が秋田県で行った移動映写会の記録によると、先の田中の指摘にあったように、『燃ゆる大空』と『雲月の九段の母』を頭に、『ロッパの駄々ッ子父ちゃん』という余興映画をトリに持ってきて、その合間に、漫画と文化映画を三、四本加えていた（清水敏夫「吐夢さんと巡回映画」、『映画評論』一九四二年二月）。

(26) しかし、それがどれほどの効果を持っていたかを判断するのは難しい。娯楽としての映画鑑賞と、このような儀式とのミスマッチに戸惑う人々も少なからずいたようである。ある映写技師は、次のような記録を残していた。

　私は、改めて開会を宣し、宮城遙拝、黙禱、海ゆかばの斉唱を行った。大人の中には初めての人もかなりあるらしい、間誤間誤しているのが、単に活動写真を見に来たのだといった容子《ママ》を如実に現わし、改まった国民儀礼が如何にもとってつけたようで心の中で微笑まされるのであった。

（魚好辰夫「移動映写日誌」、『農村文化』第二二巻第五号、一九四三年五月）

(27) 『映画配給社報　社内版』一九四四年一月一日号。

(28) 『映画配給社報　社内版』一九四四年三月一日号。

(29) ピーター・B・ハーイ前掲書。

(付記) 初出『中国21』第二号、愛知大学現代中国学会、一九九七年一二月。初出より一部を削除し、修正を加えた。

渡邉大輔

教化映画か教材映画か

「動く掛図」論争以後の教育映画／映画教育の言説と実践

はじめに

本章では、満洲事変の勃発した一九三一年から幕を開け、とりわけ盧溝橋事件による日中戦争の開戦から真珠湾攻撃による日米開戦、そしてポツダム宣言受諾による敗戦に至る、一九三七年から四五年までの一五年戦争戦時下における日本国内の教育映画／映画教育の諸状況のうち、その主要な言説と実践のパラダイムが一九四〇年前後に本格化した戦時統制の前後でどのように再編されたのか、その一つの側面を概観してみたい(1)。

教育映画とは「情報や知識、技術を伝達し、人々の教養や情操を高めることを主目的とする映画全般(2)」を指す。日本を含む各国の映画史では、映画という新たな複製メディアを興行的・娯楽的な目的のみならず、広く学知や情操教育などの普及・促進に役立てようとする動きが、すでに黎明期から活発に始まっていた。日本映画史においても、映画が渡来して間もない明治末期から、映画人や教育関係者たちの間で映画の「教育的利用」の必要性が早くも自覚されており、その後、後述するように、とりわけ一九二〇年代後半（昭和初期）頃から、「映画教育運動」と呼ばれる学校教育を主体とした児童への教育映画の巡回上映運動（「講堂映画会」や「教室映画会」などと呼ばれる）が全国的に展開された。具体的には、一九二八年一月に大阪毎日新聞社（大毎）と東京日日新聞社（東日）によって設立された全日本活映教育研究会（三四年一月に全日本映画教育研究会と改称、現在の日本視聴覚教育協会）、及びその実質的な実行母体として同年二月に発足した学校巡回映画連盟による一連の映画教育事業がその中心にあり続け、「大毎の活動なくして日本の映画教育運動は実現しなかった(3)」とまでいわれるほど重要な役割を一貫して果たしたことが知られている。そうした戦前の映画教育運動は第二次世界大戦後の「映画教室」「視聴覚教育」、さらにはメディアをテレビに変えた「放送教育」などとして継続されたという経緯がある（その二一世紀的な最新形がコンピュータやインターネットを活用したメディア・リテラシーやＩＣＴ教育だろう）[4]。

いずれにせよ、日本映画史におけるそうした教育映画／映画教育の歴史的変遷については、すでに田中純一郎の基礎的文献をはじめ、映画教育運動を総括的に記述した稲田達雄などによる先行文献がある[5]。あるいは、先述した戦前期の教育映画／映画教育運動に関しても、主に二〇〇〇年代以降、映画史研究や教育メディア史研究などの分野で活発な研究が進められつつあり[6]、特に二〇一〇年代には、大毎が一九二八年から四三年まで発行していた日本最初の本格的な映画教育専門誌『映画教育』の復刻版が刊行されたことで、さらなる研究の整備が進んでいる現状がある[7]。

以上のように、従来の教育映画史で記述される戦前の本格的な教育映画運動自体が、いわゆる「一五年戦争」とも称される日本のアジア・太平洋戦争の時期とほぼ重なっているという事実がある。とはいえ、知られるように、一九三九年に公布・施行された映画法による統制政策など、その前後とは異なる社会的・文化的磁場に置かれた戦時下の映画界において、教育映画／映画教育の言説や実践は、多様な側面でその影響を蒙っていた。

しかし、教育映画史、とりわけ戦前の映画教育運動に関する先行研究自体は決して少なくはないものの、その過半はおおよそ三〇年代前半までの時期の検討に限られ、こうした戦時期に特化して検討した研究は、管見の限り、まだほとんど存在しない[8]。そこには、教育映画よりも、むしろこの時期にそれらとも重なり合って生まれた文化映画の方に、これまで研究の焦点が当てられがちだったという事情もあるだろう。したがって本章では、一般の映画館で興行された文化映画ではなく、基本的には非興行的な教育映画の文脈に重点を置いて見ていきたい。あるいは、この時期の教育映画にまつわる言説や作品群には、これも容易に想像がつくように、それ以前に比較して全体主義的・軍国主義的な論調や表現が目立つようになってくることは確かである。[9] そうした視点からの分析も有意義であることは間違いないが、ここではむしろ、そのような言説や表現の実質を支えていた、三〇年代から続く教育映画／映画教育運動の言説や実践的基盤の、戦時体制への推移を受けた形式的な変遷の方に着目してみたい。そのことで、戦時下の終局（敗戦）にまでいたる、戦前の教育映画／映画教育のパラダイムの全体が、その一面であれ、俯瞰できるようになるだろう。

1 戦時下の日本映画と教育映画

それではまず、戦中期（一九三一～四五年）の日本映画界の状況を簡単に整理した上で、同時期の教育映画／映画教育の状況を概観してみたい。[10] 日本映画史において、「戦時下」を象徴する「映画国策」――全体主義・軍国主義に根差した映画の産業的・制度的な統制政策が始まったのは、おそらくは一九三三年二月、第六四議会衆議院建議委員第二分科会において、衆議院議員の岩瀬亮が「映画国策樹立ニ関スル建議案」を提出したことをその端緒にすると考えてよいだろう。その後、翌三四年に内務大臣を会長とする映画統制委員会、三五年一二月には半官半民の財団法人大日本映画協会が設置され、後の映画法制定の布石が作られる。三四年三月には、全日本活映教育研究会を改称して三三年一一月に再発足した全日本映画教育研究会が呼びかける形で、映画国策座談会が開催された。

二・二六事件や日中戦争勃発を経た三九年、当時、「わが国最初の文化立法」と大々的に喧伝された「映画法」が四月に公布、一〇月から施行される。「国民文化の進展に資する為映画の質的向上を促し映画事業の健全なる発達を図ることを目的」（第一条）に制定されたこの映画法では、「優良映画の選定制度」（第一〇条）、「年少者（一四歳未満）の映画観覧禁止」（第一七条）、映画企業の許可制、従業者の登録制、外国映画の上映本数制限などの新施策が導入された。中でも、その「目玉」として当時からよく知られ、また教育映画／映画教育の動向とも深く関係する動きとして、いわゆる「文化映画の指定上映」が挙げられる。文化映画とはドイツ・ウーファ社製の「クルトゥーアフィルム」（Kulturfilm）に影響を受けた学術的・教養的内容の教育映画の総称として三〇年代から用いられた言葉である。映画法はその第一五条で「映画興行者に対し国民教育上有益なる特定種類の映画」、すなわち「国民精神の涵養又は国民智能の啓培に資する映画（劇映画を除く）にして文部大臣の認定したるもの」の上映を義務づけ、これにニュース映画を除く啓発的な非劇映画全般を指すジャンルとして文化映画が正式に選定された。これによって、四〇年一月から東京、大阪、名古屋、京都、神戸、福岡の六大都市で毎回の劇映画の興行につき、最低一〇分以上の文化映画の強制上映が義務化され、翌四一年一月からは全国の全映画館のすべての興行で文化映画が上映されることになったのである。

日独伊三国同盟が締結された四〇年九月には、この映画法に基づいた最初の事業統制として、行政が銃後の国民（映画観客）のさらなる「積極的」な意識統制のために国内映画会社に対して映画作品の質的向上や事業統制を要望し、それを受けた各映画会社側が「映画新体制」と呼ばれる独自の製作制限案を打ち出した(11)。四一年九月には、前年の映画新体制の教訓を踏まえた統制策である「映画臨戦体制」が新たに再発足する。この前年末頃から国内では生フィルムの不足が徐々に深刻化し始めており、従来の会社別配給が廃止されて各社配給部が一括統合されることが決まる。こうして四二年四月に設立された社団法人映画配給社（映配）によって国内の映画配給が一元化（紅白二系統配給化）されるのである。この前後、四一年一二月には太平洋戦争が勃発し、日本、そして日本映画界はわずか四年後の敗戦まで一貫して軍国主義的な国策の下に組織されていくこととなる。

それでは、こうした映画国策期における教育映画／映画教育の状況とはどのようなものだったのだろうか。すでに述べたように、日本における教育映画（映画の教育的利用）は、その前史とも呼べる幻燈（magic lantern）の教育的利用とも併せてその黎明期から官民双方で始まってはいたが[12]、一九二八年に全日本活映教育研究会と学校巡回映画連盟が中心となって出発し、さらに機関誌『映画教育』も創刊する大毎の映画教育運動を重要なメルクマールとするのが映画史・メディア史的な通説となっていよう。後述するように、大毎を中心とした戦前の映画教育運動は、青年や成人を対象とする社会教育や映画館での興行とは別に、教室や講堂などの「学校」を舞台にした巡回映画活動を推進していった。三〇年代半ばには、全日本映画教育研究会による『小学校地理映画体系（日本及び満洲の部）』一三編一五巻（一九三五年）などの教材映画シリーズや、講堂映画会など学校での映画学習の方法を解説した「映画教育叢書」（一九三六年創刊）などの関連書籍が相次いで登場し、各地の映画教育活動をバックアップしていった。だが他方で、全日本映画教育研究会が創設一〇周年を迎えた三八年になると、運動の全国的拡大と相即する戦時のフィルムなどの資材不足の影響で、八月から映写機、幻燈機などの製造が禁止される。また、こうした状況を打開するために全日本映画教育研究会は四月、「学校巡回映画の団体配給方針」を発表し、フィルムの配給組織改革にも乗り出した。

そして映画法施行後の四〇年代の状況を見てみると、まず映画法の「年少者の映画観覧制限」がさほどの実質的効果をあげなかったため、四〇年四月には一四歳未満の児童も鑑賞を許される「一般用映画」の中からさらに「児童生徒向映画」の選定が行われることになった。さらに加えて、四一年には四月に施行された「国民学校令」の中で、国民科国史、国民科地理、理数科理科で映画利用が初めて法文に明記される。また、同年には国民学校教科用映画検定規則が設置、また四二年には児童生徒向映画の選定を拡大する形で国民学校課外用映画及青年向映画選定制度が本格的に実施される。四〇年代に入ると、やはり戦争や国威発揚を意識したニュアンスの言説が一気に増加する。四二年二月の時点で、学校巡回映画連盟の加盟数は五〇〇〇校に達していた。四三年四月、全日本映画教育研究会の『映画教育』が第一八三号で終刊する。他方、同月には毎日新聞社の全日本映画教育研究会と文部省の映画教育中央会とを統合して財団法人大日本映画教育会が発足、新たに同名の『映画教育』という機関誌を発刊するも、すでに戦局の悪化は激しく、ほとんど目立った活動を残さないまま、四五年八月の敗戦を迎えるのである（大日本映画教育会は、戦後の四六年に日本映画教育協会に改組された）。

2 「学校」と「動く掛図」批判——戦時下映画教育運動の論点

さて、まさに一五年戦争とほぼ期間を等しくする大日本映画教育研究会を中心とした映画教育運動において、さしあたり国家総動員法と映画法施行を指標とする戦時体制の前後でその言説や活動がどのように展開していったのかを見ていきたい。

戦前の映画教育運動に見られた特色として、これまでにもしばしば注目されてきたのが、すでに記したように、その「学校」を主体とした運動理念である。当時の映画教育運動のイデオローグたちは、ほぼひとしなみに教育映画の拠点を、映画館において娯楽目的で興行される通常の劇映画とはまったく異なる環境（文脈）——「学校」に据えようとした。例えば、その代表的な一人である権田保之助が早くも『映画教育』第二輯で「映画教育の統制としての学校中心主義」という題名の論文を寄稿していることからも明らかなように、「当時の映画教育運動は、少年犯罪の温床とも言われた「映画館」ではなく、教師の目が行き届く「学校」を主たる舞台として進められた」（赤上[13]）。具体的に述べれば、大毎は学校巡回映画連盟を実働母体として、二八年四月の大阪・尼崎両市の三〇小学校を皮切りに、全国の小中学校の講堂ないし体育館に児童を集める上映会「講堂映画会」を月一回程度開催していき、これが日本最初の本格的な巡回映画による児童への教育運動となる。さらに、『映画教育』

誌上では教師ら学校関係者自身による教育映画の製作すら積極的に提唱しており、実際にそれらは三〇年代以降に実現された。

あるいは、そうした教育映画固有のアイデンティティを、通常の興行用の劇映画から区別し、言説的に担保するために採られた独特の言説戦略もまた、こうした彼らの理念と深く関わっている。例えばその象徴的な事例が、「活映」という耳慣れない言葉の創出である。[14] 活映とは、大阪毎日新聞社活動写真班主事として全日本活映教育研究会を発足させた水野新幸《よしゆき》が二七年頃に考案した造語で、教育的・文化的意義を担うフィルム——つまりは教育映画を指す言葉だった。当時、cinematographyを表す訳語として用いられていた「活動写真」や「映画」は一般に低級娯楽のイメージが定着しており、活映という語はそれらと差異化を図るために戦略的に生み出されたものであった。実際、大毎の雑誌『映画教育』も、三二年の一年間だけ、『活映』という誌名に変更されている。

あるいは、同様の言説戦略は、大毎以外の同時期の映画教育運動にも見られた。例えば、佐藤知条が指摘するように、当時、いわゆる大正自由主義教育運動の拠点でもあった成城小学校訓導として先駆的な映画教育を実践していた関猛は、当時並行して用いられていた「活動写真」と「映画」という言葉のうち、前者に大衆的文脈、後者に（教育映画に通じる）再現的・記録的・科学的文脈を籠めて用いていた。[15] こうした水野や関の言説的な企図もまた、「学校教育としての映画教育」という当時の理念に即したものだといえる。[16]

このようにして学校を舞台に展開された当時の映画教育運動ではさらにもう一つ、重要な論点が存在していた。それが、（教育）映画を教育の現場においてどのように用いるかという方法論の問題であり、またこの場合、絶えず教育（学校）という外的な文脈と結びつけられて受容されることを強いられる映画というメディアの「自律性」の問題であった。例えば、そのことは奇しくもほぼ同時期の三一、三二年の間に映画教育運動の渦中で提起され、その後の戦中期も含む三〇年代を通じて持続した二つの議題——「活映科」（後に映画科）設置構想と、いわゆる「動く掛図」論争にはっきりと表れている。

まず、活映科ないし映画科とは映画教育専門の科目を意味する。一般的に映画教育とは地理や歴史といった既存の科目の授業に関連する教育映画を利用すること（いわば「○○のための映画学習」）だが、活映科は映画それ自体の基礎知識や映画文化の概要を学習する科目（いわば「映画のための映画学習」）として、三二年八月の第四回活映教育夏季講習会、及び九月の全九州活映教育研究大会において福岡県の八幡市立前田小学校訓導の小園本蔵が提起した[17]。この小園の提案に対しては反論も含めた応答がなされ、後述のように映画法施行後の四〇年代まで議論が続いていく[18]。また、後者の「動く掛図」論争とは、日本の映画教育史で最もよく知られた論争の一つであり、映画を学校授業における教科書の単なる補助物＝「動く掛図」とみなすか、それとも映画としての統一性・芸術性こそを重視して授業に活用するのかという議論である。東京市教育局社会教育課に勤務し、映画教育運動の代表的な論客であった関野嘉雄が三一年一月に『映画教育』誌上で水野新幸を批判する形で提起、その後も三〇年代半ばには関野と東京市赤羽小学校訓導・鈴木喜代松との間の論争として長く議論が交わされた[19]。

いずれにせよ、この二つの問題は、映画教育において映画というメディアをどのように扱うかという点で一致している。活映科・映画科構想で掲げられた、「映画のための映画学習」＝活映科・映画科か、「○○のための映画学習」かという対立図式は、ほぼそのまま、他方の「動く掛図」論争で示された、関野が擁護する統一的で芸術的な鑑賞を想定する教育映画利用か、「動く掛図」的な教育映画利用かというそれに重なることがわかるだろう。さらに、こうした対立図式は、水野のいう「活映教育」における教育映画の種別にも反映されていた。水野は『映画教育』創刊当初に掲載された「映画教育座談会」において、教育映画を「情操教育映画」と「教材映画」という二つの種類に区分することを提案している（なお、その後、前者は「教訓映画」「教化映画」とも言い換えられた[20]）。水野らによる説明では、情操教育映画とは「フィルムにして三巻から五巻くらいの長さで、小学校児童あるいは中学校生徒を対象とし、その情操を豊かにするような物語を備えた劇映画」を意味し、他方の「教材映画」とは「一巻ほどの短いもので、文字通り小学校及び中学校の教科ごとの授業に用いられ、その補助的手段となるような映画」を意味している。[21] 明らかなように、この情操教育映画と教材映画の種別は、先の論争におけるそれぞれ「映画のための映画学習」＝関野の立場と、「〇〇のための映画学習」＝「動く掛図」的映画利用とほぼ重なる。

以上のように、戦時下に至る二〇年代後半以降の映画教育運動において重要なのは、第一に映画教育の対象と環境が「児童」と「学校」に積極的に包摂されていったこと、そして第二に映画を教科書や教鞭の補助具として用いるか、それとも映画固有のメディア的特性自体を活かすかという（教育という文脈との対比において）映画のメディア的な自律の可否が問題化されていたことだったといえるだろう。例えば、トーキー移行期でもあった三〇年代の教材映画では、当時は学校現場ではほとんど普及していなかったトーキーの教材映画やニュース映画での授業実践が試みられた形跡があるが、これもごく近年の研究で吉岡有文が推測的に記すように、[22] 教師の説明による介入を許しやすいサイレントでは「動く掛図」的利用への批判を免れない可能性があったためだと思われる。

結論からいえば、これら映画教育運動の初期に提起された二つの論点は、三〇年代後半の戦時体制確立後も基本的には継続していたといってよい。まず、第一の映画教育における「学校中心主義」に関していえば、例えば稲田達雄は、国民学校令施行前後の講堂映画会の状況について、「その重要性が強調されたにもかかわらず、〔中略〕一般に講堂映画会に対する熱意はとかく薄らいで行く傾向が見え、かつ講堂映画会の新しい普及発展は阻止されざるを得ない状態に陥りつつあった[23]」と記している。これには、すでに述べたような一六ミリ生フィルムの配給や映写機製造禁止による不足、また当時すでに浸透していたトーキー用の設備が学校になかったこと、さらに後述する映画法や国民学校令に伴う校外映画教育の活発化などが要因とされた。

ただ、例えば四〇年八月の第一二回映画教育夏季講座で会員一四三名を対象に実施したアンケート調査によれば、その時点でも講堂映画会は、全国で平均年八回（六大都市は平均七回、地方は平均九・二回）、教室での教材映画を活用したいわゆる「映画利用学習」は、六大都市では月二回、地方では月一回が最も多かったが、六大都市では月に六〇回が一校、地方でも月に一五回が一校という実施の実績が確認できる。[24]また、国民学校令による教科用映画の製作や上映が求められたこともあり、一時期に比較して活動は低下したとはいえ、講堂映画会も隔月強の頻度で実施されており、学校内での映画教育の実践自体が否定されることはなかった。むしろ、そこには赤上が的確にまとめるように、[25]ほぼ三〇年代を通じて文部省（社会教育局）と内務省（警保局）が協働で進めた映画国策は社会教育に重点を置いており、興行映画への指導統制を最優先課題としていたことへの映画教育関係者たちの反発もあっただろう。その傾向は大日本映画協会や、三七年に文部省が発足させた映画教育中央会といった各種機関の施策でも原則的に変わらず、それゆえに行政はもっと学校教育にも眼を向けるべきだと、彼らは『映画教育』誌上などで繰り返し訴えていたのである。[26]

ともあれ、こうした学校教育の現場における映画教育の中で考案され、用いられていった教育映画の呼称や種別もまた、制度の変遷とともに変更を蒙りながらも引き続き用いられている。例えば、先に見たような、活映科・映画科、あるいは情操教育映画、教材映画といった映画教育運動独特の用語は、主に映画法施行後の四〇年代以降、再編されていくこととなる。四〇年一月に刊行された全日本映画教育研究会編『映画教育臨時増刊 映画教育研究』第一輯では、かつて「動く掛図」論争を提起した関野嘉雄が、当時の映画教育の主要な用語や体制を整理している。関野によれば、「動く掛図」的な映画学習（教材映画的授業）と、対するいわば映画科的な、映画それ自体を主体とする映画学習（ある種の情操教育映画的授業）は、それぞれ「教科別映画学習」（もしくは「映画利用学習」）と「映画把握学習」と言い換えられている。あるいは、講堂映画会も「映画鑑賞学習」と変更され、この三つの総称が「映画学習」だとされている。そして、本来は映画学習それ自体がいずれは映画把握学習へ収斂していくべきであると主張されている。[27]

3 「ポスト映画法」の映画教育——「教材映画」と「校外」への注目

それでは、映画法から四〇年代の映画臨戦体制に至る本格的な戦時体制の到来に伴って、教育映画／映画教育の世界で変化を蒙った側面には、どのようなものがあったのだろうか。まず、わかりやすい点でいえば、本章の冒頭でも記したように、この時期になると、それ以前と比較して軍国主義的な論調をまとった言説が目立って増えていくのは明らかである。例えば、三九年に記された以下のような文言はその代表的なものだろう。

一体戦争の勝敗に有能の新兵器の有無が与つて力あると同様に、教育の新教具たる映画の利用如何は教育の効果に重大な影響を有するものである。故に将来之を十分に利用し教育の効果の確保に努めねばならぬ。〔中略〕之によつて少国民の生命には忠君愛国の精神が強く印象づけられ培養されるわけである。今や我が日本は東亜の新秩序建設のために興亜教育に邁進すべき重大時局である。この時に当り映画を活用して、知識の具体化により体験的ならしめ、教育の根本的病弊を改め、以つて興亜のために献身的奉仕を決意し、尽忠報国の誠を致す力強き国民の養成に向つて努力しなければならぬ。これが為には映画教育を一層発展せしめることを肝要ある。[28]

ただ、繰り返すように、ここでは以上のような当時の典型的なイデオロギーを下で支えただろう、これまでに確認してきた制度的基盤の変遷を辿ってみたい。その点で、まず注目すべきは、四〇年代初頭における教材映画に対する注目の高まりが挙げられる。改めて説明すれば、学校における映画教育には、大きく分けて、個々の教室及びそこで行われる教科ごとの授業で教科書の補助具的役割で用いられる教材映画と、主に講堂や体育館などで上映され、映画それ自体の芸術性や技術性への理解を涵養する情操教育映画とがあり、後者の上映はしばしば講堂映画会と称された。そして、関野らをはじめとした映画教育のイデオローグたちの多くは、教材映画の授業よりも、後者の講堂映画会、あるいはそれにも関連する映画科構想のほうこそを評価していた。実際、東京市赤羽小学校『体験に基づく映画学習指導書』（一九三五年）、関野と下野宗逸との共著『講堂映画会方法論』（一九三七年）など、三〇年代の映画教育解説書には講堂映画会をめぐるものが目立つ。

ところが、こうしたパラダイムは文部省が国民学校令を受けて国民学校教科用映画検定規則を公布した四一年五月以降、微妙な変化を見せる。すなわち、この場合の教科用映画とは、ほぼ教科別の教材映画に該当すると考えてよい。したがって、この後の映画教育の言説では、当然ながらこの教科用映画の意義を強調する主張が目立ってくる。例えば、文部省普通学務局初等教育課長の久尾啓一は、「従つて、教科用映画は、新しく生れんとする映画の分野であり、教科用映画検定事業は、その新しい映画を創造する仕事である」[29]と述べている。講堂映画会擁護、「動く掛図」的映画＝教材映画利用批判の急先鋒であったあの関野ですら、四二年に、それまでの原稿をまとめ直して刊行した著作『映画教育の理論』の中では、「「動く掛図」は教材映画の極めて特殊な分野であり、教材映画の本道とする所は、映画の力を能ふかぎり駆使することによつて各種の事象を新しい観点に於てもたらし、新しい眼と新しい心がまへとを錬成して行くものでなければならぬ。〔中略〕教材映画とは学校教育に利用される児童のための文化映画に外ならない」[30]と、当時の国家的施策であった文化映画の名を借りて教材映画を擁護するまでになっている。

とはいえ他方で、すでに述べたように彼らの間で講堂映画会に対する関心がまったく失われてしまったわけではない。ただ、それもまた、新たな文脈の中で少なからぬ変容を迎えることになった。その文脈というのは、他ならぬ映画法唯一の児童映画施策によって生まれた「年少者（一四歳未満）の映画観覧禁止」（第一七条）と、そこから派生したいわゆる「校外映画教育」の潮流である。例えば、『映画教育の理論』にも収録された三九年六月の文章の中で、関野は以下のように記している。

講堂映画会は、映画教育のより本流的な部門として、偉大な境地の展開を約束されてゐながらも、近来教材映画への過当な傾倒によつて、ともすれば傍流的な存在に化しさらんとしつつあった。〔中略〕今回の年齢制限は、この講堂映画会に大きな力を与へることによつて、映画教育に再び前進的な性格をとりもどさうとする。(31)

ここで関野が記す「今回の年齢制限」というのは、年少者の観覧制限のことを指す。映画法は、映画館の興行映画を一四歳未満の児童の観覧を禁止する作品と、それを許可する、つまり（文部大臣が）「年少者の教育上支障なしと認定したる」作品を、それぞれ「非一般映画」「一般映画」と区別することを決めた。ところが、当時の『映画教育』の調査でも明らかになったように、(32)一般用映画の興行が多かったにも拘らず、少なくない子どもが教師や親の説明不足で全部の映画を映画館で鑑賞できなくなったと誤解したのか、むしろ児童の観客が減ってしまうという皮肉な結果を示した。そこで、四〇年四月には一般用映画の中から「児童生徒向映画」の選定も行われることになった。

さらにこれと前後して台頭してきたのが、学校外の通常の映画館などで児童映画や教育映画を上映したり、専門の映画館を設置する校外児童映画施設ないし校外映画教育の試みである。稲田によれば、まず三九年一一月に、日本最初の児童映画常設館となる東日児童文化映画劇場が開設され、これが全国的な校外映画教育の復活の契機となる。[33]その後の映画法施行後も、四〇年五月から養正館少年映画会、八月から大阪日曜児童映画学園、四一年一月から少国民映画講堂、五月から文化映画児童鑑賞会、一二月から兵庫学童映画館、四二年七月から夏期少国民映画教室などなど、その他無数の映画上映イベントや専門映画館が誕生していった。これによって、四〇年代の映画教育運動はいわば「校内から校外へ」と向かっていったのである。『映画教育』誌上でも、この頃から校外映画教育の特集記事が多く組まれていく。[34]さらに四一年から終刊までの『映画教育』の記事では、児童映画、特に『白墨』（一九四一年）、『ゐもんぶくろ』（一九四三年）といった学校巡回映画連盟製作の児童映画作品に対する児童の感想や反応を調査した記事も増加する。これもまた、四二年以降の国民学校課外用映画及青年向映画選定制度の実施とも絡んだ校外映画教育の普及の高まりを示すものだろう。そして、ここで注意しておくべきなのは、こうした校外映画教育が、一面で、講堂映画会の延長、いうなればその「興行化」（関野嘉雄）としてポジティヴに解釈された点だ。例えば、関野は先の国民学校令によって教材映画（教科用映画）に注目が集まるようになった四二年以降は、むしろ講堂映画会の拡張としての校外映画教育の方に関心を向けるようになっていく。[35]

以上のように、戦時下の教育映画／映画教育を考えるにあたって重要なのは、多様な映画国策の施策によって、一見それ以前のパラダイムとは対照的にも見える再編――「教化映画から教材映画へ」「校内から校外へ」――を蒙りつつも、二〇年代後半に始まった学校を主体とした映画教育運動固有の言説や実践が継続されていったことでもある。文化映画をはじめ戦時下のさまざまなメディア戦略の諸相を考える時、こうした表層に見えるイデオロギーの「皇国主義化」に隠れた教育映画／映画教育運動の史的変遷を考慮することはきわめて重要である。

おわりにかえて――「教具」的映像としての戦前教育映画の可能性

さて、本章の最後に、戦時下の教育映画／映画教育という分野に見られる、今日の映像文化にも通底するような、一つの興味深い論点について触れて締めくくりたい。それは、教科書の「補助具」ともみなされた教材映画にも関わる、「道具」（gadget）としての映画という要素である。戦前の教育映画／映画教育の文脈においては、しばしば映画はスクリーンに描き出された物語やイメージを受動的に鑑賞する表象装置というよりも、人間＝ユーザーが主体的・能動的に操作可能な道具（動く掛図）ともみなされた。そうした感覚は、おそらく当時作られた映画のイメージの中にも見出されるように思われる。

例えば、その一例として、佐藤武が監督し、本多猪四郎が製作主任を務めた文部省推薦の東宝の児童映画『チョコレートと兵隊』（一九三八年［図①］）を見てみよう。(36) 群馬県桐生市ののどかな農村に暮らす一家の父子の愛情を描く実話を元にしたこの作品は、一般の興行映画として公開された一方、公開当初から後年の校外映画教育に至るまで映画教育関係者たちからも高く評価され、また児童にも鑑賞された。(37) この児童映画でひときわ目につくのは、児童文化を彩る、掌に収まるさまざまな「モノ」のイメージである。まず、その最たるものが映画題名にもなり、物語の中核をなすチョコレートだろう。映画の主人公の小学生、齋木一郎（小高まさる）は裏にある懸賞の点数を溜めるとオマケがもらえるというチョコレートの包装紙を集めることを楽しみにしている。物語は戦地に出征し、やがて戦死する父の達郎（藤原釜足）が息子のために戦地からたくさんのチョコレートの紙を送ってやるという戦争哀話に至るのだが、いずれにせよ、少年少女が手に取るチョコレート（の紙）は、食玩にも通じる子どもがその手で扱いうるモノである。また、それは本作のエンディングで登場する一郎が飛ばす模型飛行機にも当てはまるだろう。

　こうした菓子や模型にも繋がる物質的なガジェット性は、まさに教材映画に象徴される教育映画フィルムが備えていた性質の一つでもあった。例えば、『チョコレートと兵隊』公開の約一年前、『映画教育』誌上でも教育心理学者の城戸幡太郎が「教具史観より観たる映画教育の意義」という論文を寄稿している。(38) ここで城戸もまた、教材映画などを子どもの知育に用いる「教具」とのアナロジーで語っている。もとより、戦前の教育映画は一六ミリ映画などの家庭用の小型映画や玩具映画など、「触覚的」（haptic）で知育的なガジェットとも密接な繋がりを持っていた。(39) 映像文化としての教育映画を今日振り返ってみた時に興味深いのは、おそらくは菓子や模型などといった当時の児童文化とも一体となって受容されていたと思われる、こうしたガジェット＝モノとしての知育性・遊戯性ではないだろうか。むろん、そうした性質は本章で見た通り、関野などの映画教育の支配的な論者が否定した側面でもあった。しかし、例えば、『チョコレートと兵隊』の最後で登場した模型飛行機にせよ、近年でも松井広志がメディア文化史的な視点から論じたように、(40) それは四〇年代の国民学校において、まさに映画教育と並んで「模型航空教育」という形で教育の場へ導入されたメディアでもあった。しかも、この模型航空教育が志向した戦時下特有の科学的合理性は、他方で同時期の文化映画やアニメーションといった映像メディアが共有していたものでもあった。

図①　『チョコレートと兵隊』（1938年）中央は高峰秀子、右は沢村貞子（齋藤明美監修『高峰秀子』キネマ旬報社、2010年）

　だとすれば、私たちは教材映画などの映画教育運動を、単に映画史や映像文化史の枠組みのみならず、より広く、戦時下に花開いたガジェット＝モノによる「動員のメディアミックス」の一部としてもみなすことができるかもしれない。[41] スマートフォンやハプティックデバイスなど今日の知育的なＩＣＴとの関連も含め、戦時下の教育映画／映画教育が残したものから、私たちはなお、多くの可能性を汲み取ることができるだろう。

（1）戦中期の映画教育運動は、満洲国や台湾など東アジアの映画国策と密接に連動しているが、本論文では国内の状況に記述を限定した。

（2）「教育映画」（奥村賢執筆）、岩本憲児・高村倉太郎監修『世界映画大事典』日本図書センター、二〇〇八年、二七三頁。

（3）大澤浄「映画教育運動成立史――年少観客の出現とその囲い込み」、加藤幹郎編『映画学的想像力――シネマ・スタディーズの冒険』人文書院、二〇〇六年、二二〇頁。

（4）放送教育運動については、佐藤卓己『テレビ的教養――一億総博知化への系譜』ＮＴＴ出版、二〇〇八年を参照。

（5）田中純一郎『日本教育映画発達史』蝸牛社、一九七九年。稲田達雄『映画教育運動三十年――その記録と回想』日本映画教育協会、一九六二年。

（6）なお、戦前の映画教育運動に関して、もう一つ重要な接点となる分野を挙げれば、アニメーション史研究だろう。戦前から占領期頃までの国産アニメーションは教育映画や文化映画と密接に関連し合っていた。この点については、例えば大塚英志「「文化映画」としての『桃太郎　海の神兵』――今村太平の評論を手懸りとして」（『新現実』第四号、太田出版、二〇〇七年、一一五―一三九頁）、津堅信之『日本初のアニメーション作家　北山清太郎』（臨川書店、二〇〇七年）、佐野明子「「教育映画」が護ったもの――占領下日本におけるアニメーション映画試論」（『アニメーション研究』第一五号、日本アニメーション学会、二〇一三年、三―一四頁）などの先行研究があるが、今後のさらなる研究の進展が望まれる。

（7）代表的な文献として、以下を参照。前掲「映画教育運動成立史」、前掲『映画学的想像力』、二〇五～二二九頁。田村謙典「美学的な映画・複製技術としての映画――１９３０年代の映画教育論争＝「動く掛図」論争をめぐって」、『マス・コミュニケーション研究』第七〇号、日本マス・コミュニケーション学会、二〇〇七年、二二三―二三三頁。吉田ちづゑ『「講堂映画会」の子どもたち』桂書房、二〇〇七年。渡邉大輔「日本映画における児童観客の成立――戦前期の映画教育運動との関わりから」日本大学大学院芸術学研究科博士後期課程博士論文、二〇一一年。赤上裕幸『ポスト活字の考古学――

「活映」のメディア史 1911-1958』柏書房、二〇一三年。毎日新聞社監修『映画教育／活映』復刻版、全三〇巻、柏書房、二〇一四—二〇一五年。

（8）映画観客を歴史的・トランスメディア的文脈に基づく偶発的な「社会主体」として捉え直す以下の著作では、戦時下の「国民」という観客性に関連して、この時期の映画教育運動についても触れられている。藤木秀朗『映画観客とは何者か——メディアと社会主体の近現代史』名古屋大学出版会、二〇一九年、第二部を参照。

（9）例えば、本論文では戦時下に製作された教育映画の具体的な作品分析をほとんど行えなかったが、ここで扱う大毎の映画教育運動において作られた教育映画作品を分析した先行研究もまた、その戦時プロパガンダ的な側面に着目するものが多い（ただ、これらの論文で扱われた作品は三〇年代前半のものである）。宜野座菜央見「〝小春日和の平和〟における非常時——『非常時日本』のイデオロギー」、岩本憲児編『日本映画とナショナリズム 1931-1945』日本映画史叢書1、森話社、二〇〇四年、二九—六一頁。佐藤知条「映像から検討する映画『海の生命線』の特徴——教育映画『南洋諸島』の分析に向けた研究ノート」、『湘北紀要』第三四号、湘北短期大学・図書館委員会、二〇一三年、二三一—二三九頁。

（10）戦時下の日本映画については、ピーター・B・ハーイ『帝国の銀幕——十五年戦争と日本映画』（名古屋大学出版会、一九九五年）、古川隆久『戦時下の日本映画——人々は国策映画を観たか』（吉川弘文館、二〇〇三年）、前掲『日本映画とナショナリズム 1931-1945』、岩本憲児編『映画と「大東亜共栄圏」』（日本映画史叢書2、森話社、二〇〇四年）などを参照。

（11）例えば、以下の文献を参照。田中純一郎『日本映画発達史Ⅲ——戦後映画の解放』中公文庫、一九七六年、一五—一九頁。奥平康弘「映画の国家統制」、今村昌平・佐藤忠男・新藤兼人・鶴見俊輔・山田洋次編『講座日本映画4 戦争と日本映画』岩波書店、一九八六年、二三八—二五五頁。加藤厚子『総動員体制と映画』新曜社、二〇〇三年、六七—八二頁。

（12）黎明期から映画教育運動が本格化する一九二〇年代までの教育映画／映画教育の歴史的変遷については、以下の拙論を参照されたい。渡邉大輔「形成期映画教育運動の実践と言説の一側面——児童観客の動向を中心に」、『映画学』第二四号、早稲田大学映画研究会、二〇一一年、四—二五頁。

（13）権田保之助「映画教育の統制としての学校中心主義」、『映画教育』第二輯、大阪毎日新聞社、一九二八年四月、三—五頁。赤上裕幸「「ポスト活字」社会の黙示録——『映画教育』『活映』復刻にあたって」、毎日新聞社監修『映画教育／活映復刻版』第Ⅰ期第1巻、柏書房、二〇一四年、六頁。

（14）「活映」をめぐる言説戦略と実践については、赤上の体系的な研究（『ポスト活字の考古学』）を参照のこと。また、永田恵美「『映画教育』における論説の研究」(『人間発達研究』第二五号、お茶の水女子大学人間発達研究会、二〇〇二年、五五―六九頁)、渡邉大輔「雑誌『映画教育』の言説と講堂映画会――昭和初期の映画教育運動における言説と実践」(『芸術・メディア・コミュニケーション』第八号、日本大学大学院芸術学研究科、二〇一一年、一五―二六頁)なども参照。

(15)佐藤知条「「活動写真」から「映画」への用語の転換に見る映画と学校教育との接近について――1920年代半ばの関猛の言説の分析から」、『教育メディア研究』第一六巻、日本教育メディア学会、二〇〇九年、二九―三八頁。

(16)当時の映画教育運動における興行映画的文脈の排除と差別化は、実際に製作された映画作品にも表れていた。例えば佐藤知条は、全日本活映教育研究会の指導の下、横浜シネマ商会が製作した理科の教材映画『石炭』(一九三三年)の映像について、それが依拠した当時の国定理科教科書の記述と精細な比較分析を行い、その内容から「教科書に即した教材映画の期待に加えて、興行映画製作者に対する不信と彼らの排除」が窺えると論じている。佐藤知条「教材映画『石炭』に見る教師の教育映画観――1920年代後半から30年代前半における学校教育と映画の関係の一側面」、『教育メディア研究』第一八号、日本教育メディア学会、二〇一二年、二五―三六頁。

(17)小園本蔵「学校教育における活映科特設の提唱」、『映画教育』第五七輯、大阪毎日新聞社、一九三二年一一月、二四―二六頁を参照。

(18)小園への応答としては、久保田万造「活映科特設に対する反対の意見」、下野宗逸「小学校における活映科特設の必要」、同前、二六―二九頁。また、この活映科・映画科構想は以降の映画教育運動の中で広く実現していくことはないものの、三三年四月に創設された大阪自然幼稚園保母学校において日本最初の活映科が実際に設置されたことを、講師として招聘された水野新幸が報告している。水野新幸「本科に活映科を　日本で最初に試みられたもの――水野新幸氏談」、『活映』第六五輯、大阪毎日新聞社、一九三三年七月、三一頁。

(19)「動く掛図」論争の詳細については、例えば、前掲「「ポスト活字」社会の黙示録」二七―二九頁。前掲「美学的な映画・複製技術としての映画」を参照。また、同様の論争は戦後の放送教育運動においても、いわゆる「西本・山下論争」として反復されることになる。

(20)「教育家・研究家・映画関係者　映画教育座談会」、『映画教育』第三輯、大阪毎日新聞社、一九二八年五月、九頁。

(21)ちなみに、三四年に創刊された十字屋小型映画部の一六ミリ映画教育普及会の機関誌『十六ミリ映画教育』は、三七年に『教材映画』と改題された。

（22）吉岡有文「日本の1930年代の教育映画におけるトーキーの導入の歴史――教育における映像メディアの研究」、『人間の福祉――立正大学社会福祉学部紀要』第三二号、立正大学社会福祉学部、二〇一八年、八一―一〇三頁。
（23）前掲『映画教育運動三十年』三五七頁。
（24）「映画教育実施状況調査」、『映画教育』第一五二号、大阪毎日新聞社、一九四〇年九月、四四―四五頁。
（25）前掲「「ポスト活字」社会の黙示録」三〇―三三頁参照。
（26）例えば、T・N・C生（稲田達雄）「時評　除けものにされた教育映画――映画国策の根本を疑ふ」、『映画教育』第九六輯、大阪毎日新聞社、一九三六年二月、二八―二九、三一頁。前掲『映画教育運動三十年』一九二頁。なお、そもそも大毎が活映教育研究会を設立する以前の、およそ大正中期から末にいたる日本の教育行政や映画教育は、児童教育や学校教育よりも、青年大衆や成人を対象にした社会教育に傾注していた。その意味でも、学校に照準を置いた大毎の映画教育運動は、映画教育史における一つのパラダイム・シフトだったといえる。
（27）関野嘉雄「映画学習論」、全日本映画教育研究会編『映画教育臨時増刊　映画教育研究』第一輯、大阪毎日新聞社、一九四〇年、二一―一六頁。また、石田稔「映画把握学習観」、『映画教育』第一四三号、大阪毎日新聞社、一九四〇年一月、三四―四〇頁なども参照。
（28）松江市北堀尋常小学校編『興亜日本の教育経営』松江市北堀尋常小学校、一九三九年、一二三―一二四頁。
（29）久尾啓一「最近映画教育政策の動向」、全日本映画教育研究会編『映画教育講座』四海書房、一九四二年、四九―五〇頁。
（30）関野嘉雄『映画教育の理論』小学館、一九四二年、三二九、三三一頁。
（31）同前、二六七―二六八頁。なお、該当部分の初出は、関野嘉雄「映画法の制定と映画教育の再出発（二）」、『映画教育』第一三六号、大阪毎日新聞社、一九三九年六月、一三―二三頁。
（32）全日本映画教育研究会「六大都市における「年少者の映画観覧制限」並に「文化映画の指定上映」に関する調査」、『映画教育』第一四五号、大阪毎日新聞社、一九四〇年二月、八―一七頁。文部官僚側も、児童の積極的な映画観覧を促している。松浦晋「一般用映画と年少者の観覧指導」、『映画教育』第一五二号、大阪毎日新聞社、一九四〇年九月、八―一三頁。映画新体制後に児童・生徒の映画観覧が減少したことについては、前掲『戦時下の日本映画』一四二頁も参照。
（33）前掲『映画教育運動三十年』三三六頁。とはいえ、児童専門映画館の計画や要望自体は、一九一〇年代半ば頃からすでに現れていた。また、『キネマ旬報』では、草創期の教育映画の製作者の一人としても知られる労働運動家の高松豊次郎が浅草に設立した映画館「大東京」について、「小学児童に適当な映画を観覧せしめる為」の「児童専門の常設館現れん」と紹介している。「時報」、『キネマ旬報』第七六号、一九二一年九月一日、九頁を参照。

（34）例えば、「特輯・校外映画教育実践報告」、『映画教育』第一六六輯、全日本映画教育研究会、一九四一年一一月、六―一八頁などを参照。

（35）例えば、前掲『映画教育の理論』第二篇第四章、関野嘉雄「教科外施設としての映画教育」、前掲『映画教育講座』、七九―一一五頁などを参照。

（36）三〇年代後半の一五年戦争期に製作された児童映画（教育映画）を論じた先行文献には以下がある。なお、後者で取り上げられた『虎ちゃんの日記』（一九三八年）と『たのしきカンペイ君』（一九三九年）は、学校巡回映画連盟が製作した児童映画である。米村みゆき「『路傍の石』と文部省教化映画――出世ならざる吾一の〝出世譚〟」、前掲『日本映画とナショナリズム　1931-1945』一二三―一五五頁。大澤浄「戦前期における子どもの表象の探求」、黒沢清・四方田犬彦・吉見俊哉・李鳳宇編『日本映画は生きている第4巻　スクリーンのなかの他者』岩波書店、二〇一〇年、三九―五九頁。

（37）例えば、『チョコレートと兵隊』は、文部省映画教育中央会の三九年度前期配給作品であり、また、四〇年の第一二回映画教育夏季講座におけるアンケート調査でも「最近観た映画の中で最も優秀だと思った」児童映画の中に挙げられている。「各地団体の近況」、『映画教育』第一三七輯、大阪毎日新聞社、一九三九年七月、五八頁。「最近観た映画の中で最も優秀だと思つたもの」、『映画教育』第一五二号、三〇頁。

（38）城戸幡太郎「教具史観より観たる映画教育の意義」（全二回）、『映画教育』第一一七―一一八号、大阪毎日新聞社、一九三九年一一―一二月。

（39）玩具映画の備える特異な触覚性については、以下の論文を参照。雑賀広海「玩具映画の受容における視覚性と触覚性――チャンバラ映画分析からのアプローチ」、『映画研究』第一二号、日本映画学会、二〇一七年、四―二五頁。また、映画以前の視聴覚メディアにおける学知と娯楽の関係を「モノ」の側面から捉えた研究としては、青山貴子『遊びと学びのメディア史――錦絵・幻燈・活動写真』東京大学出版会、二〇一九年も参照。

（40）松井広志『模型のメディア論――時空間を媒介する「モノ」』青弓社、二〇一七年、第二章を参照。

（41）大塚英志編『動員のメディアミックス――〈創作する大衆〉の戦時下・戦後』思文閣出版、二〇一七年。同・牧野守（資料協力）『手塚治虫と戦時下メディア理論――文化工作・記録映画・機械芸術』星海社新書、二〇一八年。

戦時下の映画ジャーナリズム

古賀 太

はじめに

近年、第二次世界大戦中の日本映画については、一九九五年のピーター・B・ハーイ著『帝国の銀幕』を始めとして研究が進んでいるが、[1] その時代の映画ジャーナリズムについてはあまり調査がなされていないように思われる。今回調べてみて思ったのは、おそらく数人の例外を除いては、ほとんどの映画評論家が戦時体制に反対しなかったからではないかということだ。つまり全体としては、映画ジャーナリズムも国民の多くと同じく体制に順応したために、論点が見出しにくいのではないか。さらに同じ人々が、戦後もほとんど反省することなくそのまま活躍したからではないか。そのうえ多くは長く生き、それなりの成果を残している。こういう人々を同時代に評価するのは難しい。

これまでに出された本で、戦時下の映画ジャーナリズムに一番触れているのは前掲書『帝国の銀幕』である。この本には岩崎昶《あきら》、今村太平、澤村勉の三人の重要な評論家について数頁ずつの記述がある。そのほか論文では、朝日新聞記者で評論家の津村秀夫に関するものが、近年いくつか出ている。戦時下に『映画戦』（一九四四年）に代表される戦意高揚的な文章を書き、戦後も何事もなかったように映画評論を続けた津村については、重政隆文「津村秀夫論」[2] のようなストレートな批判が多いが、近年では長谷正人のようにヌーヴェル・ヴァーグに通じる自由な考えの持ち主としての再評価[3] も見られる。

この小論では、まず戦時下のジャーナリズムの全体的な見取り図を書くことを目標としたい。そして、戦争協力を明確に拒否した評論家、積極的に加担した評論家、そして体制に順応しながらも積極的な協力は避けた評論家たちに分けて検討したい。

本論を進める前に、簡単に戦時下の日本映画について時系列的に整理しておきたい。まず「戦時下」の時期をいつにするかには議論の余地はあるが、通常は日中戦争の時期、つまり盧溝橋事件に端を発する日華事変（＝支那事変）勃発の一九三七年七月から敗戦の一九四五年八月までだろう。しかしこの論文では、一九三六年四月に、戦時下の映画ジャーナリズムにおいて大きな役割を果たす雑誌『日本映画』が、前年に発足した半官半民の大日本映画協会によって発刊されているため（発行は文芸春秋）、この時期から「戦時下」として考えたい。

『日本映画』は当初は日本映画の質的向上をめぐる文章が多いが、既に一九三七年四月には岩崎昶が「統制の「効果」——ナチスの映画」と題して日本で広まる映画統制への期待へ釘を刺している。同年一一月号では「戦時日本と映画」という特集が組まれ、軍関係者、官僚、新聞記者、映画会社トップを交えた座談会もある。

国家総動員法が一九三八年四月に公布、五月に施行されたのに続いて、映画法が公布されるのは一九三九年四月一日、施行は一〇月一日である。すでに前年の三八年五月号の『日本映画』では内務省警保局検閲事務官の館林三喜男が「映画統制の精神」という文章を発表しているし、この頃から映画法をめぐる論議が雑誌、新聞などで盛んに繰り広げられる。

評論家のなかで唯一正面から映画法に反対していた岩崎昶は四〇年一月に逮捕され、一年あまり留置所や拘置所に収監された。それまで朝日、大毎東日、読売、同盟の四社で作られていたニュース映画は、その年の五月、新設の日本ニュース映画社（翌年、日本映画社）に一元化された。八月には内務省警保局図書課によって一三の映画関連出版社が解体され、四社に編成される。翌年一月から『映画旬報』（旧『キネマ旬報』）、『新映画』『映画技術』『映画之友』『映画評論』『文化映画』『映画研究』のみとなり、枠外で『日本映画』『映画脚本』『小型映画』『映画』が許可された。四〇年一〇月には政党が解散して大政翼賛会ができ、一二月には近衛内閣は内閣情報部の権限を拡大し、「内閣情報局」として国民文化を取り締まる機関となった。映画行政はそれまでの内務、文部、厚生の三省の共同管轄から情報局に集約された。

四一年八月から九月にかけて映画会社が再編された。いわゆる「映画新体制」である。映画会社は東宝、松竹、大映（数社の合併）の三社に、文化映画株式会社一社、映画配給公社一社になった。『日本映画』一〇月号には「映画臨戦体制を繞って」という特集で永田雅一や津村秀夫など六名が文章を寄せる。この頃から既に新聞や雑誌で「国民映画」という言葉が目立つが、一九四一年度には「情報局国民映画」として、衣笠貞之助『川中島合戦』（東宝）、森一生『大村益次郎』（新興）、溝口健二『元禄忠臣蔵』（松竹）、田口哲『将軍と参謀と兵』（日活）、小津安二郎『父ありき』（松竹）の五本が選ばれた。

映画ジャーナリズムを考える時、ピーター・B・ハーイが指摘するように[4]、『日本映画』四三年一〇月号の特集「映画批評の機能」に寄せられた一五人の批評家の文章は興味深い。これについては後述するが、ハーイは「『日本映画』の特別号は実際、敗戦までの、真の映画批評への告別の辞となった[5]」と書く。翌月の一一月号で『映画旬報』は「終刊号」を出し、残るは『映画評論』と『新映画』『日本映画』のみとなったが、どれも大幅に縮小された。

1 映画ジャーナリズムの見取り図

まず、戦前の映画ジャーナリズムのおおまかな全体像を知るにあたって、二本のわかりやすい文章がある。一つは岩本憲児（一九四三―）が一九八八年に書いた「日本における映画の批評と研究――史的外観[6]」であり、もう一つは登川直樹（一九一七―二〇一〇）が一九九六年に書いた「日本映画批評発達史[7]」である。戦前において岩本は飯島正（一九〇二―九六）、岩崎昶（一九〇三―八一）、今村太平（一九一一―八八）を重要な評論家として挙げる。驚くべきは、その若さである。一番年長の飯島正でさえ、日中戦争が始まった三七年にわずか三五歳なのだから。飯島について岩本は、「彼の映画評論は、作品の構造の特徴や作家の特質を分析・解説するものなので、マルクス主義的立場にたつ岩崎昶や今村太平等からはその芸術至上主義的・ディレッタント的姿勢を批判されたりした」と書く。

岩崎は「戦闘的マルクス主義者であって、その実践的批評と社会的行動の点」で「飯島正と好対照をなす」「彼は戦時下に特高に逮捕された唯一の映画評論家となった」。今村太平については「政治的というよりも、映画理論の構築を目指しており」「芸術論・本質論・文明論の立場からスケールの大きい批評活動を行った」。

戦時下の戦争協力については「津村秀夫が『映画と民族』（一九四二）、『映画政策論』（一九四三）、『映画戦』（一九四四）を、また今村太平が『戦争と映画』（一九四二）、佐々木能理男が『独逸の映画体制』（一九四二）をと、時流に乗った著作を刊行した苦い経験もあった」と書くにとどめる。津村秀夫は一九〇七年、佐々木能理男は一九〇二年生まれで、先に挙げた評論家たちと同世代である。

一七年生まれの登川直樹は彼らより少し若いが、東大在学中から評論家として活躍しており、彼らを直接的に知っていた。彼は「日本映画批評発達史」において二〇年代後半から盛んになる映画ジャーナリズムの代表として「このように育っていく映画評論家のなかから第一人者を挙げるとすると飯島正であろう」と書く。「つねに公正穏健な視点と内省的な分析にもとづく映画批評は多くの信頼を得た」。

また「飯島正とならんで日本の映画論壇に大きな業績を残した評論家は、岩崎昶である」と書く。「岩崎昶の活動は、確たる唯物史観に立ちながらそれを押し売りすることなく、論理的に作家作品を語るところに特色があった」。

今村については「一九三〇年代に注目すべき足跡を残した理論家としてもう一人挙げなければならないのは、今村太平である」と書く。「その時々の個々の作品にもふれたが、評論家というよりは映画評論家であり、最も独創的で探究的な理論家であったといえよう」。

登川の文章で注目すべきは津村秀夫について触れた部分だ。「ところが一九三二年秋から一つの異変が起きた。東京発行の朝日新聞である。文末に（Q）と署名されたその文章は、朝日新聞学芸部の津村秀夫が担当者となって書きはじめたものだった。彼は率直に所見を述べたが、当時の新聞評の慣行から見ると峻厳過酷な文字通り批評だった」。登川は、津村に限らず、評論家の戦争協力についてはは一切触れていない。察するに同時代を生きた者としては、触れるにはあまりに生々しかったのかもしれない。

当時の批評の状況を知るには、『映画評論』が毎年一月や二月に行った「映画界決算」の「映画論壇の一年」が役に立つ。なかでも、四二年一月号の清水晶によるものが興味深い。登川直樹よりも一つ上の清水晶（一九一六—九七）は、四二年一月号のその欄で「国民映画と臨戦態勢」という副題のもとに書いた文章で「この年にひとしく映画行政を論じることに遙かに忙しくなりながら、当面の問題をきわめて着実に注視し、分析し、そこに多くの傾聴に値するアドヴァイスを残したものとして、独り津村秀夫氏の活躍のみきわだっていた」と書く。要はほかの評論は「国民映画」や「臨戦態勢」と「単一な方向を声高に叫ぶ」だけで、清水はその最悪の例として『読売新聞』記者の澤村勉の文章を「理想的な言葉の羅列」「あまりに単純な楽観論」と非難する。清水はその文章の時点で一九一五年生まれで同世代の澤村と既に何度か雑誌をまたいで反論しあったことを書いている。そして清水は澤村への答えは津村秀夫の文章にあるとして、再度津村の文章を引用する。津村と澤村については後にくわしく触れるが、最も戦争に協力的だった二人の新聞記者の評価がこのように違うのは興味深い。清水の文章でもう一つ注目すべきは、映画評論家が戦時下の公的組織に加わったことを示す部分だ。

この年、映画行政の複雑化につれて、所謂映画評論家もまた、請われて、いろいろな形に於いてその一翼に連った。即ち、飯島正氏の情報局入りを始めとして、大日本映画協会改組準備委員会に於ける委員の一人としての津村秀夫氏、改組後の同協会の役員にただ一人文化部を代表しての田中三郎氏（日本映画雑誌協会理事長）、或いはまた、前述した情報局の国民映画製作委嘱並びに国民映画脚本募集にそれぞれ審査委員として加わった飯田心美氏、飯島正氏、津村秀夫氏、大塚恭一氏、内田岐三雄氏、北川冬彦氏などがそれである。

これらの評論家は映画雑誌各誌の常連であり、岩崎昶以外の評論家の多くがある意味で戦争協力者だったことを示す。前述の文章を書いた登川直樹（当時は本名の登川尚佐）は、東大卒業後情報局に勤務している。(8) ピーター・B・ハーイはそのような状況を「不敗の「懇談会」戦法」(9) と名付ける。

中心的批評家に対するご機嫌とりは、特高警察の手荒な戦術よりも、はるかに多くを成し遂げていたのである。批評家らは、内務省の丸テーブル、あるいは「料亭」に招かれ、たやすく協力的雰囲気に包まれていった。実際、誰がこのような「求愛」のもてなしに抵抗することができたであろう。

太平洋戦終結まで、映画雑誌は頻繁に数人の批評家と政府、軍の官僚が出席する「座談会」を大きく取り上げた。そこで討議されたのは、批評家（ないし映画製作者）はいかにして国策への最良の貢献をなし得るか、についてであった。田中三郎や津村秀夫のような批評家は、政府に仕える公職の地位を与えると誘われたりしていた[10]。

このような雑誌における「懇談会」「座談会」方式は、当初から政府の官僚の寄稿もあった雑誌『日本映画』が始め、次第に『キネマ旬報』や『映画評論』などに広がったと見るべきだろう。その意味で『日本映画』の果たした役割は大きい。寄稿から「座談会」、そして情報局や大日本映画協会、国民映画関連の委員への道はひとつながりだった。

一方で、評論家が監督や脚本を手掛けるケースも増えた。四一年三月二〇日付『読売新聞』は「演出・シナリオ製作陣へ／評論家　二足の草鞋」の見出しでその様子を書いている。

最近映画評論家が盛んに演出・シナリオ製作へ進出、注目を集めている――まず、岸松雄氏はさきに東宝で半年の助監督生活を経て「風車」を一作して敗退し現在ではシナリオ執筆に専念しているが、これも秀映社での作品「手」で失敗した上野耕三氏は横浜シネマで「和具の海女」を演出文部省認定をかち得て雪辱したのは飯田心美氏が「初島」で失敗したのと面白い対称を見せている。

そのほかに古川良範氏が京都でつくった「塩田」があり、ともに文化映画だが、劇映画となるとこれは助監督の過程を経なければという条件もあるが、それよりも評論家にはシナリオ製作が早手回しらしく澤村勉氏のように昨年帰還するやすぐ東宝からは「指導物語」「八十八年目の太陽」さらに日活、松竹、満映などから引っ張り凧となっている当たり屋もある、内田岐三雄氏が近松の「国姓爺合戦」に手をいれて新興京都に提供、また最近清水千代太氏との合作シナリオ「現代もの」を同じく新興へ持ち込んでいるのもある、水町青磁氏は戦陣訓を盛り込んだ火野葦平氏の「母と兵隊」のシナリオ化を大都から頼まれて書上げたという。

さらに前述の『日本映画』四三年一〇月号の特集「映画批評の機能と権威」にある肩書を見ると、内田岐三雄は松竹企画部員、上野耕三は横シネ映画部長と書かれている。飯島正は情報局の嘱託をしながら『君と僕』を始めとして数本の朝鮮半島映画のシナリオに協力している。これらの映画すべてが「国策映画」ではないが、三九年に映画法ができて以降は政府に協力的な映画以外は基本的に作れない。つまり映画ジャーナリズムの多くは「座談会」に参加し、政府機関の委員になった。そのうち何人かは演出・脚本という形で国策映画、国民映画に関与した。まさに澤村勉が『日本映画』四〇年二月号に書いた「シナリオ時評」の題名「理屈の時代は終った」[11]を思わせるようなありさまである。

2 岩崎昶の孤独な戦い

四〇年一月に逮捕された岩崎昶については、本人がその経緯や投獄生活を語った『日本映画私史』にくわしい。この本では逮捕された理由として、特高の斉藤巡査部長が取り調べ中に「火鉢にあたりながらの雑談の中で、冗談のように、岩崎君、君もよせばいいのに、「映画法」に反対したり、林房雄とケンカしたりするからこんな目にあったんだよ、と私に言った」[12]という記述がある。実際、岩崎は映画法が論議され始めた三七年四月の『日本映画』に前述の「統制の「効果」――ナチスの映画」という文章を寄せている。このことを後に『日本映画私史』では「その情勢を知るにつけて、私はだまっていられなくなり、いわば「敵」の本陣である『日本映画』に「反映画法」の一文を寄せた」と書く。その文章の冒頭で「ドイツに於ける映画統制の実状についてはこの雑誌の上で幾度となく述べられて来ている」と述べて、それらが「ナチの映画統制をまるで理想的な模範であるかのように持ち上げる」と非難している。彼の考えは明確で、ナチの映画統制でドイツ映画は力を失ったのだから日本は真似てはならないというものだ。

今の日本のファッショ的な文化政策から生まれる映画統制は、日本映画についてただ一つの効果しか持ちえない。それは、折角ここまで発達してきた日本映画の息の根を止めるということだ。
僕は今ナチ統制下に於けるドイツ映画界の情勢をここに語ることを求められているのだが、このことは当然この種の統制が如何にドイツ映画を破壊し、ドイツを文化的三流国に引き下げたかを具体的に実証することを要求するし、従って日本の映画統制主義に反対する最も有力な反対論になることを信じて居る。(13)
そしてこの芸術的退廃は一にも二にもナチの統制の必然的効果である。即ち、ナチが先づ映画界からあらゆる「非アリアン的」分子を放逐したこと、続いて「ドイツ精神」(とは実は「ナチ精神」のことだが)の発揚を唯一無二の目標として上から押しかぶせたこと、この二つから来ている。「非アリアン的」分子というのは言うまでもなくユダヤ人である。だがユダヤ人だけではない。共産主義者を追払ったことは無論として、少しでも自由思想や進歩的思想の持主は「ユダヤ的」だというので一緒に国外に追放された。こういう連中は当然ドイツ映画の最も活動的なしっかりとした優秀分子だったから、彼等がいなくなれば、ドイツに映画芸術家は一人も残らなくなる。(14)

ドイツ語が堪能でドイツ映画にくわしい評論家として知られた岩崎の言葉だけに、重みをもつ。さらに映画法の法案が公になると、岩崎は『朝日新聞』で「映画法案を検討する」と題して三九年三月三日から一六日まで全四回の連載で法案を批判する。彼によれば「その間、『朝日新聞』だけが良識の最後の一線を守ろうとし、私が発言の舞台を与えられたのはついにこの紙面だけになってしまった(15)」。『朝日新聞』の四回の連載は二〇一八年に刊行された『日本戦前映画論集(16)』に全文が収録されているが、以下はその主要な主張である。

映画法を逐条検討して見ると、その各条項は日本映画の今後あるべき姿については極めて僅な漠然たることをものがたっていながら、一方これへの罰則に至っては、どんな場合に人は六箇月以下の懲役又は二千円以下の罰金に処せられるか、をはじめとして実にこと細かに規定している。紙幅の分量から言っても全文の半ばに近い程である。

本文が余りに抽象的で罰則の方がこれ程具体的、しかも分量も殆ど匹敵する程度だとすれば映画法がまるで映画処罰法であるかのような錯覚と暗い翳とを感じるのは敢て僕だけではあるまい(17)。

映画企業の許可制は第二条—第四条に明示されているが、それが一体何の目的を持っているのか立案者の意は、映画業者の濫立とそれによる無駄な競争を防止しようというのにある。だが、これは考えようによっては、現在の映画業者のみを保護する特許政策でありむしろその点に重要性を持っている。

即ち、数個の映画製作会社の存在が限られたまま合法的に永久化されるわけであるから、これは他のすべての起こり得べき弊害を語らずとしても、兎に角映画事業から清新な推進力を奪いこれを安易に停滞せしめる副作用なしとしない。ことにこの制度の映画作家に影響は忽諸に付し得ない(18)。

製作関係の従業員の登録制（第五条—第七条）は正しく運用された時は、特に悪質な映画人を撮影所から放逐する効果は持つであろうが、これは映画人の生活権や芸術生産権と密接かつ微妙な関係がある重大問題であることに注目されなければならない。殊に、登録という義務のみを課して、これに権利や保護が付随していないのは余り片手落である。登録された人々は無過失で馘首され得ないとか、その人の適当な最低賃金の公定とか、傷害保険及び老後のための年金制度とか、そういった生活権の擁護のない登録は無意味である。(19)

法律全体の罰則中心を非難し、映画会社中心では映画作家の自由な創造を妨げることを心配し、映画関係者の福利厚生まで考える、きわめてまっとうな議論である。岩崎はこれでも足りずに、これ以降も『朝日新聞』で機会を見つけては何度も映画法を批判する。四月一一日付では「事前検閲の弊」と題して数本の映画の撮影が中止になったことを受けて、「映画作家の創造性と自主性とを抹殺し、映画を委縮沈滞せしめる」と非難する。七月七日には「事変下二年の映画界回顧」の文末に一〇月に施行される映画法に触れ、「最も危険な官僚統制の到来を予想せしめる」と書く。さらに九月二六日の施工直前にも「あまりに抽象的」「何ものも明示されていない」の見出しで批判する。そして一二月一五日と一六日の「一ヶ年の回顧」で「新たに映画法が制定されたことによって、ここで詳細は省くが、有形無形の外力が映画人全体の上にかぶさって来て」「映画が、数年前のように自由奔放に前進し高揚して行く姿を今日失ったという事は、これは世界的な現象なのである」と書く。

そして翌年の一月二四日に逮捕される。八か月を池袋署の留置所で送り、九月九日に「未決」として東京拘置所に収監され、翌年の二月二二日に釈放される。「今後はあらゆる実際活動から身を引き、活動を停止することを誓約した」(20)後である。保釈後も「「保護観察」の下に置かれ、憲兵と特高に絶えず付きまとわれ、監視されていた」(21)。『日本映画私史』には五月末に『朝日新聞』の津村秀夫の肝いりで二一人が銀座の日本料理店で「出所歓迎会」を開いたことが書かれている。中心になったのが津村であることに驚くが、島津保次郎、衣笠貞之助、田坂具隆《ともたか》、内田吐夢《とむ》といった監督のほか、飯田心美《しんび》、田中三郎、北川冬彦らの体制側に協力をした評論家も含まれていた。また清水宏は用があって別途一人で歓迎会を開いた(22)。その後、満洲映画協会の事務製作部長を兼ねていた日活の根岸寛一撮影所長は、岩崎を協会の東京支部に勤めさせた。ピーター・B・ハーイは「こうして最後には岩崎昶さえもが、あれほど断固として戦ってきた体制に呑み込まれていったのである(23)」と書く。

岩崎は戦後すぐ、四八年に出版された『日本の映画』において「「映画法」が制定された時にも、私はこの立法に対する当時の唯一の反対者として、許される限りの形で——だから笑うべくかよわいものではあったが——筆をもってこれと戦った(24)」と書く。同時に以下のように書いて自らを相対化する。

一流の映画批評家の戦争中の活動はそれに劣らぬ戦犯性を帯びていた。ある人は東条の文化統制の機関に参加して日本映画の自由を押し殺すのに一役買い、また他の人はその著書で侵略戦争のさん美を行った。しかし私がそれに仲間入りしていなかったことは、本当のところ、偶然のことであって、私が他の人々のように動くことを許されてもいたなら、私も同じ事をやらなかったか、正直のところ、私は自信がない。してみると私自身が潜在的戦犯であったといわなければならない(25)。

岩崎昶のほかに戦時体制に逆らった映画人として挙がるのは、岩本憲児も前掲論文で述べているように(26)、監督の伊丹万作である。しかし彼の場合は晦渋なエッセーの奥にこっそりと反体制的な意見を忍ばせるやり方であり、何より映画監督であるので映画ジャーナリズムを論じるこの論文では取り上げない。

3 津村秀夫と澤村勉

一九〇七年生まれの津村秀夫は一九三一年に朝日新聞社に入社し、一九一五年生まれの澤村勉は、一九三七年に読売新聞社に入社している。彼らは新聞で映画記事を書きながら、さまざまな映画雑誌にも評論を書き、座談会に参加した。戦時下の映画評論家として最も臨戦態勢を鼓舞したこの二人が、共に新聞記者であるのは興味深い。新聞は雑誌に比べると広告を気にせずに批評を書くことができることや、新聞記事は映画ファン向けではなく大衆の啓蒙を考えることなどが、その理由と考えられる。つまり自由と力があった新聞記者が、最も戦争に協力したのである。

登川直樹が前述の文章で津村秀夫のことを「きびしい批評は殊に日本映画に向かって痛烈で、時には作者や映画会社の反発を買った」と書く通り、津村は三二年以降、(Q)という署名を使って、『愛染かつら』(三九年)や『支那の夜』(四〇年)、『孫悟空』(四〇年)、『待って居た男』(四二年)などの大ヒット作を「白痴映画」「愚劣大作」「日本映画界の恥辱」といった表現で批判した。

当時津村がいかに権威を持っていたかは、大宅壮一が『日本映画』四一年七月号に書いた特集「一流映画人物論」の「津村秀夫論」に現れている。

さて私が選んだ「一流評論家」は、凡そ映画に関心をもつものの大部分が予想するごとく、朝日新聞のQ氏こと津村秀夫氏である。恐らくこれには誰も異論がないことと思う。もっともこれは、誰もが日本最高の映画批評家として津村氏を認めているということとは別問題である。それは丁度、菊池寛氏を最高の作家として畏敬すると否とにかかわらず、彼を日本文壇の代表と認めることに躊躇しないのと同じである。

〔中略〕

Qの場合にしても、幾度か強力な抗議が直接或いは広告部を通じて来たに違いない。しかし有識者に動かすべからざる地盤をもっている朝日新聞は、敢然として抗議をしりぞけた。それが読者に評判となり、朝日の言論の独立性を裏づけるポスターとなり、その地盤がますます固められた。(27)

こうして、津村は「一流評論家」としての権威が確立されると、次第に個々の作品の評価よりも戦時体制における映画のあり方を述べ始め、映画評論家がここまで踏む込むかというレベルで次々と提言を述べる。ピーター・B・ハーイは以下のように言う。

当時情報局にかかった外部からの圧力の源を探ると、津村秀夫自身が、有力な候補として浮かび上がる。まだ比較的若かった津村(一九四三年に三十六歳)が文化政策に及ぼした影響は、他のいかなる批評家とも比較にならないほどで、菊池寛をもしのいでいた。次々と書き下ろす映画批評で、津村は政府の政策の論理を説明する報道官のような調子であったが、この時期の著作にいたっては、タイトル自体が、自分が権力の中枢にいることを誇るかのような印象を与える。『映画政策論』(一九四三)と『映画戦』(一九四四)がその著作であり、後者は占領地での映画政策を詳述するものであった。彼は常に映画の質の低さを批判していたにもかかわらず、「芸術的価値」にはほとんど関心がなくなっていた。(28)

四三年一〇月に出た『映画政策論』には、四一年九月の「映画新体制」前後の文章が集められている。「映画新体制以前」「映画新体制の展開」「映画新体制の現段階」「大東亜映画制作そのほか」に分けられるが、最初に書かれた「私はなぜ映画評論を書くのか」が四〇年一二月であり、三二年に『朝日新聞』紙上で映画批評を始めた津村にとっては八年たってからだった。それ以前にも最初の評論集『映画と批評』[29]（一九三九年）には三六年三月に書かれた「日本映画改造への注文」のような個々の作品や監督を離れて映画界全体への提言はあるが、政府の体制を擁護するような文章はない。

つまり、津村の臨戦態勢的な文章は四〇年末以降に限られる。「私はなぜ映画評論を書くのか」にはその契機を三九年五月の一か月の入院と年末の父親の死とし、「映画どころではない」と思ったと書き、同年五月芦田撮影所長が更迭された日活多摩川事件も「私の精神に一種の発火点を与えた」。もちろんこの年には映画法の発令と施行もあった。

そして「ただ私に残された唯一の手段は映画界の改革を通してのみ国家と社会に奉仕する道であると信じられたのである」と書く。また「自序」においては、「私はなぜ映画評論を書くか」に書かれた「精神の病気」は、「幸いにして大東亜戦勃発によって漸く救われつつあるといえる」と書く。つまり四一年一二月の真珠湾攻撃によって最終的な立場が決まったようだ。

この本には国策映画と国民映画、映画会社、配給、移動映写、文化戦としての映画、映画法、映画新体制について、実に具体的に論じられている。例えば、「映画企業論」では日本の映画会社はもっと企画部を充実させるべきだとし、以下のように述べる。

一言にしていえば、今後の映画企業に於けるこの部門の責任担当者に、従来の映画界で育成された人物ではもはや不適当なのである。その教養よりいっても、将来の映画制作会社の指導経営者（映画資本家に非ず）

のブレーン・トラストたる重責につく人々であるだけに――これらの人々は単に尋常な映像素材（主として通俗小説）の渉猟以上の読書力と、社会情勢に対する観察と見識を持つ人々であらねばならぬ。それは何よりも映画素材を文芸作品以外に求める文化人でなければならぬ(30)。

また、「配給統制と製作界の動向」では「粗悪な作品に対しては、配給社は普通は二十二本のプリントを焼く所を十本にしても十五本にしても制裁を加えるべきであるし、反対に優秀映画に対しては二十二本を三十本に増量してもこれを国民に鑑賞せしめ、あわせて製作奨励を行うべきなのである(31)」。『映画戦』の内容は、以下の「序にかえて」の文章に要約できる。

南方や大陸の僻地においては、僅かに日本映画のみが彼等の具体的に把握しうる唯一の日本の「姿」であり、「大東亜戦争の実相」なのである。大東亜建設の文化戦において、映画の宿命もまた重しといわねばならぬ(32)。

全体の結論にあたるものも「序にかえて」に二つ示されている。

要するに共栄圏の映画戦では先づ第一に将来最も枢要でありかつ難関となるのが、中国映画界との提携であろうということだ。日本映画自体の向上と改革刷新は申すに及ばぬ。何分にも南方には厖大な華僑人口を擁するのであるから、それは遂に日本映画のみの力では指導も慰安も不充分である。

〔中略〕

第二は巡回映写、移動映写の組織拡大であるが、同時にその他の文化工作手段をも併せ用いることの必要である。[33]

つまり、日本が盟主としてアジアを支配するために、映画が一番役に立つという論理である。しかし前半の第一部は思想戦として映画がいかに役立つかを、ドイツ、イタリア、ソ連、アメリカなどの例を引いて述べ、日本が遅れていることを示す。後半にあたる第二部と第三部では、それぞれ中国大陸と東南アジアにおける現状と今後の戦略を、地域別、国別に述べる。この詳細なレポートは普通には入手できない情報からなっており、「序にかえて」には映画配給社や日本映画社の「各現地活動員諸氏」への謝辞が述べられている。

津村秀夫は、四二年に雑誌『文学界』によって企画され、小林秀雄や河上徹太郎らが参加した座談会「近代の超克」に映画評論家として唯一参加している。これについては花田史彦の論文「映画による「近代の超克」とその帰趨――映画評論家・津村秀夫の戦後」[34]にくわしいが、ここでの発言は『映画戦』でアメリカ映画について述べている部分に近い。つまりなぜアメリカ映画が世界を支配し、精神的にも大きな影響を与えたかについての分析である。ただ全体として津村の発言は他の評論家に比べて精彩を欠く。

これまでも触れた『日本映画』四三年一〇月号の特集「映画批評の機能と権威」に書く一五人の文章が中身以上に興味深いのは、数名の評論家がQ（=津村秀夫）を名指しで批判していることだ。今村太平、大木直太郎、清水千代太がそうであるし、内田岐三雄の「否定し、罵倒し、叩くために叩くような批評」という表現は津村を想定しているようだ。同業者にさえ反発を招くほど、津村秀夫の批評は厳しかった。さらにこの特集で驚くべきは、ピーター・B・ハーイも述べているが[35]、ほかの評論家が三頁なのに津村だけが七頁を与えられていることだ。彼が『日本映画』という公的な雑誌にとって飯島正や今村太平を超えて特権的な存在であったことがわかる。

津村が「客」と「主人」の対話形式を使ってそこで書いているのは、映画評論家も戦争に協力すべきだという内容である。

要するに、映画に関する文筆に従う者の将来の任務は非常に重くなると思われます。いうまでもなく、それは共栄圏に対する対外的文筆活動が盛に要請されるからである。[36]

津村より八歳若く、一五年生まれの澤村勉が読売新聞社に入社するのは、三七年のことだ。その年の七月一五日には『読売新聞』に署名記事があるが、彼は東大生時代から『映画評論』に批評を書いていた。これが澤村が津村と異なる点で、彼は読売新聞社入社後も主な活躍の場は『映画評論』や『日本映画』などの雑誌だった。もう一つの違いは、すぐに脚本を書き始めたことだ。三八年には『上海陸戦隊』（熊谷久虎監督、公開は翌年）の脚本を書き、四一年には『指導物語』（熊谷久虎監督）、『八十八年の太陽』（滝沢英輔監督）、四三年に『海軍』（田坂具隆監督）の脚本を手掛けている。

さらに、『上海陸戦隊』が製作に入った三九年一月に徴兵されたことも、なぜか兵役を免れた津村とは違う。満洲に渡った後に呼吸器を痛めて入院し、満洲の病院を転々として七月末に病院船で帰国する。さらに四二年春、日本映画社の海外局嘱託でフィリピンへ行き、記録映画『東洋の凱歌』（四二年）を作る。さらにフィリピンで『三人のマリア』（四三年）の脚本・監督を手がけている。[37]

三九年一〇月に陸軍病院で書いた「白衣雑感」[38]で、陸軍での体験を「頭だけの生活から体だけの生活への転換、腐った言葉の山から、爽快な大気のなかへの脱出、これからは、自分の体だけでひろく事物に接し、新しい精神を創りあげてゆくのだというよろこびに溢れる思いだった」と書き、四〇年から四一年に彼は臨戦態勢に向けた多くの評論を書く。四〇年二月の「理屈の時代は終った」[39]では「映画法はあらゆる方面から映画を日本文化の花形にまで向上させようとしている」と期待し、脚色中心のシナリオを批判して「小説家や戯曲作者と堂々と肩をならべるだけのシナリオ作家の出現しさえすればよい」と書く。

四一年三月の「映画評論家の新しい任務[40]」では「映画評論家にとっても、いま、いちばん大切なことは、日本を自覚することである。いまこそ、祖国の誇らかな伝統に深く身をしずめ、光輝ある将来を確信し、おのれの信念と思想の方向をしっかり摑まなければならないと私は信じている」と書く。

ピーター・B・ハーイは澤村の脚本も含めて分析し、「精神主義」と形容している。そして彼が熊谷久虎の映画の脚本を書くことで、その傾向が強まったことを詳述している。さらにその後「精神主義」は日本映画の主流になったことを示しながら「映画における精神主義の予言者であり、かつ守護天使だったのは澤村勉である[41]」と書く。前述したように清水晶が彼を批判して津村を評価したのはその「精神主義」ゆえであった。

ハーイは澤村を津村と比較してこのように書く。

この非理性的な過剰な思い入れと自信を持ってすれば、太平洋戦争の初期にフィリピンへ派遣されるという事実がなかったら、彼の影響力は日本の映画界のどこまで伸びていただろうか。

澤村が内地を離れてから、政府の映画政策に関する理論家という役割は、津村秀夫に取って変《ママ》わられる。津村は一九四三年に、まさに『映画政策論』という題の本さえ出版している。燃えるような熱血漢であった澤村に対して、醒めた理性派であった津村の当時の最大の関心は、有効なプロパガンダの道具としてどのような映画を作ればよいかということ、日本国内、および新たに日本の領土に加わった地域へ、どのような映画を配給するのが最も効果的かということであった[42]。

臨戦態勢を支持する文章を書いた映画評論家はほかにも多い。前述した『日本映画』の「映画批評の機能と権威」でも、北川象一、清水千代太、南部圭之介、松田伊之介がそうだし、大正デモクラシーの論客として知られた長谷川如是閑《にょぜかん》は、同じ号の冒頭に「劇芸術と映画批評」を書いて、映画批評も日本文化の特殊性を理解すべきと書いている。しかしいずれも津村や澤村ほど極端ではなかった。津村は戦後は何ごともなかったかのように『朝日新聞』で戦前と同じ（Q）として映画批評を続けるが、澤村は批評家を辞めて脚本家として生きる道を選んだ。

4　今村太平と飯島正

今村太平は『戦争と映画』（一九四二年）を出しているし、飯島正は情報局の嘱託であり、「国民映画」の審査員などもしているので、二人ともある意味では戦争協力者である。しかしその著作をよく読むと実は大半が時局と関係なく、関係ある本も明らかに単なる映画政策論を超えた部分があるのに気づかされる。この二人は個人として戦前に最も映画の本を出版しており、〇二年生まれの飯島正は『シネマのＡＢＣ』（一九二八年）から『科学映画の諸問題』（一九四四年）まで一五冊、九歳下の今村太平は『映画芸術の形式』（一九三八年）から『日本映画の本質』（一九四三年）まで一〇冊ある。

東大卒の飯島正、岩崎昶、澤村勉、清水晶、登川直樹、東北大学卒の津村秀夫と違い、今村太平は大分中学を三年で中退し、上京して独学でマルクス主義を学んでいる。三二年には共産党の大村ギャング事件で検挙される。その後『キネマ旬報』への投稿を通じて映画評論家として身を立てる。その後、一九三八年の『映画芸術の形式』に始まり、『日本映画と芸術』『漫画映画論』（共に一九四一年）など次々に本を出す。

『戦争と映画』（一九四二年）は、「戦時下の映画問題について、この一年間新聞雑誌に書いた論文を集めて出来た」（後記）。第一章は「映画と政治」で、映画の宣伝力の大きさを特にドイツやアメリカ映画を例にとって示す。その指摘は極めて具体的で、例えばシンガポール陥落の映像について、「山下、パーシバル会見の場面に音が入っていない」ことを批判する。

一つの大作戦に終止符を打ち、一国の運命を決するこのような歴史的場面を、十分の録音、照明設備なしに、おそらく「アイモ」一つで簡単に撮ってしまうというようなことが、もはや今のニュース映画の立ちおくれを示すものである。(43)

第二章の「映画と娯楽」でも、諸外国に比べて日本で映画館の数が少ないことや、映画の製作本数が世界一であることを示して「世界一の粗製乱造国」と書く。そして「ほんものの芸術は大衆的だ」「芸術は娯楽の最高形態」として映画における娯楽と芸術の融合をめざす。

第三章は「映画と科学」として、映画を科学という観点で、映画前史から現在までを俯瞰して見せる。

目次だけ見ると各章に「映画の宣伝力」「映画政策論」「戦時下の映画娯楽」「国民映画論」「戦争映画論」などがあり、一見すると津村秀夫の著作に近い。ただ読んでみると、必ず「宣伝とは何か」「娯楽とは何か」「日本の美学とは」といった根本的な議論に立ち返っており、意外とプロパガンダ色が薄い。当局の希望に応じて、こういうことも書けますよ、という余裕が感じられる。そして津村と違い、映画業界の内情には触れない。

四三年に雑誌に書いた二本の論文が目を引く。一つは前述の一五人が書いた『日本映画』九月号の「映画批評の機能と権威」の一本で、今村は「映画批評の行方」と題して、映画批評家に必要な三つを述べる。一つは「映画批評家といはず、多くの映画文筆人が直接製作企画に参加し、観客の良識を代表して種々の建言をなすのがいいと思う」。もう一つは「観客の動態や映画文化の生活浸潤度や映画の思想的心理的影響や、各国における映画の政治的利用度の調査等、無限の調査事項が今後の日本映画に必要であるが、この種の仕事に映画批評家、映画ヂャーナリストを系統的に参加させる」。最後に「このあとに残るものは映画批評でなくて映画理論のみであろう。映画の理論的研究だけは活字にする以外に発表の道がない」。

つまり、今村はいわゆる映画批評家は無用で、製作や調査に従事すべきで、映画理論研究だけが必要との見方を示す。この極めてプラグマティックな発想は、自らが『漫画映画論』や『日本映画と芸術』などで独自の理論書を出してきた自信から来るものだろう。映画理論ができない者は、体制に協力しなければ生きていけないよ、と受け取ることができる。

『映画評論』四三年二月号は前年の「回顧と展望」特集で、今村は「映画論壇の回顧」を書いている。そこでは「芸術論としての映画論がほとんど姿を消した」と書き、それは「劇映画の行詰り」をあらわすと書く。多くの評論家が絶賛した『ハワイ・マレー沖海戦』も前半は評価しながらも「俳優たちがセットで演じた、いわゆる劇映画の部分は、おどろくほど拙劣である」と書く。

飯島正の映画論については「具体的に作品にふれることを避ける傾向が顕著にみられ、その結果はおおむね思弁的となり、そして時に言葉の遊びに堕している感がある」と書く。

また津村秀夫についてはこう書く。「映画界の統合問題なぞを批評する津村氏の論法はきわめて自信に満ち、見た目にも危なげないが、ひとたび映画芸術論となると、一読ハラハラさせる稚拙さを示し、芸術論の深さと魅力に欠ける」。

多くの人が絶賛する『ハワイ・マレー沖海戦』を「拙劣」とし、最も力を持つ映画評論家の津村秀夫に対しても「稚拙」と書く。尊敬する先輩の飯島正さえも「言葉の遊びに堕している」と書く。四三年において今村のこの自由さは特筆すべきではないか。

四三年二月に出した戦時中最後の本『日本映画の本質』[44]においては、時局に関わる内容はほとんどなく、演劇、文学、音楽、絵画と比較しながら日本映画について歴史を遡って述べている。今村の場合は、もともと漫画映画を論じるのに日本の一二世紀の絵巻物と比較し、映画の持つ原始的要素やモンタージュを歌舞伎や能や伝統音楽と比較する。基本的に映画を通じて日本の伝統文化を称賛する立場だったことも、政治的なコミットはなくても当時の風潮に合ったと言えるだろう。

今村の親友だった杉山平一の『今村太平——孤高独創の映画評論家』には、戦時期の今村についてはあまり触れられていない。その時期をめぐる短い文章で杉山はこう書く。

今村の「民族の祭典」の評価は、もとより、ヒットラー政権を評価したのではない。ドイツが、ヨーロッパを席巻し、「電撃作戦」という賞賛の言葉が巷に満ちていた頃、今村は私にしきりに、「ドイツはいまに駄目になるよ」といった。誰ひとりドイツの優位を疑うものがなかった頃とて、私は彼の言が、強く印象に残っていた。

もちろん、マルクス主義者としての彼には、国家社会主義の行方は見えていたであろうが、そこに、彼の直感の鋭さを見ることができる。

太平洋戦争がはじまる前早くも彼は大戦争を予感して「映画界」を終刊にして、昭和十六(一九四一)年に千葉市千倉へ疎開してしまった。夫人渡辺つなの実家である。こんなに早く日本の進路を予感できた人は周囲にはほとんどいなかった。[45]

日本の敗戦を予測しながら、政治にかかわる部分はある程度時流に合わせつつ、自分のこれまでに打ち立てた考えを入れ込んで自由に書いた様子がうかがえる。

飯島正について書くのは難しい。まず、彼の戦前の一五冊の著作には、津村の『映画戦』や今村の『戦争と映画』のような時局を思わせるタイトルがない。戦争に関わる中身を少しでも含むのは、共に四二年の『教育と映画』『映画論ノオト』とである。

『教育と映画』には、「映画と国民教育」という文章がある。しかしここには戦争に関わることは一切出てこない。「映画は社会生活の現実のすがたをうつすべきものである」[46]「映画が観客とともに生きるということは、国民教育の見地から見て、もっとも大切な点である」[47]といった常識的なレベルに留まる。

『映画論ノオト』には「日本文化と映画」と「国民映画のこと」という短い文章がある。「日本文化と映画」は、日本文化については全く触れていない。「映画は、文化のための方法というよりも、文化の生活から自然に発生する現象である」[48]というように、映画と文化の一般的関係を述べている。また「国民映画のこと」については、「題材のみによって、国民映画は出来あがるものではないし、すでにある手本によって、国民映画をつくることも意味がない」「本体はむしろ、つくられてゆく作品行動にあるのであるから、国民としての映画作家が結局はものをいうのである。しかもその作家は単なる個人ではない。その背景には一般文化の問題がおおきなすがたを見せているといいはなければならない」[49]。

飯島は一九八四年に『戦中映画史・私記』として、戦中の映画評や手記、日記を集めて出版している。題名から察するに、七七年の岩崎昶『日本映画私記』に刺激を受けたのかもしれない。全体の三分の二を超す第一部が戦中の映画評や映画論だが、その大半は作品論である。なかに四一年の「映画界の新体制」「新体制のその後」、四二年の「映画と南方」「映画界の新体制に望む」「新体制下の映画界」「国民映画の企画」、四三年の「映画の新・新体制」という文章がある。ここに書かれているのも「映画はなんといっても、民衆娯楽の宗なのであるから、すくない本数の映画を全部コチコチの映画にしてしまうことはかんがえものである(50)」といった調子の時流に乗る拙速を諌めたものが大半だ。

実は飯島が主として『映画評論』や『日本映画』などの映画専門誌に書いた時局と関わる映画論は、この本を含めて単行本には収められていない。それはおそらく飯島の選択だろう。今それらを読むと、その前後に時局に迎合する勇ましい文章が並ぶだけに、飯島の文章の「落ち着きましょう」と言わんばかりの抑えた調子が際立つ。以下、いくつか引用する。

> 芸術的創作の当然の性質として、作品は、かならずしも、予期の結果を生むとはいえないので、政策に対する協力と、その作品のあいだにギャップが生じることは、往々にして見うけられるところであるし、それもある程度まで、当然である(51)。
>
> 僕たちが見て、これはいい映画だとおもうものが出来れば、日本的性格は、おのずからその様式をあきらかにするのである。
>
> 〔中略〕
>
> 現地における現地映画の製作を僕は提唱したいのである(52)。

まず、第一に日本映画は、現在の僕たちの精神的現実をうつしださなければならない。

〔中略〕

いそいで事実を知らせることが、劇映画の真髄とはいえないとおもう。映画は、日本の国力のさかんとなることを信じて、そこに身をおけばいいと、僕は考えている。(53)

〔中略〕

映画は、もともと、在来の日本の芸術とは、かなりちがった性質のものであった。

〔中略〕

日本の芸術の伝統的性質は、映画においていままでにないおおきな抵抗を見いだすことと思う。しかし、その必然的抵抗を物数を尽し、工夫をかさねることによって、映画の「花」にまでしあげることは、信じてうたがわないところである。(54)

国策便乗の映画がおもしろくないのは、「場」と「筋」とが、別々にかんがえられているからなのである。したがって、国策をのべる映画は、はじめから、「場」としての国策を考えることが、もっとものぞましいのである。

〔中略〕

映画の国策と国策映画を一緒くたに考えることは無理である。(55)

飯島は情報局の嘱託となり、(56)後に大日本映画協会へ移り、「国民映画」の審査員になりながら、あくまで時局に乗った国策映画や国民映画に警笛を鳴らし、映画美学の追究を目的とする文章を書き続けた。前述した四一年度の国民映画に『父ありき』などが選ばれた時の座談会が『日本映画』四二年五月号に掲載されている。審査員七人の一人である飯島は、情報局の不破課長ら三名を交えた座談会で、例えば饒舌な津村秀夫に比べてほとんど話していない。促されて短く話すのは「大体において劇的な把握が足りないということ、それをいいたいです」「国民映画がこれからどしどしあらゆる生活部門に手をのばし、あらゆる時代にも空間にも広がっていって、いろいろな題材を摑んで行かなければならないということを、これは示すことになろうと思います[57]」。

飯島は体制に協力しながらも、好戦的な発言はしない。あくまで映画とはどういうものかを説明しながら、そう簡単には時流に乗れないことを丁寧に説明する。今村太平に「言葉の遊び」と書かれた、ひらがなを多用した持って回ったような言い回しの発言は、結局のところ、この戦時下においてもどうしたらいい映画ができるかという考えに収斂されるのではないだろうか。体制側に役に立つ情報を提供しながらも、必ず抽象的な内容に戻ってゆく今村太平とは異なる形の「体制内抵抗」であった。

まとめにかえて

この小論は、戦時下の映画ジャーナリズムについて、全体の見取り図を書くことを目的にした。その中で明らかに体制に反抗して「豚箱」に入った岩崎昶、最後まで戦時体制を支持した津村秀夫と澤村勉、体制内で静かな反抗を企てた今村太平と飯島正について述べた。驚くべきはその若さである。最年長の飯島正が四五年に四三歳、一番若い澤村勉は三〇歳である。さらにその下に清水晶や登川直樹もいた。彼らは日本の映画評論が空前の輝きを見せる二〇年代後半から三〇年代に現れて、戦争に巻き込まれながら、命がけでそれぞれの道を模索している。

それぞれが巨人と言うべき評論家のために、この長さではどの書き手についても舌足らずになってしまった。

また彼ら以外にも飯田心美、大塚恭一、南部圭之介、滋野龍彦、内田岐三雄、清水光、水町青磁など興味深い評論家は多い。

最近は戦時下や占領期の日本映画についての研究は増えたが、映画評論についてはまだ少ない。今後の研究に期待したい。

(1) ピーター・B・ハーイ『帝国の銀幕——十五年戦争と日本映画』(名古屋大学出版会、一九九五年)のほか、古川隆久『戦時下の日本映画——人々は国策映画を見たのか』(吉川弘文館、二〇〇三年)、加藤厚子『総動員体制と映画』(新曜社、二〇〇三年)など。

(2) 重政隆文「津村秀夫論」、『芸術論集』第二号、大阪芸術大学芸術学部文芸学科研究室、一九八六年。

(3) 長谷正人「日本映画と全体主義——津村秀夫の映画批評をめぐって」、岩本憲児編『日本映画とナショナリズム 1931-1945』日本映画史叢書1、森話社、二〇〇四年。

(4) 前掲『帝国の銀幕』四二八頁。

(5) 同上、四三〇頁。

(6) 岩本憲児「日本における映画の批評と研究——史的外観」、『映画学』第二号、早稲田大学文学部演劇研究室内映画学研究会、一九八八年。

(7) 登川直樹「日本映画批評発達史1・2」、『キネマ旬報』一九九六年五月一日号、五月一五日号。

(8) 詳細は『映画学』第一四号(映画学研究会、二〇〇〇年一二月一五日号)の登川直樹のインタビュー「映画評論家から見た情報局勤務——情報局と国民映画の時代」に詳しい。

(9) 前掲『帝国の銀幕』五〇—五一頁。

(10) 同上。

(11) 澤村勉『現代映画論』桃渓書房、一九四一年所収。

(12)岩崎昶『日本映画私史』朝日新聞社、一九七七年、一六三―一六四頁。
(13)岩崎昶「統制の「効果」――ナチスの映画政策」、『日本映画』一九三七年四月号、五二頁。
(14)同上、五三頁。
(15)前掲『日本映画私史』一四五頁。
(16)岩本憲児ほか監修『日本戦前映画論集』ゆまに書房、二〇一八年、七二九―七三七頁。
(17)岩崎昶「官僚風の処罰法　映画法を検討する(二)」、『朝日新聞』一九三九年三月一四日。
(18)岩崎昶「片手落ちの立法　映画法を検討する(四)」、『朝日新聞』一九三九年三月一六日。
(19)同上。
(20)前掲『日本映画私史』二二二頁。
(21)同上、二二八頁。
(22)同上、二三八頁。
(23)前掲『帝国の銀幕』二九三頁。
(24)岩崎昶『日本の映画』日本民主主義文化同盟、一九四八年、二八頁。
(25)同上、三四頁。
(26)伊丹万作は、例えば『映画評論』一九四一年一〇月号の特集「映画界の新体制を繞って」に「思」という文章を寄せて「映画を今の純文学のように、あるいはまた能楽のようにして民衆との縁を断ち切つていいなら、どんな高い仕事でもできる。しかし、それでは映画でなくなつてしまう。あのようなラジオを聞き、あのような演芸を喜ぶ人々が、同時に映画の客なのだ」として簡単に「新体制」はできないことを示す。
(27)大宅壮一「津村秀夫論」、『日本映画』一九四一年七月号三四頁、三七頁。
(28)前掲『帝国の銀幕』四二六頁。
(29)津村秀夫『映画と批評』小山書店、一九三九年。
(30)津村秀夫『映画政策論』中央公論社、一九四三年、二〇九頁。
(31)同上、二八五頁。
(32)津村秀夫『映画戦』朝日新聞社、一九四四年、一頁。

（33）同上、三―四頁。
（34）花田史彦「映画による「近代の超克」とその帰趨――映画評論家・津村秀夫の戦後」、『京都大学大学院教育学研究科紀要』二〇一八年三月。
（35）前掲『帝国の銀幕』四二八頁。
（36）津村秀夫「現代と映画批評」、『日本映画』一九四三年一〇月号、四八頁。
（37）澤村勉『現代映画論』（復刻版、ゆまに書房、二〇〇三年）四〇三頁のピーター・B・ハーイの解説による。
（38）前掲『現代映画論』（初版）二六七頁。
（39）同上、一二九頁。
（40）同上、二九二頁（初出『日本映画』一九四一年三月号）。
（41）前掲『帝国の銀幕』一九五頁。
（42）前掲『現代映画論』（復刻版）解説、四一一―四一二頁。
（43）今村太平『戦争と映画』第一文芸社、一九四二年、四三頁。
（44）今村太平『日本映画の本質』新太洋社、一九四三年。
（45）杉山平一『今村太平――孤高孤独の映画評論家』リブロポート、一九九〇年、一四三―一四四頁。
（46）飯島正『映画と教育』小学館、一九四二年、一五六頁。
（47）同上、一五八頁。
（48）飯島正『映画論ノオト』青山書房、一九四二年、三五二頁。
（49）同上、三六五―三六六頁。
（50）飯島正『戦中映画史・私記』エムジー出版、一九八四年、七一頁。
（51）飯島正「映画芸術の新段階」、『映画評論』一九四一年一月号、二七頁。
（52）飯島正「日本映画の性格について――大東亜戦争に関連して」、『映画評論』一九四二年三月号、一七―一八頁。
（53）飯島正「大東亜映画としての日本映画」、『映画評論』一九四二年四月号、二二一―二三頁。
（54）飯島正「日本の伝統と映画」、『映画評論』一九四二年五月。
（55）飯島正「映画の題材について」、『日本映画』一九四二年七月号、八頁。

（56）飯島正『ぼくの明治・大正・昭和』（青蛙房、一九九一年）の補遺として発表された「戦時日常」（『映画学』第七号、早稲田大学文学部映劇研究室映画学研究会、一九九三年三月）には、情報局に勤めたのは「これで徴用はまぬがれるのではないか、という考えが実はあった」（二〇二頁）と書いている。
（57）「情報局国民映画座談会」での飯島正の発言、『日本映画』一九四二年五月号、五六頁。

初期満映について

雑誌『満洲映画』の記事から

上田 学

はじめに

満洲映画協会（以下、満映）は、周知のとおり「満洲国」と南満洲鉄道の出資によって設立された国策の映画会社である。満映については、李香蘭や甘粕正彦《あまかす》といった著名な人物を中心に、数多くの文章が書かれてきた。しかしながら、まだ李香蘭がスターになる以前、かつ甘粕正彦が理事長に就任する以前の初期満映については、必ずしも十分に研究されてこなかったといえる。本章は、雑誌『満洲映画』の関連記事から、初期満映について、その特徴を明らかにするものである。

満映は一九三七年八月に発足し、一九四五年八月の敗戦とともに消滅するが、本章で初期と定義するのは、満映の発足当初から、甘粕が理事長に就任する一九三九年一一月までの期間である。初期満映がなぜ重要であるのかは、同時代の「満洲国」の国策の方向性と、「内地」の映画人の志向の乖離が、より端的に表出されていると考えるからである。たとえば、牧野省三の次男として、あるいは東映のプロデューサーとして著名なマキノ光雄（以下、満映時代のマキノ満男を用いる）が、満映でもプロデューサーをしていたことはよく知られているが、彼は一九三八年に満映に入社したものの、一九四二年に八木保太郎と娯民映画部長を交代して日本に帰国している。そこには、後述するように、甘粕の製作方針と、「活動屋」の仕事が相いれない状況があったのである。

満映に関する映画史の研究は、坪井与《あたえ》や李香蘭による回顧録の発表[1]、山口猛や胡昶・古泉による通史的な研究書の刊行、(2)モスクワのゴスフィルモフォンドにおける現存フィルムの調査などによって、(3)次第に蓄積されてきた。これらの蓄積を踏まえて、近年ではメディア史からも多くの研究が発表されているが、初期満映を論じたものは、そのなかで必ずしも多くはない。加藤厚子は、「満映は甘粕理事長期に情報宣伝機関としての基盤を確立した」として、甘粕の理事長就任を満映の転換点として位置づけた。(4)有馬学は、初期満映を前景化し、雑誌『月刊満洲』にみられる一九三〇年代後半の映画関連記事をまとめ、満映の娯民映画〔劇映画〕の第一作『壮志燭天』〔坪井与監督、一九三八年〕のシナリオを翻刻した。(5)南龍瑞は、満映の宣撫工作を甘粕正彦の理事長就任を画期とする前後期に区分し、巡回映写をめぐる変化について指摘した。(6)また赤上裕幸は、後述するように、「活映」という概念を通じて推進された、大阪毎日新聞社〔以下、大毎〕の水野新幸《しんこう》らの映画教育運動と初期満映を関係づける、興味深い視点を提示した。(7)

初期満映に所属し、日本の敗戦前に満映を去った映画人たちは、最後まで満映に残った坪井与や李香蘭、木村荘十二《そとじ》、(8)岸富美子ら(9)とは異なり、第二次世界大戦後に積極的な証言を残していない。このような点において初期満映は、歴史のなかで存在を消去されてきたといえるだろう。本章は、その初期満映をあえて取り上げることで満映という映画会社が有していた諸々の矛盾を、あらためて顕在化させることを試みるものである。

1 近藤伊与吉と演員訓練所

初期満映における重要な人物の一人が、近藤伊与吉である。近藤は日本映画史において、主にサイレント期の俳優として知られており、村田実主催の踏路社で初舞台を踏み、(10)その後は純映画劇運動の代表作『生の輝き』〔帰山教正《かえりやまのりまさ》監督、天活、一九一九年〕、『深山《みやま》の乙女』〔同〕の出演や、日本映画俳優学校の講師、阪妻立花ユニヴァーサルの現代劇部長を務めるなど、[11] 多彩な経歴をもった人物である。

近年、赤上裕幸により、近藤が雑誌『映画教育』への寄稿や、『守れ満蒙』(秋田伸一監督、大毎、一九三二年)等の「論文フィルム」の製作を通じて、「活映」という映画教育の概念の創出に関わっていたという、新たな視座が提示された。水野新幸による「活映」教育の推進は、すでに先行研究でも取り上げられていたが、[12] 赤上は「建国間もない満洲のメディア環境こそ、水野の思考実験(ポスト活字)を現実のものにしてくれる格好の場所であった」[13] として、満映に近藤伊与吉が参加したことを、映画教育運動と結びつけて論じている。近藤自身も、「根岸氏(元日活常務取締役の根岸耕一のこと)の国策論及び大同二年五月に開催した大毎映画部主管全日本映画教育研究会の満洲映画教育大会は、それまで沈黙勝ちであつた満洲国の映画国策論者を著しく刺激し、真剣にその具体的実現を考える人々が相乗つて国策論の討議をするやうになつた」[14] として、満映の発足に際して、大毎の映画教育運動の影響があったことを述べている。

もっとも、「活映」教育と初期満映に、たとえ人的な連続性があったとしても、それは満映の成立における一面に過ぎないし、そうした点は、あくまで甘粕以前の初期満映にみられた特徴だったことに、留意する必要があるだろう。本節では、このような近年の研究で明らかにされた近藤の重要性を踏まえながら、あらためて初期満映における彼の立場を考察したい。

満映は発足後、長春駅北西の寛城子に仮撮影所を設けるとともに、「募集せる満人男女俳優八十数名に対し厳重なる訓育を施し以て相継いで健全にして娯しき国産劇映画の製作を見るに至りました」[15] として、中国人の俳優が出演する娯民映画の製作に着手している。この「厳重なる訓育」のために、演員訓練所が設置され、近藤はその講師に着任した。[16]

それでは、演員訓練所はどのような教育を実施していたのだろうか。『満洲映画』には、次のような演員訓練所のカリキュラムが掲載されている。

輝ける未来のスターダムを目ざして、真の満洲映画第一線に立つ演員としての教養をひたすら身につけることに努力しつゝある訓練生は、男子二十一名女子二十五名で、男子訓練生のなかには将来監督として立たうといふ志望に燃えてゐる者も数名あり、また既に銀幕なり或ひは舞台なりの経験を踏んでゐる男女も数名あつて頗る多士済々である。／訓練生たちの「一日の日課」を御紹介すれば、次の通りである。／◇起床　午前七時／◇ラヂオ体操／◇訓練所出所　午前九時／◇講義、訓練　午前十時―午後四時／◇自習／◇就寝　午後十時／なほ、一週間に於ける毎日の訓練、講義内容は、目下のところ左表に示すものを規則正しく行つてゐる。／◇月曜　修身、映画汎論、映画教育　体育／◇火曜　演員道徳、実習／◇水曜　映画史、国語、実習／◇木曜　映画製作過程、映画教育、体育／◇金曜　映画製作論、日常知識、実習／◇土曜　補習講座、実習（日曜は休講[17]）

ここで注目したいのは、外国語の講義がないことである。初期満映の娯民映画は、第一作『壮志燭天』をはじめ、基本的にスタッフが日本人、俳優が演員訓練所出身の中国人で製作されていたが、そこでのコミュニケーションに必要だったと思われる外国語の講義が欠如しているのは、俳優を育てるカリキュラムとして、見通しの甘さを示すものだろう。当時の講義の風景について、李香蘭は次のように述べている。

映画撮影中の〝出番〟のキャスト以外は、毎朝、小学校の生徒のように俳優研修所にかよい、演技師の講義と実技指導を受ける。研修所長は近藤伊与吉先生。〔中略〕なにしろ講師の日本人は中国語ができず、生徒の中国人俳優は日本語ができないので、おたがいに隔靴掻痒の感があり、意思の伝達の行きちがいそのものが滑稽な喜劇の実技実習となった。／近藤先生はもちろん日本語で講義をする。演員（俳優）たちはその間、所在なさそうに聞いている。一区切りついたところで通訳が中国語に訳する。そこではじめて講義内容が演員に伝わる。／講義に熱が入ると、喜怒哀楽を顔や体で表現しながら、ときには興奮して声をあらげ、ときには夢うつつの表情でささやく。しかし、その間、生徒の中国人俳優たちは日本語のせりふの内容がわからないからパントマイムを見ているようなもの(18)。

もともと近藤は、親しかった山本嘉次郎《かじろう》からも「言葉だけでなく、身のこなし方も変にギクシャクして、歩くときにヒジを左右に振り立てる不可思議なクセがある」ため「俳優として売れないのも当然(19)」と評されたように、その演技は必ずしも高い評価を得ていなかった。言語の疎通の難しさともあわせ、演員への教育は困難を極めただろうと思われる。

さらに問題なのは、近藤に上海映画への関心が欠如していた点にある。たとえば、『満洲映画』の創刊号に掲載された彼の「映画俳優学」は、『こわれ甕』（Der zerbrochene Krug、トビス・マグナ、グスタフ・ウチッキィ監督、一九三七年）のエミル・ヤニングスの演技が数枚の大判のスチル写真とともに取り上げられているが(20)、ドイツ映画が「満洲国」の映画文化の主流でなかったことは明らかである。当時の「満洲国」において、中国人の観客層に人気があったのは、あくまで上海映画であった(21)。それにもかかわらず、この時期の近藤のいくつかの論考において、上海映画への言及は全くみられない。

近藤は、北京を演員訓練所の演員募集に訪れた際、『お菊さん』（一八九七年）の「ピエル・ロテイの長崎の印象よりも浅い私の北京の印象は、僅々一旬余の短時日の滞在で、門の名前をやつと覚えたと思つたら、もう帰らなければならぬやう」(22)と、中国文化への知識の欠如を自ら吐露している。もっとも、これは近藤に限らず、初期満映に参加した日本の映画人全体の問題といえるだろう。川喜多長政や岩崎昶《あきら》、筈見《はずみ》恒夫のような例外を除き、当時の日本の映画人にとって、上海映画は関心の外にあったのである。(23)『満洲映画』には、やがて満映作品がニューヨークの映画館、ロキシー劇場で上映されることを夢みる挿絵が掲載されている［図①］。外国映画に関して、ほとんどの日本の映画人が向ける視線の先には、あくまで欧米の映画文化しかなかったのである。

図① 「満映ニューヨークに進出」(『満洲映画』第4巻第5号、1940年)

2 初期満映の製作方針

前節で述べてきた問題もあり、演員訓練所は一九三八年八月に早くも閉鎖される。近藤は、閉鎖について次のように述べている。

実際の撮影とは縁遠い「訓練」なんか続けてゐても、なんの役にもたつものぢやない……いつそ、この際、思切つて訓練所を廃止し、彼等彼女等を一人前の演員として認めてやつて、訓練所から解放してやつた方が如何か⁉……と云ふ意見が協会内に台頭したので、私は勿怪の幸とその意見に賛成し、八月十二日から「私のお弟子たち」は、みな「立派な演員」乃至は「将来嘱目されてゐる演員見習」として、満映の「登録されてある社員」となつたのである。[24]

引用文はさらに近藤による自己弁護の文章が続くが、その存続期間は短くとも、実際に演員訓練所の出身者の一部は、第二次世界大戦後の中国でも映画人として活動を続けており、[25] その点において一定の意義を認めることができるだろう。

このように演員訓練所が閉鎖され、実際の映画製作のなかで中国人の俳優を育成しようとする初期満映の方針の変更は、同時期にマキノ満男が、根岸寛一とともに満映に入社し、製作部次長に着任したことによる影響と思われる。

マキノは、「今夏自分も満映へ入社してみて、協会を指導監督する各方面の意見を綜合してみた結果、まづ自分が最初に樹てた製作方針は、凡ゆる不完全な設備を押切つて、なんでもいゝから、兎にも角にも、どし〳〵製作してゆかう、生産能率を高めてゆかうと云ふこと[26]」として、満映における新たな製作方針「まづ作る」を宣言した。

ただし、近藤とマキノは対立して新たな方針を出したわけではないものと思われる。この直前に両者は連れ立って北京で演員募集を実施しており、[27] それらの協議の結果として新たな方針が出されたものと考えられる。マキノは満映入社に際して、「今度渡満するといふ事についての最大の望みは、近藤先生と現在大連に居られる当時俳優学校の校長であつた水口薇陽先生にお会ひ出来る事が何よりの喜び[28]」として、近藤を好意的に評価していたからである。

そもそも近藤は、満男の父の牧野省三のもと、マキノプロダクションで俳優や脚本を務めており、省三が育てた映画人の一人であった。近藤は『満洲映画』の記事で、省三の人心掌握の巧みさについて賞賛し、さらに満男について次のように述べている。

先生が死んで既に十年、先生の遺児の一人〔マキノ正博のこと〕は、日本映画界に名撮影監督として君臨し、マキノ満男氏は、満洲映画の名プロデユサアとして大陸に活躍してゐる姿を眺めるとき、たとへ先生一代の事業であつたマキノ・プロダクシヨンは崩壊しても、形を変へて、もつと大きな意義で飛躍してゐるのだと考へることが出来る(29)

しかし、坪井与に「生まれながらの活動屋」と評された満男は、「ざっくばらんな、野性的な而も人情味のある人柄が、未だ見たこともない寒い寒い満洲に多くの人を呼び寄せた」との評価にもかかわらず、「智性がなく、国策会社の幹部としては相応しくない」とされ、一九四二年に長春の撮影所を去ることとなる(30)。また近藤も、長春を離れて撫順の満映直営館の支配人となった後、一九四四年に本渓湖で没している(31)。

マキノや近藤が目指したのは、あくまで日本映画の製作や理論、いわば「活動屋」の作法を「満洲国」に移入することであった。そこに、「満洲国」を日本の植民地とみなし「五族協和」を謳う、中国東北部の文化への無理解があったことは疑いない。しかし、一九三九年の甘粕の満映理事長着任にともない、「満洲へ来ても一流だといふ、独善的な考へはすてて、満洲の実情に沿つた映画を作る(32)」という、国策としての映画製作が推進されることで、「活動屋」は退場を強いられたのである。

3 「満洲国」の映画館と「豆常設館」の試み

満映が設立された、かつての「新京」、現在の長春は、日露戦争後に日本の経営となった南満洲鉄道と、引き続きロシアが経営した東清鉄道が接続する地点として発展した都市である。一九三二年に「満洲国」が成立し、その首都となった際に、「満洲国」政府直轄の大規模な都市開発が進められた[33]。その豊かな都市の様子は、啓民映画『躍進国都』(満鉄映画、一九三七年)に描かれている。

「満洲国」の映画館は、観客層によって満系電影院、日系映画館に区分されており、このほかに一九四〇年から満映の直営館が主要都市に設置された。現在の長春には、今もその痕跡をとどめているものもある。その一つが、当時の外観を残す豊楽劇場である[図②]。その立地は、繁華街である現在の重慶路に面し、「新京」の中心を南北に貫くかつての「大同大街」、現在の人民大街からも近い。しかし、「神戸以西第一の豪華劇場と豪語するだけの、内容外観を備えてゐたが、如何せんこちらは全くの地の不利と、契約すべき邦画会社の外にないことが、著しく経営を困難ならしめた[34]」と評され、他の長春の映画館に比べて、興行の方は順調ではなかったようである。同館は、「満洲国」建国から三年後の一九三五年に開館しており、先述の『躍進国都』にも、その外観が写されている。特徴的なモダニズム建築の様式は、新しい都市計画のもとで造成された、当時の目新しい「新京」の様子を想起させる[図③]。

「満洲国」では、一九三七年から輸入映画も含めた配給を満映が一括して統制し、その収益を経営の基本としていたことが知られている。『東京演芸通信』記者の桑野桃華は、次のように述べている。

満映は内地映画の独占輸入並びに配給権を握つてゐて、これを全満及び関東州内の日本人系常設館に配給すると同時に、直営常設館をも経営してゐるのです。これが即ち内地映画のピンをはねてゐるといはれる仕事なのです。満映は、これによつて相当の利潤を収めてゐる事は事実でありますが、この利潤は営利会社でないから出資者たる個人の懐には入らないのであります。〔中略〕作られる映画は、娯民（娯楽用劇映画）啓民（啓発、宣伝、文化ニュース、こども満洲その他）の二部に分れて、総計年百本以上――ニュースは日語版、満語版共に毎週製作――のものを作り、これを満系及び日系の常設館に上映してゐるのであります。(35)

このような統制の背景に、上海映画の排除が念頭にあったことは想像に難くない。当時の「内地」の認識として、桑野は次のように長春の映画館について述べている。

図②　豊楽劇場遺構（2009年11月、著者撮影）

図③　「近代的様式を誇る新京・豊楽劇場」（『満洲映画』第2巻第4号、1938年）

> お膝元の首都新京あたりの電影戯院に於てすら、上海製の抗日宣伝映画が、平気で上映され、拍手喝采されてゐるのが、その頃の満洲国の実情なのであつたから、この方面に於ける検閲も、相当厳重に行はなければ、新国家の建設的基礎工作の上に、大きな破綻が生じて来るであらうと、考へたのであつた。(36)

こうした配給の統制を前提に、満映は興行についても影響力を及ぼし、一九四〇年から直営館を設置し、一九四一年には都市以外の地方に映画館を設置するための満洲電影総社を設立した。(37) こうした政策を経て、「満洲国」の映画館は、着実に増加していくこととなった。具体的に日本側の統計資料にもとづけば、「満洲国」全体で、一九三四年に日系映画館はわずか二〇館であったのが、(38) 一九四一年には七一館、(39) 一九四三年に七八館に(40) 急増している。特に一九三四年にみられなかった地方の映画館が、一九四一年に三三館、一九四三年に三七館と急増している点は、満映の配給や興行に係る影響力の効果がみられたといえるだろう。

それでは、初期満映における「満洲国」の映画館の対応は、どのようなものだったのだろうか。初期満映の試みとして、「豆常設館」の構想が挙げられる。先に述べたように、満映の発足以前、映画館は基本的に大連や瀋陽、ハルビン、長春といった都市に偏在しているに過ぎなかった。そのような状況に対して、満映の巡回映写を主導した赤川幸一は、「現在三五ミリ常設館所在地を除外して全国の市街地人口約一万以上の個所をピックアップして七十七の候補地を数え」、ここに常設化ないし定期巡回化した「豆映画館」を設置し、「「三五ミリ固定常設館」開拓の先駆たるべき」という構想を打ち出した。(41) この構想は管見の限り実現しなかったようであるが、後の満映の直営館や満洲電影総社の設立に結実することになったと考えられる。次節では、この「豆常設館」構想へと結びつく巡回映写について、述べていきたい。

4　初期満映の巡回映写

映画館が都市部に限られていた中国東北部において、巡回映写という映画上映の形態は、満映が設立される以前から、満鉄や「満洲国」の協和会が実施しており、満映の設立当初も、国務院弘報処や治安部、民政部、協和会が、それぞれ巡回映画班を組織していた[42]。一九三九年、満映にも配給部開発課が新設され、巡回映写を担うようになっていくが、「満洲国」の巡回映写の特徴は、多くの学校にサイレントの一六ミリ映写機が普及していた「内地」とは異なり、トーキーによる巡回映写が実施された点であった[43]。さらに一九四二年には、「満洲国」政府、協和会および満映が中心となって、満洲国巡回映写中央委員会を発足させ、巡回映写が組織化されることになった[44]。こうした巡回映写の再編成以前、初期満映の巡回映写がどのようなものであったのかを、具体的なプログラムからみていきたい。

番組	タイトル	映画会社	監督（編集）	ジャンル
南満班プログラム	壮志燭天	満映	坪井与	劇映画
	鯨群を追つて			記録映画
	動物病院			アニメーション映画
	満映ニュース	満映		ニュース映画
	朝日ニュース	朝日映画		ニュース映画
	朝日子供グラフ	朝日映画		ニュース映画
	報国驀進	日活	伊賀山正徳・首藤寿久	劇映画
北満班プログラム	萬里尋母	満映	坪井与	劇映画
	赤の脅威	朝日映画	保篠龍緒	記録映画
	お猿の大漁	横浜シネマ	村田安司	アニメーション映画
	満映ニュース	満映		ニュース映画
	朝日ニュース	朝日映画		ニュース映画
	非常線	日活	田口哲	劇映画

表①　初期満映における巡回映写のプログラム例（満映配給部開発課「第一回沿線巡回映写報告」、『宣撫月報』第4巻第7号、1939年より作成）

一九三九年は、満映が地方の巡回映写を開始した時期にあたる［表①］。この時期に上映されたのは、初期満映や日活の劇映画、記録映画、ニュース映画、アニメーション映画であり、それが地方の宣撫工作の意図をもったプログラムであることは分かるものの、その効果には疑問符がつく。たとえば、日活の『非常線』（田口哲監督、一九三六年）は浪曲トーキーであり、浪花節に親しみのない「満洲国」の人々にとって、どれほど関心がもたれたのかはかなり疑わしい。

また、満映の娯民映画第一作にあたる『壮志燭天』についても、「トーキーの言葉が綺麗すぎて田舎の農民には難解」で、「王福春よりも劉恩甲が出たゞけで、ワーと湧く盛況だつた」と、主演の王よりもコメディアンの相貌の劉〔図④〕に反応する観客が報告されている(45)。また、どちらのプログラムもアニメーション映画が組み込まれているが、別の事例で「漫画が映写されてパラマウントのマークが映写されたので「這是美国的漫画」と云つてやつたら、ポカンとしていた(46)」との記述もみられ、必ずしもアニメーション映画は観客に受け入れられなかったようである。

図④ 「人気者・頭を丸めるの図　劉恩甲」
(『満洲映画』第2巻第4号、1938年)

その後、満洲国巡回映写中央委員会の発足とともに、満洲系、日本系、朝鮮系等の観客層にあわせたプログラムへと洗練化が図られるが(47)、初期満映における巡回映写は、中国東北部の文化への認識の欠如から、観客層の期待に十分に応えられていなかったといえる。

おわりに

本章では、初期満映について、俳優養成から映画製作、映画館、巡回映写までを概観してきたが、総じて日本の映画界の作法を「満洲国」に持ち込み、それによって矛盾の顕在化が引き起こされていたといえるだろう。この点において、初期満映は、当時の日本の映画人が、「満洲国」をどのように理解していたのか、その不十分な認識を如実に物語っている。「東亜に於いて製作される映画は大別して日本映画と上海映画の二つしかなかった[48]」とまで考えられていた自負は、「満洲国」の現実に打ち砕かれることになったのである。

現在、日本政府の支援により進められ、すでに綻びがみえ始めている「クールジャパン」だが、ポピュラーカルチャーへの国家的支援、とりわけ異なる文化圏への政治的な介入は、果たしてどこまで有効なのだろうか。私たちはそれを、過去の壮大な「実験場」であった、初期満映の試みから、読み解くことができるのではないだろうか。

（1）坪井与「満洲映画協会の回想」、『映画史研究』第一九号、一九八四年。山口淑子・藤原作弥『李香蘭　私の半生』新潮社、一九八七年。
（2）山口猛『幻のキネマ満映』平凡社、一九八九年。胡昶・古泉『満映――国策電影面面観』中華書局、一九九〇年。
（3）山口猛『哀愁の満洲映画――満洲国に咲いた活動屋たちの世界』三天書房、二〇〇〇年、二五―三〇頁。『皆大歓喜』（王心斉監督、一九四二年）、『迎春花』（佐々木康監督、同年）、『晩香玉』（周暁波監督、一九四四年）などがそこに含まれていた。なお、同時期に実施された日本映画のフィルム調査については、佐伯知紀「ロシア国立フィルム保存所　ゴスフィルモフォンドの日本映画」（『映画テレビ技術』第五四八号、一九九八年）を参照のこと。
（4）加藤厚子『総動員体制と映画』新曜社、二〇〇三年、一七九頁。
（5）有馬学「初期満映の活動に関する資料――雑誌『月刊満洲』の映画関連記事」、『朱夏』第二二号、二〇〇七年。
（6）南龍瑞「「満洲国」における満映の宣撫教化工作」『アジア経済』第五一巻第八号、二〇一〇年。
（7）赤上裕幸『ポスト活字の考古学――「活映」のメディア史1911-1958』柏書房、二〇一三年。
（8）木村荘十二『新中国』東峰書房、一九五三年。
（9）田中益三編『はばたく映画人生――満映・東影・日本映画　岸富美子インタビュー』せらび書房、二〇一〇年。岸富美子・石田妙子『満映とわたし』文藝春秋、二〇一五年。

（10）『青山杉作』青山杉作追悼記念刊行会、一九五七年、一五頁。
（11）田中純一郎『日本映画発達史Ⅰ』中央公論社、一九七五年、二八四・四一六頁。同『日本映画発達史Ⅱ』中央公論社、一九七五年、九三頁。
（12）たとえば、田中純一郎『日本教育映画発達史』蝸牛社、一九七九年、五九―六〇頁。
（13）赤上前掲書、二五八頁。
（14）近藤伊与吉「満洲映画生立ち記」、『藝文』第一巻第九号、一九四二年、一四三頁。
（15）『満洲映画協会案内』満洲映画協会、一九三八年。
（16）胡・古前掲書、四九頁。
（17）「満洲映画　スターダムを目ざす人々」、『満洲映画』第二巻第一号、一九三八年、二六―二七頁。
（18）山口・藤原前掲書、一〇五頁。
（19）山本嘉次郎「カツドウヤ水路3」、『キネマ旬報』第三〇四号、一九六二年、一〇三頁。
（20）近藤伊与吉「映画俳優学第一講」、『満洲映画』第一巻第一号、一九二七年、一〇―一三頁。なおハリウッドのメジャーが「満洲国」の配給統制に反発して一九三七年に撤退した後、ドイツ映画が新たな市場として「満洲国」に進出したことは、『満洲映画』の記事にもみられるが（たとえば、矢間晃「満独映画協定論」、『満洲映画』第一巻第一号、一九三七年、一八―一九頁）、近藤が講義でドイツ映画を取り上げたのは、そのことが背景にあるものと思われる。
（21）劉文兵『日中映画交流史』東京大学出版会、二〇一六年、七〇―七三頁。
（22）近藤伊与吉「北京ところどころ――北支演員募集報告余白」、『満洲映画』第二巻第九号、一九三八年、四二頁。
（23）上海映画と日本の映画人との関係については、佐藤忠男『キネマと砲聲――日中映画前史』（岩波書店、二〇〇四年。初版、リブロポート、一九八五年）を参照のこと。
（24）近藤伊与吉「満人俳優群像3」、『満洲映画』第二巻第九号、一九三八年、六二頁。
（25）男優で浦克、王福春（撮影に転向、王啓民と改名）、朱文順（監督に転向）、劉恩甲ら、女優で鄭曉君らが、第二次世界大戦後も長らく中国の映画界で活躍した（坪井前掲稿、五―六頁）。
（26）マキノ満男「まづ作る――今後の満映作品の第一方針」、『満洲映画』第二巻第九号、一九三八年、四〇頁。
（27）「北京演員募集風景」、『満洲映画』第二巻第九号、一九三八年、四一頁。

(28)「小杉勇を囲んで　映画・日満交歓」、『満洲映画』第二巻第二号、一九三八年、一九頁。
(29)近藤伊与吉「日本映画界の巨頭を語る　二」、『満洲映画』第三巻第三号、一九三九年、八一頁。
(30)坪井前掲稿、三六―三七頁。
(31)坪井前掲稿、三五頁。『キネマ旬報増刊　日本映画俳優全集　男優篇』キネマ旬報社、一九七九年、二二八頁。
(32)甘粕正彦「満人のために映画をつくる」、『映画旬報』第五五号、一九四二年、一三頁。
(33)越沢明『満州国の首都計画』日本経済評論社、一九八八年、一〇七・一一〇頁。越沢によれば、「全面的な水洗化を実現した市街地はアジアでは最初」という近代的な都市が造成された(同、一三六頁)。
(34)天野光太郎「満洲・映画今昔譚(四)」、『満洲映画』第二巻第四号、一九三八年、四八頁。
(35)桑野桃華「満洲の映画事業概観」、『映画旬報』第五五号、一九四二年、二八頁。
(36)桑野桃華『水のなかれ』聯合映画通信社、一九三四年、二九〇頁。また、日中戦争により上海映画の配給が滞ったことで、満系電影院に日本映画を配給しようとする無謀な試みも検討されていた(老漢「日本映画の満系館上映問題の検討」大内隆雄訳、『満洲映画』第二巻第一〇号、一九三八年、二九頁)。
(37)山口前掲書(二〇〇〇年)、二二三―二二五頁。
(38)内訳は大連七館、瀋陽三館、長春、撫順、安東が各二館、遼陽、ハルビン、吉林、鞍山が各一館であった(『国際映画年鑑　昭和九年版』国際映画通信社、一九三四年、四五六頁)。
(39)内訳は大連一一館、瀋陽九館、長春、ハルビンが各六館、鞍山、安東が各三館、撫順、吉林が各二館、遼陽一館、その他の地方が三三館であった(『昭和十六年度版　日本映画年鑑』大同社、一九四一年、ヌ・九一―九三頁)。
(40)内訳は大連一〇館、瀋陽八館、長春七館、ハルビン五館、鞍山、安東が各三館、撫順、吉林が各二館、遼陽一館、その他の地方が三七館であった(『昭和十八年映画年鑑』日本映画雑誌協会、一九四三年、六一七―六一九頁)。
(41)赤川幸一「満洲映画文化の尖兵――豆常設館の出現」、『満洲映画』第三巻第八号、一九三九年、六八頁。
(42)山口前掲書(二〇〇〇年)、二二六―二二九頁。
(43)赤上前掲書、三〇一・三〇六―三〇七頁。ちなみに「内地」では、他にも都市部における巡回映写が内務省によって下記のように許可されなくなるなどの制約が存在した(「内務省の常設館保護／市街地の映画巡業は不許可」、『キネマ旬報』第六三二号、一九三八年、四八頁)。

二月一日から実施される映画三時間興行は今後の映画製作方針並に常設館経営に幾多の変化を齎すものと注目されてゐるが内務省では斯く常設興行を取締ると同時に他方常設館保護の建前から従来自由であつた市街地に於ける仮設巡業隊の如きは今後原則として許可せぬ事となつた

（44）加藤前掲書、一八四頁。

（45）藤島昶「文化と娯楽の使者――巡回映写記」、『キネマ旬報』第六九〇号、一九三九年、五八頁。

（46）同右。

（47）朝鮮系の観客層に向けたプログラムについては、上田学「朝鮮映画の「満洲国」への進出――雑誌『満洲映画』の関連記事を中心に」（『日本思想史研究会会報』第三五号、二〇一九年）を参照のこと。

（48）小野賢太「満洲」、『満洲映画』第四巻第四期、一九四〇年、一一七頁。

『東遊記』論

門間貴志

1 映画『東遊記』の再発見

かつて満洲国に存在した国策映画会社〈満洲映画協会〉（通称：満映）は、会社が存続していた一九三二年から一九四五年の間、一一七本の娯民映画（劇映画）、一八九本の啓民教育映画（教育映画）、その他ニュース映画（時事映画）を製作した。しかしそのほとんどの作品は現在観ることができない。満映の作品は満洲国崩壊時の混乱のさなかに失われ、ほとんどが残っていないとされてきた[1]。満映作品は日本で公開される機会は極めて少なかったため、日本国内にもフィルムが残っていない。現在我々が鑑賞可能な満映作品とは日本の映画会社と提携した合作映画、そして、一九九四年にロシア国立映像資料館で存在が確認されたされたフィルム（啓民映画とニュース映画、そして四本の娯民映画）である。フィルムがロシアに残っていたのは、満洲に侵攻したソ連軍によって一部の満映作品が鹵獲《ろかく》されていたためである。戦後のソ連のドキュメンタリー映画やニュース映画には、その一部が流用されてもいた。

日本と提携した作品としては、満映・松竹・大同劇団の共同製作による『黎明曙光』（一九四〇年）、松竹との合作の『迎春歌』（一九四二年）と『サヨンの鐘』（一九四三年）、東宝との合作の『私の鶯』（一九四四年）がある[2]。しかし満映が劇映画の製作を始めた初期に撮られ、かつ東京で初めて上映された満映作品である『東遊記』（一九三九年）に関しては、わずかな文献資料はあるものの、李香蘭が出演していること以外あまり具体的な内容は知られておらず、戦後は上映されることはなかった。ところが、二〇一四年九月に死去した李香蘭を追悼するため、二〇一五年一月に日本のCSでテレビ放映がなされたことで、東宝に『東遊記』のプリントが現存していることが明らかになったわけである。

2 『東遊記』制作時の状況

満映は一九三二年の設立と同時に劇映画の製作を始めたわけではない。設立当初はニュース映画の製作や満洲国内での映画配給業などから始まった。続いて俳優の訓練班が設立され、劇映画の製作が始まったのは一九三八年のことであった。初期の作品は日本人の監督によって演出された。同年に製作されたのは、松本光庸監督の『明星之誕生』（アメリカ映画『スタア誕生』〔A Star is Born〕の翻案）、坪井与《あたえ》監督の『壮志燭天』、矢原礼三郎監督の『七巧図』など計七作だった。翌一九三九年は、李香蘭のデビュー作である『蜜月快車』をはじめ一二作、一九四〇年には一九作と、着実に製作本数は増えていった。『東遊記』は同社で劇映画の製作が始まった初期の作品でもある。

創設間もない満映は、新京市大同大街のニッケビルに本社を置き、劇映画の撮影は郊外の寛城子に借りた鉄道会社の倉庫をスタジオとして一九三八年から始められた。同時に新スタジオと事務所ビルの着工にかかり、一九三九年一〇月、新京郊外の洪熙街に落成したが、こちらは『東遊記』の製作時にはまだ完成していなかった。

東宝と満映の第一回提携作品と銘打たれた劇映画『東遊記』は、満洲では一九三九年夏に、日系の映画館で公開され、翌一九四〇年二月七日、東京の日本劇場で封切られた。八巻で六八分だった。監督は大谷俊夫、脚本は高柳春雄である。満洲国の農村に暮らすデブとノッポの二人の青年が、同郷の知己を頼って日本にやってきて様々な体験をするというコメディ映画である。映画の中で二人は中国語でセリフを話し、そこには日本語の字幕がつけられる。『西遊記』をもじったような『東遊記』という題名から察せられるであろうが、この「東」とは日本を意味する。中国では「東洋」という言葉はそのまま「日本」を意味した（日本軍を「東洋鬼」と呼んだのは、「日本」の鬼の意だった。映画全体の印象から「東」は「東京」という見方もできるだろう）。満洲国の観客に日本の景色や人々の姿を紹介するという内容のいわゆるご当地映画であり、また制作時期を考えれば日本の優位性を宣伝するプロパガンダ映画であることがわかる。李香蘭の出演したいわゆる「大陸三部作」が、内地の日本人に大陸を紹介する内容だったのと対になっている。「大陸三部作」の一本である『白蘭の歌』もまた東宝と満映の提携作品であった。

では、『東遊記』の配役とスタッフについて記してみよう。戦後の文献では表記に異同があるので、実際の映画の冒頭で示されるクレジットに沿ってみる。最初にスタッフの名前が同一の画面に表示される。スタッフの役割を示す表記はなく、ただ均等に氏名だけが並ぶ。

朱文順、大森伊八、高柳春雄、天野嘉一、堀保治、長岡三喜三、神原恭男、杉浦菊麿
伴奏―テイチク管絃楽団、百代音楽団

配役はそれぞれの俳優のバストショットの短い映像に役名と俳優名が字幕で表記される。

麗琴―李香蘭、老宋―劉恩甲、老陳―張書達、王徳儀―周凋、王的妻―張敏、徐兆銘―徐聰、料理店主人―王宇培、宣伝部長―藤原釜足、撮影監督―岸井明、女演員―原節子

次にまた同一の画面に、助演の俳優名が列記される。役名の表記はない。

陳鎮中、崔徳厚、干鯤、王道高
澤村貞子、宮野照子、小島洋々、柳谷寛

そして最後に監督の名が「演出：大谷俊夫」と表記される。

これらの表記に日本語と中国語が混在していることは興味深い。料理店主人、撮影監督といった日本式漢語に混じり、老宋（宋さん）、老陳（陳さん）、王的妻（王の妻）、女演員（女優）といった中国語が見られる。日本の強い影響下にあった満洲国では日本式の漢語がかなり使われていたということだろうか。満洲映画協会という社名にしてもすでに日本式漢語の「映画」が混じっている。

満映が発行する雑誌『満洲映画（日文版）』(4)に掲載された記事では、配役に雛妓A役に高峰秀子、駅長の娘役に霧立のぼるの名がある。山口淑子も自伝で『東遊記』について言及し、高峰秀子、霧立のぼるも出演したと証言している。(5)しかし完成した映画には彼女らの出演場面はない。日本での公開前の検閲で、約四〇メートルほどフィルムがカットされているが、(6)彼女らの出番がここで無くなったとも考えられる。その理由は定かではない。満洲国内で公開されたバージョンではカットされていなかった可能性も捨て切れない。

監督の大谷俊夫は、一九〇七年（明治四〇）、広島県呉市の生まれで、旧制・第二神戸中学校（県立兵庫高等学校の前身）を卒業した。一九二三年（大正一二）、小笠原明峰が京都に設立した小笠原プロダクションに参加、翌一九二四年（大正一三）、短編『風船売りの小母さん』で監督デビュー。一九三三年、日活太秦撮影所で、八田尚之の脚本・杉狂児主演の『お前とならば』を監督した。翌一九三四年、現代劇の多摩川撮影所移転にともない同撮影所に異動となり、同じく八田脚本・杉主演の『夫を想へば』を監督した。一九三七年、P.C.L.映画撮影所に移籍、コメディ映画『心臓が強い』を横山エンタツ・花菱アチャコ主演で監督している。同年、P.C.L.撮影所は東宝映画東京撮影所（現：東宝スタジオ）となるが、大谷は同社に残留し、藤原釜足主演でコメディ映画『牛づれ超特急』を監督した。

多くのコメディ映画で名を上げた大谷は、一九三八年一一月公開の『虹に立つ丘』を最後に東宝を辞し、一九三九年、満映に移籍した。満映では、李香蘭出演の『冤魂復仇』（一九三九年）、『東遊記』をはじめ一一本を監督（うち二本は脚本も担当）し、さらに王心斎監督の『玉堂春』（一九四一年）をプロデュースした。『蜜月快車』『富貴春夢』に続く、李香蘭の三作目の出演作『冤魂復仇』は満映初のホラー映画である。これは満洲の日系映画館で公開された最初の満映の劇映画（ロードショーではなく「満洲映画祭」という催し[7]）となった。『東遊記』の劉恩甲、張書達が出演しており、野口久光はこの二人をローレル&ハーディに見立てたアメリカ映画の模倣だと述べ、本来二巻の内容のものを九巻で撮ったのは、いかに映画慣れしていない満洲の観客が相手だとしても杜撰だという主旨の批判をしている[8]。一九三五年一一月、甘粕《あまかす》正彦が満映の二代目理事長に就任すると、翌年二月に組織の大幅な改組がなされた。大谷は製作部（部長は牧野満男）に配属され、九人いた監督の首席監督となった。大谷は、満映で計七本の映画を監督した。

満洲国崩壊後、満映の日本人スタッフの一部は中国共産党傘下で組織された東北電影製片廠（長春電影製片廠の前身）に参加したが、大谷は日本に引き揚げ、大泉映画（現：東映東京撮影所）に入った。一九五〇年、花菱アチャコ主演で自作の『細君三日天下』を『オオ!! 細君三日天下』としてリメイクし、さらに柳家金語楼、横山エンタツ、花菱アチャコ出演で『突貫裸天国』を監督した。その後、東京都映画協会を経てフリーとなり、短編の文化宣伝映画を撮った。

撮影の大森伊八（大森康正）は、マキノ御室、マキノトーキーに在籍した後、満映に移籍した人物で、満映では『東遊記』のほか、『壮志燭天』（一九三八年）、『冤魂復仇』などに参加している。

『東遊記』の撮影には満映から助監督の朱文順（一九二〇―九五）が参加している。満映の俳優やスタッフの通訳、そしてダイアローグコーチを担当したと言われる。朱は、満洲の日本人商店やホテルでの勤務経験があったため日本語が堪能で、[9] 廣澤虎造の浪花節をうなるほどだったという。[10] 一九三八年の満映入社時、雑務係に配属されたが、日本語能力を買われ、翌年に助監督に抜擢された。大谷俊夫監督の『冤魂復仇』、高原富士郎監督の『人馬平安』（一九四〇年）などで助監督についた。朱は『東遊記』の東京での撮影に参加したことで、満映にはまだ導入されていなかった同時録音やスクリーンプロセスの技術に直接触れた。[11] 一九四〇年、朱は周暁波らとともに満映における満系（中国系）監督の先駆けとなり、満映では十数本の作品を監督した。戦後は東北電影で監督となった。

その他、経歴は省くが、高柳春雄は脚本、堀保治は美術、神原恭男は音楽、杉浦菊麿は録音を担当している。


次に映画の主な出演者について見ていこう。

満洲出身のタイピストで、主人公の凸凹コンビが恋心を寄せる麗琴を演じた李香蘭（一九二〇―二〇一四）はいわずと知れた満映のスター女優で、本名は山口淑子である。一九三八年の満映入社以前から李香蘭の芸名で、奉天放送局のラジオ放送で歌手活動を始めていた。満映に入社した一九三八年に『蜜月快車』で映画デビューし、翌一九三九年に初来日を果たして日本劇場のステージにも立った。一九三九年四月に『東遊記』の撮影のために再来日した。ヒロインをつとめた東宝映画『白蘭の歌』のロケは同年八月から開始されているが、撮影は『東遊記』の方が先に始まっていたため、最初の提携作品は『東遊記』となった。当時の李香蘭は日本ではまだスターではなく、デビュー作の『蜜月快車』も日本では公開されていない。その後、東京と満洲を行き来し、東宝のいわゆる大陸三部作『白蘭の歌』（一九三九年）、『支那の夜』（一九四〇年）、『熱砂の誓ひ』（一九四〇年）によって人気に火がつき、一九四一年二月にリサイタル「歌う李香蘭」の公演に押し寄せた観客の列が日本劇場を何重も取り巻いた「七回り半事件」が起こるが、これはまだ先のことである。その後、松竹映画『蘇州の夜』（一九四一年）、朝鮮映画『君と僕』（一九四一年）と続き、満映に戻り『迎春花』（一九四二年）、『私の鶯』（一九四四年）、台湾で『サヨンの鐘』（一九四三年）などに出演した。川喜多長政のもとで中華電影の『萬世流芳』（一九四三年）に助演し、翌年満映を退社した。

満洲から来た凸凹コンビの一人、デブの宋を演じたのは劉恩甲（一九一六―六八）である。日本側の文献などでは劉思甲と記載されている例も多く見られるが、これは誤植である。劉は一九三七年に満映に入社し、翌年『壮志燭天』でデビューした。満映初期の劇映画から出演しており、その体格からデブ君と呼ばれ、コミカルな役を多く演じた。『東遊記』以外には『美しき犠牲』（鉄血慧心、一九四一年）など、満映では二五本の映画に出演した。満映崩壊後は国民党系の中電（中央電影撮影場）や長製（長春電影製片廠）で俳優を続け、一九四九年に香港で映画『火葬』に出演した後、そのまま留まり、国泰《キャセイ》（電懋）でバイプレイヤーとして活躍した。一九六七年に日本のテレビドラマ『ゴメスの名はゴメス』にも出演した。『東遊記』撮影時の印象として、日本の撮影所の効率の高さ、日本で一番好きな女優・原節子の美しさを挙げている。(12)

ノッポの陳を演じた張書達（六尺六寸とも言われる）は、劉恩甲とともに満映の「ローレル＆ハーディ」と称された。二人は『東遊記』で俳優としての地位を高めたとされる。張書達は他に『人馬平安』、『豹子頭林冲』（一九四二年）などに出演した。

友人の王徳儀を演じた周凋（?—一九五六）は、満映の専属俳優である。奉天（瀋陽）で英語教員をしていたが、一九三八年に満映俳優養成訓練所に第三期生で入所。同年『蜜月快車』に出演、一九四〇年に『現代日本』で主演した。満映では二十数本の映画に出演している。解放後は東北電影に所属し、『松花江上』（一九四七年）などに出演した。

王徳儀の妻を演じた張敏（一九一七—二〇一二）は、満映の俳優訓練班第一期を経て、一九三八年『壮志燭天』でデビューし、『蜜月快車』をはじめ二十数本の映画に出演した。一九四六年に東北電影に入り、芸名を凌元と改めた。抗日映画『平原遊撃隊』（一九五五年）では主人公の母を演じた。一九五一年に北京電影に移籍した。

麗琴の婚約者・徐兆銘を演じた徐聰（一九一五—?）は、北京高等師範大学附属中、北平美術学校に学んだ。一九三七年、東和商事の俳優募集に応じ、一九三八年に『東洋平和の道』でデビューした。一九三九年、満映に入社、『黄河』（一九四二年）など数十本の作品に出演し、満映のシャルル・ボワイエと称された。(13)

中華料理店店主を演じた王宇培は、小学校教員から税務局分局長、協和会分会長を経て、一九三七年に満映に入社したという変わった経歴を持っている。劉恩甲、張敏とは同期入社である。

日本側の俳優として、東宝から藤原釜足、岸井明、原節子、澤村貞子らが出演している。宣伝部長役の藤原釜足は、翌一九四〇年に『支那の夜』で李香蘭と共演する。原節子は、一九三七年に『新しき土』で満洲開拓民を演じ、一九三九年の『上海陸戦隊』では中国人女性を演じている。李香蘭とは同年で、『東遊記』の撮影時は一九歳だったが、二人が共演する場面はない。澤村貞子は柳橋の料亭での短い場面で芸者を演じ、三味線を奏でている。ずっと満洲にいた李香蘭は、日本での撮影で東宝のスター俳優たちと会ったことをとても喜んだという。

『東遊記』の撮影はトーキーで行なわれたが、満映ではまだ同時録音のシステムが導入されておらず、満映側の俳優たちは東宝のスタジオで初めてトーキーの撮影に臨んだ。

『東遊記』のあらすじも文献によって若干の異同があるため、実際の映画を参照してまとめておこう。

東京で大成功したという友人の王徳儀（周凋）からの手紙に刺激され、自分たちも一旗揚げようと、満洲の農村からデブの宋（劉恩甲）とノッポの陳（張書達）の凸凹コンビが日本にやって来る。だが東海道線の列車の中で切符と財布を失くしてしまい、静岡県の草薙駅で降ろされる。やむなく徒歩で東京へ向かう途中、二人は〈昭和キネマ〉の映画の撮影隊に出くわす。映画は中国大陸を舞台とした内容で、二人はその場で盗賊役の臨時エキストラに採用される。東京に戻るロケバスに乗せてもらった二人は、何とか友人の王が経営するという中華料理屋のある東京神田に到着した。店に入ると王は不在だったので、王の帰りを待ちながら料理をたらふく食べた。ところが戻ってきた店主（王宇培）は王ではなく、実は王は以前勤めていたコックにすぎず、今は辞めており、居場所もわからないと告げられる。途方に暮れて雨の夜道を歩く二人を、ラーメンの屋台を引く王徳儀が偶然見かけたが、手紙で嘘を書いた手前、合わせる顔もなく、声をかけるのをためらった。

何とか王を捜し出そうとする二人は、偶然知り合った男から、尋ね人の名前を書いた板をぶら下げて繁華街を歩くことを提案される。早速実行に移すと二人はたちまち街の話題となり、新聞に写真まで掲載された。記事を目にした化粧品会社の宣伝部長（藤原釜足）は、この二人をサンドイッチマンに起用し自社の歯ブラシの宣伝をさせることを思いつく。二人の通訳をしたのは、満洲出身で幼いころから東京に暮らすタイピストの麗琴（李香蘭）だった。王徳儀の義妹でもある彼女は二人のことを知っていたが、兄から口止めされていた。柳橋の料亭で契約を交わした二人は、芸者の美しさに驚く。翌日から二人が日本橋などで宣伝の仕事を始めると、またたく間に日本中の人気者になり、日劇の舞台に立ち、化粧品会社がタイアップする映画で主役デビューまで果たした。有頂天になった二人を心配した麗琴は、友人の留学生・徐兆銘（徐聰）に相談する。

ある日故郷の味が恋しくなった二人は、路地裏の小さな満洲料理店〈満来軒〉に入る。そこは偶然にも王徳儀と妻（張敏）が営む店だった。王は二人に事実を打ち明け、名乗り出なかったことを謝るが、二人は再会を素直に喜んだ。またそこで麗琴が王の義妹だと知った。二人は美人の麗琴に密かに恋していた。しかし彼女が徐兆銘と婚約していると知り落胆する。王夫妻は満洲への引揚げを決める。麗琴も留学を終えた徐兆銘と帰国するため、化粧品会社を退社する。隅田川のほとりを歩きながら、宋と陳は自分たちがやっていることを空しく思い一緒に帰郷した。満洲の大地でトラクターを操り、農作業に勤しむ彼らのはつらつとした姿があった。

以下、『東遊記』の撮影日程を示す。

一九三九年
三月二三日　大谷監督、新京出発。
三月二八日　劉恩甲、張書達ら、新京出発。
四月一日　李香蘭、新京出発。
四月上旬　東宝砧撮影所にて台本読み。
四月一〇―一五日　李香蘭、劉恩甲、張書達、大東亜建設博覧会（兵庫県西宮）のアトラクションに出演。

四月一五日　東宝の第一スタジオでプレスコで李香蘭の『陽春小唄』の伴奏、加賀聖一の『カンカン帽の唄』、トップとラストの音楽を録音。演奏はテイチク管絃楽団。
四月一六日　東京市内ロケハン。
四月一七日　東宝砧撮影所のセット入り。化粧品会社、社長室、廊下の場面。
四月一八日　横浜中華街ロケ。夜は日本劇場で撮影。
四月一九日　午後、待合での契約の場面、芸者の踊り。
四月二〇日　前日の残り。ホテル室内、料理店内部の場面。
四月二一日　雨天により撮影休止。
四月二二日　李香蘭の歌のダビング作業。
四月二三日　雨天により休み。
四月二四日　丸の内太平ビル屋上の場面。
四月二五日　東宝スタジオで高峰秀子の撮影。
四月二六日　銀座、上野、浅草方面ロケ。曇天のため中止。
四月二七日　スクリーン・プロセスで列車内の場面。
四月二九日　横浜ロケ。夕方小田原へ。原節子合流。
四月三〇日―五月二日　雨天により休み。
五月三日―四日　箱根十国峠、仙石原ロケ。
五月五日　静岡草薙駅ロケ。
五月六日　富士根村ロケ。夜帰京。

五月八日　箱根ロケ。ロケバスの中の場面。
五月九日―一一日　銀座、上野、神田、浅草、日本橋三越前ロケ。
五月一四日―一五日　アフレコの後、満洲へ帰国。
以後、満映のスタジオにて撮影。
（藤好昌生「『東遊記』日本ロケ行動記」、『満洲映画（日文版）』康徳六年〔一九三九〕七月号、六〇―六三頁から構成）

日本での撮影は四月中旬から五月中旬までの実質一ヶ月で、劉恩甲と張書達の二人はほぼ休みなく参加していたことが分かる。五月の後半は満映で撮影が行なわれており、映画の冒頭と結末の部分が撮られたものと思われる。

3　日本の表象――『東遊記』のロケ地

満洲の観客向けに日本を紹介するプロパガンダ映画として撮られたとするならば、『東遊記』は日本の何を見せようとしたのだろうか。そこから検討を始めてみよう。

まず主人公二人の日本への旅程を確認してみる。満洲内での移動の場面は、彼らの住む村から一番近いであろう鉄道駅で始まる。駅のホームに機関車が入って来て、二人は車中の人となる。しかしそこから日本までの旅程（大連からの航路と推察できる）はあっさり省かれ、次のショットでは二人は東京へ向かう東海道線の汽車の中にいる。すでに名古屋は過ぎ、静岡県を走っている。それは切符と財布を失くした彼らが降ろされた駅が、ホームの表示から静岡県の草薙駅であることで確認できる。徒歩で東京へ向かう二人が見たのは富士山である。十国峠で休憩する二人は周囲の景色を眺めながら、満洲に似ているとこぼす。そこで映画を撮影していたロケ隊も、満洲（中国）を舞台にした映画の撮影にこの場所を選んだわけである。

二人が訪れる場所が字幕で示されている点は興味深い。これは日本に対する知識のない満洲の観客のためのものである。二人が同郷の友人・王を訪ねた中華料理店は神田にあるという設定である。当時の神田には中華料理店は少なくなく、また中国人留学生のための下宿屋も多かったという。周恩来も浪人生活を神田で送っている。映画会社のロケバスが二人を降ろす場面で、画面の下部に「神田」と字幕が出る。画面右奥に見えているのは靖国神社の鳥居であろうと思われる。しかしこの場面に登場する中華料理店は実際には神田ではなく横浜の中華街で撮影されていることは、老舗の〈聘珍樓〉の看板などで判明する。二人が入っていく和風ホテルのような立派な構えの中華料理店は、現在は取り壊されてしまった〈平安樓〉である。東京の中心部に中国人の集まる地域が存在することを見せることで、中国（満洲）と日本の近さを強調しようとしたのだろうか。であれば、横浜中華街よりも神田という設定が選ばれたのも理由があるように思われる。満洲の人々にとっては、東京と横浜の距離感は乏しい。アーノルド・ファンク監督の『新しき土』（一九三七年）では、富士山が見える家の裏手に厳島神社が現れるという巨大な地理的歪みが露呈するが、それに比べれば横浜の風景を東京に見立てるくらいは些細なことだろう。

友人の王を探すため、サンドイッチマンよろしく二人が最初に練り歩くのは、浅草六区である。『愛染かつら』（一九三八年）公開中の浅草の映画館が背景に見える。麗琴が勤める化粧品会社のビルが建っているのは日比谷である。休憩時間に同僚の女子社員と屋上へ行った麗琴が満洲の歌をせがまれて歌う場面では、背景に日比谷のビル街が映る。東京の最も発展した場所として、ビジネスの中心地である日比谷が選ばれている。

二人が宣伝部長から受けた接待は、料亭での芸者の踊りなどで、きわめて日本的な文化である。先進的な都市の姿とはまた別の貌を見せる。その一方で有楽町の日本劇場の日劇ダンシングチームの踊りは、モダンな西洋文化を受け継いだものである。

人気タレントを作り出して広告の独占契約を結び、タイアップした映画に出演させるという宣伝手法は、現代的で都会的とも言える。二人が有名人になるプロセスには新聞や雑誌という当時の最新のメディアが介在している。二人の住んでいた満洲の田舎では考えられないことである。

4 日本人の表象と満洲人の表象

映画に登場する日本人は誰一人中国語を話さないが、宋と陳のコンビに対し徹底的に親切で優しく接する。東海道線の汽車の中で車掌が検札に来た時、二人は切符を失くしたことに気がつき、困り果てる。車掌は二人にもう一度よく探してみるように穏やかな口調で促す。車掌は中国語が分からないのでゆっくりと丁寧な日本語で話し、二人は中国語で窮状を説明する。宋は一言だけ「（探したけど）ないです……。没有《メイヨウ》」と日本語を話した。車掌は二人の姿を見て、中国ではなく「満洲から来たのですね」と問いかける。切符を買いなおすお金もなく、二人は次の停車駅で降ろされる。草薙駅では駅長が事情を聞く。無賃乗車とみなされても不思議はないが、駅長も温厚な人物で、故意にやったことではないし、また日本に慣れていない外国人であることを鑑み、支払いを免除する（お金を貸してはくれなかったが）。車掌も駅長もみんな親切で良い人ばかりである。

東京へ向けて徒歩で歩き出した二人は映画のロケ現場に遭遇する。〈昭和キネマ〉という架空の映画会社である。匪賊に襲われる満洲娘を見て、映画の撮影だとは知らない二人は彼女を助けようと飛び出した。突然の闖入者に監督をはじめ現場の人間が当惑する。監督は、匪賊役のエキストラが足りないと思っていたので、急遽二人に出演を頼む。二人に段取りを説明するスタッフが話す「コッチ、来ル、ヨロシ」という言いまわしは、満洲国で使われた簡易日本語である協和語と思われる。また、二人の演技を見た監督は「好《ハオ》、好《ハオ》、很好了《ヘンハオラ》！」と中国語を話した。風変わりな二人を見て興味を抱く若い日本人女優を演じているのは原節子であるが、原には特に役名は与えられていない。衣装も中国のものを着用していることから、中国人役を演じていることがわかる。彼女は東京へ戻るロケバスの中で二人にお菓子をあげるが、彼女は中国語は分からない。しかし二人が持っていた王の料理店の住所を書いた紙を見た彼女は、ロケバスをその近くを経由するよう運転手に頼む。先述したが、原は一九三九年五月封切りの映画『上海陸戦隊』において日本軍に敵意を持つ中国人女性を演じ、中国語のセリフを発したばかりだった。また原は、同年八月封切りの『女の教室』で、中国人留学生・陳鳳英を演じており、中国と縁のある年だった。

友人の王に出会えず途方に暮れる二人が夜の空地で出会ったのは浮浪者の青年である。話す言葉は通じないが、男は筆談で二人と意思疎通を図る。画面では確認できないが簡単な漢文を使ったようである。ここでも満洲（中国）と日本が漢字文化を共有する近しさを持っていることが肯定的に示されている。

日本語字幕では「支那料理」という表記が使われるが、二人は実際には「支那料理」という言葉を口にしてはいない。故郷の料理を食べたくなった二人が中華料理屋を探して、通りかかった芸妓に尋ねた時は「麵条」や「満洲麵」などの中国語を連呼した。その「満洲麵」の発音で、芸妓の一人が満洲料理のことではないかと察する。彼女が教えたのは近くにあった王の満洲料理店〈満来軒〉だった。この店の名前も「満洲から来た店」という意味にとれなくもない。

では、満洲人はどのように表象されたのか。中国人（満洲人）の登場人物たちは原則として中国語しか喋らないため日本語字幕が入る（日本語のセリフに中国語字幕がつけられていないのは、このプリントが日本での上映用であったためと思われる）。主役の二人は農村から来たのんきな青年である。日本を目指してやって来たが、日本語は分からない。善人ではあるが、計画性に乏しいところがある。日本生活が長い王夫妻は店での接客も日本語で行ない、夫婦間でも日本語を交えた会話をするなど、日本になじんでいるが、王自身は現状の生活には満足しているわけではない。麗琴は幼いころから日本で暮らし、日本語には全く不自由しておらず、丸の内の大会社にタイピストとして勤める都会的な女性、言うならばモダンガールである。麗琴の婚約者の徐兆銘は、学生服に身を包んだ満洲からの留学生である。登場する満洲人の中で最もインテリであると考えられるが、具体的に何を学んでいるのかは描写されていない。満洲人の登場人物は少ないながらも、農民から知識人までバラエティに富んでいると言える。

映画の中での日本の先進性と満洲の後進性の対比もそれほど鮮明とは言えない。確かに東京のビル街などは先進国の象徴かもしれない。しかし大連やハルビン、奉天（瀋陽）はすでに都会であり、首都となった新京（長春）も急ピッチで都市開発が進んでいた。東京の光景をもって先進性をアピールするのはやや無理があろう。もっとも『東遊記』では満洲の都市部の光景は登場せず、もっぱら農村に限られている。また当時の満洲国の地方では都市を知らない人も多かった。映画館のない地域も多く、満映の巡回映画班による上映も行なわれていたので、現地の住民にとっては、東京は大都市に見えたであろう。

主人公の二人が日本で見たものを集約すれば、西洋的な近代都市の姿と伝統的な日本文化、そして満洲に対してさほど差別意識や嫌悪感を持たない親切な人々ということになる。農村や工場、港、ターミナル駅、軍隊といった端的に国力を誇示するものは避けられている。日本人たちの二人に対する扱いは、「風変わりで珍しいお客さん」以上のものではない。彼らに豊かな知性、あるいはロマンスは求められていない。そういう意味では罪の意識のない偏見は存在しているとも言える。

5　『東遊記』に見える政治性

麗琴の婚約者で、東京の大学に留学中の青年の名前は徐兆銘である。後に南京政府の首班となる汪兆銘（汪精衛／一八八三―一九四四）を意識した名前であることは明らかである。汪兆銘も法政大学に学んだことがある。

映画が撮影された一九三九年、汪兆銘は来日している。日本は、日本占領地域内での新政府樹立を画策し、日本と和平条約を結ぶことで蔣介石の重慶政府に揺さぶりをかけ、最終的には重慶政府が「和平」に転ずることを期待した。汪は新政府樹立への内諾を日本側から取り付けたものの、日本側の要求する「華日新関係調整要綱」はあまりに過酷な条件であり、いったんは新政府樹立を断念した。また一九四〇年一月には、汪新政権の傀儡化を懸念する高宗武、陶希聖が和平運動から離脱して「内約」原案を外部に暴露するという事件も生じたが、最終的には日本側からの譲歩もあり、汪はこの条約案を承諾した。一九四〇年三月、南京国民政府の設立式が挙行されたが、汪は重慶政府との合流の可能性をにらんで、新政府の主席代理に就任した。結局は汪の意図したような「重慶政府との和平」は実現せず、日中戦争は継続されることになった。汪は現在の中国では親日派という否定的な扱いをされているが、『東遊記』の撮影されていた一九三九年から日本公開の一九四〇年に時期において、親日的な汪のイメージは日本人にとっては好ましい面もあった。それは満洲国の為政者にとっても同様であっただろう。映画の撮影段階では、汪兆銘への期待を託して、留学生役に名前を借りたと考えられる。

主人公の二人が舞台に立つ日本劇場のシーンでは、ラインダンスを踊る日劇ダンシングチームのコスチュームには、日本と満洲国の国旗があしらわれ、さしずめ「日満友好の夕べ」といった出し物と思われる。

映画の最後は満洲の村に帰った彼らが農作業に勤しむ姿である。協和服に身を包んでトラクターを操る宋と陳が、農地を耕耘《こううん》している。機械化された満洲の農業を象徴している。これはアーノルド・ファンクと伊丹万作の『新しき土』（一九三七年）を直ちに想起させる。しかし決定的な違いは、『新しき土』が満洲に入植した日本人の農民の姿の描写で終わるのに対し、『東遊記』は満人（満洲の地元民）が農業に従事する姿で終わるのである。満洲の発展は満人の手によってなされなければならないというメッセージに見える。日本の農林省は、大正時代から農業生産に機械力を導入することを試み、アメリカからトラクターを輸入し、各府県や民間団体に貸与した。昭和初期には国際収支対策から輸入は抑制され、トラクターの国産化を目指すことになる。農林省は小松製作所に農業用トラクターの国産化を要請した。『新しき土』に登場するのは小松製作所のG25トラクター[14]だが、おそらく『東遊記』に登場するトラクターもまた日本製である。満洲の開拓に日本の手が入っていることは明白である。日本人に満洲への入植を勧める宣伝映画でも、満洲農業の機械化は強調された。しかし実際に満洲に導入されたトラクターは結局七〇〇台程度に過ぎず、満洲農業の機械化は達成されることはなかったのである。

大谷監督が『東遊記』の後に撮った『現代日本』（一九四〇年）もまた、日本を舞台としている。フィルムは現在観ることはできないが、文献資料から把握できるあらすじで比較してみよう。満洲の田舎の二人の村長、宋と陳（『東遊記』の主人公の二人と同じ姓である）が、日本に留学して大学卒業を控えた子供たちから日本に招待される。二人は神戸、大阪に始まり、奈良、橿原、京都をめぐり、名古屋を経由して東京に至る。そして紀元二六〇〇年の祝賀行事を見る。時代的には合わないが、『東遊記』の凸凹コンビの未来の姿を描いているかのようである。『東遊記』に比べると、プロパガンダ性はより露骨なものになっている。『東遊記』では日本経済の発展と日本人の寛容さは強調されていても、日本の政策については具体的には触れず、皇室の尊厳にも言及はないのである。短い満映の歴史を二つに分けるなら、その分かれ目は甘粕の理事長着任前後になるであろうか。日本映画の焼き直しではなく「満人のための映画」を撮れと言った甘粕であるが、着任直前に撮影が始まった『東遊記』

と着任後に撮られた『現代日本』のあらすじを比較する限りでは、後者の方がより露骨なプロパガンダ映画に見えるのはどうしたことだろうか。

李香蘭が中国娘を演じた東宝の大陸三部作では、日本は強い男、中国は従順な女として表象された。「中国が日本を頼るなら助けてやる」といった態度が見える。しかし『東遊記』にはそうした構図は見られない。満洲人女性を欲望の対象として見つめることもない。東京での華やかな、あるいは浮わついた生活を捨て、満洲で地に足の着いた真面目な生活を始めるという、きわめて健康的で建設的なメッセージである。主人公たちが開墾する農地には日本人開拓民の姿はない。日本人を筆頭とする五族協和のイメージからは離れている。当初の設定では、麗琴の婚約者は満洲に憧憬する日本人青年に設定されており、(15)国際結婚を「日満親善」の象徴として称える描写になるはずだった。それが満洲人同士の結婚に変更されたことで、満洲の自立性はさらに明確になり、日本を称えるプロパガンダ性は希薄になっている。

6 作品の評価——終わりにかえて

一九三九年一〇月、『キネマ旬報』創刊二〇周年記念事業の一つとして、〈映画評論家満洲視察団〉が派遣された。この使節団に参加した批評家の今村太平は、大同大街にあった満映本社の試写室で『東遊記』を観ている。今村は、割合器用にまとめ上げられた作品で、劇映画で日本を紹介することにおおむね成功していると評価している。そしてデブ君（劉恩甲）の中国訛りの「ニホンのベッピンさんはほんとにキレイな」という台詞が印象的だったと記している。(16)

雑誌『満洲映画（日文版）』の康徳六年（一九三九）六月号には『東遊記』の紹介記事が載っている。見開き二頁に六葉のスチール写真、映画のあらすじ、スタッフ三名（原作・脚色、演出、撮影）と配役一九名の氏名が記載されている。[17]また「張書達　劉恩甲　満洲弥次喜多お江戸道中」という見開き二頁の記事が、藤井圖夢によるイラストと文章で構成されている。『東遊記』の撮影で満映からやって来た張書達と劉恩甲が、慣れない東京でひと騒動を巻き起こすという他愛もないフィクションの読み物である。[18]同年七月号では、藤好昌生と重松周による『東遊記』日本ロケ行動記」と題された記事が掲載されている。[19]満映作品がほとんど公開されない日本国内で、雑誌『満洲映画』の読者が多かったとは考えにくい。これらの日文版の記事は満洲在住の日本人向けであっただろう。『満洲映画』の満文版（中国語版）には、『東遊記』の記事は、スチール写真で構成された紹介記事しか載っておらず、映画のあらすじはおろか内容についての記述もない。『東遊記』の満洲での反応がいかなるものだったかを知る文献資料は見当たらない。実は同年の『満洲映画（日文版）』九月号は『東遊記』特集号で、シナリオのほかに、大谷監督や李香蘭が文章を寄せ、そこで映画の意義を語っていたと思われるが、この号は失われており内容の検証ができない。しかし満映が宣伝に力を入れていたことはうかがえる。『満洲映画（日文版）』一二月号の「康徳六年度の回顧」では、『東遊記』と『福地萬里』を満映の合作映画として挙げ、民族協和の思想に合致する企画だと評価されている。そして日系の映画館で大ヒットしたことも述べられている。[20]

先述のように、『東遊記』の日本での公開は一九四〇年二月七日のことで、日本劇場での封切りだった。同時上映はチャールズ・ヴィダー監督の『真紅の森』（一九三九年）、そしてロッパ青春部隊の実演「春の歌合戦」とのセットだった。前年の一九三九年一一月、東宝と満映の提携作品である『白蘭の歌』が日本で公開されたことで、李香蘭の人気が高まったことを受けての公開だったようだ。『白蘭の歌』に比べれば『東遊記』は李香蘭の出演場面は少なく、物語もやや地味だったかもしれない。これを日本で最初に公開される李香蘭映画とするのは、少し躊躇したのかもしれない。『キネマ旬報』（一九四〇年二月一一日号）には、『東遊記』の紹介記事があるが、批評は見られない。『映画評論』（一九四〇年四月号）の日本映画短評欄には、李香蘭や日劇ダンシングチームが活かされておらず、撮影も美しくないなど否定的な評が載っているが、満洲在住の日本人にとっては、日本の風物や俳優が見られるので好評だったことが指摘されている。[21] 端的に言えば、日本で公開された満映との提携作品としては、『東遊記』は大して話題にはならなかったものとみえる。

映画『東遊記』は、満洲の人々に発展した東京の姿を紹介するという役割はある程度果たされている。しかし翌年に撮られた『現代日本』ほどには日本を讃美する国家イデオロギー色は希薄であり、日本の国策を宣伝するプロパガンダとしては弱い。『新しき土』ほど露骨な満洲支配も謳っておらず、むしろ満洲人による満洲の発展、新しい満洲を肯定的に描いている。『東遊記』は、満映が甘粕体制に移行する直前に制作された「満人のための映画」として、非常に稀有な作品だと考えられるのである。[22]

（1）中国政府が接収し保管しているが、政治的な理由などでその存在が伏せられているという見方もある。
（2）『読売新聞』昭和一四年（一九三九）八月二四日夕刊。
（3）満洲国の映画館は、日系館と満系館に分かれていた。前者は日本人を対象として日本映画や日本経由で持ち込まれた欧米の映画を、後者は中国人を対象に上海映画や満映作品を上映していた。劉文兵「満州映画史研究に新しい光を——「満州国」における日本映画の上映と受容の実態」、『専修大学社会科学研究所月報』第六二七号、二〇一五年九月二〇日、三頁。
（4）『満洲映画（日文版）』康徳六年（一九三九）六月号、七一頁。
（5）山口淑子『李香蘭　私の半生』新潮社、一九八七年、一一二頁。
（6）『朝日新聞』昭和一五年（一九四〇）四月一九日夕刊。
（7）『満洲日日新聞』昭和一四年（一九三九）八月八日朝刊。
（8）『キネマ旬報増刊12・14号　日本映画監督全集』キネマ旬報社、一九七六年、八一頁。

（9）龐涛『新中国映画、新中国文芸における「満映」の影響——朱文順、賈作光、王啓民を中心に』北海道大学博士論文、二〇一四年、二七頁。
（10）山口淑子、前掲書、一一一頁。
（11）「満系導演訪問記」、『満洲映画（中文版）』康徳七年（一九四〇）二月号、一七頁。
（12）高原富次郎「演員　劉恩甲」、『満洲映画（日文版）』康徳七年（一九四〇）六月号、一〇五頁。
（13）杉村靖「満洲と映画」、『映画評論』映画評論社、一九四〇年一一月号、九三頁。
（14）藤原辰史『トラクターの世界史』中公新書、二〇一七年。
（15）『満洲映画（日文版）』康徳六年（一九三六）六月号、七〇頁。
（16）今村太平『映像評論6　満洲印象記』ゆまに書房、一九九一年、一二二頁。
（17）『満洲映画（日文版）』康徳六年（一九三九）六月号、七〇―七一頁。
（18）『満洲映画（日文版）』康徳六年（一九三九）六月号、四六―四七頁。
（19）『満洲映画（日文版）』康徳六年（一九三九）七月号、六〇―六三頁。
（20）小野賢太「康徳六年度の回顧」、『満洲映画（日文版）』康徳六年（一九三九）一二月号、九〇頁。
（21）「日本映画短評」、『映画評論』映画評論社、一九四〇年四月号、一三五頁。
（22）中国の映画研究者・胡昶は、『東遊記』について「政治宣伝映画であり、また別のタイプの国策映画である」と断言している。胡昶・古泉『満映——国策映画の諸相』パンドラ発行、現代書館発売、一九九九年、五八頁。

（参考文献）
田中純一郎『日本映画発達史Ⅲ』中央公論社、一九八〇年
『東宝50年　映画演劇テレビ作品リスト　昭和57年度版』東宝株式会社、一九八二年
山口猛『幻のキネマ　満映』平凡社、一九八九年
佐藤忠男『キネマと砲声』リブロポート、一九八五年
四方田犬彦編『李香蘭と東アジア』東京大学出版会、二〇〇一年
『はばたく映画人生——満映・東影・日本映画　岸富美子インタビュー』せらび書房、二〇一〇年

岸富美子・石井妙子『満映とわたし』文藝春秋、二〇一五年
『アジア経済』日本貿易振興機構アジア経済研究所、二〇一〇年八月号

鄭 琮樺

朝鮮映画の戦時体制

第二世代朝鮮映画人と映画国策

1　植民地期朝鮮映画の発掘とその意味

二〇〇五年以降、韓国で「植民地期朝鮮映画史」研究にいわゆるブームが到来し、研究状況が学際的な活況を帯びてきたのは、韓国映像資料院の相次ぐ発掘作業によるところが大きい。それまでの研究は、当時の新聞、雑誌、そして映画人とのインタビューによるオラール・ヒストリーなどの二次資料や、映画史研究者による著作に全面的に依存していたため、フィルム・テクストの分析がないまま、言説によって研究が構成されるという限界があった。したがって、韓国映画の起源に関する論争、無声映画の代表作『アリラン』（一九二六年）の実監督は誰なのかといったテーマの事実検証作業に没頭することしかできなかった。

韓国映像資料院の本格的な収集作業と、その成果が可視化されたのは二〇〇四年以降である。資料院では中国電影資料館を訪問調査し、『軍用列車』（徐光霽《ソグアンジェ》、一九三八年）、『漁火』（安哲永《アンチョリョン》、一九三九年）、『志願兵』（安夕影《アンソギョン》、一九四一年）、『家なき天使』（崔寅奎《チェインギュ》、一九四一年）の四本を、二〇〇五年には『迷夢』（梁柱南《ヤンジュナム》、一九三六年）、『半島の春』（李柄逸《イビョンイル》、一九四一年）、『朝鮮海峡』（朴基采《パクキチェ》、一九四三年）の三本をそれぞれ発掘した。二〇〇六年には中国電影資料館が所蔵する一九四五年以前の日本映画データベース目録を入手し、調査を進めた結果、「朝鮮軍報道部」が製作した『兵隊さん』（方漢駿《バンハンジュン》、一九四四年）を追加発掘した。

それまで韓国映像資料院の植民地期朝鮮劇映画コレクションは、一九八九年二月、日本の東宝映画から入手した『望楼の決死隊』（今井正、一九四三年）、『若き姿』（豊田四郎、一九四三年）、『愛と誓い』（崔寅奎、一九四五年）の三本で構成されていた。『望楼の決死隊』は植民地期末期の国策映画会社であった朝鮮映画製作株式会社の製作支援で東宝が製作したものであり、『若き姿』は朝鮮映画製作株式会社の創立作、『愛と誓い』は社団法人朝鮮映画社（朝鮮映画製作株式会社の後身）の最後の作品であった。こうした状況をみると、二〇〇〇年代半ばの三年間、八本の劇映画が韓国のフィルムアーカイブに一挙に収集されたことは一大事件といっても過言ではない。

一方、朝鮮映画の発掘作業は、中国電影資料館に加え、さらにロシア国立フィルムアーカイブであるゴスフィルモフォンド（Gosfilmofond of Russia）にも拡大された。一九九三年から一九九四年にわたって『銃後の朝鮮』（朝鮮総督府、一九三七年）、『朝鮮、我が後方』（一九三九年頃）、『日本実録』『朝鮮時報　第一一報』（一九四三年頃）などの文化映画とニュース映画を収集し、一九九八年には劇映画『漁火』、『沈清』（安夕影、一九三七年）のそれぞれの作品二ロールと、文化映画『国旗の下に我死なん』（田倉太《チョンチャンテ》、一九三九年）などを訪問調査により発掘した成果があったためである。筆者は二度にわたりゴスフィルモフォンドを訪問調査したが、二〇〇六年六月一日の一次調査では、一九九八年に続いてさらに一ロールを追加発見し、完全版が揃うことになった文化映画『ある「まごころ」の力』（朝鮮総督府、一九三五年）、ニュース映画『朝鮮の愛国日』（朝鮮総督府、一九四〇年）、そして劇映画『大洪水後の水利事業に関する内容』（監督、年度未詳）を発掘した。また、二〇一〇年八月の二次調査の際には文化映画『北鮮の羊は語る』（一九三四年五月検閲）など四ロールを追加発掘した。このようにロシアのゴスフィルモフォンドが朝鮮映画を含む帝国日本の映画をなぜ所蔵しているのであろうか。当館の関係者はオフレコで、日本の敗戦後、ソ連軍が中国に先立って満洲映画協会のフィルムを接収したことを伝えたことがある。それにしても前述したように、中国電影資料館で朝鮮の劇映画が数多く収集されたことは興味深いものである(1)。

さらなる発掘作業は困難でないかと評価する向きもあったが、二〇〇七年には韓国内の所蔵者により、硝酸塩

（Nitrate）フィルムで作られた無声映画『青春の十字路』（安鐘和《アンジョンファ》、一九三四年）が見つかった。この作品は上映用プリントではない原本フィルム（Original Negative）であり、完全版に近い初めての無声映画という点で、映画史的に大きな意味をもつものである。二〇〇九年三月には『君と僕』（一九四一年）のフィルムの一部（二ロール分）が日本の東京国立近代美術館フィルムセンター（NFC、現・国立映画アーカイブ〔National Film Archive of Japan〕）を通じて発掘され、韓国映像資料院によって収集された。陸軍省報道部と朝鮮総督府の全面的な支援のもとに朝鮮軍報道部が製作した『君と僕』は、日夏英太郎という日本名でよく知られていた朝鮮人監督・許泳《ホヨン》のデビュー作である。最近は、崔寅奎監督の三番目の作品である『家なき天使』が収集されて一〇年目にあたる二〇一四年、再び中国電影資料館を通じて、彼の二番目の作品である『授業料』（一九四〇年）も発掘された。このように朝鮮の劇映画が追加発掘される可能性はまだ残っている。

　さて、中国電影資料館で発掘された九本の朝鮮の劇映画に限って考えると、これらの作品は一九三〇年代後半以降の朝鮮映画界の製作傾向とその流れを示しているといえる。ここには、在朝日本人が経営していた撮影所で日本の映画人と朝鮮の映画人との協業により作られた作品から、日本「内地」の映画スタジオで行われた後半作業の支援あるいは合作の方法で作られた作品まで含まれるためである。前者は京城撮影所の『迷夢』が、後者は松竹がポストプロダクションを担った『漁火』などがそれぞれ該当する。また、日中戦争以降の時期的傾向を色濃く反映するものや、本格的に国策映画向けに作られた作品もある。例えば、朝鮮映画界で初めて「時局映画」として作られた『軍用列車』、陸軍特別志願兵制を宣伝した『志願兵』、李創用《イチャンヨン》の高麗映画協会が帝国のイデオロギーを反映しながら製作したものの、結果的には反日主義のテクストとなってしまった『授業料』『家なき天使』などである。一方、「映画新体制」施行を控えた朝鮮映画界の状況を映画化した作品が『半島の春』である。また、日本帝国主義末期の国策映画もあった。植民地朝鮮で唯一の国策映画会社として設立された朝鮮映画製作株式会社が作ったメロドラマ『朝鮮海峡』、朝鮮軍報道部が製作した志願兵宣伝映画『兵隊さん』がそれである。

本章はこれらの劇映画が作られた一九三〇年代半ば以降の朝鮮映画界を、「戦時体制」と「第二世代朝鮮映画人」というキーワードで探ろうとするものである。朝鮮映画の草創期を開拓した李慶孫《イギョンソン》、羅雲奎《ナウンギュ》、李弼《イピル》雨などを朝鮮映画の第一世代というなら、多数の第二世代が日本の映画撮影所で経験を積んでから朝鮮に戻り、日本の映画会社との合作を推し進めるなど朝鮮映画界の新しい局面を創り出した。彼らはまた、帝国日本が強制する映画国策のなかに自ら進んで入った人々でもある。二世代の朝鮮映画人たちが構築した植民地朝鮮の映画（Joseon cinema）は、新派活劇の民族的エネルギーを込めていた第一世代の無声映画とは異なるものであった。彼らが朝鮮映画界の前面に出始めてから戦時体制に応じるまでの過程を探っていくと、一九三〇年代半ば以降の植民地映画の特質を推しはかることができるであろう。

2 「戦時体制」の時期規定および「第二世代朝鮮映画人」という設定

一般的に植民地期の朝鮮映画が本格的に戦時体制へ編入された起点は、日中戦争が勃発した一九三七年とみる傾向が強い。一九三七年七月日中戦争勃発、一九三八年四月「国家総動員法」公布が続き、植民地朝鮮の社会は本格的な戦時動員体制に入ることになったためである。また、朝鮮映画初の「親日国策映画」と記録される『軍用列車』も作られた。しかし、朝鮮映画界をみると、帝国日本の映画統制はさらに早い時期から準備されていた。その契機になったのは一九三一年の満洲事変で、このときから軍国主義の宣伝媒体として映画を利用しようとする認識が強まっていた。帝国日本は一九三三年二月、第六四議会衆議院建設委員第二分科会において「映画国策樹立に関する建議案」を可決するとともに、映画の総合的統制策を模索し始めた。(2)もちろん、このような帝国日本の映画国策が朝鮮と連動していたことは周知の事実である。また、朝鮮では「内地より一足お先」[3]の一九三四年に「活動写真映画取締規則」が公布され、本格的な映画統制が行われることとなった。

「第二世代朝鮮映画人」を出発点に、「朝鮮映画の戦時体制」を考察する本章は、次の二つの理由により、検討時期を一九三〇年代初めないし半ばに繰り上げることにする。それはまず、帝国日本が植民地朝鮮を念頭に置きつつ設計した、映画国策の行方に対する全体的な考察が可能になるためである。朝鮮の映画統制は、一九三四年の「活動写真映画取締規則」、そしてその細則である「外国映画の上映制限」（七条）の施行で本格化した。以降で具体的に述べるが、一九三四年から段階的に行われた「外国映画の上映制限」は、朝鮮映画界で製作の勢いが増す要因になった。第二世代朝鮮映画人らの作業は、この時期から当局の映画国策と密接に連動していたのである。次に第二世代朝鮮映画人らが朝鮮映画に身を投じ、作業を続けることになった外的背景と内面的動機を追うためである。第二世代は早い場合は一九二〇年代後半、そして大体は一九三〇年代初めに、集中的に日本の映画スタジオ留学を経験したあと、一九三〇年代半ばや後半に日本の映画会社との提携あるいは合作を推し進め、朝鮮映画の企業化を夢見るなかで、日本帝国主義末期の映画国策の局面に進んで合流した。彼らはアメリカ映画とヨーロッパ映画に傾倒し、欧米映画のスタイルを志向していたが、映画の勉強のためには当時の現実的な代案だったであろう日本映画界への留学を選んだ。このような状況は植民地朝鮮の映画青年たちの自然な選択だったであろう。朝鮮のエリートであり、「映画芸術家」であった彼らは、国を失った鬱憤、あるいは植民地の二等国民としてのアイデンティティに対する自覚よりは、映画を作り続けたいという欲望の方がさらに大きく、結局、自発的に軍国主義宣伝映画を作ることを選んだ。しかし、植民地の現実を反映する国策映画製作が、帝国の意図通りに行われたわけではないということも念頭におくべきであろう。

本章が「戦時体制下の朝鮮映画」でなく、「朝鮮映画の戦時体制」というタイトルを選んだ理由は、植民地映画人の一定の能動性を強調するためである。すなわち、一九三〇年代半ばの映画統制局面から太平洋戦争の末期まで、帝国日本の映画国策に対する植民地朝鮮映画（Joseon cinema）の対応と交渉という興味深い様相に注目する。もっとも、その能動性は、これまでの韓国映画史研究には見られなかった微妙な地点であり、その中心には第二世代の朝鮮映画人が位置していた。

3 第二世代朝鮮映画人の軌跡

(1) 第二世代の映画史的意味

これまで韓国映画史において、一九三〇年代半ば、とりわけ一九三五年は、朝鮮映画の新たな章が開かれた起点として記録されてきた。それは、朝鮮最初の発声映画『春香伝』（一九三五年）が登場し、映画産業の新たな転換点を作り出したためである。発声映画の登場によって、大規模スタジオに代表される設備や巨大資本の必要性が言われるようになり、朝鮮映画の古くからの課題であった映画企業化論を再度盛んにさせることになった。そして、その変化の中心に、日本の映画スタジオで製作経験を積んだ朝鮮の第二世代映画人が位置づけられた。もっとも第二世代が最初から朝鮮映画のトーキー製作を主導したわけではない。李弼雨、李明雨《イミョンウ》など朝鮮の映画人や松竹出身の山崎藤江[4]（朝鮮名・金蘇峰《キムソボン》）など、日本の映画人との協業に基づいた京城撮影所が、『春香伝』をはじめとしてトーキー映画を主導しており、その前後の時期に朝鮮に戻った第二世代は、まず無声映画をもって演出にデビューするという構図であった。彼らはまず言説の場で発声映画論と企業化論を主導し、映画スタジオ設立を図っていた。

図①　京城撮影所の入口で、中央に立っているのが梁柱南監督（1934年頃／提供：韓国映像資料院）

また、李英一《イヨンイル》も『韓国映画全史』で一九三五年から一九三九年までを「発声映画の登場」期に区分し、「海外派というべき映画監督、撮影技師らが群れをなして登場」したことに注目する。そして、演出、撮影では留学派と国内派とを網羅し、『撒水車』（一九三五年）の方漢駿（一九〇五年生）、『春風』（一九三五年）の朴基采（一九〇六年生）、『純情海峡』（一九三六年）の申敬均《シンギョンギュン》（一九一二年生［図①］）、『漁火』の安哲永（一九一〇年生推定）、『国境』（一九三九年）の崔寅奎（一九一一年生）、『沈清』の安夕影（一九〇一年生）を挙げ、さらに撮影技師では、『春風』の梁世雄《ヤンセウン》（一九〇六年生）、『迷夢』の黄雲祚《ファンウンジョ》（一九一二年生）、『人生航路』（一九三七年）の李信雄《イシンウン》を「有能な新人の登場」として紹介した。[5]

　このように、一九三〇年代半ばに朝鮮映画の場に生じていた活力は、日本留学派をはじめとする第二世代の映画人が推し進めたものであった。とりわけ、日本の映画スタジオを経験してから朝鮮に戻った新たな世代による映画製作に対する模索や試みは、同時期の朝鮮映画の言説や映画スタイルの実践にも影響を及ぼした。一方、こうした構図から外れているかのようにみえるのが李圭煥《イギュファン》（一九〇四年生）である。これまで、韓国映画史の記述において、一九三二年に無声映画『主なき小舟』でデビューし、いわゆる旧世代の映画人として分類されてきた彼は、一九二二年からの日本留学経験、そして帰国後は朝鮮映画製作のための孤独な闘いぶり、また映画企業化を熱望し、日本の映画会社との合作を推進していたことなどの歩みをみると、一九三〇年代半ばないし後半の朝鮮映画の軌跡を先取りしていたと言えよう。本章において日本と朝鮮とを往来していた朝鮮映画人の行跡についての検討を、李圭煥から始める理由もここにある。

(2) 日本の映画撮影所を経験した第二世代

映画について学ぶため、李圭煥が経験した外国での履歴は、ハリウッド映画と日本映画という二つの帝国映画の間に位置した朝鮮映画を象徴的に示している。彼は一九歳だった一九二二年に東京に渡り、神田の日本映画芸術研究所で六か月間学んだ後、帰国した。そのあと、ハリウッドで本格的に映画を学ぶため、一九二七年頃上海に向かった。しかし、ハリウッド行きが挫折するや、大体の朝鮮の留学派映画人と同様に、日本の京都に渡った。これは映画を学ぶことができるもっとも現実的な選択肢でもあった。一九三〇年から一九三一年にかけて、京都の帝国キネマ太秦撮影所監督部に入り、豊田四郎と鈴木重吉の助監督として働いた。当時の帝国キネマには方漢駿、李創用、そして金聖春《キムソンチュン》（照明部）などが在籍しており、また京都の東亜キネマ京都撮影所には朴基采と梁世雄（撮影助手）がいた。[6] 周知ように帝国キネマ太秦《うずまさ》撮影所は、一九三一年八月に新興キネマの太秦撮影所となる。李圭煥は鈴木重吉が新興キネマで演出した『何が彼女を殺したか』（一九三一年）まで参加した後、朝鮮に戻った。

李圭煥と鈴木重吉とのつながりは、一九三七年、朝鮮の聖峰映画園と日本の新興キネマとの合作である『ナグネ』の共同演出に引き継がれた。合作での役割配分は、朝鮮の聖峰映画園が脚本、俳優、ロケ費用を負担し、日本の新興キネマがカメラを提供、および撮影、現像、録音などのポストプロダクションを担当するものであった。いわば現物支援の技術提携であったわけである。配給権については、日本「内地」は新興キネマ、朝鮮・満洲・中国は李圭煥、海外は鈴木重吉と定められた。[7] 映画は一九三七年四月、京城の日本人街の映画常設館である明治座と朝鮮人街の映画常設館である優美館《ウミグアン》で同時に封切られ、朝鮮最高のトーキー映画という評価を受けるなど、興行にも成功した。優美館では朝鮮版、明治座では日本版プリントが上映された。(8) 同年の五月、日本では新興系列二番館であった大阪の玉造座、いろは座、有楽座の三館で『旅路』というタイトルで封切られ、興行的に成功した。(9) この時期、日本の映画会社が朝鮮映画に興味を示したのは、「邦画」の上映を強制した外国映画の上映制限が主な背景である。(10)『ナグネ／旅路』の好評と商業的成功で、朝鮮映画界では、合作とローカルカラーの描写が日本「内地」へ輸出する近道であるという公式が作られた。朝鮮に戻った朝鮮の第二世代映画人の作業も、このような戦略に従うようになるのである。

監督・方漢駿、朴基采、申敬均、そして撮影技師・梁世雄などは、当時、朝鮮に「錦を飾った」記事が日刊紙に載るほどまでに、朝鮮映画界は日本で映画を学んで戻ってくる新たな映画人の出現を歓迎した。大体の朝鮮の映画人たちは京都の映画撮影所で経験を積んでいたが、方漢駿は李圭煥が所属していた新興キネマの現像室に勤めた後、(11) 東京の松竹キネマ蒲田撮影所で働くことになる。(12) そのあと彼は朝鮮に戻り、新興キネマで一緒に働いていた照明技師・金聖春が製作した『撒水車』で演出デビューした。二番目の作品『漢江』（一九三八年）は『旅路』の後を引き継ぎ、朝鮮のローカリティーを前面に出し、日本「内地」で封切りした。一九三七年に長期ロケ撮影後、財政難に陥ったが、東和商事の後援により完成され、(13) 一九三九年七月、東京の日比谷映画劇場で封切られた。以降、方漢駿はまた、ローカルカラーを出す素材の『城隍堂』（一九三九年）を、高麗映画協会で『豊年歌』（一九四一年）を、朝鮮映画製作株式会社に入社してからは『巨鯨伝』を、そして朝鮮軍報道部製作の『兵隊さん』をそれぞれ演出した。

朴基采は一九二七年頃、京都に渡り、同志社大学に通いながら映画界での活動を模索した。(14) 一九三〇年に京都の東亜キネマに一年期限の依託生として入社し、(15) 以降は東亜キネマで働き続けたと思われる。一九三三年に宝塚キネマに移って助監督となり、当時の記事によると、朝鮮人としては初めて日本映画界で監督デビューを果たした[16]。一九三五年三月に朝鮮に戻った[17]朴基釆は、梁世雄を撮影技師に参加させた『春風』で演出デビューをした。『春風』は徐光霽と朴基釆との論争から読み取れるように、朝鮮映画界で古典的ハリウッド映画（Classical Hollywood Cinema）の文法と日本映画のスタイルとの衝突が全面化したテクストとして評価できる。「もし『春風』が朝鮮映画という地位を得たければ、今日にでも字幕を直して東京などに持っていけば、朝鮮での『春風』よりは、東京などにおける朝鮮の『春風』であり、映画としての偉大な地位を得るかもしれない[18]」という徐光霽の批評は、狭くは朴基釆の映画、広くは朝鮮映画を冷静に批判している一節であるが、ここからは、ハリウッド映画と日本映画という二つのスタイルの間に置かれた、朝鮮映画の位置と志向を読み取ることができる。当時、徐光霽はプロレタリア映画理論を放棄し、古典的ハリウッド映画の「継続的編集」（continuity editing）を批評と演出の基準にした。

このあと、朴基釆は、金鉱業で富豪となった崔南周《チェナムジュ》とともにスタジオの建設計画に着手し、一九三七年七月、朝鮮映画株式会社（以下、朝映）を出帆させた。創立作は李光洙《イグァンス》原作の『無情』（一九三九年）であったが、ロケーションで撮影した後、一九三九年五月に開所した朝映の議政府《ウィジョンブ》撮影所で録音を行った。この映画についてもまた徐光霽との紙面論争を広げたが、ここからは古典的ハリウッド映画よりは、もはや日本映画のスタイルに親縁性を示していた朝鮮映画の文法を読み取ることができる。以降、朴基釆は国策映画会社だった朝鮮映画製作株式会社の演出課に参加し、一九四三年に徴兵制実施を宣伝する文化映画『我等今ぞ征く』と劇映画『朝鮮海峡』を演出した。

一方、申敬均もまた、朴基釆と同じ年である一九三四年に朝鮮に戻ってきた。一九三〇年頃に映画を学ぶために渡日し、京都の映画演劇学院[19]に通い、その後、京都の新興キネマとJ．O．スタジオで映画製作の経験を積んだ。

「朝鮮初の録音技師」と呼ばれていたことから見て、J.O.スタジオ内に設立された太秦発声株式会社に勤めていた際に、録音部に所属していたものと思われる。[20] 申敬均もまた朝鮮に戻り、方漢駿や朴基采と同じく批評活動をした後、一九三六年に青丘映画社が製作した『純情海峡』で演出デビューした。一九三九年に漢陽映画社に入社したが、演出した二番目の作品『処女図』は製作中止となる。朝鮮人資本の小規模製作会社はもはや厳しい状況に置かれていたためである。彼はその後、朝鮮映画製作株式会社に入社し、『若き姿』で製作進行を、文化映画『感激の日記』と劇映画『我等の戦場』（一九四五年）を演出した。

　朴基采、申敬均のそれぞれのデビュー作『春風』『純情海峡』、方漢駿の二番目の作品『漢江』の撮影は、京都の撮影所でともに所属していた梁世雄が担当した。梁は一九二七年頃から東亜キネマ撮影所で活動し、一九三二年に東活キネマで朝鮮人初の撮影技師となった。[21] 彼が撮影した作品は『涙の曙』（一九三二年）、『二つの乳房』（同年）などである。[22] カップ（KAPF、朝鮮プロレタリア芸術家同盟）出身の金幽影《キムユヨン》と徐光霽が、一九三二年五月、京都に少しの間留学していたところも、梁世雄が撮影技師として働いていた東活であった。[23]『軍用列車』『半島の春』など、梁世雄は一九三〇年代半ば以降、朝鮮映画の代表的な撮影技師として活動し、他の映画人と同様に朝鮮映画製作株式会社に入社した。一方『春風』で梁世雄の助手として働いていた金學成《キムハクソン》（一九一三年生）は日本で学業を終え、朝鮮で徒弟生活を経てから再び日本に留学したケースである。一九三二年から一九三四年三月まで東京の専修大学で勉強し、朝鮮に戻ってからの一九三四年五月京城撮影所に入社した。彼は徒弟経験を積んだ後、李圭煥の斡旋で一九三六年二月に再び渡日した。東京の新興キネマに撮影助手の身分として入り、学んだあと、一九三九年三月には日本撮影技術協会の試験に合格し、撮影技師の正会員となった。そして、新興キネマで撮影技師としてデビューした。[24] 日本名は金井成一で、一九四〇年『妻よ何処へ行く』『或る女弁護士の告白』で撮影を担当した。実は彼は一九三八年一〇月に朝鮮で先に撮影技師としてデビューしているが、それが方漢駿の

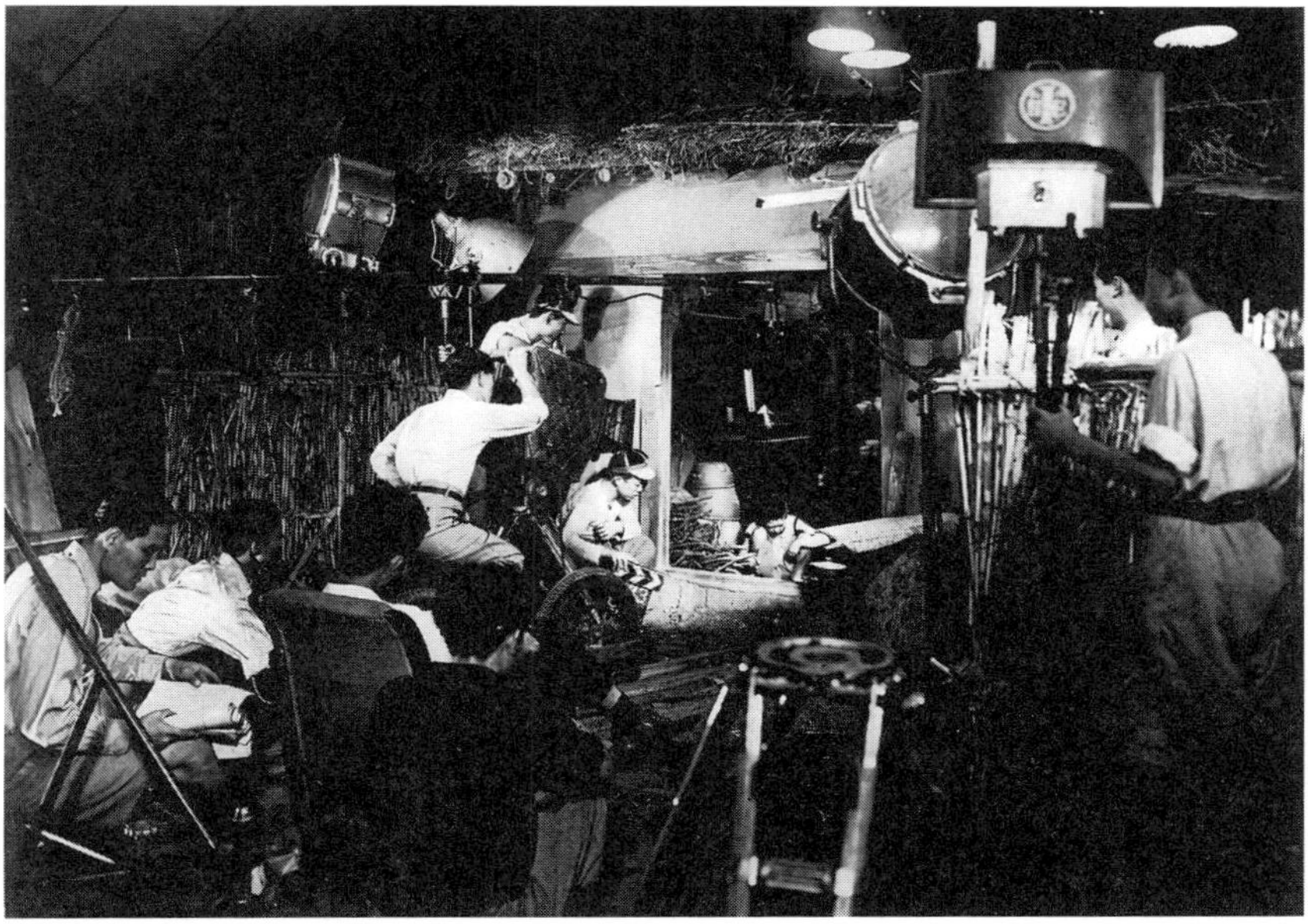

図②　高麗映画協会の南大門撮影所で『授業料』（1940年）のセット撮影場面（提供：韓国映像資料院）

三番目の作品『城隍堂』である。[25]

最後にプロデューサーの李創用（一九〇六年生）と監督の李柄逸（一九一〇年生）の経歴を検討する。高麗映画協会（以下、高映）の代表・李創用は、一九三〇年代後半の朝鮮映画界を代表する人物であった。彼は『アリラン』を作った朝鮮キネマプロダクションで日本人撮影技師・加藤恭平の弟子として撮影を学び、無声映画の代表的な撮影技師として成長した。そして、一九三一年には小説家であり映画監督でもあった沈熏《シムフン》の勧めで渡日することになった。彼は京都帝国キネマの太秦撮影所に入社後、同撮影所を引き取った新興キネマに所属することになり、李圭煥とともに鈴木重吉監督のもとで映画について学んだ。一九三三年頃朝鮮に戻った彼は、トーキー映画『春香伝』の配給権を獲得し、以降、配給業者（高麗映画配給所）として成功を収め、高麗映画協会を創立し『授業料』『家なき天使』、『福地万理』（一九四一年）など、帝国

撮影所名	時期	映画製作会社	所属朝鮮映画人（職種、所属年度）
大将軍撮影所	一九一八—一九二八	日活	姜弘植《カンホンシク》（俳優、一九二七）、沈熏（監督、一九二七）
等持院撮影所	一九二五—一九三一	東亜キネマ	梁世雄（撮影、一九二七—）、金聖春（照明、一九二七—一九三〇）、朴基采（演出、一九三〇—）
	一九三一—一九三二	東活映画社	梁世雄（一九三一—）
御室撮影所	一九三二—一九三四	宝塚キネマ	朴基采（一九三三）
太秦撮影所	一九三〇—一九三一	帝国キネマ	金一海《キムイルへ》（一九三〇—）、金聖春（一九三〇—）、李圭煥（一九三〇—）、方漢駿（現像、一九三〇—）、李創用（演出、一九三一—）
	一九三一—一九四二	新興キネマ	金一海（一九三二）、金聖春（一九三二）、李圭煥（一九三二）、方漢駿（一九三二）、李創用（一九三二）、申敬均（録音、一九三一—一九三二）
J.O.スタジオ	一九三三—一九三六	太秦発声映画株式会社	梁世雄（一九三三—一九三四年頃）、申敬均（一九三三—一九三四年頃）

表①　植民地期における京都所在の映画撮影所及び所属の朝鮮映画人

の映画国策と商業的興行の間の微妙な地点で映画を製作した。[26]一方、李柄逸は一九三二年に東京に渡り、三崎英語専門学校に在学した。その間、様々な文化事業を図っていくなかでコリアレコード社を作り、朝鮮歌謡レコードも製作した。一九三六年に東京の日活の監督部に入社し、ハリウッドで修業した阿部豊監督のもとで働くことになる。[27]一九三七年に東京で各スタジオ所属の朝鮮人留学生、芸術家を中心に朝鮮映画協会が設立されたときは、その構成員のなかに名前がある。同協会の責任者をみると、企画部…李眞淳《イジンスン》・金永華《キムヨンファ》、文芸部…朱永渉《チュヨンソプ》、監督部…李柄逸、撮影部…金學成、演技部…李海浪《イヘラン》、音楽部…金泰淵《キムテヨン》、トーキー部…成判述《ソンパンスル》などであった。[28]一九四〇年に朝鮮に戻り明宝《ミヨンボ》映画社を設立、植民地の文化芸術界の風景と朝鮮映画製作のための孤独な闘いを描いた『半島の春』を演出した。この映画は、植民地の国策映画会社である朝鮮映画製作株式会社の設立を控えた朝鮮映画界の期待と憂慮、その感情のアンビバレンスを見事に描いている。同社に入社した李柄逸は、文化映画で音楽映画でもある『半島の乙女達』を演出した。

一九三〇年代半ばに朝鮮映画がトーキー映画製作システムを整備するために奮闘し、長い間の念願であった映画企業化を実践するため模索しているときに推進の主体となったのが、まさに日本留学派出身の第二世代ら新進であった。彼らは日本の映画撮影所における経験や人脈を背景に、日本の映画会社との技術提携や合作を推進でき、朝鮮の映画市場を超えて、日本「内地」そして満洲などへの映画輸出を計画した。朝鮮人資本の製作会社「朝映」と「高映」の創立に象徴される一九三〇年代後半の朝鮮映画の活気は、彼らが基盤となっていたのである。しかし、この時期の朝鮮映画はすでに帝国の国策システムの一部として再編されつつあった。第二世代が示した朝鮮映画に向けられた情熱の結果は、一九四二年に成立した唯一の統制映画製作会社に所属することになったのである。

4 植民地朝鮮の映画国策——外国映画の上映制限から統制映画会社の設立まで

植民地朝鮮の映画国策が本格的に稼働しはじめたのは、一九三四年八月七日「活動写真映画取締規則」一三カ条が公布、九月一日から施行されて以来である。これは一九二六年七月五日に公布された朝鮮総督府令第五九号「活動写真フィルム検閲規則」をもとに構成されたものである。一九二六年の「活動写真フィルム検閲規則」に「検閲」という用語があったことからも分かるように、これが映画テクストに対する統制を標準化し、中央集権的な管理を行おうとするものであったとすれば、一九三四年の「活動写真映画取締規則」は「取締」すなわち「映画」（cinema）に対する全方位的な統制を規定することを意味するものであった。とりわけ、上映映画の制限と強制、すなわち配給市場を人為的に区画する根拠ができたのである。以降の朝鮮映画産業の版図を変えることになる外国映画の上映制限は、各道知事に伝達された施行細則に入っていた。もはや朝鮮の映画館は、洋画館であれ、邦画館であれ、一か月単位で国産映画と外国映画とを一緒に上映しなければならなくなった。施行細則の七条では具体的な上映の割合について規定していたが、これにより国産映画の場合、一九三五年末までは、上映映画総メートル数の四分の一以上、一九三六年は三分の一以上、一九三七年以降は二分の一以上上映しなければならなかった。

外国映画の上映制限が立案された背景には「元来朝鮮における民衆は好んで外国映画を鑑賞する傾向あり〔中略〕朝鮮統治の根本方針たる内鮮一体の理念を普及徹底するため[29]」であったが、その根底には日本の映画産業の利害関係が絡んでいた。一九三三年一〇月、日本「内地」の半官半民団体であった「大日本活動写真協会」と「国産活動写真協会」による朝鮮総督に対する陳情が立案の実質的な発端となった[30]。陳情を受けるとすぐに朝鮮総督府警務局図書課長・清水は「朝鮮は内地と逆に国産が三割位しか無い事は考慮せねばならず」といいながら、朝鮮の映画統制案を立案、一九三三年一一月三〇日に一三カ条で構成された「活動写真映画興行令」が配布される[31]。これがまさに朝鮮総督府令第八二号「活動写真映画取締規則」の原案であった。

これまで見てきたように、朝鮮の各映画常設館は段階的に外国映画の上映を減らし、一九三七年以降は毎月半分以上は朝鮮映画または日本映画を上映しなければならなくなった。しかし、総メートル数を基準としていたため、実質的には一九三六年から、一回の興行プログラムで国産映画一本と外国映画一本という割合で上映しなければならなかった。「邦画」の上映を強制した外国映画の上映制限の施行を、朝鮮映画の「蘇生の期」としてとらえているところは興味深い。李創用も述べているように「国産映画熱の高揚を唱へる」朝鮮映画人に「朝鮮作品鮮外登場の本軌」を想像させた「新現象は朝鮮映画そのもの、実力と功績からではなく、映画国策に拠つて呼びかけられた受身のそれ」であっただろう。[32] 朝鮮映画人による朝鮮映画製作の動きが活発になったのも、まさに国産映画の上映規定と、これにより進められることになった日本「内地」の映画会社と朝鮮映画との合作とが連動していたためであった。日本「内地」の映画会社が朝鮮の興行界に示した関心は、朝鮮映画そのものに拡大するとともに、朝鮮映画の輸入や朝鮮映画との合作へと移っていったのである。さらにこの過程で、前述した日本の映画撮影所を経験した第二世代の朝鮮映画人が日本の映画との連動に重要な役割を果たしていた。

一方、一九三九年四月、日本初の文化立法である「映画法」が法律第六六号として制定され、同年一〇月から施行されることとなった。朝鮮では「映画の製作、配給および上映そのほかの映画に関しては映画法第一九条（映画委員会設置）の規定を含まない。ただし、同法中の勅令は朝鮮総督府令、主務大臣は朝鮮総督とする」という朝鮮映画令が一九四〇年一月に制定、同年八月から施行された。

朝鮮映画令施行直後である一九四〇年末になると、日本「内地」と連動して、朝鮮の「映画新体制」についても議論されはじめ、朝鮮の映画人も本格的に映画国策に組み込まれていくことになった。しかし、朝鮮の映画人たちが朝鮮映画令を歓迎した理由については、「映画企業化」の言説や、朝鮮映画市場の拡張といった産業的な側面につながっていたことに注目する必要がある。金正革《キムジョンヒョク》も述べているように「国家が映画を国民文化であると認め、最初の文化立法として制定」した朝鮮映画令を実施することにより「朝鮮映画の企業的統制」をはかり、「朝鮮映画界の将来に活況」をもたらすことが期待されていたのである。[33] 日本映画法／朝鮮映画令の施行を前後にした時点で、朝鮮の映画界は新たな環境に適応するため、まずは共同対応の形を取った。例えば製作業界では「朝鮮映画人協会」（一九三九年八月一六日結成）と「朝鮮映画製作者協会」（一九四〇年一二月一〇日）が官民団体として結成された。

一九四一年六月以降、軍部および情報局は「映画臨戦体制[34]」を唱えるようになり、同年八月、情報局は生フィ

時　期	出　来　事
一九三四年八月七日	活動写真映画取締規則公布、九月一日施行
一九三八年六月	日本映画監督協会に朝鮮映画監督一〇人が加入、および朝鮮に支部設置
一九三九年二月	朝鮮総督府が認可し、朝鮮内外映画配給組合設立
一九三九年四月五日	日本映画法（法律第六六号）制定、一〇月一日施行
一九三九年八月一六日	朝鮮映画人協会結成（一九四〇年二月一一日、一次総会）
一九四〇年一月四日	朝鮮映画令制定、八月一日施行
一九四〇年一二月一〇日	朝鮮映画製作者協会結成
一九四一年一月三一日	一期映画人登録の締め切り（登録者五八名）
一九四一年八月一六日	日本で映画新体制宣言
一九四二年五月一日	社団法人朝鮮映画配給社設立
一九四二年九月二九日	朝鮮映画製作株式会社設立
一九四四年四月七日	社団法人朝鮮映画社設立（朝鮮映画製作株式会社が朝鮮映画配給社に吸収）

表②　植民地朝鮮における映画国策の経過

ルムの民間配給権を掌握し、映画産業の大規模再編を断行した。情報局は「全部の映画会社を一たん叩いて粉にして二つか三つのだんごを作るのだ」[35]という発言を実現した。日本「内地」の劇映画製作会社は東宝、松竹、大映の三社に統合された。次いで、四番目に承認された国策映画製作会社が朝鮮映画製作株式会社である。

情報局や内務省では映画の製作自体を日本に依存している関係上、「もう朝鮮じゃア映画作らんでもヨロシ」[36]（朝鮮映画無用論）という雰囲気が支配的であったが、朝鮮総督府は「言語、風俗、宗教等が異なる処から、内地映画をそのまゝ適用するといふ事だけでは、色々な矛盾が生まれてくる」[37]（朝鮮映画の特殊性論）と認識し、国策映画会社の設立を推進した。「朝映」「高映」、朝鮮文化映画協会（津村勇）、京城発声映画製作所（高島金次）など、朝鮮映画製作者協会の一〇社が朝鮮映画製作株式会社に統合されるまでの過程は、当局、資本、民族などの多様な側面で複雑な様相が示されたが、一九四二年五月一日、社団法人朝鮮映画配給社が、同年九月二九日には朝鮮映画製作株式会社が発足することで完成をみた。朝鮮映画製作株式会社が設立された後、朝鮮の映画会社の登録は自然に取り消され、朝鮮の映画人は大体この国策映画会社に入社することで、帝国日本の映画統制体制に完全に組み込まれた。そして一九四四年四月七日には、朝鮮映画製作株式会社が朝鮮映画配給社に吸収され、社団法人朝鮮映画社として再編された。

おわりに

朝鮮映画は今、諸事情により高度の統一的企業化の関門に差し掛かりはじめた。また、一つの根本的な転換期を迎えつつある今日にあって、我が映画作家は非常に大きな試練にぶち当たっていると言わざるを得ない。ここで私が言わんとするのは、彼らが自身の先行者たちが残した業績に対し慎重でなければならず、また自らの道についても芸術家であるというほかに他の道理がないということである。そのほかのことは、それぞれその方面の適任者が行うべきだからである。〔中略〕誠実だけが企業には利潤を、国家には忠誠を、国民には快楽を、そして自身には成果をそれぞれ与えしめるのである。(38)

植民地の知識人・林和《イムファ》が(39)一九四一年に発表した「朝鮮映画論」の最後で書いているように、朝鮮の映画人たちは「統一的企業化の関門」という大きな試練を突きつけられた。

一九四一年の朝鮮映画は、一九四〇年八月の朝鮮映画令以降、本格的な戦時体制のなかに押し込まれつつある時であり、一九四二年九月の朝鮮映画製作株式会社への一元的統合を控えている状況であった。林和は「芸術家であるというほかにほかの道理がない」朝鮮の映画人は、企業、国家、国民、そして本人のため誠実に映画を作る本分を尽くせばよいと述べている。一見すると、植民地の芸術家の自己合理化のようにも感じられる文章である。しかし、「それ〔日本映画〕を通して西欧映画を学んだため」「日本映画よりはるかに異質のもの」としての朝鮮映画を強調した、これよりもまえの部分の議論を考えるならば、それを読み解くことは単純ではない。「もっとも独自的な性格ないしは価値ある要素となり得る」「将来の朝鮮映画」とその監督に突きつけられた「試練」という表現からは、植民地／帝国体制に対する諦念的態度とポストコロニアル的な思考が重ね合わされ、微妙なニュアンスを発話している。

これと同様の主張は、徐光霽が「今までの朝鮮映画は仏蘭西映画的傾向を多分に持つてゐたがこの自由主義的映画製作も新会社の誕生と共に終止符をうったのである」としながら、「映画を作るのは結局〔情熱をもった〕映画人である」と書いた文章からも類似のものを読み取ることができるであろう(40)。

結局、朝鮮映画界は唯一の国策映画製作会社に吸収された。帝国から発せられた「朝鮮映画無用論」は、朝鮮総督府が主張した「朝鮮映画の特殊性論」に説得され、その「特殊事情」の空間のなかで第二世代朝鮮映画人たちは再び位置を確保し、国策映画を作ることになった。彼らは確かに西欧のモダニティの申し子である映画媒体に対する熱望、芸術としての映画に対する傾到、そしてこれらを通じての近代的主体への編入のような、個人的な欲望の領域を最優先にした弱い芸術家たちであった。しかし、彼らの分裂的思考が投影された国策宣伝映画のテクストは興味深い解釈を伴う。それは帝国の朝鮮映画であったと同時に、植民地の朝鮮映画でもあったからである。

（1）中国電影資料館で収集した朝鮮の劇映画のなかで、プリントの最初に出所情報が記録されているのは、残念ながら『迷夢』と『朝鮮海峡』の二本だけである。前者は長春電影、後者は湖北電影で所蔵されたのち、北京にきたものである。『迷夢』が「満映」の後身である「長春電影」に所蔵されていたという情報は、このフィルムを中国がソ連より先に接収した可能性などを示すものである。一方、湖北電影は帝国日本の占領地にあたるので、『朝鮮海峡』が所蔵されていたのであろう。

（2）加藤厚子『総動員体制と映画』新曜社、二〇〇三年、二八頁。

（3）松本輝華「京城　非常時映画界」、『国際映画新聞』一九三六年一月上旬号（第一六五号）、七九頁。

（4）朝鮮に来て最初の頃は山崎行彦という名前を使用した。

（5）李英一『改訂増補版　韓国映画全史』図書出版ソド、二〇〇四年（初版一九六九年）、一八八―一八九頁（이영일『개정증보판：한국영화전사』(韓國映畵全史)』、도서출판 소도、二〇〇四（초판：一九六九）、一八八―一八九쪽）。

（6）李創用「日本で活躍する未知の朝鮮映画人たち」、『朝鮮日報』一九三一年七月三日付（이창용、「일본에서 활약하는 미지의 조선영화인들」、『조선일보』一九三一・七・三）。ここで李創用は、李圭煥の名前を記していないが、その理由は定かでない。

（7）「新興の朝鮮トーキー映画『旅路』完成」、『キネマ旬報』一九三七年二月二一日号（第六〇二号）、三四頁。

（8）「本社学芸部推薦『旅路』初封切り　二四日から明治座・優美館で」、『朝鮮日報』一九三七年四月二五日付（「본사학예부추천〈나그네〉첫 봉절（封切）　二四일부터 명치좌・우미관에서」、『조선일보』一九三七・四・二五）。なお、「日本版」は日本語字幕版と推定される。

（9）今井生「京阪神主要映画館情勢」、『国際映画新聞』一九三七年六月下旬号（第二〇〇号）、三三頁。

（10）一九三八年七月下旬号の『国際映画新聞』は、朝鮮映画界の躍進を「邦洋画の上映割当の改定（邦画を二分の一上映することになった）」、支那事変の影響、内地資本の協力、朝鮮映画人の真摯なる活躍」の順に取り上げた。「松竹も朝鮮映画界と提携するのか　朝鮮の監督一〇人がそろって日本映画監督協会に加入」、『国際映画新聞』一九三八年七月下旬号（第二二六号）、『東京映画新聞』一九三八年七月二〇日（第一一八号）二頁。

（11）金正革「朝鮮の映画監督論　登録されている演出家のプロフィール」、『三千里』一九四一年六月号（第一三巻第六号）、二二二九頁（김정혁、「조선 영화감독론　등록된 연출자 프로필」、『삼천리』一九四一년 六월호（제一三권 제六호）、二二

九쪽）。
（12）李圭煥「中央映画社の『撒水車』をみて」、『朝鮮中央日報』一九三五年三月二三日付（이규환、「중앙영화사의〈살수차〉를 보고」、『조선중앙일보』、一九三五・三・二三）。李圭煥は「早くから東京の松竹キネマで数年間研究を積んできた方漢駿氏」と記している。
（13）太田恒彌「朝鮮映画の展望」、『キネマ旬報』一九三八年五月一日（第六四四号）、一二頁。
（14）「氏は京都の同志社大学に学籍を置いてから映画芸術を研究し始め、京都の東亜キネマ撮影所で八年間実際に撮影監督の術を学び、去年三月に帰国し（後略）」。「映画監督　朴基采氏」、『東亜日報』一九三六年一月一日付（「영화감독 박기채 씨」、『동아일보』、一九三六・一・一）。
（15）「崔判泳《チェパンヨン》、朴基采　両氏、東亜に入社　一年間研究目的として」、『東亜日報』一九三〇年九月二六日付（최판영（崔判泳）、박기채 양씨、동아에 입사　一년간 연구 목적으로」、『동아일보』一九三〇・九・二六）。
（16）「朝鮮映画の撮影のために　朴基采氏錦還　朝鮮人監督は氏が初めて」、『東亜日報』一九三四年一月一一日付（「조선영화 촬영차　박기채 씨 금환　조선인 감독은 씨가 처음」、『동아일보』一九三四・一・一一）。この記事では、彼が『青春の春』で初監督を担当したとしているが、「日本映画情報システム」（www.japanese-cinema-db.jp）によると、一九三三年作『青春の秘歌』ではないかと考えられる。しかし、このデータベースは本映画の監督を『港の俠児』（一九三三年）を演出した竹田一夫として記しているので、今のところ彼が朴基采と同一人物であるかどうかは定かでない。しかしながら、竹田一夫はこの二本だけを演出したとされているので、朴基采である可能性も排除できない。
（17）前掲「映画監督　朴基采氏」。
（18）徐光霽「映画『春風』を見て（二）」、『東亜日報』一九三五年一二月六日付（서광제、「영화〈춘풍〉을 보고（二）」、『동아일보』一九三五・一二・六）。
（19）「京都の映画演劇学院」は京都に創立された「日本映画演劇学校」と思われる。「洛西に創立される日本映画演劇学校」、『キネマ旬報』一九三二年四月二一日号（第四三三号）、七頁。
（20）「朝鮮初の録音技師　申敬均氏還郷」、『朝鮮日報』一九三四年五月二二日付（「조선 최초 녹음기사　신경균 씨 환향」、『조선일보』一九三四・五・二二）。
（21）「東活の梁世雄君　日本映画界初の朝鮮人撮影技師に」、『東亜日報』一九三二年四月七日付（「동활의 양세웅군　일본영

화계 최초의 조선인 촬영기사로」、『동아일보』一九三二・四・七）。

(22) 前述した記事では、梁世雄が三星吐詩夫演出の『愛』を撮影している最中であると記しているが、「日本映画情報システム」によると、『涙の曙』でないかと思われる。このデータベースに記されている撮影技師の進藤実が当時彼が用いていた日本名である可能性も大きい。

(23)「映画人　徐、金　両氏　京都の東活キネマに」、『東亜日報』一九三二年五月一五日付（「영화인 서、김 양씨 경도동활키네마에」、『동아일보』一九三二・五・一五）。

(24) 金學成自筆履歴書（韓国映像資料院所蔵）及びイ・スンジン「金學成　編」、『植民地時代大衆芸術人辞典』ソド、二〇〇六、七九頁を参照されたい（이순진、「김학성 편」、『식민지시대 대중예술인 사전』、소도、二〇〇六、七九쪽）。

(25)「半島映画製作所　第二回作品『城隍堂』撮影開始」、『東亜日報』一九三八年一〇月二五日付（『「반도영화제작소 제二회 작품〈성황당〉촬영 개시」、『동아일보』一九三八・一〇・二五）。

(26) ここで詳細に扱う余裕はないが、崔寅奎の連作『授業料』と『家なき天使』は帝国日本の「内鮮一体」イデオロギーが現実の社会で示す亀裂をひそかに顕にしている。

(27) イ・スンジン「李柄逸　編」前掲、二五六頁（이순진、「이병일 편」、『식민지시대 대중예술인 사전』、소도、二〇〇六、二五六쪽）。

(28)「東京在留芸苑人　朝鮮映画協会創立」、『東亜日報』一九三七年七月一五日付（「동경재유예원인／조선영화협회 창립」、『동아일보』一九三七・七・一五）。

(29)「朝鮮総督府映画行政の沿革と統制経緯」、『映画旬報』一九四三年七月一一日号（朝鮮映画特集号）、二二頁。

(30)「朝鮮の映画統制近く具体化」、『国際映画新聞』一九三三年一一月上旬号（第一一三号）、『東京映画新聞』第一五号、頁数なし。

(31)「朝鮮に映画統制案成る」、『国際映画新聞』一九三三年一二月上旬号（第一一五号）、『東京映画新聞』第一七号、四頁。

(32) 李創用「朝鮮映画の将来」、『国際映画新聞』一九三九年八月下旬号（第二五二号）、三頁。

(33) 金正革「映画令の実施と朝鮮映画界の将来」、『朝光』一九四〇年九月号（第六巻第九号）二五四、二五七、二五六頁（김정혁、「영화령의 실시와 조선영화계의 장래」、『조광』一九四〇년 九월호（六권 九호）、二五四、二五七、二五六쪽）。

(34) 加藤厚子は前掲の『総動員体制と映画』で戦時期の映画製作を、映画法制定（一九三九年一〇月施行）、映画新体制（一九四〇年九月決定）、映画臨戦体制（一九四一年九月決定）の順に分離して考察しているが（一一頁）、当時の関連史料のなかで正確に使い分けられていたわけではない。筆者は戦時体制という状況で「映画新体制」という用語が「臨戦体制」という名称としても混用されていたと考える。とりわけ、新体制と臨戦態勢を混用する言説は一九四一年末の次の記事を参照されたい。「[時事録音　再出発に備える業界] 朝鮮・台湾・樺太の映画新体制」、『映画旬報』一九四一年一二月一一日号（第三四号）、五―六頁。

(35) 高島金次『朝鮮映画統制史』朝鮮映画文化研究所、一九四三年、四頁。

(36) 高島金次、前掲、四頁。

(37)「朝鮮映画製作株式会社　概況」、『映画旬報』一九四三年七月一一日号（朝鮮映画特集号）、三二頁。

(38) 林和『朝鮮映画論』、『春秋』第一〇号、一九四一年一一月号、九二頁（임화、「조선영화론」、『춘추』一〇호、一九四一년 一一월호. 九二쪽）。

(39) 本名・林仁植。詩人、文学理論家、映画俳優、映画評論家。カップ映画運動（一九二〇年代後半から三〇年代前半まで社会主義革命を目標に展開した映画運動）の拠点であった朝鮮映画芸術協会の研究生からスタートし、『流浪』（一九二八年）、『昏街』（一九二九年）に出演し、一九二九年からはカップ文芸運動の理論的指導者として活動した。一九四〇年八月頃から高麗映画協会文芸部嘱託を務め、『家なき天使』の朝鮮語の台詞を担当した。一九四三年一月からは朝鮮映画文化研究所嘱託として『朝鮮映画年鑑』『朝鮮映画発達小史』など、朝鮮映画史を記述する作業を行った。

(40) 徐光霽「映画と情熱」、高島金次『朝鮮映画統制史』朝鮮映画文化研究所、一九四三年、二九七―二九九頁。

李 相雨／渡辺直紀＝訳

越境する植民地劇場

日帝末期・呉泳鎮のシナリオを中心に

はじめに

呉泳鎮《オヨンジン》（一九一六―七四［図①］）の『ベベンイの巫祭』（『国民文学』一九四二年八月）と『孟進士邸の慶事』（『国民文学』一九四三年四月）は、日帝末期の代表的な親日文学雑誌『国民文学』に発表された日本語シナリオ作品である。にもかかわらず、今日までこれらの作品は、韓国の民族アイデンティティを表象する韓国劇文学の正典として評価されている。特に『孟進士邸の慶事』は、現在いくつもの高校教科課程の「国語」や「文学」の教科書に収録されている作品でもある。親日文学雑誌に日本語で発表されたシナリオが、韓国の民族アイデンティティを代表する文学の正典として高校教科書に載っているという現象は、きわめて矛盾したものと考えられる。

さらに興味深いのは、これらのシナリオが、単に文学雑誌『国民文学』での発表に満足した作品ではないという事実であり、当初から、一九四二年に朝鮮映画製作株式会社に入社した(1)、呉泳鎮の映画監督としてのデビュー作品として企画されたという事実である。すなわち、これらのシナリオは、太平洋戦争期に植民地朝鮮の劇場で上映されることを前提に書かれたということである。もちろん、これらのシナリオは、植民地の劇場でついに日の目を見ることはなかった。当時、『国民文学』の主幹であった崔載瑞《チェジェソ》（一九〇八―六四）から高い評価を受け、

図①　呉泳鎮（韓国映像資料院「韓国映画データベース」http://www.kmdb.or.kr）

国策映画会社である朝鮮映画製作株式会社が、呉泳鎮の監督デビュー作品として製作を推進したこれらのシナリオが、当時、映画として製作・上映されることがなかったのは、いかなる理由からだったのであろうか。

一九四〇年代の呉泳鎮のシナリオに見られる、民族性の要素と植民性の要素の間に生じるアンビバレントな矛盾は、多くの好奇心を喚起する。しかし、このような好奇心を解明する作業は、単に文学テキストの分析作業だけでは一定の限界に達せざるを得ない。特に、上演や上映を前提に書かれた劇文学の場合、それが公演（上映）される劇場の文化的脈絡に対する考慮が必要である。植民地劇場をめぐる文化的動力学（dynamics）は、きわめて複雑多岐な側面を持っている。言語、民族、資本、階級、教養（教育）、性別の多層的位階性（hierarchy）が、植民地劇場の環境を取り囲んでいる。この複雑多岐な植民地劇場の文化的動力学が、いかに当時のシナリオや戯曲の創作と関連して影響を及ぼすかという点に対する詳細な考慮が必要なのである。これと合わせて、当時の植民地劇場の文化状況に対する検討は、単に朝鮮という一国的な観点だけで理解されてはならない。これは帝国日本の〈大東亜新秩序〉の体制と連動する、植民地劇場の文化政治学に対する理解が前提になってこそ、はじめて効果を見ることができる。換言すれば、植民地朝鮮の劇場状況に対する正確な理解は、当時の東アジア的な文化地図に対する見解を必要とすることを意味する。このような観点に立って、本章では、一九四〇年代前半の植民地劇場の文化的動力学に対する理解を通じて、このことが、呉泳鎮の二編のシナリオが互いにいかなる関連を持つのかについて検討したいと思う。

1　ダイグロシア（diglossia）の植民地劇場

一九三七年七月の日中戦争勃発以降、植民地朝鮮は日帝当局によって急激なダイグロシア状況（二重言語使用の状況）に駆け上がることになる。朝鮮語を必修科目から選択科目に変えた一九三八年三月の第三次朝鮮教育令の発表は、植民地朝鮮における強制的な「国語」（＝日本語）常用政策の推進を予告するということだった。日中戦争開始直後、戦況が戦争拡大の様相を示しながら、日本は足りない兵力を朝鮮と台湾で補充しようと考え、そのために電撃的に朝鮮で志願兵制度を導入しようと考えた。その際、朝鮮人を皇軍として入隊させるために日本語教育は必須だった。そして一九四一年一二月、太平洋戦争が勃発すると、すぐに戦況はより一層差し迫ったものとなり、朝鮮の志願兵制度は徴兵制施行へと強化されるに至る。これに伴い、国語常用の推進はより一層緊急になる。一九四二年五月の「国語普及運動要綱」の発表は、このような脈絡を物語る。[2] 国民総力朝鮮連盟が発表した国語普及運動要綱における文化方面に対する方策を見ると、「文学、映画、演劇、音楽方面に対し極力国語使用を奨励するだろう」と記述されている。[3] これに伴い、朝鮮唯一の文学雑誌『国民文学』は、急きょ日本語専用の雑誌に転換し、映画や演劇分野でも国語常用が強化されるに至る。

一九三〇年代後半から一九四〇年代前半にいたる時期に、演劇や映画で日本語使用が強化される措置がなされることによって、植民地劇場の言語状況は、朝鮮語と日本語使用が混在するダイグロシア状況に急変することになる。植民地朝鮮の劇場は、植民地への編入初期から、京城（現・ソウル）に大規模な日本人居留地が形成されることによって、「朝鮮人劇場」（京城北村：団成社〔図②〕、朝鮮劇場、優美館、東洋劇場など）と「日本人劇場」（南村：大正館、明治座、喜楽館、黄金座など）という、民族別の空間分離がすでに進んでいた。[4] これに伴い、演劇の場合、朝鮮人劇場では朝鮮語の台詞で、日本人劇場では日本語の台詞で公演し、無声映画の場合には、朝鮮人劇場では朝鮮人弁士が朝鮮語で、日本人劇場では日本人弁士が日本語で解説／公演する、民族別・言語別の空間の分離が、すでに一九一〇―二〇年代に一般化していた。もちろん、京城高等演芸館の場合のように、ある劇場の中に朝鮮人観客と日本人観客が並存することによって、朝鮮人弁士と日本人弁士が、それぞれ朝鮮語と日本語で代わる代わる解説する、言語と民族空間の未分離現象が見られることもあった[5]。トーキー映画の時代には、朝鮮人の観客は主として西洋映画を好んで観覧し、日本人の観客は相対的に日本映画を好む現象が見られたが、これは劇場の民族別の感受性と民族意識の間の関連性を示す部分である。このような現象は、劇場の多数を占める観客（audience）の民族性（ethnicity）がいかなるものかによる区分なので、植民地占領による多民族国家の状況において、劇場の民族・言語別の空間分離は自然な現象でもあっただろう。

問題の複雑性は、一九四〇年代に入って急変する朝鮮人劇場の言語状況に見られる。当時「朝鮮人劇場」は、観客の多数が朝鮮人だったが、劇場の言語は朝鮮語と日本語が混在することになったのである。これを演劇と映画で細分してみると、状況はさらに複雑になる。一九四〇年代に入って、朝鮮のトーキー映画は、帝国日本のメジャー映画会社が主導する「大東亜映画圏」[6]の製作・配給・上映体制の中に編入され、日本語の台詞による映画製作が強要される状況となる。だが、演劇界は相対的に日本語常用の圧迫から比較的自由な地点に置かれていた。

図②　団成社（ペク・ウジン「国内初映画館・団成社売却」『アジア経済』ウェブ版 http://www.asiae.co.kr、2015年3月12日）

一九四二年から一九四五年まで三回開かれた国民演劇競演大会で公演されたいわゆる国策演劇である「国民演劇」も、一部の台詞を除いて、ほとんどは朝鮮語の台詞で上演されたのである。

一九四二年一〇月「朝鮮演劇の新発足」という文章で、朝鮮総督府警務局の事務官・星出寿雄は「すべてを国語〔日本語〕による国語演劇は理想であって現状においてはこれをやることもできないしまたやるべきでもない。まず演劇をする側において見るに演劇という微妙な言葉のやりとりを必要とするものにおいて、単に国語を話す能力があるからと言って国語演劇はやれない。それは不自然な、演劇として成立ち得ないものができる危険性が非常に多い」と語っている。[7] ほぼ同じ時期の映画界と比較すると、当時、朝鮮総督府が、演劇に対してはきわめて寛大な言語政策を行っていることがわかる。これは、当時、演劇劇場／映画劇場、つまり、演劇観客／映画観客の間の文化的位階を反映したものでもある。朝鮮語を中心に使用する（すなわち、日本語が通用しない）演劇劇場と、日本語が通用する映画劇場という言語的位階性と、身分・階層的位階性を物語るものである。[8] 同様のダイグロシア状況であるにもかかわらず、日帝当局が演劇と映画に対してメディア別に異なる言語政策を行ったわけだが、これは演劇、映画劇場のリテラシー問題とも結びついたものである。すなわち、演劇劇場には相対的に学歴・教養水準が低い庶民観客層が多かったため、朝鮮語による演劇公演を黙認し、相対的に日本語の解読能力を備えた観客層の多かった映画劇場では、日本語映画の上映を強要したのである。

> 殊に朝鮮においては演劇がその観客の数において映画にはるかに及ばないとはいえ、映画とは異なる強烈な民衆への浸透力、啓蒙力を持っており、また国語によるトーキーを解し得ない、文化水準の低い多数の大衆の心に深く食い入っている事実に思いを致す時、これをよく利用・活用して国策の方向、時局の認識、さらに朝鮮統治に寄与せしめる方向にこれを推進して行くことが、我々が念願したのは当然である。[9]（傍点は引用者）

星出によると、演劇は「国語によるトーキーを解し得ない、文化水準の低い多数の大衆」を主要な観客層としているので、このような「これ〔演劇〕をよく利用・活用して国策の方向、時局の認識、さらに鮮統治に寄与」するためには、演劇の朝鮮語使用を黙認しうるという論理である。すなわち、演劇劇場における朝鮮語台詞の許容は、日本語リテラシー（literacy）が低い演劇の観客層に対して、戦時の時局認識を伝播するために、やむをえず朝鮮語を宣伝の道具として活用せざるをえなかった側面があるのである。

もちろん、演劇＝朝鮮語、映画＝「国語」（日本語）という二元的な劇場の言語状況の背景には、日本語リテラシー（言語解読能力）の問題だけがあったわけではない。それだけ劇場の言語問題は単純ではなかったのである。その裏面には「朝鮮のローカル芸術としての演劇／〈大東亜共栄圏〉の広域芸術として映画」というメディア的特性の問題があったのである。相対的に莫大な製作費の投入と巨大な消費市場を要求する映画の場合には、あえて総督府の強要ではなくても、映画製作者側の立場で、東アジアの国際語である日本語使用に対する誘惑が大きいという側面もあったのである。

2 朝鮮的なローカリティと一九四二年の劇場状況

呉泳鎮は自らの最初のシナリオ『ベベンイの巫祭』の創作動機を明かしながら、日本のシナリオ作家・八木保太郎(10)の激励が、創作に重要な要素として作用したと語っている(11)。彼は一九四〇年夏、東京・築地のある食堂で、金史良《キムサリャン》（一九一四―五〇？）や安英一《アンヨンイル》（一九〇九―？）などとともに八木保太郎に会って、自らのシナリオ構想について語っているとき、『ベベンイの巫祭』の話が出たが、八木がこの話に興味を持ち、シナリオに書いてみることを薦めたのが、シナリオ創作の動機になったと述べている。本来、呉泳鎮は、李箕永《イギヨン》（一八九五―一九八四）の長篇小説『故郷』（一九三三―三四）や、「明るくて建設的な」(12)アリランのシナリオ脚色に、より多くの関心を持っていたが、八木の誘いで『ベベンイの巫祭』をシナリオに書くことを決心したのである。ならば、八木はなぜ、ベベンイの巫祭の話に興味を持ったのだろうか。このことに対する八木の陳述を確保することができない状態で、正確な判断を下すことは難しい。推定の域を越えないが、帝国主体が物珍しい植民地の民俗に対して、不思議な好奇心を感じること、換言すれば、帝国の作家として植民地民俗誌に対して感じる、一種のエキゾティシズム（exoticism）のような反応ではないかと考えられる。

呉泳鎮の『ベベンイの巫祭』に対する関心は、幼い時に平安道地方のパソリ（謡）の歌の名人（K氏）が演ずるベベンイの巫祭に、直接接した体験と関連している。また、呉泳鎮の精神的支柱であった独立運動家の安昌浩《アンチャンホ》（一八七八―一九三八）が、ベベンイの巫祭に格別の関心を持ったということも一つの理由になるだろう。(13) ベベンイの巫祭の起源に関する諸説の中で、一九〇七年ごろ、安昌浩が、民衆を啓蒙する目的で、当時の西道ソリの名唱である金寛俊《キムグアンジュン》に、迷信打破の内容を盛り込んだベベンイの巫祭を作らせたという説もあるほどである。(14) 島山に一生、民族指導者として仕えた呉泳鎮と、その一族のいきさつを考える時、ベベンイの巫祭の起源が安昌浩と関連しているという説は、呉泳鎮が韓国の民俗の話を映画化しながら、なぜ、ベベンイの巫祭に関心を持ったのかという疑問の解明に、意味ある糸口を提供しうるだろう。(15) また、呉泳鎮が、帝国大学に在学していた時期から、朝鮮の古典や民俗に対して深い関心を持っていたということも重要な理由になるだろう。彼は京城帝国大学の卒業論文として「嶺南女性の内房歌辞」を提出したが、この時から形成された韓国の古典や民俗に対する興味が、自然に彼の劇作活動に影響を及ぼした可能性も大きい。彼はシナリオ『ベベンイの巫祭』を書きながら、資料不足を切実に感じ、赤松智城と秋葉隆が書いた『朝鮮巫俗の研究』（一九三七―三八年）を参照し、実際にクッ（巫戯）を現地調査することもあった。(16) 赤松と秋葉は、朝鮮の巫俗研究に深く取り組んだ、京城帝大法文学部の宗教学および社会学の教授で、呉泳鎮の大学時代の恩師でもあった。さらに、西道ソリであるベベンイの巫祭は、呉泳鎮の京城帝大の先輩である金在喆《キムジェチョル》（一九〇七―三二）や金台俊《キムテジュン》（一九〇五―五〇）が、すでに関心を持って資料調査を試みたものでもある。金在喆が採集を試みて夭逝すると、すぐに彼の同窓である金台俊が、平安北道・茂山の名唱・金興燮《キムフンソブ》（一八七四―一九六五）から口述筆記の機会を得て、ベベンイの巫祭収録本を完成した。(17)

呉泳鎮のシナリオに表明された朝鮮民俗（朝鮮的なもの）に対する愛着は、自然と崔載瑞《チェジェソ》（一九〇八―六四）の地方主義（ローカリズム）の企画と遭遇することになる。すなわち、『国民文学』を通じて崔載瑞が追求した、朝鮮文学の独自性確保という命題は、朝鮮が帝国日本のローカル（地方）として位置づけられ、その存在性を認められることである。つまり、朝鮮的なものを追求する彼の地方主義の企画は、帝国日本（植民本国）の文壇に向けた、植民地朝鮮文学の認定闘争の性格を持つものといえるだろう。このような崔載瑞の観点で見るとき、『ベベンイの巫祭』は、朝鮮的な郷土色、すなわち、朝鮮的なローカリティを示す作品として満足できるものであった。したがって、彼は、シナリオ『ベベンイの巫祭』を「最近の力作」と高く評価しながら、呉泳鎮を、鄭飛石《チョンビソク》（一九一一―九一）、趙容萬《チョヨンマン》（一九〇九―九五）、咸世徳《ハムセドク》（一九一五―五〇）とともに、「前途が嘱望される四名」の新進作家として選ぶことができたのである(18)［図③］。

図③　映画『ベベンイの巫祭』（梁柱南監督、高麗映画社、1957年）ポスター。解放後に製作されたもの（韓国映像資料院「韓国映画データベース」http://www.kmdb.or.kr）

崔載瑞が『ベベンイの巫祭』を高く評価した理由は、単にこの作品が朝鮮的なローカリティを追求した点にのみあったわけではない。この作品の持つ大衆性や喜劇性に、独自の価値を付与したのである。この点は、当時の朝鮮映画の弊害と指摘された「暗く悲劇的な」傾向と差別化された部分であった。にもかかわらず『ベベンイの巫祭』は、朝鮮映画製作株式会社の常務理事・中田晴康から、馬車にぎっしりと積まれた装飾品が、次から次へと落ちていく虚無主義的な結末が、致命的な弱点であるという指摘を受けた[19]。物質に対する欲望を超脱する『ベベンイの巫祭』の風流精神さえも、植民者の視線には、植民支配体制を亀裂させる不純な意図と認識されたことがわかるような部分である。

『ベベンイの巫祭』(一九四二年)と『孟進士邸の慶事』(一九四三年)は、ともに日本語で創作されたシナリオだが、呉泳鎮の日本語創作は、京城帝大予科の時期に発表した、日本語小説「婆さん」(『清涼』第一八号、一九三四年七月)に始まる。彼は以降、京城帝大の本科に在学していた時期(朝鮮語文学専攻)にも、文学同人誌『城大文学』に、「真相」(第二号、一九三六年二月)、「友の死後」(第三号、一九三六年五月)、「かがみ」(第四号、一九三六年七月)、「丘の上の生活者」(第五号、一九三六年一〇月)など、四編の日本語小説を相次いで発表するほど、日本語による旺盛な創作活動を示した[20]。もちろんこれは、呉泳鎮個人の卓越した日本語リテラシーの能力によって可能であった。彼の日本語リテラシーは、日本語の本を読んで日本語で何かを書くことが、階級的差別のシンボルとして、「教養」をもったエリートであると認識された、当時の京城帝国大学特有の「教養主義」(教養趣味)の雰囲気を反映するものでもある[21]。すなわち、日本語リテラシーが特権的地位を表象する「教養」の尺度として作用したのである。

当時の『城大文学』は、京城帝大に在学する日本人の文学志望生らが大挙参加して作った文学同人誌であった。一色豪、宮崎清太郎、渡部学、泉靖一などの日本人学生が主要メンバーとして活動し、朝鮮人学生である呉泳鎮と李碩崑が二号の発刊からこれに参加した[22]。彼が、朝鮮人としては珍しく、日本人学生たちとともに日本語の文学同人誌のメンバーとして活動したという事実から見る時、彼の教養主義と日本語リテラシーに対する自負心は、他の帝国大学の朝鮮人学生たちに比べて、さらに特別な部分があったといえる。といって、彼の日本語シナリオ創作が、単に彼の個人的な教養主義の次元から始まったと見るのは難しいかもしれない。日本語専用の雑誌となった『国民文学』というメディアの制約性、また日本内地への進出を試みた映画『家なき天使』(一九四一年［図

④⑤」）の文部省推薦取り消し事件などが、反面教師として作用した可能性があるのである。

崔寅奎が演出し、朝鮮総督府嘱託の西亀元貞がシナリオを書いた映画『家なき天使』は、朝鮮総督府の検閲を経て朝鮮軍報道部の推薦を受け、朝鮮映画で初めて文部省推薦を受けたが、内務省がクレームを提起して再検閲を受け、結局、文部省推薦自体は取り消されてしまった。日本内地での上映でも冷淡な反応だったという。『家なき天使』は、東京の「銀座映画劇場」の一日の興行収入が五〇〇円台、東京の「国際劇場」が二〇〇〇円台と、ほとんど「空き家に近い」状態だった(23)。京城の浮浪者を教化して忠良な皇国臣民で育てるという建設的な時局映画『家なき天使』は、いかなる理由で文部省の推薦が取り消されたのであろうか。当時、当局では、推薦取り消しの理由を明らかにしなかったが、朝鮮語の台詞や朝鮮服の衣装、キリスト教精神の美化が強調されている点、

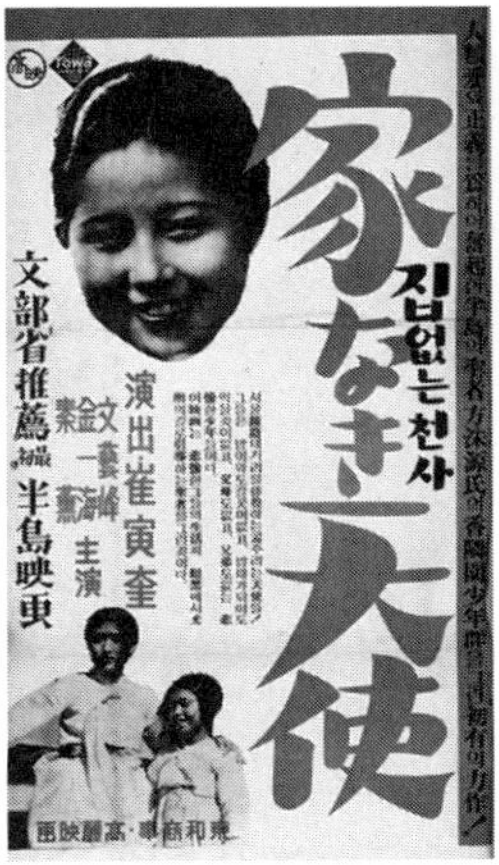

図④　崔寅奎監督と映画『家なき天使』（1941年）のポスター（韓国映像資料院「韓国映画データベース」http://www.kmdb.or.kr）

京城の浮浪者の暗い世界を写実的に描写した点、日本精神が自然に物語に溶け込むことなく、単に誇張されるように表現されたのが逆効果だった点、啓蒙主体と対象が朝鮮人だけで構成された点などが、帝国主体の視線を心地悪くさせたものと分析された(24)。特に朝鮮語の台詞使用に対する拒否感が大きく作用したものと判断される。当時、ある日本の雑誌に掲載された評論で、長洲義雄は「「家なき天使」が全編、朝鮮語を使ったのは、朝鮮映画の市場問題があるとしても、完全に時代意識を忘却した反時代的な作品だと決めつけざるをえない。現在の半島同胞の中には、特に映画観客層に日本語を解さない人がいったいどれくらいいるだろうか」としながら(25)、朝鮮映画で日本語の台詞を使わないことに対して憤りをあらわにした。朝鮮語の

図⑤　映画『家なき天使』（崔寅奎監督、高麗映画協会、1941年／韓国映像資料院「韓国映画データベース」http://www.kmdb.or.kr）

台詞を使ったという理由だけで、『家なき天使』を「時代意識を忘却した反時代的作品」と罵倒するのが、当時の日本の内地人の視線だったのである。

　トーキー映画の時代に入って、映画製作費が無声映画に比べて三倍以上に上昇した関係で、[26]満洲、日本内地など、海外市場開拓が必要だった朝鮮映画界の事情を考える時、『家なき天使』の文部省推薦取り消しと内地市場の冷淡な反応は、きわめて衝撃的な現実として受けとめられただろう。『家なき天使』事件を契機に、おおよそ一九四一年以降、朝鮮映画界は内地市場進出のために日本語台詞を使用し、明るく明朗な映画を製作しなければならなくなったのである。また、韓日合同の俳優陣により、日本人を啓蒙主体として、また朝鮮人を啓蒙対象として設定する人物構成の企画が要求されたのである。

　朝鮮映画の暗く憂鬱なビジョンも問題点として指摘された。座談会「朝鮮映画の全貌を語る」において、日本人出席者の石橋豊（京城明治座支配人）は、暗いのが朝鮮映画の弊害であるとしながら、朝鮮映画は「もっと明るい誰でも楽しめるものを多く作る方向がいいであろうと思います。朝鮮映画としてはこういう方面を開拓する映画、非常に明るい場面を強調したものを作る方が採算の方からいっても当局の方からいっても、きわめてうまく行くと思います」と主張した。[27]

　これに伴い、呉泳鎮が一九四二年時点でシナリオを書きながら、創作言語として日本語を選択し、喜劇を素材として採用した点は、当時の朝鮮映画界の事情に照らしてみる時、避けられない側面があったのである。翌年、発表した『孟進士邸の慶事』も、このような点で同様であった。『国民文学』の主幹・崔載瑞から好評を受け、当時の映画界の状況に比較的忠実だったにもかかわらず、『ベベンイの巫祭』と『孟進士邸の慶事』は、ついに映画化されることがなかった。それはいかなる理由からだったのだろうか。さらには、呉泳鎮に『ベベンイの巫祭』をシナリオとして書くことを勧めたという八木保太郎が、朝鮮映画製作株式会社（略称「朝映」）の重役であり、一九四二年に朝映に入社した呉泳鎮の監督デビュー作品として『ベベンイの巫祭』が計画されていたにもかかわらず、その製作が不発に終わったことは、いったい何を意味するのだろうか。

　朝鮮映画製作株式会社が設立される一九四二年の時点は、いわゆる「朝鮮映画の必要性」「朝鮮映画の独自性」の言説が危機を迎えていたことをよく示しているといえる。一九四〇年一月に、朝鮮総督府が、朝鮮映画の製作・配給・上映を統制する目的で、朝鮮映画令を公布し、朝鮮映画に対する統制が順次強化され、ついに一九四二年に朝鮮の映画会社が統廃合されて、単一の映画会社「朝鮮映画製作株式会社」が設立される。朝鮮映画製作の企画は朝鮮総督府によって掌握された。総督府の図書課長を中心に、保安課長、警務課長、情報課長、学務課長、また朝鮮軍司令部報道課長、京城帝大・辛島驍教授、朝映の田中三郎社長、中田晴康常務などが、朝鮮映画の企画審議に関する業務を主導した。朝映が設立される以前、一九四一年だけでも、廣川創用（映画監督・李《イチ》創用《ヤンヨン》（一九〇七―六二）の創氏名）は、座談会で、朝鮮語の台詞を使う朝鮮映画の必要性と独自性を主張したが、その根拠は八〇％以上を占める日本語のできない朝鮮民衆に、映画を通じて時局認識を啓蒙すべきであるという論理であった。すなわち、朝鮮演劇界に通用したリテラシー論理を、映画界にそのまま適用しようと考えたのである。しかし、このような論理は反論にあい、多少の論争に直面することになる。

廣川：朝鮮総督府では、映画令が施行されて、その第一回推薦映画として「馬」をとりあげた。「馬」をとりあげたことが悪いというのではないが、朝鮮映画をもう少し助成してほしいと思う。だのに朝鮮軍では「家なき天使」を推薦してくれたのです。

菊池：今は朝鮮映画が必要でないか、というところへ来ている。(28)　（傍点は引用者）

朝鮮映画の必要性を主張する李創用（廣川創用）の発言に対して、朝鮮映画協会の菊池盛央《もりおう》は「朝鮮映画解消論」に言及しているのである。しかし、朝映設立以前の一九四一年までさえ、朝鮮映画の関係者および知識人らを中心に、朝鮮映画の必要性が主唱されていた。このとき内地人と朝鮮映画関係者の間に広がった「朝鮮映画必要性」論争の核心は、「朝鮮語」問題にあった。朝鮮民衆の日本語リテラシー能力（文盲率）がその論拠となった。朝鮮映画関係者側では、日本語を解しない朝鮮人が八〇%に達しているので、依然として朝鮮語の映画が必要であると主張し、日本映画関係者側は、農漁村地域や乳児、老人を除けば、その実質的な割合は四〇～五〇%程度にしかならないので、リテラシー問題のために朝鮮語の映画を製作し続けるべきという論理は説得力がないと圧迫する局面だった。

現在の文盲者をいかに指導するか。字を知らない者にはむずかしい字を並べても解らないし、やはり映画をもって彼らを指導することが最善の方法じゃないかと思うのです。朝鮮映画の特殊な存在を必要とする点もそこにあるんじゃないでしょうか。(29)

映画製作者の李創用（廣川創用）は、朝鮮映画の必要性の根拠として、日本語を解読できない朝鮮の観客に対する啓蒙を理由としている。朝鮮における高い日本語文盲率を利用して、帝国日本に対して朝鮮語の映画の独自性を守る砦としようとしたわけである。これは演劇（大衆劇）の劇場において、演劇の観客が相対的に教育水準が低く日本語の解読率が落ちるために、朝鮮語の演劇が黙認される事例を映画劇場に同じように適用させようとした、朝鮮映画関係者の意中を反映したものと見ることができる。これは基本的に、朝鮮人の多数を占める日本語文盲者を朝鮮映画の観客で確保しようと考えた、映画製作者などの商業的利害が大きく作用したのであろうが、一方では、日帝に協力しながらも、何が何でも朝鮮語の映画を守ろうとする、朝鮮映画関係者の民族的意志と解釈できる側面もあるだろう。だが、一九四二年の朝映の設立以降は、このような論争さえも不可能になる。朝映の設立目的が窮極的に「朝鮮映画の解消」にあるという菊池盛央の言及のように、朝映のスタートによって朝鮮映画の独自性はほとんど消失する危機に直面することになる。

一九四〇年の時点で、八木保太郎に創作を激励された経験を土台に、一九四二年に朝映に入社して自ら監督となり、『ベベンイの巫祭』を書いて映画化しようと考えた呉泳鎮の計画は、当初から失敗に終わる可能性がきわめて濃厚だった。たとえ帝国言語の日本語でシナリオを書き、植民者の好奇心を誘発するローカリティ戦略を取ったとしても、そのような企画は、戦時国策映画が要求される一九四二年当時の映画界の事情とは、あまりにも距離があるものと言えるからである。『ベベンイの巫祭』は、志願兵の主題のように時局に符合する内容を盛り込むことができないうえ、日本人が指導し朝鮮人がそれに協力する内鮮一体の様相もまったく備えることができなかったのである。

もちろん『ベベンイの巫祭』と『孟進士邸の慶事』は、朝鮮的なものを盛り込んだ民俗的な素材の作品であるが、当時の脈絡では、東洋的道義の倫理イデオロギーを強調し、西欧的個人主義や物質主義を批判するという点で、帝国日本の支配言説である東洋主義の範疇に属するものと見ることができる。特に『ベベンイの巫祭』において、ニセ霊媒師である許風満《ホブンマン》が、ベベンイの霊魂が憑依したように騙し、クッ（巫祭）をやって、ベベンイの家族と村の人々に台車いっぱいの財物をもらってくる場面、そうして得た財物をすべて道端に捨てて、飄々とその場を離れる場面は注目を要するが、これは物神崇拝に対する嘲弄と風流の精神を示すものと解釈することができる。(30)

〔邸の前〕

この昂奮は、部落中に広まります。

いつかの騾馬には、変な恰好をした荷車がつけられ、その上には反物やいろいろの財貨の山が積まれます。

部落の家々からは、村民達がお嬢さん、ベベンイの遠出の旅路に、心からの贈物を持って来ます。

いつかの鶏卵売りの女は鶏卵を。

木綿売りの女は木綿を。

パガヂ、草鞋、米や栗を持って来る老若の男女。

若者が生きている豚をひっぱって来ます。

車が今にもへし折られそうになりました。

〔中略〕

〔部落の道〕

歌う許風満。

家々からは女、子供が飛び出て、彼を泣いて見送ります。

彼の後からは表座首、韓氏を先頭に、忠良な村人達が、長く列を作ってつづきます。

涙と歌の、湧くような感激の中を、夢のごとく許風満は進んでゆきます。(31)

「邸の前」で、村の人々が自発的に、誠意のこもったあらゆる財物を持ち出して許風満の車に載せる姿は、日帝末期の戦時動員体制において、自発性の形式を借りて植民地民衆を収奪した供出制度の場面を連想させる。

一方、「部落の道」で、村を離れる許風満を見て「忠良な村人達」が通りに出て、長い行列を作って涙と歌で見送る姿は、映画『志願兵』（一九四一年）で、主人公の青年が村人の感激に充ちた見送りを受けて、志願兵として出征していく場面［図⑥］を髣髴とさせる。このような点は、『ベベンイの巫祭』が、朝鮮的な民俗を素材にした民族的情緒が盛り込まれたシナリオではあったが、一九四二年という発表の時点で、多少、日帝への協力を暗示する場面を含めざるを得なかった、当時の劇場状況を端的に示しているといえる。

図⑥　映画『志願兵』（安夕影監督、東亜映画社、1941年／オ・ジョンヨン「韓国映画史を書き直す――韓国映像資料院特別発掘上映」、『シネ21』ウェブ版 http://www.cine21.com、2005年3月2日）

『孟進士邸の慶事』で、身分上昇を狙って金という判書（官職名）の家と姻戚関係を結ぼうとした孟進士邸の貪欲性が、金判書の息子ミオンの機知によって失敗に終わってしまうこと、貪欲性よりも心の真実を重視するミオンが、カップニと入れ替わった小間使いと結婚することになることも、また物神主義に対する嘲弄であり風刺であって、道義的な精神主義の勝利を示す主題であったといえる。このような側面は、『孟進士邸の慶事』が広い意味で、日帝の支配言説である東洋主義の言説を受け入れていることを物語っている。一歩進んで隠喩的な側面で見れば、『孟進士邸の慶事』の場合、朝鮮の風景や朝鮮の女性が植民主体に見られる対象として他者化されているという点で、朝鮮を女性として他者化し、男性主体として象徴される日本との協力を強調する内容として読まれる可能性も、ある意味で内包されていると見ることができる(32)。

したがって、巨視的な側面から見るならば、『べベンイの巫祭』と『孟進士邸の慶事』は、西欧の個人主義や物質主義に対する、東洋的道義の勝利を強調する内容を含んでいるという点で、アジアにおける「鬼畜米英」駆逐のための戦争を行う、帝国日本の国策に符合する側面があると見ることができる。

3 『ジェット機の下に』の行方——映画『仰げ大空』

『べベンイの巫祭』と『孟進士邸の慶事』の分析を通じて、呉泳鎮が戦時国策映画の要求という当時の映画界の状況と関係なく、ローカリティの企画ということだけで創作活動をしたとは考えにくいということを、ある程度察することができる。ハン・オックンとキム・ユンミが、呉泳鎮の京城帝大時代の同窓生であるパン・ヨングと対談した記録を見ると、呉泳鎮は一九四四年に、日本海軍の要請を受けて、海軍航空隊を励ます内容のシナリオ『ジェット機の下に』を書いたことになっている。ハン・オックンが、一九八八年一〇月一五日、ソウル市乙支路二街の古堂記念館で、パン・ヨングとの対談で聞いた話は次の通りである。

一九四四年の夏か？　私が清州にいた時、又川〔呉泳鎮の雅号〕が夫人とともに寄って行ったことがあるが、後で聞いてみると、彼ら夫婦が鎮海にある日本海軍の招請を受けてそこまで行ってきたらしいよ。そのとき日本海軍から戦争を勝利に導くために兵士たちを励ますシナリオを書いてくれという請託を受けて、否応なく書いたのが『ジェット機の下に』だった。それを書いたあと呵責にかられて、映画から手を引いたようだった。(33)

すなわち、呉泳鎮が一九四四年に海軍庁の要請で鎮海に行き、海軍航空隊を称賛するシナリオ創作の依頼を受けて『ジェット機の下に』というシナリオを書くことになったというのである。これとともにパン・ヨングは、二〇〇九年四月二五日、キム・ユンミとの対談で、シナリオ『ジェット機の下に』は映画として製作されて、解放の一か月前に封切られたと述べている。また、この映画は作家名もタイトルも変えて封切られたが、シナリオは日本人の友人が持っていったと語っている。(34) このシナリオは現在、発見されておらず、その詳細な内容を把握することは困難である。

このパン・ヨングの証言と、また呉泳鎮が取材をもとに書いた小説「若い龍の郷」(『国民文学』一九四四年一一月)が、内容上ほとんど類似している点から推察するとき、一九四五年に朝鮮映画社が製作した五編の映画のうち、崔寅奎監督の『愛と誓ひ』が呉泳鎮のシナリオ『ジェット機の下に』を映画化した可能性が大きいと推定することもできる。その根拠として、「若い龍の郷」は、主人公が映画会社の脚本依頼を受け、シナリオ取材のために鎮海の海軍部隊を見聞するというあらすじを持っている点をあげることができる。

二つの作品の間に視点や情況、脈絡が類似しているのは明らかである。しかし二つの作品の間の内容上の関連性を根拠に、『愛と誓ひ』を呉泳鎮のシナリオとするのは、まだ判断しにくい側面がある。「啓蒙主体としての継父」と「啓蒙対象としての孤児」という設定の類似性のために、朝映版の『家なき天使』とも比喩される『愛と誓ひ』は、(35) 朝鮮人孤児出身の養子・英龍が、日本人継父の啓蒙と、神風特攻隊員・村井少尉の死に感化されて、海軍特別志願兵(神風特攻隊)に志願するという内容である[図⑦]。

反面、呉泳鎮の小説「若い龍の郷」は、鎮海海軍基地で海軍将校と兵士たちの訓練と生活の取材をもとに、海軍特別志願兵制度を称賛し、日本人将校の強靭な男性らしさと朝鮮人志願兵の勇気を美化する内容を含んでいる。海軍特別志願兵という素材が一致するだけで、二つの作品の間の直接的な関連性は見出すのはやや困難である。

しかし、パン・ヨングの話によると、呉泳鎮が国策映画シナリオ『ジェット機の下に』という作品を書いたことは確かであろう。ただ、シナリオの行方が不明なこと、また、それを映画化した作品についての情報が不明な点が、問題をやや解決困難なものにしている。だが、ここで何よりも重要なのは、呉泳鎮が『ベベンイの巫祭』や『孟進士邸の慶事』以外に、戦時国策シナリオ『ジェット機の下に』を創作していたという点であろう。この作品は、証言の通りならば、前二者のシナリオとは異なり、ついに劇場上映に成功したという点で注目を要する。劇場上映の成功の理由は、日本語の台本、時局性への符合などもあるが、啓蒙主体である日本人の指導と、対象である朝鮮人の協力という、内鮮一体、大東亜新秩序の構図を作り出したためだろう。

図⑦　映画『愛と誓ひ』（崔寅奎監督、朝鮮映画株式会社、1945年／韓国映像資料院「韓国映画データベース」http://www.kmdb.or.kr）

日本語の台詞と喜劇という点を除いて、国策に積極的に呼応する作品創作を回避し、朝鮮的なローカリティを追求した呉泳鎮が変化したのは、いかなる理由によるものだろうか。二つの類推が可能である。一つは民族主義を放棄し日帝の強要に屈服したということと、もう一つは、植民地の劇場でこれ以上朝鮮的なローカリティの企画が不可能であると悟り、現実に合わせて創作方向を切り替えたということである。この二つの類推はともに可能性を持っている。呉泳鎮の回顧によれば、一九四二年に、彼は朝映の嘱託を辞して故郷に戻り、困難に直面していた父親の経営する崇仁学校の仕事を手伝って、自らの学生たちに対して学徒兵への志願に反対するような煽動を行なったという罪目で、一九四三年一二月に検挙・投獄される(36)。困難に直面した父親の学校を救い、危機にさらされた自らの一身を守るために、彼は、国策映画のシナリオを書かざるを得なかったのだろう。一九四四年に鎮海海軍基地の海軍志願兵を称賛する小説「若い龍の郷」を書かねばならなかったのも、このような理由からだったかもしれない。

しかし、筆者は、二つ目の類推に重点を置きたい。彼は一九四三年一二月の検挙・投獄事件以前に、すでに国策映画のシナリオを創作したことがある。朝鮮軍報道部と逓信局航空課が後援し、キム・ヨンファが演出して一九四三年四月五日に明治座で封切られた映画『仰げ大空』のシナリオは、(37)『家なき天使』の作者・西亀元貞《にしきもとさだ》と呉泳鎮が共同で創作したことになっている。飛行機献金と航空思想の普及を主題にした、朝鮮初の航空映画として知られているこの作品は、映画統制以前の旧・朝鮮映画社が一九四一年秋から製作に着手し、一九四三年に封切られた映画として紹介されている。(38)この映画のシナリオの共同創作に参加したとすれば、少なくとも一九四一年に、すでに呉泳鎮は、国策映画シナリオの創作に積極的に介入したということになる。そのように考える時、父親の教育事業を守り、学生たちの学徒兵志願への反対を煽動して検挙されたので、やむをえず国策映画のシナリオ創作に関与することになったという説は、やや説得力を失うことになりそうである。

また、西亀元貞と呉泳鎮の共同創作というが、実際に作品のおおよその原案は呉泳鎮が創作した可能性がある。シナリオ作家の西亀は、全般的な国策映画の方向性、日本語の台詞の修正に注力した可能性がある。当時、シナリオ作家が不足して困難に直面した朝鮮映画界において、呉泳鎮はきわめて稀少な存在であった。一九四二年一二月に『国民文学』誌の座談会で、崔載瑞が現在の朝鮮でシナリオ作家は何人かと聞くと、朝映の常務理事・中田晴康は、西亀元貞と呉泳鎮がいると答えている。より広く見ても、彼ら以外に、当時、朝鮮のシナリオ作家としては、林庸均、朱永渉がいるくらいだったのである。(39)朝鮮唯一の映画会社の重役が、朝鮮のシナリオ作家は西亀元貞と呉泳鎮であると語るほど、当時、呉泳鎮は、朝映が前面に押し出す代表的な専属作家の一人だったのである。

このような事実から推察する時、植民主義的要素を暗示的に表現して朝鮮的なものを強調した呉泳鎮の『ベベンイの巫祭』（一九四二年）や『孟進士邸の慶事』（一九四三年）が、映画化されずに終わってしまったものの、当初から朝映の企画と結びついて創作されたように、『仰げ大空』（一九四三年）や『ジェット機の下に』（一九四五年）も、やはり朝映の企画に呉泳鎮が作家として参加した作品であるという点は明らかなように思われる。すなわち、日帝末期に呉泳鎮が創作したシナリオは全四編と推定され、これらの作品はすべて、当時、唯一の国策映画会社であった朝映によって企画され製作されたのである。ただし、一九四二年から大きく変わった朝鮮映画界において、前二者の作品は映画化されず、後二者の作品は製作・上映されるにいたった。製作されなかった二つの作品は、後日、呉泳鎮自らがハングルで再創作し、韓国人の民族アイデンティティを表象した正典として再生することになり、映画化されて上映された後二者の作品は、作家自らによって存在が消去された作品となってしまったのである。

おわりに

呉泳鎮は一九四五年の解放後、『ベベンイの巫祭』について、「この作品は帰国後、「朝鮮映画製作会社」における、私の最初の監督作品として予定したものである。しかし、その機会はすでに消えてしまった」として[40]、映画化されなかったことに対する無念さを吐露したことがある。『孟進士邸の慶事』もまた同じ運命をたどった。呉泳鎮は、朝鮮的なローカリティを追求するこれらの作品を日本語で創作したが、ついに映画として製作・上映されることはなかった。シナリオで日本語の台詞を採用したことは、当時、内地進出映画『家なき天使』に比べてむしろ一歩先んじたものだったが、当時、戦時国策の流れを反映できなかった点が致命的な限界になったのである。朝鮮唯一の映画会社・朝鮮映画製作株式会社が登場する一九四二年の時点で、「朝鮮映画」はすでに解消に向かいつつあったため、東洋主義の大きな方向を維持しても、朝鮮的なローカリティを追求する映画が製作されることは困難だった。さらに、一九四一年の太平洋戦争開戦以降、生フィルムの品薄現象がきわめて深刻で、映画会社が限定的に生フィルムの配給を受ける状況において、朝鮮的なローカリティを追求する映画製作のために生フィルムが提供されることは、かなり難しい現実であった(41)。

そのような製作環境において、朝鮮映画が製作・上映されるためには、日本語の台詞、明るく明朗な雰囲気、戦時時局への認識、啓蒙主体としての日本と啓蒙対象としての朝鮮という構成要素が必須のものとして要求されたのである。『ベベンイの巫祭』や『孟進士邸の慶事』の場合に見られるように、当時、朝映の稀少なシナリオ作家としての価値を認められた呉泳鎮の作品も、やはりこのような条件を充足させられない限り、映画化されることはなかった。このような条件は、帝国日本が主導する「大東亜映画圏」の新秩序のなかで、順次、解消を強要された朝鮮映画が、生き残りのために受け入れざるを得ない生存条件だったのである。『ベベンイの巫祭』と『孟進士邸の慶事』の映画化において挫折を味わった呉泳鎮の作品も、ついに『仰げ大空』や『ジェット機の下に』を創作し、自らのシナリオを映画として製作・上映することに成功した。それは、自らを「大東亜映画圏」の新秩序の内に編入させたからこそ可能だったのである。

一九四〇年代の呉泳鎮のシナリオ創作の過程を通じて、私たちは、作家のシナリオ、戯曲創作に関する真意の把握は、テキスト内的な分析だけでは不可能で、当時の劇場の文化政治学と関連づけて調べる観点が必要であることがわかっただろう。劇場の文化政治学は、芸術創作の態度や方向を決定づける側面が大きい。このことに対する認識が重要なことは言うまでもないだろう。

これと合わせて、日帝末期に創作された戯曲およびシナリオ作品に対する研究は、植民地朝鮮だけを念頭に置く一国主義的な観点だけでは、本質に対する解明が困難であるということも注意を要する点である。帝国日本が主導する、〈大東亜共栄圏体制〉という東北アジアの文化ブロックの観点からそれを考察しなければ、一九四〇年代の映画や演劇に対する作品の理解は困難である。この時期の戯曲やシナリオ研究において、トランスナショナル（transnational）な観点が要求されるのは、当時の植民地劇場自体が、民族、種族単位を超えて、東北アジアの文化ブロック内で自ら越境する存在だったからである。一九四〇年代前半期に創作された呉泳鎮のシナリオは、このような側面をよく反映する一つのバロメーターになるといえるだろう。

（1）「文壇往来」、『三千里』一九四二年一月。
（2）キム・ジェヨン「植民主義と言語」、『帝国日本の移動と東アジア植民地文学』ムン出版社、二〇一一年、四一二―四一三頁。
（3）総連指導委員会「国語普及運動要綱」、『朝光』一九四二年六月。
（4）ここで「朝鮮人劇場」とは、劇場の所有主を基準としたものではなく、多数の観客層の民族性を基準としたものである。当時、植民地朝鮮の劇場は概して日本人が所有しており、朝鮮人は日本人劇場主の下で劇場運営を引き受けることが一般的だった。
（5）イ・スンジン『朝鮮人劇場・団成社　一九〇七―一九三九』韓国映像資料院、二〇一一年、四〇―四二頁。
（6）マイケル・バスケット「映画人たちの「帝国」――「大東亜映画圏」の諸相」、岩本憲児編『映画と「大東亜共栄圏」』森話社、二〇〇四年、一五九頁。
（7）星出寿雄「朝鮮演劇の新発足」、『朝鮮』一九四二年一〇月、二五頁。原文の歴史的かな使いや漢字の旧字体は現代日本語のスタイルに改め、漢字使用も読みやすくなるように適宜かなに変えた。以下、原文が同様のものは同じように処理した。
（8）イ・ファジン「植民地朝鮮の劇場と〈声〉の文化政治」延世大学博士論文、二〇一〇年参照。
（9）星出寿雄「演劇統制の諸問題」、『国民文学』一九四二年一月、四七頁。
（10）八木保太郎（一九〇三―八七）は戦前・戦後の日本で活躍した映画脚本家。一九三〇年代には日活脚本部や東京発声制作部などで活動した。またこの時期、植民地朝鮮の映画製作にも携わり、映画『授業料』(崔寅奎監督、一九四〇年)などの製作・編集に関与、一九四二年には満洲映画協会の製作部長にも就任した。戦後は日本映画演劇労働組合の委員長や日本シナリオ作家協会会長を歴任した。

(11)呉泳鎮「『ベベンイの巫祭』に関するノオト」、『国民文学』一九四二年一一月、九九―一〇〇頁。

(12)呉泳鎮、前掲文、九九頁。

(13)キム・サンフン「ベベンイ巫祭の起源考」、『国語国文学』第一一〇号、一九九三年一二月。三三一頁。

(14)キム・インスク、キム・ヘリ共著『西道ソリ』民俗院、二〇〇九年、一一六―一一七頁。

(15)安昌浩に対する呉泳鎮の深い愛情は、さまざまな文章で表現されているが、特に「島山先生と映画」(『京郷新聞』一九四九年三月一〇日付)、「島山先生がくれた言葉」(『文学思想』一九七二年一二月)などにそれらがよく見られる。

(16)呉泳鎮、前掲文、一〇〇頁。

(17)金台俊の収録本「ベベンイの巫祭」は「平安道民俗劇」に分類され、雑誌『ハングル』(一九三四年四月)に掲載された。

(18)崔載瑞「国民文学の作家たち」、『転換期の朝鮮文学』人文社、一九四三年、二四三―二五二頁。

(19)崔載瑞、前掲文、二四八頁。

(20)李相雨「呉泳鎮のエクリチュールと民族主義――「真相」と「ハンネの昇天」の関係」、『韓国劇芸術研究』第三五集、二〇一二年三月、一二七頁。

(21)ユン・デソク「京城帝大の教養主義と日本語」、『揺れる言語』成均館大学大同文化研究院、二〇〇八年、四二六―四二八頁。

(22)李相雨、前掲文、一二七―一二八頁。

(23)金京淑「日本植民支配末期の朝鮮と映画政策――『家なき天使』を中心に」、『映画と「大東亜共栄圏」』前掲、二二六頁。

(24)飯島正・筈見恒夫・廣川創用「朝鮮映画新体制樹立のために」(『映画旬報』一九四一年一一月)をはじめとするさまざまな座談会で、『家なき天使』の推薦取消に対して論及された。キム・ヒユン「『家なき天使』の日本封切と朝鮮映画の位置」、『高麗映画協会と映画新体制』韓国映像資料院、二〇〇七年。イ・ファジン「「朝鮮語映画」の岐路――言語、民族、そして市場」、前掲書。金京淑「日本植民支配末期の朝鮮と映画政策――「家なき天使」を中心に」、前掲文など参照。

(25)長洲義雄「朝鮮映画の方向――高麗作品「家なき天使」が投じた問題について」(当時日本の映画雑誌に掲載されたもの

と推測されるが掲載雑誌名は不明)。『高麗画協会と映画新体制』韓国映像資料院、二〇〇七年、一四八頁より重訳。

(26) 一九三九年時点を基準として、無声映画の製作費が一編あたり約五〇〇〇円、トーキー映画の製作費が一編あたり約一万五〇〇〇円だったという(「映画裏面公開座談会」、『朝光』一九三九年五月など)。

(27) 高井邦彦ほか「朝鮮映画の全貌を語る」、『映画評論』一九四一年七月、五九頁。

(28) 高井邦彦ほか「朝鮮映画の全貌を語る」、前掲文、五九頁。

(29) 飯島正・筈見恒夫・廣川創用「朝鮮映画新体制樹立のために」、前掲文、一七頁。

(30) クォン・オマン「呉泳鎮の三部作について」、『呉泳鎮』演劇と人間、二〇一〇年、二四八頁。

(31) 呉泳鎮『ベベンイの巫祭』、『国民文学』一九四二年八月、一八一―一八二頁。

(32) イ・ヨンジェ『帝国日本の朝鮮映画』現実文化、二〇〇八年、二四一頁。

(33) ハン・オックン『呉泳鎮研究』シイン社、一九九三年、一九一頁。

(34) キム・ユンミ「映画「愛と誓ひ」と呉泳鎮の取材記「若き龍の故郷」比較研究」、『現代文学の研究』第四一号、二〇一〇年、二四八―二四九頁。

(35) キム・リョシル『投射する帝国/投影する植民地』サミン、二〇〇六年、三二八頁。

(36) 呉泳鎮「一点の黒い雲が」、『思想界』一九六二年四月、二七四―二七五頁。

(37) イ・ドッキ「日帝下戦時体制期(一九三八―一九四五)朝鮮映画製作目録の再構」、『韓国劇芸術研究』第二八集、二〇〇八年、一六四頁。

(38) 「昭和十八年朝鮮映画一覧」、『日本映画』一九四四年一一月、二五頁。

(39) 崔載瑞ほか「明日の朝鮮映画を語る」、『国民文学』一九四二年一一月、七六頁。

(40) 呉泳鎮「一点の黒い雲が」、前掲文、二七二頁。

(41) 当時、朝鮮映画株式会社に割り当てられた生フィルムは、月別でニュース映画が一編、文化映画が六編という製作分量に過ぎなかった。崔載瑞ほか「明日の朝鮮映画を語る」、前掲文、七六頁。

映画と台湾総督府の南進政策

李 道明／蔡 宜静＝訳、岩本憲児・晏 妮＝監訳

はじめに

台湾と中国大陸の福建、広東などの華南地域は「一衣帯水」というような近い地理関係に位置していただけでなく、海峡両側の華人の血縁は繋がり、台湾と華南間の緊密な関係をいっそう深めていた。日本の台湾植民地統治以後、本島人［漢族系住民］はしきりに日台の両地の間を往復するだけでなく、多数の日本人も台湾を経由し（あるいは台湾との間を往復し）、福建、広東あるいは香港などの地へ行った。台湾総督府も華南地域に対する興味と経営の野望を示し、福建、広東、香港から、海南島、ボルネオ島にまで各種の機関の設立に出資し、文化、医療、産業あるいは金融などの業務を実施し始めた。本章では台湾総督府の華南および南洋の「南進政策」において映画の担った役割を論ずる。

1　台湾総督府の南進政策

台湾は大正時期に、安東貞美（在任期間一九一五年五月―一九一八年六月）と明石元二郎（一九一八年六月―一九一九年一〇月）二名の総督、そして民政および総務長官だった下村宏を中心に、華南（福州、厦門《アモイ》、汕頭《スワトウ》、広東）と南洋（ボルネオ島タワウ）の「文化施設」の柱として学校、病院、新聞社などを開設した。ただ、台湾総督府がこれらの文化施設に資金と人員を提供したものの、学校と病院の主な経営権は依然として外務省の手に握られていたから、台湾総督府はただ「副次的」権利しか持っていなかった。その中で、新聞だけは、総督府と台湾銀行が福州と厦門に設立した財団法人善隣協会の直接経営により、情報宣伝を管轄する言論機関となっていた。(1)

この時期において、南支［中国南部、華南］と南洋の現況を記録した「南方進出」に関する宣伝映画が台湾で上映された。これは日本が新しく擁した南洋地区の領地を、日本の拓殖新聞社が記録・製作したものである。この映画は一九一七年三月末、総督府の官邸と台北の劇場・朝日座で上映された。この催しは総督府の関係した組織「台湾教育会」と「南洋協会」の支援により行われた。(2)そして台湾教育会の通俗教育部は翌月の催しで拓殖新聞社の活動写真隊による上映活動を組織し、台北市内の各小学校、国語教育を実施する国語学校と高等女学校の生徒たちをこの映画の上映会に招待した。(3)この映画（および幻燈用スライドフィルム）は台北市での上映後に、『台湾新聞』『台南新報』などの機関の後援を得たうえで、台南、高雄、鳳山、台中、嘉義を含む台湾各地で巡回上映が行われた。(4)注目すべきはその観覧区分であり、日本内地人と台湾本島人を分けて上映しただけでなく、台南、高雄などにおいて第二回の上映会まで行った。(5)植民政府には、このような行事を通して華南と南洋へ「南方進出」の宣伝効果を重視したこと（特に本島人に対して）がうかがえよう。

日本の南洋進出政策に応じた拓殖新聞社製作の映画に啓発されたのか、台湾総督府も日本内地に向けて植民地台湾の状況を紹介し、同時に内地と本島の観衆に華南と南洋の情況を紹介すべきと認識した。一九二一年には撮影・上映・講演会の主催をすべて行える実業之台湾社を選び、宣伝政策の仕事を任せたのである。南支や南洋に滞在する日本人同胞を慰問すると同時に、彼らに台湾の現況を宣伝するかたわら、南洋各地の日本人移住者の状況を撮影・記録した。(6)そのため、この会社は南支と南洋各地における日本人経営の商店や会社などの発展ぶりと、現地の景色や民俗を撮影した。(7)また、翌年二月には、植民地台湾と南洋一帯の発展状況を見たいという摂政宮

（裕仁皇太子［のちの昭和天皇］）の要望に応えるべく、総督・田健治郎《でん》（一九一九年一〇月―一九二三年九月）は、実業之台湾社の吉川精馬社長に南支・南洋の活動写真を東京に運ぶよう電報で連絡し、この作品を霞ヶ関離宮の皇太子の前で上映した。華南、サイゴン、シャム、マレー半島と海峡植民地を含むシンガポール、ジャワ島、フィリピンなどの風景、文化、産業や生活情景を記録したこの映画は、三月末から台湾の主要な都市で上映され[8]、五月からは東京、大阪、そして日本全国各地で巡回上映された[9]。これは植民政府が自ら製作した南方進出関連の最初の映画であろう。

しかし、台湾総督府の「南方進出」気運は一九二三年から一九三五年までの間に停滞した。総督の中川健蔵（一九三二年五月―一九三六年九月）と総務長官・平塚廣義（一九三二年一月―一九三六年九月）の時代になってやっと復活するようになった。中川総督は「台湾が地理的要所に位置しており、帝国南方の政治、経済を進展させるための後方基地であり、帝国の南方経営に対しても重大な使命を負っている」と中央に強調している。彼が強調したのは「華南が台湾と一衣帯水の地理的関係がある上、華南の住民には共通する祖先がおり、台湾本島人とは言語と風習も同じ」であり、それに基づき「日本と親善しやすくなる特殊性を持っている」ことだった。また、南洋について、彼らは台湾本島人と南洋の華僑が同一人種だと思い、この特殊な関係を利用し、南洋の発展、経済の向上を促進することができる。と同時に日本の軍部にも有益であり、内陸と台湾との融合にも貢献できると考えていた[10]。一方、外務省は台湾総督府の「南支南洋」計画に対して、終始警戒する態度を示した。特に台湾の陸軍が支持する「台湾大アジア協会」に華南経営事業を展開させせようとして、総督府設立の「台湾拓殖株式会社」が計画した南支・南洋の拓殖事業および金融業務に反対した。他方、台湾に駐屯していた海軍は「台湾の南進政策」の立場で、基本的に総督府の計画を支持した[11]。

一九三四年、総督府は一万五〇〇〇円を出資し、台湾最初のトーキー映画『全台湾』を作った。これは中川総督の着任後に企画した南進政策と呼応する最初の映画だったかもしれない。この映画は当時の日映トーキープロダクションに依頼して作ったものである。監督の一人は松井敏（編者注1）で、作品の内容には統治、産業、教育、国防、自然と住民、交通通信、教育と名所旧跡などの部が含まれると発言[12]、最終的に総計五巻の映画が完成された。フィルムには客船が基隆に到着する場面、台湾の歴史、台北市街、本島人の文化と生活や、各種の物産、教育などをはじめ、基隆から阿里山への列車の旅の景色、花蓮港から鵝鑾鼻《がらんび》までの風景、および一九三四年六月下旬に台北と新竹の二州で行われた台湾の軍事特種演習など、幅広い内容が撮影された。総督府の出資で製作されたこの映画の目的は、主に島内と日本内地の観衆に、帝国の最南方領土の最も進歩的な実情を見せることにあり、南方進出の主張を論理的に裏付ける基礎を築いた。

2　帝国の南進政策と台湾総督府の映画利用

帝国日本による台湾の南進政策は、一九三六年八月に決定された「国策の基準」から始まった。海軍大臣の積極的な推進により、広田弘毅内閣は以下のような方針を決めた。「南方南洋については〔中略〕わが民族の経済発展を図り〔中略〕、漸進して平和的な手段で勢力の発展を図り、満洲国の成立に乗じて、国力をより充実し強化したい[13]」。近藤正己は、日本の計画した〈大東亜共栄圏〉の青写真の中で、台湾を本島人と南方華僑の関係を利用し、総督府の植民地「統治技術」を推し進めるだけでなく、逆にまた南方を利用して台湾の植民地統治と経営を行いたかったと指摘している[14]。同年の九月に海軍大将の小林躋造《せいぞう》が台湾総督に就任後（一九三六年九月―一九四〇年一一月）、府政調査会を組織し、翌年の七月に南方の発展計画を立案した。それは以下の内容を含んでいた。すなわち、南方航路の拡充、航空路の設置、南方文化団体の設立、病院施設の拡充、南方文化施設の拡充および南洋の日本人子弟の教育を補助することで、教育、勉強、衛生、救済などの文化事業を促進するためであった[15]。

小林躋造が総督に就任してまもなく、日本内地の財界経済誌『実業時代』の社長・永岡涼風と『財界之日本』の編集者・枠本誠一の二人は、観光、産業を主題とするトーキー映画『南進台湾』をつくるために、一九三七年初めに台湾へ来て、総督府および台北市や各州庁と交渉した[16]。この映画の現存するコピーは全部で七巻ある。第一巻は冒頭で製作主旨を明らかにしている。すなわち、台湾を紹介する目的で映画を作ったというよりも、日本では人口の増加や天然資源の欠乏があり、またいくつかの国々が日本商品を排斥し、移住を拒絶したので、どうしても北方の国防線を打ち立てなければならないこと、更に南方でも産業と経済の生命線を開拓しなくてはならないことを述べている。そこで台湾は、南へ発展するための帝国の基礎となり、日本人が台湾の存在をもっと知るべきだと映画は主張する。映画は台湾の地理的位置（特に日本の生命線の南洋群島との位置関係）や気候を紹介したあと、日本が台湾を統治した歴史、台湾西部を縦に貫く鉄道という順で、それぞれ主要な都市と州庁の現況、政治家たち、主要な機関、自然と文化、名所旧跡、重要な産業と経済の施設を紹介していく。そして映画は台湾の最南端の鵝鑾鼻の映像の中で、特に島内、華南と南洋の日本人の事業に協力した「台湾拓殖会社」にふれ、この会社がこれから日本人の発展を助ける中枢機関としての使命を担っていると説明している。映画が終わる前の場面に、日本の官吏が現れ、望遠鏡で南洋を眺めるシーンを繰り返し、地図で日本の一〇倍以上の資源が含まれる面積の土地を「未開墾」と標示し、これから日本の必要な各種の資源を満たしてくれるだろうと説いている。映画の最後の結論は、「それが経済的南進であります。伸び行く帝国の行く途も亦そこであります」。このような「南進」に関する論調は、明らかに総督府の立場と一致するので、恐らく総督府の意向を受けたと推し量られる。『南進台湾』は台湾総督府の作った「国策映画」だと常に誤解されていたが、実はこの映画において総督府はただ後援の役割しか果たさなかった。では、日本の二つの財政経済誌の出版社はなぜ大金を使い、帝国が南へ進出する映画を作ったのだろうか。実業時代社の永岡涼風と財界之日本社の枠本誠一、この二人の経歴を見てみると、ともに南支・南洋の発展に向けて、台湾を基地とする「南進論」を主張していたことがわかる。

一九三六年、日本の経済界は「南進論」を主張し始めた。そのきっかけは、中国で推進された「北支［華北］自治運動」の状況下、日本の北支進出の動きが中断され、「北進論」が疑問視されたからである。「南進論」の主張者によれば、日本にとって満洲国は華北進出のためであり、主に日本の国防および戦時資源の確保という二つの大きな目的のためであった。ただ一九三六年になると、すでに二つの目的はある程度達成された。しかし、満洲と華北は気温が低くて人口が少なく、資源開発に難渋する短所がある。それに対して、南洋は、気候、交通、資源、市場などに恵まれており、実際の利益が挙げられる。日本では必要な資源（食料、軍需物資と輸出産業の原料）が自給自足できない。一方、南洋の普通の生活水準は低くて、その購買力はのちになるほど加速度的に日本の商品の消費を増加する見込みがある。そのため、「南進論」者たちは、南洋で日本に必要な資源を開発するための農業、漁業、鉱業に従事するものを台湾に移住させるよう主張し、日本の人口過剰の問題をも解決する近道とした。[17] ここから分かるように、台湾総督府と軍（主に日本海軍）以外、日本と台湾の経済界にもこうした南進論を支持する立場の人が大勢いたわけである。一九三七年の『南進台湾』はこの背景下に作られた。

『南進台湾』の完成まもなく、中日戦争（日中戦争）が勃発した。しかしこの戦争は、軍部の期待したとおりにすぐ終わるものでなく、次第に泥沼に陥った。このような情勢の変動下、南進政策を主張する必要があり、そして内陸の民衆に国防、産業、文化の角度から台湾の重要さをより広範に認識させたいと考えた財界之日本社は、新版の『南進台湾』を作ることに決定した。この新版のトーキー国策映画の長さが計七巻、一九四〇年四月の初めに台湾で撮影しはじめ、台湾と日本の新たな領土となった南洋群島、厦門、汕頭《スワトウ》［現在の広東省東部］、広東、海南島との提携状況を新たに加えた。[18] この映画も旧版の『南進台湾』と同じように、日本内地人を観客対象とし、台湾南進の発展の重要性を内地へ認知させようとした。

一九三七年八月一五日、台湾は戦時下〔日中戦争〕に入った。植民政府は台湾の特殊性（大多数の住民は漢族の移住者）を鑑みて、「民心の安定思想の帰趨を誤らしめざるが為」と「内外諸般の情勢の確知と正鵠なる報道、適切なる内外の宣伝の、極めて緊急不可決なることを認めて直ちに」臨時情報委員会を設けた。[19] また八月下旬には総督府官房の下に臨時情報部を、各州庁も臨時の情報部を設け、情報、啓発、宣伝などの事務を担当した。総督府の臨時情報公告の「使命」には以下の内容が含まれた。[20] すなわち、島内と南支・南洋の情報を即座に内地その他の関係方面に通達し、全国に南進拠点としての台湾情勢を紹介する。ここからも分かるように、総督府の情報部は島内（主に漢族の人々）に対して啓発宣伝を行うとともに、華南と南洋の宣伝使命にも着眼していた。

一九三八年五月、日本軍が厦門を攻略した後、総督府の臨時情報部は、大日本活動写真株式会社（日活）に製作を委託して『明け行く厦門』[21] というトーキー・ニュース映画を製作した。そこでは日本海軍陸戦隊が厦門を占領してから、いかに「治安維持」に努めたか、その年には厦門が「明るく」変化して、復興する進歩的な状況になったかが説明されている。一二月一九日、台湾毎日新聞社は「映画と講演の夕」を主催、台北の同業組合堂で映画の初試写を行った。その後、この作品はさらに各州の庁、市と郡で巡回上映され、「時局認識の向上を図つた」のである。[22] 総督府は華南地域（厦門、広東、汕頭）などの南洋地区の大使館と領事館でこの映画を上映するに際し、「華僑の心理、感情を考慮し、彼らに刺激をもたらすのを免れる」ために、製作者の名前を「華南映画会社」に改名し、出演者と技術者の名前も中国語の名前に変更したという。[23]

その後、一九三九年に臨時情報部がまた続々と『興亜之華』『広東』などの映画を撮影した。[24]『興亜之華』は総督府官房の職員・篠島巌が監督した、広東訪問時の日本婦女団体が台湾を経由した際の視察状況記録である。映画では「日華親善」と台湾の文化・産業と皇民化運動の実情を紹介した。この記録映画は共に日本語と広東語の二つのバージョンで作られ、台湾と華南などで上映された[25]。

『広東』は総督府情報部が日本軍の華南占領一周年を記念するために、東京の芸術映画社に委託して作った文化映画である。資料によると、一九三九年には日本陸軍の華南での映画宣伝活動は上海の映画会社を主としていたため、南支派遣軍は台湾総督府の映画宣伝の役割を信用せず、「適当な指導」を行うべきだと考えていた[26]。このため映画『広東』がなぜ南支派遣軍報道部の「指導」を受けたことを強調するのかがわかる。この映画は広東と台湾と南支・南洋との地理的関係を紹介し、珠江デルタと広州の歴史、広東人の性格、および日本軍の広東占領後において台湾官民の協力と、当地の文化や経済建設の現状を見せている。この映画の目的は総督府臨時情報部によると、「吾民族の南進に一大旋回と前進を与へ以て一層聖戦の意義を認識せしむる目的の為製作せらる、ものである[27]」と。つまり、この映画は明らかに台湾総督府が台湾の南進政策に合わせて作らせたものであり、観客対象は台湾と華南の漢人大衆である。しかしその宣伝効果はどのようなものであったのか、まだこれからの考察を待たなくてはならない。

また、その他の報道によると、台湾教育会は厦門、汕頭、広東の三つの地方を題材にした三本の「南支事情」映画、「南進日本三部作」と称する映画を作ることが予定された。これは一九四〇年一〇月のことであり、明らかに二ヶ月前に総理大臣の近衛文麿が提出した〈大東亜共栄圏〉の概念に合致し、日本の観客にこの三つの地方の教育、衛生、農業、宗教、風景、建物などの内容を知らせようとするものである[28]。

南支・南洋の宣伝目的を達成するために、総督府は外郭団体として一九三八年一〇月に「共栄会」を創立し、臨時情報部の文化事業を実行した。この団体は総督府情報部の監督指導を受け、華南での文化宣伝活動に従事するという責任を負っていた。厦門で日本語の教育、仏教の宣伝、映画館の経営、英才教育事業、米穀配給、無料診療、日華会館の経営およびその他の事業の実施などを任務とした。広東の場合は、映画館の経営に集中し、各種の雑誌、ハンドブック、葉書を発行し、協栄印刷所を設立した。その他には海南島、汕頭で経営した映画館や巡回上映などが挙げられる。(29)総督府情報部の自覚した使命、共栄会の華南各地での活動、総督府の自ら行った各種の政策や共栄会の南洋各地での建設をみると、総督府は真剣に台湾を「帝国の南進基地」として認めていたことがうかがえる。各種の宣伝を通して、帝国下の台湾から南方への進出政策を日本内地の人々に理解させるだけでなく、華南と南方諸国に日本統治下の台湾四十数年にわたる「成功」経験を広く宣伝することによって、これらの国々に「東亜共栄圏」の道をともに歩ませる意図があった。(30)このため台湾総督府の映画館経営と巡回上映事業は、重要な南方発展計画の戦略の一つと見なされていた。

共栄会映画班で工作をした芹井省は、一九三九年一二月初めに『興亜序曲』『日本の姿』など、二十数巻の映画フィルムをタイのバンコクまで持参して上映した。(31)彼は一九四〇年一一月発刊の『台湾時報』で次のように指摘している。バンコクでは日本人の経営する常設館が不足していたから、これらの作品を現地の日本人会あるいは台湾の同業組合で上映したにすぎなかった。彼らが慎重に日本人出演者や監督の名前を中国人風の名前に変えたにもかかわらず、タイの華僑はやはり見に来なかったと。(32)ここから分かるように、共栄会が映画を利用し、南洋の華僑に対して宣伝活動を行おうとする企みは、実はかなり困難だったのである。

3　南進に対する台湾映画界の熱意と期待

太平洋戦争開戦後には、共栄会以外にも、台湾で多くの興行界の「勇者たち」が香港、マニラなどの占領地域に進出し、機に乗じて常設館の活動を行っていた。多数の台湾映画人たちは、南方に赴任する多くの台湾の司政長官、司政官、公安官などの動向を見たために、南方での映画館経営に関して幻想を持っていたのである。
台湾映画人は、当時日本映画の南方進出に際して、台湾が必ず一定の役割を演じていると思っていた。更に「台湾の映画界が、南方映画製作にイニシアテーヴをもつ」[33]［日本語原文引用］と考えている人さえいた。「皇民奉公会」の娯楽委員を務めた本島人の謝火爐も以下のように考えている。総督府の考える台湾の南進政策は「本島映画界の企業的再振興を図り、南方進出国策宣伝機関の一つとして日満支提携の東洋的意義を含める大東亜戦争目的完遂に相応しい建設的娯楽映画を台湾で製作して南支、南洋、泰、仏印其他各地へ販路を拡張進出させる事は独り台湾映画界の将来の発展の為めのみならず、国家的大事業として蓋し当局としても再考を要すべき重要政策の一つではなからうかと思ふ」［日本語原文引用］とある。[34]
日本の南進基地として、当然台湾に撮影所が必要であったが、当時の台湾にはこのような製作の設備を持つ会社はまだなかった。南洋映画協会は南方への映画の輸出、配給、映画資材などの配分、および現地で時事映画を製作して上映するなど、文化映画を担当したが、ここの支配人・山根正吉は一九四一年六月に台湾を経由した時、「これにはどうしても台湾がその根拠地としての使命を持つことになる、録音、現像、フイルムの入手或は技術者の養成にしても最も南に近い台湾がその役割を果すに便利であり、水とか気候の関係から云つても南方より好条件が揃つてゐるからスタヂオ、或はプロダクションの設置が要望されてゐる、これは現地で映画製作をしてゐる日本の技術者も痛切に感じてゐることであり、この点は台湾として相当検討すべき問題ではないかと私は云ひたい」と述べている。[35]
日本内地の映画製作会社は一九四二年から次々に台湾へ新しい出張所や配給会社を設け、これらを南方配給の橋渡しと見なしていた。ただし、当時の日本の映画会社にとって、台湾はただ中継の役割しか持たなかった。当時、日本映画の製作本数が減り、内地で過剰となった監督や撮影技師などの社員が直接南方まで派遣され、現地での仕事を行っていた。日活社長・吉岡重三郎は当時の各会社を集めて南方進出会議を開くべきだと主張し、いかに迅速に日本映画の南方進出を調整すべきかを考えたので[36]、台湾を南方映画の主要な撮影基地とする意図がなかったことがうかがえる。

しかし、その当時の台湾映画界はまだ以前と同じ空想を抱いており、もし南方映画を現地で作ることができないのであれば、地理的条件から最寄りの場所である台湾に移して撮影することが可能で、「もとよりこの夢が実現されるためには、生半かな南方に対する理解などでなしに、南方に生存する有色人種と身近に接して映画を製作し、日本文化を徹底的に南進させねばなるまい。そしてそのためには、南方の文化事業の統合的組織が必要であらうし、台湾での映画製作部門もその中に包含されねばなるまい」と述べていた[37]。総督府官房情報事業課の岩壺隆哉も一九四二年に次のように吹聴したことがある。「日本内地で生フィルムの配給統制を強化した時期に、劇映画の製作会社もただ松竹、東宝と大映しか残らなかったので、内地の資本と技術を台湾に移転する良い時機だ[38]」と。

台湾総督府は自己の条件が不十分な状況にあると知っていたのか、一九四二年、台湾はまだ南方で上映するための映画製作に乗り出す時期ではないと指摘している。にもかかわらず、総督府の統制した台湾映画配給会社と台湾映画協会を基礎とし、総督府に属する台湾拓殖会社、台湾電力会社は共に出資して、南方の映画製作会社を設立し、国策企業の方法で南方の宣伝工作に従事すべきだと主張する人もいた[39]。

『サヨンの鐘』の製作で台湾に来たことがある「満映」の幹部社員・森久も、一九四三年に『映画旬報』に寄稿したある文章で以下のように呼びかけている。台湾の地理、民族、気候などの特性を利用すべきであり、やり方として、例えば台北でフィルムを現像し、飛行機で南方に運び、また経験のある台湾人に華僑を対象にする映画館の経営をまかせ、台湾を基地に南方題材の映画を製作させる、と。彼は、台湾がすでに内地化されており、中央政府は台湾を手足として活用すべきだと考えていた。そして「国策の観点から、もし各会社は協力して台湾で撮影所を建設することができれば、将来南方の映画製作にとても大きい貢献がある」と述べた。(40)

「台湾興行統制会社」の専務・真子萬里は一九四三年三月にフィリピンへ行き、音楽、演劇その他の芸術活動の宣撫に参加した後に、台湾とフィリピンの間の文化交流計画を考え始めた。彼は興行統制会社のマニラ支社を開設し、台湾光音株式会社の管轄下、皇民奉公会の台湾演劇協会が演出した紙芝居、レコードおよびその他の演劇など芸術活動を推進し、日本軍当局の宣撫工作に協力しながら、フィリピン特有の芸術を台湾に紹介しようとした。このようなやり方はもちろん上述した国策企業の南方に従事する宣撫活動の初歩的な目標に合致している。しかしその後、戦争情勢が急転換したため、台湾の製作団体はフィリピンでの映画製作の夢を実現できなかった。

一九四三年になっても、日本政府や内地の映画会社には、依然として台湾を基地にして南方映画を作る、または台湾人を抜擢して映画館を経営させる動きがなかったことは明らかである。台湾にとっての地理的位置、気候が相似する、または華僑に似ている民族などの点は映画南進基地の利点ではあったが、撮影所や製作人材が不足し、帝国内部における台湾人への不信などが、台湾の一番の弱点だったと言えよう。

4　総督府の南進政策下の劇映画

帝国日本の南進政策は一九三七年七月に確立したが、日本の新興キネマは一九四〇年一二月になってやっと台北に出張所を設立し、前営業部次長の小見山育三が所長に就任した。元々、新興キネマは主に台湾人を題材にする映画を製作したかったが、軍部の後援の下で結局台湾と海南島を中心に南方思想を強調する「南方映画」を製作した。(41)

140
海の豪族
臺灣總督府企畫・後援
日活京都撮影所製作
南方發展史 海の豪族（シナリオ）
映畫化に就て
141
海の豪族
登場人物
濱田彌兵衛「三十八九歳」
津輕小四郎「二十八九歳」
新　藏「十九歳」
お由良「十八歳」
與兵衛「三十三四歳」
おくめ「二十一二歳」
ナマン「十六七歳」
末次平藏「四十五六歳」
濱田小左衛門「三十二三歳」
天野屋太郎右衛門「四十一二歳」
尾道九郎右衛門「三十三四歳」
對馬四郎右衛門「三十一二歳」
西郷左衛門「四十一二歳」
山岡新左衛門「四十三四歳」
支那商人阿丁「四十五六歳」
旗山の大王「五十五六歳」

図① 「南方発展史　海の豪族」シナリオ（『台湾時報』1941年10月号）

台湾総督府の臨時情報部は一九四〇年一二月に、日活の京都撮影所との合作『海の豪族』の製作を決定した[42]。製作費が三〇万円にも達したこの映画は、半年の計画を経て、台北帝国大学の移川子《うつしかわね》之《の》蔵《ぞう》教授などの学者や専門家の協力で文献・資料収集と時代考証を行い、ついに翌年の八月に製作を始め、一〇月に戦争場面の撮影を完成し、一年後（一九四二年一〇月）やっと日本と台湾の各地で試写を行った後に、公開した。「国策映画」と称したこの映画は荒井良平が監督を担当し、長谷川伸の原作[編者注2]から『南方発展史　海の豪族』を脚色、三百数十年前に台湾南部を拠点にして立ち上がった南方冒険の日本人先駆者・浜田弥兵衛の歴史故事を描いている［図①］。総督府の観点から、浜田弥兵衛がいかにオランダ人の「東アジア侵略主義」に抵抗し、平和を愛すると同時に外敵に対しては勇敢に戦ったかというねらいがあった。総督府の機関誌『台湾時報』（一九四一年一〇月号）には次の文章がある。「吾等が父祖の逞しき南方発展の壮図を偲びて想を今日に到し、史実に徴して南進日本の必然性を中外に闡明し、併せて南方進出の拠点たる台湾の国家的存在と本来的使命とを映画を通じて普く江湖に伝へ、以て南方に対する国民の認識に新たなる息吹を送りて一層南進の機運を促進せしめんとする国策映画の製作を企画した。即ち「南方発展史　海の豪族」がこれである[43]」。総督府が本来大きな期待を寄せたこの映画は、台湾における日本の南方根拠地として「国家的存在」と「南進使命」の効果を宣伝しうると望まれたが、日本国内での上映後の評判が高くはなく、切符の売れ行きも期待通りでなかった。[44] そのため、総督府の官吏には不満が残った。

『海の豪族』の挫折経験のあと、台湾総督府は満洲映画協会と松竹大船製作所と協力し、タイヤル族の「愛国少女」サヨンの落水悲話を題材に劇映画『サヨンの鐘』[45]を製作した［図②］。筆者［李道明］は研究者・林沛潔氏の主張に賛成する。つまり『海の豪族』は日本での興行成績がよくなかったので、台湾総督府は『サヨンの鐘』の製作動機を明らかに植民政府の統治成果が上がった高砂族の宣伝に移したのである。すなわち、「高砂義勇兵」が〈大東亜戦争〉に寄与したことを宣伝する意図があった。[46] それ以外の理由に、『サヨンの鐘』が上映される一ヶ月前、満映の森久もこの映画上映が台湾の映画製作を促すことができるだろうと期待し、映画界だけでなく、台湾の経済効果を通して、南方の文化共栄圏を動かすことができるだろうと期待した。[47]

しかし、映画が完成すると、その内容は明らかに台湾総督府の期待とは大きな落差があった。『サヨンの鐘』の本来の目的は、〈大東亜共栄圏〉に属する日本内地と朝鮮・満洲、また中国へ総督府の理蕃《りばん》［台湾の山地民族］政策、皇民化政策、そして台湾の南進政策と志願兵制度を合わせて宣伝することだった。ただし、この映画の愛国精神を象徴する、長谷川総督がサヨンの住むリヨヘン社に送った鐘は、映画のタイトルになっているにもかかわらず、映画評論家の水町青磁が厳しく指摘したように、この政治の意味において強調しなければならない時計のシーンはひとつもなく、最後の、子供が湖の岸辺で叫ぶラストシーンに鐘の音が表現されただけである。水町はその評論で最後に「この作品の中の高砂族の原住民的風俗を笑ふものは南方共栄圏を笑ふものである、まして其の原始的な純樸さを笑ふものに於ておや」[48]と強く批判した。『サヨンの鐘』を批判した映画評論家には飯田心《しん》美《び》もいた。[49]

図②　『サヨンの鐘』広告（『映画旬報』1943年5月1日号）

『サヨンの鐘』公開上映前に、総督府の総務長官・齋藤樹（一九四〇年一一月—一九四五年一月）が東京で帝国議会に出た後、一九四三年六月一九日、東京で先にこの映画の試写を鑑賞したので、出演者の李香蘭と映画撮影の効果などについて意見を交したという。[50] 植民当局も七月一日の全国各都市での上映前に、わざわざ東京と大阪で当地の著名人に鑑賞させたわけである。[51] ただ『サヨンの鐘』は、日本国内での上映は悪評だけでなく、興行成績もかなり悪かったので、[52] 台湾当局はたちまち困惑した。[53] 本来大々的にこの映画を報道しようとした大衆誌『台湾芸術』は一九四三年八月号に一篇の記事しか掲載せず、映画を酷評した。つまりこの映画が愛国心を称揚せず、サヨンの友達がいかにサヨンに恋心を抱いたかという、肝心ではない筋を描写したことを批判した。『サヨンの鐘』の美談の理由を明らかにしなかったばかりでなく、総督府の意図さえも完全に無視したため、日本国内における『サヨンの鐘』の上映後、台湾総督府はこのフィルムを回収するように命令したのである。[54]

一九四三年一二月一六日、この映画はついに台北の大世界館で台湾最初の試写会を催したが、映画の題名は『山の娘サヨン』に変更され、広告では満映と松竹との合作映画と記しただけで、台湾総督府の名前を全く削除してしまった。映画の魅力は李香蘭の歌声と高砂族の少女の純愛物語に変わったのである。広告には「この魅惑！　世紀の歌姫李香蘭の野性美」「美しく雄大な大自然にこだまする高砂族の乙女サヨン純愛の叫び！」「熱情の歌姫李香蘭が唄ふ素足の乙女サヨンの悲歌」とあるように、この映画は軍国主義を広く宣伝する「国策映画」

から商業的な「メロドラマ」になったわけである。大金を出してこの映画を撮った台湾総督府情報課は最初予想もしなかったことだろう。その後、総督府は内地の映画会社や満映に二度と映画製作を頼まなくなった。ここからも分かるように、総督府の出資した会社は商業映画製作が得意な会社のため、その「国策映画」としての劇映画は期待どおりの効果を達成できなかっただけでなく、かえって逆効果をもたらし、負の結果を招くことになった。

結論

台湾総督府はずっと「南進」の野心を表しており、台湾を基地にして南支・南洋への発展を図った。だが、帝国全体の施政計画の中で、台湾総督府は「台湾の南進政策」中の単なる「脇役」でしかなかった。せいぜい華南あるいは南洋の拓殖と文化事業の経営上、映画その他の紙媒体（新聞、刊行物など）を生かして、華南と南方各地に日本の五〇年間にわたる台湾支配の「成功経験」を広く宣伝することしかできなかった。台湾を拠点に、南支・南洋の民衆（特に華人あるいは華僑）を対象とする「南方映画」を製作することは、日本の各映画会社から支持を得られなかった。また台湾自身は人材不足のため、いくら本島の映画界がその実現を期待しても、映画製作の技術にはひどく苦労する状況にあったから、台湾側で自ら「南方映画」を作るのはどうにも無理だった。まして一九四二年になっても、台湾総督府は「南方映画」製作の時機がまだ熟していないと自認していた。このように台湾映画は本来弱い体質のうえに、態勢とどのわず、日本が「南進政策」を推進するとき、天の時、地の利を逸して、日本内地の映画会社の設備や人的資源を利用できず、劇映画発展の機会を獲得することができなかった。このことは筆者が台湾映画史研究に従事しているときに、いくぶん残念だと思っている点である。

(1) 近藤正己『總力戰と臺灣──日本植民地崩壊の研究』台湾版、林詩婷譯、六一─六五頁を参照。
(2)「朝日座の活動　南支南洋の實寫」、『台湾日日新報』一九一七年三月二三日七版。
(3)「會報　活動寫真會開催」、『臺灣教育』第一七九期、一九一七年五月、七九─八〇頁。
(4)「地方近事／臺南　拓殖新報社活動寫真」、『台湾日日新報』一九一七年四月七日三版。「地方近事／打狗　拓殖活動寫真會」、『台湾日日新報』一九一七年四月九日二版。「地方近事／臺中　拓殖新報の活動寫真」、『台湾日日新報』一九一七年四月一〇日三版。「地方近事／嘉義　南支南洋活動」、『台湾日日新報』一九一七年四月一〇日三版。
(5)「臺南　南洋南清活動寫真」、『台湾日日新報』一九一七年四月一九日三版。
(6)「南方發展活寫台覽」、『臺南新報』一九二二年二月二四日。
(7)「本社宣傳隊いよ〳〵南支那に活動の火蓋を切る!!」、『實業之臺灣』第一三巻第一〇期、一九二一年一〇月、二〇─二三頁。
(8)「台覽の光榮を得たる本社の南支南洋活動寫真公開」、『實業之臺灣』第一四巻第五期、一九二二年五月、五二頁。
(9)「本社宣傳隊愈々近く內地に向け出發せん」、『實業之臺灣』第一四巻第五期、一九二二年五月、六六頁。
(10) 近藤正己、前掲『總力戰と臺灣──日本殖民地崩潰の研究』七六─七七頁を参照。
(11) 同上、一〇九─一一〇頁。
(12)「日映撮影班一行も着臺」、『台湾日日新報』一九三四年六月一二日七版。
(13) 近藤正己、前掲『總力戰と臺灣──日本殖民地崩潰の研究』一一二頁。
(14) 同上、一三七頁。
(15) 同上、一一三頁。
(16)「錄音映畫〝南進臺灣〟來月末から撮影に着手」、『台湾日日新報』一九三七年一月二八日二版。
(17) S・M・S「國運を賭すべき　南進政策の論據　南洋の資源を鳥瞰する」、『台湾日日新報』一九三六年二月一三日四版。
(18)「新版『南進臺灣』を撮影」、『台湾日日新報』一九四〇年四月一四日夕刊四版。
(19) 臺灣總督府情報部『臺灣事情　昭和十七年版』二二一頁。
(20)「本府臨時情報部の使命」、『部報』第八四号、一九四〇年一月一日、一四─一五頁。
(21)『台湾日日新報』は荒井良平監督率いる日活撮影班が総督府の協力を得て、厦門で「新生厦門」の現況を記録映画に収めたことを比較的曖昧な表現で報道した。映画は一九三八年一二月に製作完了し（「日活撮影隊厦門から帰る」、『台湾日日新報』一九三八年一一月八日夕刊二版）と。近藤正己によれば、映画『明け行く厦門』は情報部が「大日本活動写真株式会社」（日本活動写真株式会社、略称「日活」）に依頼して製作したものである。近藤正己『総力戦と台湾――日本植民地崩壊の研究』刀水書房、一九九六年（林詩婷訳『總力戰與臺灣――日本殖民地的崩潰（上）』臺北市：臺大出版中心、二〇一四年、一二一頁）。すなわち、この映画は総督府の臨時情報部から委託された日活が製作した事実は確かである。興味深いのは、荒井良平監督は三年後にもまた、情報部のために準「国策映画」『南方発展史・海の豪族』の監督を引き受けた。

（22）「臨時情報部巡回映寫」、『部報』第五三号、一九三九年二月二一日、二八頁。

（23）近藤正己、前掲『總力戰と臺灣――日本殖民地崩潰の研究』一二一頁。

（24）ある研究者は、臨時情報部が一九三七年から一九四二年までの間に『聖恩洽《アマネ》シ』を作ったとも指摘している（傅欣奕「日治時期電影與社會教育」臺灣師範大學臺灣史研究所碩士論文、二〇一三年、四六頁）。筆者は呂訴上の著作『臺灣電影史』（臺北市：銀華出版部、一九六一年、一四頁）で『聖恩洽シ』の情報を得たが、呂氏の記述によると、この映画は「臺灣映画協會」が一九四三年五月に製作した作品であり、三本からなる。呂氏はまたその他の台湾総督府情報部の製作による『蘭陽平原演習記録』（一本）に言及しており、これは一九四一年の完成（一九四二年一月に検閲合格）である（田中三郎編『昭和十七年映画年鑑』参照、日本映画雑誌協会、一九四二年、八―一頁）。

（25）「内外情報――廣東訪日婦女團一行臺灣滞在記録映畫「興亞の華」完成」、『部報』第七一号、一九三九年八月二一日、二八頁。

（26）「南支に対する映画対策に関する件」、『昭和十四年陸支受大日記　第八号二/二』防衛省防衛研究所、陸軍省大日記、件号C〇四一二〇七五一二〇〇、アジア資料センターから引用（傅欣奕「日治時期電影與社會教育」に参照、四九頁の註一六六）。

（27）「臺灣總督府臨時情報部製作文化映畫「廣東」（第一報）」、『部報』第七五号、一九三九年一〇月一日、一二一頁。

（28）「南進日本三部作　臺灣教育會で撮影」、『臺灣大アジア』第七八号、一九四〇年一一月一日、一頁。

（29）「本府臨時情報部の使命」、『部報』第八四号、一五頁。

（30）臺灣總督府情報部『臺灣事情　昭和十七年版』二一一頁。

(31)「興亞日本の姿　共榮會映畫で泰國へ紹介」、『台湾日日新報』一九三九年一二月一五日夕刊二版。

(32)井芹省「泰國だより」、『臺灣時報』一九四〇年一一月、三二―三四頁。井芹省の本文での身分は日本の「駐タイ陸軍武官室勤務共栄会映画班」と記され、ここから「共榮會映画班」の南洋の運営が外務省管轄の領事館の陸軍武官室の下に置かれていたことが窺え、政府と軍の両方の身分がある。

(33)高砂夫「臺灣映畫界の諸問題　主として興行統制會社への希望」、『臺灣公論』第七巻第七号、一九四二年七月一日、八四頁。

(34)謝火爐「大東亞戰の映畫界の動向」、『臺灣公論』第七巻第一号、一九四二年一月一日、五六頁。

(35)「映畫でも臺灣は南進基地　山根氏の南方視察土產話」、『台湾日日新報』一九四一年六月二〇日三版。

(36)「邦畫南進！　米英物驅逐せる」、『臺灣公論』第七巻第二号、一九四二年二月一日、六八頁。

(37)高砂夫、前掲「臺灣映畫界の諸問題　主として興行統制會社への希望」八四頁。

(38)岩壺隆哉「文化と映畫と臺灣」『臺灣時報』一九四二年五月号、一五九頁。

(39)「映畫」、『臺灣公論』第七巻第三号、一九四二年三月一日、二九頁。

(40)森久「台湾の映画政策」、『映画旬報』第八四号、一九四二年六月一一日、九六頁。

(41)「新興臺灣へ進出　南方映畫を製作」、『台湾日日新報』一九四〇年一二月二一日三版。この映画はもしかすると、新興キネマ東京撮影所の一九四〇年一一月公開、『南進女性』の可能性がある。

(42)「南進臺灣の使命　映畫〝南方發展史〟で鼓吹」、『台湾日日新報』一九四〇年一二月四日三版。

(43)「海の豪族」、『臺灣時報』一九四一年一〇月号、一四〇―一四一頁（張昌彦訳から引用、「海的豪族」、『臺灣紀錄片研究書目與文獻選集（上）』二六三頁［日本語原文を採用］）。

(44)林沛潔は一九四二年の『映画旬報』の報道を引用し、「製作時間が長引いて、その上宣伝期も長く伸ばさなければならないため、肝心な宣伝期のタイミングを失い、その上に宣伝文の見出しには海洋劇の特徴を採用したため、一〇月の旬の話題ではなく、さらに日活の宣伝の消極性も加わり、この映画の上映成績はかなり薄弱である」(「興行展望」、『映画旬報』第六五号、五六頁（林沛潔『臺灣文學中「滿洲」想像及再現（一九三二―一九四五）』から引用、一五七頁)。

(45)「サヨンの鐘　台湾総督府で映画化を決定」、『都新聞』一九四二年五月一一日。

(46)林沛潔『臺灣文學中「滿洲」想像及再現（一九三二―一九四五）』一五七―五八頁。

(47)同右、一五八頁。

(48)水町青磁「劇映画批評」、『映画旬報』第八九号、二二頁(林沛潔『臺灣文學中「滿洲」想像及再現(一九三一—一九四五)』から引用、一五九頁)。

(49)飯田心美「サヨンの鐘」、『映画評論』一九四三年六月号、三三頁。

(50)「齋藤總務長官映畫サヨンの鐘を觀賞」、『台湾日日新報』一九四三年六月二一日三版。

(51)「『サヨンの鐘』特別試寫會」、『台湾日日新報』昭和一八年(一九四三)七月二日夕刊二版、「映畫「サヨンの鐘」の試寫會」、同日夕刊三版。

(52)「興行展望」、『映画旬報』第八八号、三四三頁(林沛潔『臺灣文學中「滿洲」想像及再現(一九三一—一九四五)』から引用、一五九頁)。

(53)杉山静夫「台湾映画界瞥見」、『映画旬報』第一〇〇号、一九四三年一一月二一日、五二頁。

(54)「映畫「サヨンの鐘」內地にて上映濟なれど臺灣總督府回收を命令」、『臺灣藝術』第四巻第八号、一九四三年八月、三〇頁(林沛潔『臺灣文學中「滿洲」想像及再現(一九三一—一九四五)』から引用、一六〇頁)。

(編者注1)『全台湾』の第一巻にはクレジット・タイトルがあり、「松井敏」の名前はない。あるのは、第一班監督・尾高三郎、第二班監督・服部眞砂雄、第三班監督・広田作雄の三名(付記であげた編者補足文献の三澤真美恵編、国立台湾歴史博物館協力『植民地期台湾の映画——発見されたプロパガンダ・フィルムの研究』一八一頁参照)。

(編者注2)長谷川伸の原作は戯曲『浜田弥兵衛商船隊』全五幕、映画版のシナリオは片桐勝男。

(参考文献/注に記載あるものは省く)

「三班に分れて全島を撮影　日映トーキーの活躍」、『台湾日日新報』一九三四年六月一六日七版

森久「臺灣的電影政策」(李享文譯)、『電影欣賞』七七期、第一三巻第五期、一九九五年九—一〇月、九四—九七頁

(編者付記)日本語へは蔡宜静が翻訳したが、編者による改訂を適宜行ったので、翻訳の最終責任は編者にある。文中の[ ]は編者による注記である。

近藤正己著『總力戰與臺灣――日本殖民地的崩潰』ほかは台湾で日本語から中国語に訳されており、筆者（李道明）がそれを引用しているものの大半は、日本語への再翻訳を行っている。ただし、いくつかは日本語原文を使用した個所もあり、本文中にその旨注記した。

筆者があげたもののほかに、文献として以下のものがある。

洪雅文「戦時下の台湾映画『サヨンの鐘』」、岩本憲児編『映画と「大東亜共栄圏」』森話社、二〇〇四年

三澤真美恵『「帝国」と「祖国」のはざま――植民地期台湾映画人の交渉と越境』岩波書店、二〇一〇年

三澤真美恵編、国立台湾歴史博物館協力『植民地期台湾の映画――発見されたプロパガンダ・フィルムの研究』（DVD付）東京大学出版会、二〇一七年（構成：序章「発見された植民地期台湾映画フィルム」＝三澤真美恵、第一章「植民地期台湾で巡回上映された娯楽映画の特徴」＝古川隆久、第二章「台湾で見つかった戦前日本アニメーション映画――フィルムアーキビストはどう見たか」＝とちぎあきら、第三章「『銃後』の〝あるべき国民〟と植民地台湾の映画利用＝町田祐一、第四章「植民地台湾の戦時動員と映画――『台南州　国民道場』を中心に」＝三澤真美恵、第五章「『南進台湾』が展示する「統治者の視点」」＝陳怡宏、第六章「植民地期台湾の文化映画における聴覚的要素の検討」＝葛西周、第七章「「台湾らしさ」を排除した『南進台湾』の背景音楽――皇民化運動表現との関連性」＝劉麟玉、第八章　終章「台史博フィルム史料はどのように発見されたのか」ほか＝三澤真美恵。添付DVD二枚組には「日本に所蔵のない戦時期の貴重なプロパガンダ映像の数々を含む」と記載、記録映画、劇映画、アニメ映画など計一七作品が収録されている。

川瀬健一編『植民地台湾で上映された映画（増補改訂版）』全三巻、東洋思想研究所、二〇一〇年、二〇一四年

同編『台湾映画――光復前・戦後初期の映画〝サヨンの鐘〟台湾歌謡』東洋思想研究所、二〇一六年。

晏妮

占領下の上海映画と日本映画

文化融合と非協力

はじめに

一九四一年一二月八日、〈大東亜戦争〉こと太平洋戦争が勃発した。その翌日、日本軍は上海の租界に進駐した。一九三七年八月一三日の第二次上海事変で国民党勢力を上海から追放することに成功した日本は、租界以外のエリアを占領下におくようになったものの、英米と諸外国に管轄されていた租界のみが、日本にとって相変わらず支配の手が届かない非占領エリアだった。太平洋戦争が開戦するまでは、上海の周りの区域が日本に占領され、真中にある各国の租界がそのまま残され、名実ともに「孤島」(孤立した島)となっていた。

「中国のハリウッド」と呼ばれる上海は、第二次上海事変で起こった激しい市街戦により、大きなダメージを受けた。撮影所がいくつか破壊され、映画製作が不可能になった。日本軍の占領に直面した上海の中堅映画人の一部が戯曲界とともに、一三の抗日宣伝隊を組織し、第一〇隊と第一二隊が上海に居残ったのを除いて、一一の分隊は南下し、武漢、桂林、香港に赴き、抗日宣伝活動を行っていた。

一方で、このように壊滅的な打撃を受けたものの、一九三七年に新華影業公司を創設したばかりの張善琨は、逆にこの時期を狙って宣伝隊に参加しない映画人を租界に素早く避難させ、租界での撮影所と設備を利用し、翌年に早速映画製作を再開させた(1)。こうして、一九三七年を境に、上海映画は大きな転換期を迎えることになった。一九三七年八月一三日から一九四一年一二月八日までを歴史上「孤島期」と呼び、張善琨を筆頭に、この四年間に租界で製作された数多くの中国映画は「孤島期映画」といわれている。

1　孤島期の『木蘭従軍』――抵抗と懐柔の駆け引き

一九四九年以後、中国大陸で出版された映画史には、孤島期映画に関する叙述が一部あったものの、内容が低俗で、技術的にも粗製乱造の作品が多いというふうに扱われている。その後、新進の映画史学者・李道新の著作『中国電影史　一九三七―一九四五』（首都師範大学出版社、二〇〇〇年）は、租界で製作された一連の作品を抗日戦争期の中国映画の一部として捉え、『中国電影発展史』（中国電影出版社、一九六三年）より一歩進んだ評価を下した。特に前述の張善琨が製作した時代劇『木蘭従軍』（中国聯合、一九三九年）が孤島で大ヒットを飛ばし、一本の映画がきっかけになり、「時代劇ブーム」がおよそ二年間にわたって上海を席巻し、周りが日本に占領された租界で、一時の映画興行の繁栄をもたらしたことを李は孤島期映画製作の全リストを示しながら解説した。同書はまた孤島期のみならず、太平洋戦争後の上海において製作された作品の全貌を明らかにし、これまでの中国映画史の叙述から抹殺された映画製作の実態を明らかにしたことで、資料的には中国映画史研究に大きな貢献をしたと思われる。

孤島期の到来は上海映画にとって不幸であったが、映画界のエリートたちが上海からいなくなったため、後進として映画界入りを果たした張善琨にとって、実は事業を発展させるチャンスが回ってきた、幸福の契機であった。彼はばらばらになった上海の映画人材を、できたばかりの映画会社「新華」に呼び集め、映画製作を開始した。また彼は、映画館の公開制限を避けるために、会社名を「華新」「華成」と次々に改名し、最後に「中国聯合製片公司」の名義で、三つの会社を合併した。この頃、彼の会社に所属する監督、シナリオライター、カメラ

図①　『木蘭従軍』日本公開時の広告
（『映画旬報』1942年1月21日号）

マンと俳優は全部で五十数人に上り、張善琨は名実ともに事変後の上海映画界を牛耳る映画界のボスとなった。一本の作品を製作後、張はベテラン監督の卜萬蒼に時代劇大作『貂蟬』（一九三八年）を撮らせた。この作品がヒットしたことからヒントを得たかのように、いくつかの時代劇と恐怖映画に続いて、張は『木蘭従軍』の企画を立てた［図①］。古くから語り継がれてきた古詩『木蘭辞』を基にする映画のシナリオを、すでに南下した脚本家の欧陽予倩に執筆を依頼し、さらに広東省から地方劇の新人・陳雲裳をスカウトし、ヒロインの木蘭を彼女に演じさせた。そもそも、彼が構想したこのような製作方式は、すでに孤立した租界から飛び出し、一九三七年までの上海映画の中堅、左翼的傾向のある欧陽、新華の大黒柱で使い慣れた監督の卜萬蒼、そして遠く広州にいる新人という珍しい組み合わせを敢えて採用した。孤島とはいえ、これは南方の抗日宣伝を行っている映画人との連帯を示す、極めて賢い企画であったと言える。

『木蘭従軍』は租界の映画館で、八五日間連続上映というかつてない上映記録を作り上げた。そればかりではなく、この作品はマス・メディアに大々的に宣伝された結果、親孝行の娘が男装して病弱の父親に替わって従軍する古代の美談が、日本占領下の上海民衆の心情を代弁し、外来侵略に抵抗するようにと呼びかける作品として解読されるに至った。これにより『木蘭従軍』を筆頭に、『葛嫩娘』（一九三九年）、『岳飛尽忠報国』（一九四〇年）、『秦良玉』（一九四〇年）など、外敵に抵抗する古代のヒーローとヒロインと見なされる人物を描いた時代劇映画が次々と世に送りだされていった。時代劇ブームはこうして巻き起こされ、商業的にも成功し、一九三七年以前の黄金期と異なった形で、孤島映画の繁栄期を作りだしたのである。

そもそもこういう時代劇は、それまで日本で語り継がれている中国の古典、例えば『水滸伝』や『白蛇伝』のような話と違って、日本文化との接点が少なかった。しかし、日本占領下の上海における本格的な日中映画交渉は、まさしく日本であまり知られていなかった『木蘭従軍』によって幕が開けたと言える。

というのも、『木蘭従軍』が上海の社会でセンセーションを巻き起こしている最中に、川喜多長政は日本軍部の要請を引き受けて、再度上海に赴いたからだ。周知のように、川喜多は当時の日本映画界切っての中国通だった。父親の川喜多大治郎は軍人で、清朝末期に清政府から軍隊訓練の教員として招聘され、中国海軍の養成に力を尽くしたが、その行動が逆に憲兵の目の敵にされ、暗殺されてしまった。父親の中国に対する気持ちを胸に抱き、中国に留学した川喜多は、北京大学で中国語をマスターした。後に北京からドイツに留学した川喜多は、一九三〇年にヨーロッパ映画を日本に紹介する会社、東和商事を立ちあげて、すぐに上海で東和商事支社を興した。ただその志は満洲事変によって引き起こされた上海の排日運動で挫折し、失敗に終わったのである。

一九三九年は日本映画界にとって大きな転換期を迎える年になった。ナチスドイツに倣って作られた映画法が施行されたのである。国策映画政策を推し進めようとする軍部は、上海で国策映画会社「中華電影」を設立することを決め、中華電影を率いる人物に選ばれたのが川喜多だった。川喜多の中国での経歴や語学力などを総合的に考えれば、当時の日本において、彼以外の人選は考えられなかった。(2)

筆者は拙著『戦時日中映画交渉史』(岩波書店、二〇一〇年)の中で、多くの紙幅を割いて川喜多長政の戦時中の言動を検証した。また二〇一七年の『アジア遊学』第二〇五号に掲載されている「戦時上海グレーゾーン」の特集に、「川喜多長政と上海・中国」と題する新しい論考をも寄せた。川喜多が親中派の一人であったのは間違いないが、しかし、彼はまた日本の戦時文化政策を終始支持し、協力する立場にある人物でもあった。もう一方で、彼は映画のビジネス感覚に優れており、一九三九年「中華電影」に赴任する前も、満鉄製作の文化映画を日本国内に輸入するなど、満洲との映画ビジネスを展開していたことをこの新しい論考で明らかにした。川喜多は戦争中、いかに映画国策に沿いながら、映画マーケットを繁栄に導いていくかを心得ており、豊かな国際感覚と商人としての柔軟性をもって、東西に跨って活躍していたと言える。

こうしたことからも分かるように、軍部は「中華電影」の設立時に、そうした川喜多に目を付けたのは当然の結果である。また川喜多も逆に上海東和支社の挫折から教訓を汲み、個人の会社による映画ビジネス展開の限界を感じ、国家や政府の下でこそ個人の野望を実現させる可能性を軍部の依頼に見出して、その任務を引き受けたのではないかと思われる。

右に述べてきたように、戦時の上海映画と日本映画を語るには、「中華電影」を率いる川喜多長政を避けて語ることができない。と同時に、川喜多が上海に赴任し、『木蘭従軍』を通して、張善琨に出会った時から、日本占領下の上海映画と日本映画の交渉が始められたわけで、川喜多が日本側のキーパーソンと言うならば、張善琨こそは占領下の上海映画のキーパーソンとなる人物だったと言える。

『木蘭従軍』をめぐる交渉を見てみよう。上海租界で「中華電影」のオフィスを設立した川喜多は、張善琨が占領下の政治的地理を突破して製作したこの時代劇映画を、上海映画界と接触し、これからの映画工作を展開していく道具として選んだ。台湾出身で日本留学の経験があり、それまでの上海映画界でもその名が知られていた劉吶鷗の斡旋により、川喜多はついに張善琨との対面を果たし、秘密裏に会談を重ねることができた。川喜多は『木蘭従軍』の、租界以外での配給権獲得をはじめ、次の条件を張善琨に示したとされる。

一、日本軍の検閲は避けられないが、許可された作品について内容の改竄などは絶対に行わない。二、映画

代金は前金で支払う。三、租界が孤島化した結果、輸入困難になった生フィルムその他の資材は日本から入手して供給する。(3)

租界でマスコミが「抗日映画」として大々的に宣伝していた作品を改竄せずにその他のエリアで公開させるのは、当時孤島に身を置いた上海映画人自身の力によっては解決できない問題で、無論好条件だったと言える。また経済的に困難な状況下におかれている映画製作を続けるために、第二点も大変メリットのある条件であり、また同様に、上海が部分的に日本に占領され、周辺の避難民が大量に移入してきて、日常的にあらゆる面で困難に陥った時は、上海残留の映画人にとって映画製作を維持するためには、生フィルムの供給が切実な問題であり、第三点もこの上ない交渉の条件だったことは言うまでもない。

張善琨をはじめ、製作者たちの『木蘭従軍』に潜ませた隠喩的な「抗日」のメッセージについては、中国通である川喜多が知らないはずはなかった。いや、川喜多だけではなく、当時上海にいた日本の文化人とジャーナリストたちも同作品の租界での報道に言及する情報を多く日本国内に伝えていた。それでも川喜多は敢えてこの問題作を選んで上海映画界と交渉を進めたのは、それなりの理由があった。

中国映画草創期から上海は中国のハリウッドだった。国土の広い中国で映画製作の基地として全中国に映画を提供していたのは上海のみだった。一九三〇年代以降、サイレントからトーキーへと移行する時期に跨って、上海映画界は一連の秀作を作りだし、一九三七年頃になると、ちょうど中国映画の最初の黄金期を築きあげた頃だった。しかし、その黄金期を無情にも切断したのは、ほかでもない第二次上海事変の勃発である。事変後、一部の中堅映画人が上海から離れたものの、残留映画人の中には相変わらずそれまでの中国映画の水準を代表できる人材がいた。これは同じ日本占領下でも満洲や北京とは、完全に状況が異なっていた。

こうした中国内部での差異を川喜多は熟知していた。戦時の国策映画会社として、上海の中華電影以外には、先に満洲で設立された「満洲映画協会」(4)(満映)と同じ年に北京で設立された「華北電影」(5)があった。満鉄が築きあげた、日本を中心とした映画製作のあり方を受け継いだとも言える満映、映画製作の基盤さえもなかった北京で設立された華北電影、両者とも何の障害もなく日本側が主導する映画会社になり得たのに対して、多くの映画人材を有する上海では、満映と華北電影の方針をそのまま実施することが不可能であった。その代わり、上海映画の人材をいかにうまく吸収し、日本の文化国策に利用していくのかが主な課題だった。だからこそ、川喜多は「中華電影」創設時の急務を、まず上海映画の元締となった張善琨と接触し、上海の映画人材を日本側に引き寄せることから始めたのである。

2　太平洋戦争勃発後の上海映画——協力しないという抵抗

太平洋戦争が勃発した翌日の一二月九日に、日本軍は租界に進軍し、四年間にわたる孤島がこれで消失、上海は日本の全面的支配下におかれる局面を迎えた。

戦時日本の映画工作を担う「中華電影」は、開戦当日に上海映画界を「平和的」に接収する仕事に着手した。当事者の一人で後に軍部から中華電影に転任した辻久一の「租界進駐記」によると、この日の朝、川喜多長政、石川俊重と辻の三人は「もっとも平和的な手段によって、租界内の有力な支那映画製作者達を、日本側の統制下に置き、彼等の機関を一切破壊せず、内容をいれかへて、今のまま仕事を続けさせやうといふ企図の下に、それらのプロデューサ達と面会する」ために、張善琨の新華影業公司に行き、接収を円満に成し遂げたという(6)。

つまり、太平洋戦争の勃発は、孤島に一時身を寄せ、『木蘭従軍』のような「借古諷今」(昔のことを評論するのにかこつけて現在のことを批判する）の映画をまだ撮れる上海映画人たちが持っていた僅かな自由を奪ったと言える。この日から、上海映画界は完全に日本の管轄下に置かれるようになった。

ただ、上海映画界が体制的にも日本と汪精衛政権の全面統括下に収められたのは、一九四二年四月一〇日からだった。張善琨の新華、大手の芸華、国華をはじめ、全部で一二の映画会社が統合されて、中華聯合製片股份有限公司（略称、中聯）として新たに創設された。汪政権の文化責任者である林柏生が取締役に就任、川喜多が副取締役に、張善琨が総経理にそれぞれ就任した。だが、体制的に統轄されたとはいえ、中聯の指導部に入った日本人は川喜多長政しかいなかったことを付け加えておこう。この統制について、日本国内は文化工作の結果だと見なされていた。次の報道を見てみよう。

昨年十二月八日、大東亜戦争勃発に伴うわが軍の租界進駐と共に、これらの製作会社もまた、逸早く軍報道部並びに中華映画社〔中華電影〕の指導下に服するに至り、わが方の好意あるはからひによって、なほ引き続きその自主的な製作を許されたが、打続く我が戦は彼等をして暫く英米依存の迷夢から醒まさせ、重慶政権の将来を見限らせて、ここに面目を改めての新発足を期することとなり、中華映画社と急速な歩み寄りの結果、遂に去る四月、同社と完全な意見の一致のもとに、中国側各製作会社の大同団結がなって、ここに中華聯合製片股份有限公司の設立を見るに至った。(7)

川喜多らが新華に行って中華電影を接収することを張善琨をはじめとする上海映画人に伝えるという詳細を記した上述の記事と『映画旬報』のこの報道を合わせて読めば、当時の緊迫する事態がある程度想像できる。「中華電影」の指導下に屈した上海映画人が決して「中華電影」に自ら進んで歩み寄ろうとしたのではなく、孤島の消失により、比較的安全な居場所がなくなり、やむを得ず合併を飲んだことが分かる。

だが、もう一方、経営に精通していた張善琨は、川喜多が示した条件を上海映画の経済難と配給難を解決する道にしていくと、この頃心に決めたとも思われる。事実、彼が思う通りになった。中聯は成立して五か月後に上場すると、株式が飛ぶように売れて、二〇日間の間に、もともと資本金三〇〇〇万元からスタートしたが、あっという間に一二五〇〇万元に増やすことができたのである。(8)

『木蘭従軍』のような大衆からの歓迎を受けた時代劇は、これで完全に姿を消した。中聯体制が確立されてから第一回の作品は、『椿姫』を中国の物語に改編した『蝴蝶夫人』である。政治的背景などが一切ない外国のメロドラマのこの中国語版の作品に続いて製作されたのは、いずれも現代劇であった。一九四二年の一年で、中聯は全部で二四本の劇映画を製作し、その中で特筆すべきものは、中聯所属の監督たちの共同演出によって撮影された『博愛』だった。

『蝴蝶夫人』が公開された時に、後に中華電影に勤務することになった評論家の清水晶は「中聯の第一歩として認めなければ成らない成果である」(9)と喜んでいた。上海映画界の製作・配給のみならず、もともと租界にある洋画館もことごとく中華電影に接収されたこともあって、中国映画として『蝴蝶夫人』は史上初めて一流の洋画館の大光明戯院で、一週間にわたる公開を果たした作品になった。(10)とはいえ、中聯の成果と讃えた清水晶は当作品について「租界の一流劇場のロード・ショウに値するとも思われず、何か首をかしげたい気持ちであった」(11)と作品の出来栄えを嘆いたのである。

一方で、日本国内の主要映画雑誌は、この時期「共栄圏」という専門欄を設け、中聯製作の作品を同時期の満映、華北電影製作の作品と同列に論じ、日本で公開されるか否かにかかわらず、一つ一つの作品のあらすじを掲載、簡単な解説を付けて紹介していた。ここから見て分かるように、この頃の中聯は、すでに満映、華北電影とともに、日本では、「外地」の国策映画会社の一つとして見なされていた。

しかし、繰り返すまでもないが、日本人が主導する満映や華北電影と違って、中華電影の支配下におかれた中聯においても、その指導部は川喜多長政を除いて全員中国人だった。これは、やはり川喜多が熟考して作った体制だったと推測できる。というのは、彼が初期に想定した第二期での劇映画製作の方針を放棄し、日本人の映画スタッフにもっぱら文化映画製作と巡回上映を行わせ、劇映画の製作を上海映画人に任せたからである。上海で一度目の失敗を喫した川喜多は、赴任してから直面した複雑な上海政治地図に対して、より柔軟な政策を打ち出したとされる。彼は「東亜新秩序の建設は物心両方面からなされなければならぬ。〔中略〕心的新秩序の建設とは東亜共栄圏内に生存する諸民族相互間の心的結合である正しき相互の理解と、同情の上に建設せられたる友誼的団結」と述べた上で、「ここに東亜共栄圏の指導的立場に置かれた日本映画の重大な使命が発生する」(12)と強調していた。つまり人心統治を重要視する川喜多は、上海で彼なりの独自性を打ち出した。上海映画人材の人心を安定させ、彼らに「自由」に映画を撮らせることを実現しなければ、日本が上海映画界で指導的役割を順調に果たしていくことは困難だと彼は考えていたと思われる。

しかし、もう一方、川喜多が選択したソフトな政策はけっして中聯を放任することではなかった。『映画旬報』の記事にあるように「中国映画は中国の会社、中国人の手で」という趣旨のもとに設立された中聯ではあるが、「これに対し、中華電影社としては固よりこれを拱手傍観するものではなく、進んでその製作方針を指導監督し、大東亜共栄の理念に基づく映画文化の建設発展に万遺憾なきを期すもので、そのため、中華映画社では、中聯の機構内に、映画製作の最高指導機関としての「審議会」を設置し、これには中華映画社の首脳部並びに企画部が直接参画して、中聯当事者と、その製作映画の一つ一つについて審議検討するのであり、従って今後は中華映画社の意志に反した映画、いひかへれば、日華国交条約に基づく国民政府の国策に背馳するが如き映画は決して作られることはないのである」[13]。

すでに述べてきたように、『木蘭従軍』から『蝴蝶夫人』へ、孤島期から占領期（中国では「淪陥期《りんかんき》」と呼ばれる）に変わり、上海映画は途絶えることなく作られていったが、孤島で一大センセーションを巻き起こした『木蘭従軍』の公開からわずか二年余、太平洋戦争の勃発により、上海や上海映画界は一変し、また上海映画も変わらざるを得なくなった。表面的には、上海映画人たちによる劇映画製作は干渉されずに作られていたように見えるが、上述のように、日本、中華電影の監視下での、戦々恐々の製作だった。中国映画はこれまで想像すらできない立派な洋画館に進出できたものの、しかし映画人たちは沈黙し始めた。彼らの苦悩は、時折当時の映画雑誌に掲載されている対談での発言からうかがえる。

例えば、監督の朱石麟は次のように語っている。

製作に関しては中聯が設立された頃、政治や階級問題に関わる題材を誰もが撮る度胸はなかった…。要するに硬性のものに対して各自気をつけるほかなく、解決法のないなかで解決法を見つける形で、みんながラブストーリーへとする迂回以外、仕方はなかったのである[14]。

監督・朱石麟の右の言葉は、まさに『映画旬報』の記事にあるように、当時の中聯所属の映画人たちが不自由の中に、ある限度のある「自由」の状況下にいたことを物語っている。

だが、彼らはそのわずかな自由を使い、陳腐とも言える一連のメロドラマを撮った。作品の質はかなり後退したとはいえ、〈大東亜戦争〉開戦後の国策からも遠く離れるものだった。反封建をテーマにするこれらの恋愛メロドラマに対する不満の声が日本国内の業界内で上がっており、例えば、『木蘭従軍』の監督・卜萬蒼、主演女優の陳雲裳による『牡丹花下』（一九四二年）を見た人は、「見当はずれの凡作」と称し、「ひどく我々を失望させた[15]」と嘆いたほどである。しかし、戦時の時局から身を引いたように作られたこれらのメロドラマこそが、満洲、台湾、朝鮮などの植民地と異なり、わずかな自由を生かして、非協力的な抵抗を続ける上海映画人たちの特権でもあったのだろう。上海という複雑な政治環境下で、川喜多長政と張善琨の二人によってしか実現できないことだったのではないだろうか。

図②　『博愛』上映中の南京大戯院

一九四二年後半から撮影を開始した『博愛』は、一六名の監督、四十数名のスターが一堂に会する形で作られた、前例のない大作だった［図②］。一九四三年に、上海の五つの映画館で同時公開を果たした『博愛』だったが、企画の段階から日本国内で報道されはじめ、中聯がようやく国策映画製作の軌道に乗ったと喜ぶ声が日本の映画誌において上がっていた。孫文が革命に従事した時に民衆に呼びかけた「博愛」をタイトルに使った[16]このオムニバス映画は、全部で一一話からなっている。一一話のタイトルは「人類の愛」「児童の愛」「郷里の愛」「同情の愛」「子女の愛」「兄弟の愛」「互助の愛」「夫婦の愛」「朋友の愛」「団体の愛」「天倫の愛」というふうになっており、人間の愛をキーワードにそれぞれの物語を繋げる形式の作品ではあるが、タイトルから見る限り、国策らしいものは見つからない。

実際もそうだった。蓋を開けてみれば、やっと国策の軌道に乗ったと期待されたこの大作に対して、『映画旬報』はやや拍子抜けしたように、次のように述べている。

『博愛』という題名は、すこし漠然としていて、なほ控へ目な点がないでもないが、要するに、「和平建国」の理念、「全面和平」の理念に、大いに即応して、側面から援護宣伝をつとめようといふ意図を確実に表明している。(17)

中聯側は『博愛』の特集を刊行したほど、当然全力を出して製作した作品ではあった。例えば、中聯が発行する中国語版の『中聯影訊』には、中国側の同作品に対する解説文が掲載されている。それを読めば明らかなように、その製作意図は『映画旬報』の言った「側面から援護宣伝」どころか、実は戦乱によって上海になだれ込んだ多くの避難民に愛を注ぐべきだと強調し、一九二〇年代の上海映画の伝統に一貫してあるような教化的意図に基づいて撮った作品だと分かる。次の一節はその証左となる。

我々は今日避難民と同様に落ちぶれたものだと悟らなければならない。一時の平安を求めるのはどうして出来ようか。永遠に安静で平和だと誰が保障してくれるのだろうか。微力ながらも大同博愛の精神でもって避難民の生活を助けてこの時代で共に戦うように尽力すべきだ。(18)

これを読むと、支配側の独りよがりの、とんでもない誤読はともかくとして、「我々は同じ落ちぶれたもの」というタイトルからも分かるように、中聯側の映画人たちが日本支配下にいる自分が避難民と同じ立場におり、しかも眼下の平静と平和は永遠に保障されない覚悟をしているという悲壮感さえ感じさせる『博愛』に関する説明文だと言えよう。

一九四九年以後の中国映画史研究は、孤島終了後から一九四五年までの上海映画がまるで存在していなかったように抹殺していた。『博愛』に関しては、前述の李道新の著書では、中聯とその後の華影が製作した一二〇本の作品の中で、わずか四本しかない日本と汪精衛政権の「国策映画」の一本だと主張している。[19]ゴミのように切り捨てられた日本占領下の上海映画を拾い上げたことが、李の著書の大きな貢献の一つだった一方、映画に関する分析、映画をめぐる日中言説上の齟齬を語らずに、『博愛』を「国策映画」と定義することは無意味だったと言わざるを得ない。

だが、李の著書が二〇〇〇年に刊行されてすでに一八年が経っている。建国後、ほかの分野と同様、つねに共産党主導の歴史観に左右されてきた映画史研究は、現在タブーとされる分野に言及し始め、一進一退の状態を繰り返しつつも、ようやく映画史の定説を覆そうとする機運が現れている。二〇一八年一〇月、南京で開催された「第七回中国電影史年会」では、中国映画資料館所蔵の『博愛』の一部が会議の参加者たちに公開され、筆者も初めてこの作品の一部を鑑賞できた。作品は一九三〇年代前半における上海映画黄金時代の系譜を受け継ぎながらも、しかし三〇年代の力作にははるかに及ばず、博愛の論理を退屈に説教するような作品だと失望した。しかし、「映画は教育を娯楽に持ち込んだ文化の道具である。『博愛』の製作はこうした重大な使命を背負っている」[20]という記事をふまえて考えれば、この作品はまさしく日本の期待する国策を見事に攪乱し、日中双方の葛藤を映画に投影したものだと断言できる。というのも、作品の完成度の良し悪しとは別に、筆者は当時の中聯作品をめぐる言説にも、テキストにも、所謂〈大東亜戦争〉の「国策」的なものの痕跡さえも見出すことができなかったからだ。いや、むしろ当時日本国内から熱い期待を寄せられた『博愛』が示した「国策」は、この程度のものだったのかと胸を撫で下ろしたくらいだ。

もし我々が『中聯影訊』の様々な報道を敷衍して思考の回路を変えて考えれば、厳しい政治環境下におかれていた中聯が、中華電影の監視と日本国内の圧力に拮抗し、陳腐なメロドラマから現実を取り上げる作品へと路線変更の身振りを示しながらも、しかし、巧妙に戦乱中の民衆、同胞たちに寄り添うまなざしを作品に注いでいる。そうした意味では、我々はむしろこの作品の歴史における意味合いを再考すべきではないかと言いたい。

3 戦時上海映画の文化融合——日本・上海モダニズム

先述のように、日本軍は上海租界に進駐してから、租界の洋画館も接収した。そして、ロキシーこと大華は一九四三年一月一五日に日本映画専門館として開館した。租界の中央エリアで一〇〇〇人以上の観客を収容でき、当時として最新の設備を有している映画館である大華は、かつて上海の知識人、文化人がよく通う場所だった。洋画館から日本映画専門館への変更にあたり、大華は興行目的を次の三点を挙げた。

一、一人でも多くの中国人に日本映画を理解せしむこと。二、できる限り中国人に理解し易き物語の作品を選定する事、これがため優秀映画もある場合上映せず。三、日本語修学者のためになる事。(21)

大華は、『英国崩るるの日』(一九四二年)を皮切りに、最初は国策色の濃い戦争映画を公開していたが、徐々に選定プログラムを変えていき、文芸作品、コメディ、ミュージカルを取り入れるようになった。戦時の時局を軽く娯楽に入れるだけでできた作品の中で、『ハナ子さん』のようなミュージカル映画は、開戦前に上海の洋画館で盛んに上映されているハリウッドのミュージカル作品に対する上海文化人の記憶を蘇らせたと思われる。

また、映画以外の文化イベント、例えば、日本の東宝歌舞団が上海と南京へ舞台公演でやってきたことも挙げられる。若い女性一色の歌舞団の舞台公演は、中国では新しい形式のもので、当歌舞団が上海に来る前にすでに新聞で報道され、少なくとも文芸界では話題になっている。

その結果、大華での日本映画上映の中で、『ハナ子さん』や『エノケンの孫悟空』のような音楽舞踊の場面の多い映画が中国の観客から歓迎されていた。轟夕起子と高峰秀子が大華で行われた観客のアンケートで日本人の女優としてそれぞれ一位と二位に選ばれたのも[22]、『ハナ子さん』とその他の映画で披露した彼女たちの演技と歌声によるものだったと思われる。李香蘭の歌が上海で大人気を博したのは、音楽と女性身体によって戦争の厳しい雰囲気が緩和されるのと似たような現象でもあったのだろう。

それまでの中国映画には挿入曲、テーマソングがあるのは決まったパターンだが、本格的ミュージカルはまだそれほど製作されていなかった。ハリウッドやドイツのミュージカル映画が上海で公開されたにもかかわらず[23]、中国映画には特に浸透することがなかったようだ。

そうした中で頭角を現したのは、舞台美術者から映画監督に転身した方沛霖である。先述の『博愛』の一節である「団体の愛」は方沛霖による演出だが、歌と踊りの場面をふんだんに取り入れた短編である。ブロードウェイやハリウッドのミュージカル映画に深く影響を受けた方は、『博愛』の後に、『凌波仙子』（一九四三年）を撮った。東宝歌舞団が訪中した時に、方沛霖はその舞台からヒントを得て、『萬紫千紅』[24]というミュージカル映画の製作に挑んだ。彼はこの作品の後半で東宝歌舞団の舞台を借用し、李麗華をヒロインに、延々と踊りと歌を披露させた。このように、東宝歌舞団を映画に登場させたため、政治的カラーが一切消去された『萬紫千紅』も、先行研究では「国策映画」の一本と定義されたのだ。

しかし、作品を見れば分かるように、『萬紫千紅』はあくまでも東宝歌舞団の舞台を利用しただけだった。李麗華が演じるヒロインは東宝歌舞団の舞台出演を夢見て、夢から舞台へと飛び上がり、子供たちを連れて周璇とともに舞台のヒロインになり、戦争の孤児救済を訴える歌を延々と歌っていた。ラストシーンで、李麗華と周璇が歌った歌詞を次に抄訳する（拙訳）。

夜の春風は憂いを吹き飛ばし、今は色とりどりの花が咲き乱れている
人生の理想は空虚なものではなく、収穫しようとするならば、種を蒔く必要がある
偉大な理想は中身があるはずだから、我々は戦災にあった避難民たちを救うべきだ
我々の目の前にいる孤児たちは飢餓と寒さに怯えている
彼らは父兄を失い、飢餓と寒さにただ耐えているのだ
今日でも飢餓と寒さに苦しんでいる彼らと我々はともに未来の主人公だ
金のある人は財布の紐を緩め、聞かない見ないふりをしないでほしい
金という穴に潜り込むのをやめて、苦難に陥った人々を早く救うように行動しよう

この歌詞からも分かるように、東宝歌舞団のメンバーの多くを映画に登場させたものの、方沛霖と脚本担当の陶秦は、最終的に『博愛』が伝えたメッセージをエンターテインメントと軽快な音楽と踊りによって、今一度映画を見に来る観客に向かって呼びかけたのである。当然、形式的には西洋音楽の伴奏の下で、三〇年代の上海映画にあるモダンさを再現しつつ、東宝歌舞団の少女によるフレンチカンカンばりの場面をも重要な見せ場の一つにした演出と思われる。しかし、東宝歌舞団を出演させた以外、『萬紫千紅』にはなんら国策色もない作品であり、戦乱が引き起こした社会問題を巧みにミュージカル映画に取り入れたエンターテイメントだったと断言して

もよかろう。

だが、筆者が強調したこうした文化的な融合には、もちろん政治性が全くなかったとは言いたくない。方沛霖が『萬紫千紅』を撮ることに思い至ったのは、前作『凌波仙子』に対するマスコミの好評に乗じて、もう一本ミュージカル映画を作ろうと考えていたところ、東宝歌舞団が上海に来たタイミングを彼はうまく摑んで、前作のシナリオを書いた陶秦との再度の合作で、『萬紫千紅』を完成したのだ(25)。もしかすると彼らは悟らなかったかもしれないが、戦時中の女性身体はこのように、対立する双方によっていとも簡単に政治的に利用されるだけではなく、文化の浸透をももたらすことができる、という二律背反の作用があった。あたかも李香蘭が日本で大陸三部作に主演し、コンサートを開いたりしたことで、「支那ブーム」を巻き起こし、女性の間に「支那ファッション」が発生したのと同様、日本のミュージカル映画や東宝歌舞団の舞台が上海の観客たちに見せた美しい女性の身体は、男性的・硬性的な戦争映画によるプロパガンダを解体し、上海モダニズムを再び喚起した一面があることをここに改めて指摘しておきたい。

4 『萬世流芳』——孤島映画の精髄の発展か、英米打倒の国策か

一九四三年五月一二日に、中聯は再度改組された。今回は「中華電影」との正式的な合併となり、「中華電影聯合股份有限公司」(略称、華影)と改称され、新たにスタートした。資本金を中華電影から引き継いだ華影は、文化映画撮影所など元中華電影所属の部門、配給業務をも一緒に合併し、製作のみならず、配給、映画館経営などもすべて一体化したのである。こうした体制面における変化は明らかに日本国内の映画政策と歩調を揃えるためであり、また、一九四三年一月に、独立政府と称する汪精衛政権が日本を支持して米英に宣戦を布告し、専管

租界の返還と治外権の撤廃を実現させたことも、華影の一本化の背景となった。

先述の『博愛』とほぼ同時に企画されたものの、撮影に一年も要した『萬世流芳』（中華・満映、一九四三年）の公開は華影になってからだった。一九四二年はちょうど、清の政府が阿片戦争に負けて、イギリスと屈辱的な南京条約を締結してから一〇〇周年に当たる。この機会を利用して英米のアジア侵略非難のプロパガンダを製作する意欲は日本国内においても、華影においても高かった。東宝製作の『阿片戦争』（一九四二年）がマキノ正博流のエンターテイメントとなったのに対して、時間をかけて撮影された『萬世流芳』に寄せられた日本国内の期待はより大きかったようである。例えば、上海のロケ地に取材した大黒東洋士《とよし》は「技術的には、東宝の『阿片戦争』と較べて数段の見劣るりがするだらう」と言いながらも「同じ阿片戦争といふ題材を摑み乍らも、稍々ともすれば東宝のそれがこの題材に便乗して甘いお娯しみ映画たらしめようとする虞れが多分にあるのに反して、この中聯の作品には、何かひたむきなものを感じさせるものがある。それは中国にとって汚辱極まりなき歴史の一頁たる阿片戦争を、中国人自身の手によって描き、そして英国の積悪を暴くといふところに、この切実感が生まれる」[26]とかなり期待したルポを『映画評論』に寄せていた。

もう一方『新映画』では、一九四四年になってからやっと『萬世流芳』の特集を組んだ。「英鬼撃ちて　撃ちてし止まむ」のスローガンの下に、『萬世流芳』は「大東亜映画の先駆」と讃えられている。

> これからは、少なくともかうした国策映画に関する限り、上海映画でも、満映作品でもない、両者力を併せて、もっと雄大な規模と構想の、大陸映画へと羽ばたかなければいけないといふ主旨のもとに、両者の提携が急速に進められ、かくして誕生したのが、この、中国と満洲の最初の提携映画『萬世流芳』である。いってみれば、大東亜の映画人自ら手をとり合って、英米打倒、東亜共栄の理念に徹した、その意味で、これこ

そ、記念すべき大東亜映画の先駆である。(27)

しかし、阿片戦争を題材にしたのは表面に過ぎない。『萬世流芳』を検証すれば分かるように、この映画の実の主人公は阿片を焼き払ったヒーローの林則徐ではなく、林に秘かに恋心を抱く張静嫻という架空のヒロインだと分かる。ストーリーの展開に沿って語れば、林に失恋した張静嫻はいかに尼庵に入り、結婚を捨てる代わりに、自ら戒煙丸（禁煙薬）を研究・製作したのか、またどのように阿片患者の救出に奔走し、最後に男装して英国軍と戦う民衆を率いる女闘士に変身したのかの物語である。言い換えれば、恋するお嬢様が革命戦士にまで成長する、という三〇年代にもよくある女性のサクセス・ストーリーの変わったバージョンだと言えなくもない。他方、満映との合作と宣伝されたものの、満映関係者が関わったのは、映画法反対とその他の原因で逮捕され、出所後、満映東京支社の仕事を与えられた岩崎昶《あきら》と、すでに上海で歌姫になっていた李香蘭の二人だけだった。李香蘭が演ずる阿片窟の飴売り娘は『萬世流芳』のサブヒロインであり、彼女はアヘンを吸う青年を救いだし、張静嫻をサポートしていた。張静嫻は後に反英団のリーダーとなり英軍と闘うも、惜しくも命を落としてしまった。南京条約が締結後、地方官に降格された林則徐が赴任先に向かう前に、張静嫻の墓に詣でるラストシーンでは、『萬世流芳』の四文字が大きくスクリーンに映し出されている。全編を見て分かるように、張静嫻こそが『萬世流芳』に値する人物として描かれていると言っても過言ではないと思う。

日本国内では評価されず、大華映画館でも公開禁止となった東宝の『阿片戦争』(28)は、おそらく肝心な阿片戦争の話が原節子と高峰秀子の女姉妹の離散物語にすり替えられたためか、最終的に上海進出に向かないと指定されたのではないかと思われるが、しかし、『萬世流芳』も結局三角恋愛のメロドラマをベースに、女性の英雄の物語にすり替えられたと言ってもいい。映画の内容は日本国内での宣伝とは大きくかけ離れていた。

だが、映画をめぐる史資料を考察すれば、『萬世流芳』は国策からかけ離れているという結論を下すのはまだ早急である。映画撮影中、中聯が出した新映画特集『萬世流芳』には、五大スターと彼／彼女が扮するキャラクターの紹介文が掲載されているが、それを読めば、中聯側の製作意図がうかがえるからだ。周知のように、張静嫻を演じるのはほかでもなく、大ヒットした『木蘭従軍』の陳雲裳である。次にその紹介文の一部を抜粋しよう。

陳雲裳は木蘭の勇姿で観客に褒め称えられている。〔中略〕陳雲裳は男装して敵を殺し、颯爽としてわが身を捨てるまで国に尽くす。その志が報われるように、国民を激励し、往時の木蘭は今日また現れた(29)

木蘭の名前にわざわざここに言及し、まさしく『木蘭従軍』の陳雲裳を想起させるような書き方である。木蘭よろしく、張静嫻もまた男装して抗英団のリーダーとして指揮をとっている。男勝りのヒロイン、いかにも上海映画によくあるパターンでもある。男性たちによって救われる姉妹の『阿片戦争』とは逆に、『萬世流芳』の張静嫻も李香蘭が演じる鳳姑も上海映画の系譜を受け継ぎ、いずれも男性を救う、たくましい精神力のある女性であることを改めて指摘したい。

終わりに

孤島の『木蘭従軍』から書き始めたこの小論は『萬世流芳』あたりで終えざるを得ない。稲垣浩監督の『狼火《のろし》は上海に揚がる』（大映・中華、一九四四年）に関しては、紙幅の制限により割愛する。すでに述べてきたように、筆者がより強調したいのは次のポイントだ。つまり、孤島から生まれた『木蘭従軍』が巻き起こした上海映画の

「借古諷今」は、一九四一年以後、「陳腐」な恋愛ものによって一旦とってかわられたが、「大東亜映画の先駆」と日本側が鼓吹する『萬世流芳』で、堂々とカムバックしたことである。ここに至っては、上海残留の映画人は非協力からさらに一歩前進した。孤島期の「借古諷今」の戦略を拾い上げた彼らは、対外侵略への抵抗の意志を再び観客たちに伝えようとした。従って、国策映画の外衣を纏いながら、抵抗する意志を訴える二重の意味を持つ『萬世流芳』を「国策映画」かどうかと定義する必要がないというより、簡単な定義こそは、私たちが歴史のディテールと作品の細部を細緻に再検証する作業を妨げることでしかないと筆者は感じるのである。

（1）事変後、新華製作による最初の作品は『乞丐千金』（卜萬蒼監督、一九三八年）である。
（2）中華電影股份有限公司（略称、中華電影）が一九三九年六月二七日に上海に設立、オフィスは上海の租界にあるハミルトンハウス（漢彌登大厦）においた。
（3）拙著『戦時日中映画交渉史』岩波書店、二〇一〇年、一四六頁を参照。
（4）株式会社満洲映画協会（略称、満映）は、満洲国と南満洲鉄道株式会社（略称、満鉄）により一九三七年八月二一日に満洲国の新京（今の長春）において設立された。清朝皇族の金壁東が初代理事長を務め、甘粕《あまかす》正彦は二代目理事長として任命された。
（5）華北電影股份有限公司（略称、華北電影）は一九三九年一二月二一日に北京で設立された。取締役は対日協力の傀儡政権の梁亜平である。
（6）前掲、拙著『戦時日中映画交渉史』一四七頁を参照。
（7）同上、一四八頁を参照。
（8）「招股盛況空前絶後」、『中聯影訊』中華民国三一年九月二三日。
（9）前掲、拙著『戦時日中映画交渉史』七七頁。
（10）『蝴蝶夫人』はまた同時に新光大戯院で公開された。「中聯新片滾滾而来」、『中聯影訊』中華民国三一年八月五日第九期を参照。
(11) 前掲、拙著『戦時日中映画交渉史』七七頁。
(12) 前掲、拙著『戦時日中映画交渉史』六一頁。
(13)「中華聯合製片公司の設立と現況」、『映画旬報』一九四二年八月一一日。
(14) 前掲、拙著『戦時日中映画交渉史』一四九頁を参照。
(15)「『牡丹花下』」評、『映画旬報』一九四二年九月二一日号。
(16)「浅談博愛」、『中聯新片特刊　一周年記念刊』を参照。
(17) 前掲、拙著『戦時日中映画交渉史』一五二頁。
(18) 前掲、拙著『戦時日中映画交渉史』一五三頁。
(19) 李道新『中国電影史　一九三七—一九四五』首都師範大学出版社、二〇〇〇年。
(20)「浅談博愛」、『中聯新片特刊　一周年記念刊』一九四三年。
(21) 前掲、拙著『戦時日中映画交渉史』二〇一頁。
(22)「中日人士対日本演員名気比較」、『大衆影壇』一九四三年。
(23) 陳煒智（Edwin W.Chen）「歌舞裴回—戦争与和平：重探方沛霖導演一九四〇年代的歌舞電影」を参照。
(24)『萬紫千紅』は陶秦が脚本を執筆、最初の題名は『普天同慶』だった。
(25)「萬紫千紅」、『中聯影訊』中華民国三二年四月一〇日、第三九期を参照。
(26) 大黒東洋士「上海、南京を行く」、『映画評論』一九四二年一一月号。
(27) 特集「萬世流芳」、『新映画』一九四四年六月号。
(28) 大華映画館が発刊する『大華』には次の情報が掲載されている。「ある理由により、本映画館は『阿片戦争』の公開を中止することに決まった」、『大華』一九四三年二四期。
(29)「演員介紹—陳雲裳飾張静嫻」中聯新片特刊「萬世流芳」、『中聯影訊』一九四三年。

秦剛

〝大東亜の歌姫〟李香蘭の表象性

〝幻〟の映画『私の鶯』再検証

はじめに

戦時下の李香蘭主演映画のうち近年とりわけ注目され、様々な形で見直されてきた作品の一つが『私の鶯』である。大戦末期に東宝映画株式会社と満洲映画協会が提携し、一年四ヶ月の製作期間と通常の映画の五倍もの製作費をつぎ込んだにもかかわらず、完成後公開されることはなかったとされ、そのフィルムも長い間、行方が分からなかった。戦後数十年経ってようやく発見されたフィルムは長さが七〇分と九九分という二種類あったが、関係者の証言によれば完成した作品は二時間だったという。なぜ同じ映画で何種類ものバージョンが作られたのか。そのことも含め謎が多く、幾多の話題性に富んだ作品である。

本章を執筆したきっかけは、公開されなかったと言われてきたこの映画が実際は北京、上海など中国の都市で上映されていたという事実を、戦時下の中国で発行された日本語新聞に同作品の上映広告を見つけ、確認したことにある。近年、『私の鶯』を「日本映画史上、初の本格的な音楽映画」(1)として再評価し、それを「芸術映画」と位置づける傾向が見られるが(2)、そうした見方は作品の時局性や政治的プロパガンダとしての側面から目を逸らし、映画の複雑な様相を単純化する恐れがあり、それによってこの映画が再び伝説化されることも危ぶまれる。実は、中国で上映された当時、この映画はやはり「芸術」をうたい文句に宣伝されていた。また、製作側の目論見がフィルムを通じて伝達されることで、上映地域においては戦争末期の映画としてのプロパガンダ性がある程度実現されたものと見てもよかろう。

そこで改めて気付いたことは、同時期の中国大陸における李香蘭の表象性と『私の鶯』の題材・物語との相関性である。李香蘭の表象性とはすなわち「大東亜の歌姫」「東亜の鶯」などの最高級の礼賛に凝縮された後期の李香蘭像のことだが、それと深く関わるという意味において、『私の鶯』は李香蘭にとって自己言及的な意味合いを持つ作品なのだ。それゆえ、「大東亜の歌姫」としての新しい神話を作り上げるための重要な一環として、「大東亜」という表舞台における李香蘭の進出と活躍という巨視的な枠組みの中でこの映画を捉えなおす必要があるのである。

1 中国で上映されていた『私の鶯』

『私の鶯』は虚実入り混じった数々の伝説に包まれているが、その一つが完成しながら公開されなかった「悲運の映画」[3]だというものである。一九八四年、大阪のプラネット映画資料図書館が七〇分に短縮された同作のフィルムを見つけ出した後、それをいち早く論じた佐藤忠男は「日本でだけでなく、満州においても上映されなかった」「ついに陽の目を見なかった」[4]とし、その後山口淑子（李香蘭）も「中国でも日本でも公開上映されることなく文字どおり〝幻の映画〟」[5]だったと、その自叙伝『李香蘭　私の半生』で強調した。公開されなかった原因に関しては、例えば山口猛が「これは内務省の検閲で、時局に合わないということで、公開が見送りになり、けっきょく、満洲でも、機を逸したのか、本国にならったようだった」[6]と説明している。しかし、完成後の『私の鶯』は「陽の目を見なかった」わけではなく、実は華北電影股份有限公司・中華電影股份有限公司の配給で北京・上海で上映されていたことが今回、判明した。本節ではまずそうした事実を明らかにしたい。

『東亜新報』の広告によれば、『私の鶯』は一九四四年八月一七日から華北電影股份有限公司（以下「華北電影」）の配給によって、ほかの地域に先立って北京で封切られた。華北電影は一九三九年一二月に北京で設立された国策会社で、その半年前に上海で発足した中華電影股份有限公司（以下「中華電影」とする）と同じく、中華民国臨時政府・満映・松竹・東宝などが共同出資し、興亜院の助成によって創設された。華東・華南地域を対象とする中華電影に対して、華北電影は北京・天津・青島・済南の四大都市が代表する華北地域と蒙疆全域で配給・輸出入・製作など映画事業を展開していた。

図①　『東亜新報』1944年8月14日広告

公開館となったのは、華北電影が管理する日本映画上映館の飛仙劇場と国泰劇場である。一九四四年八月一四日から『東亜新報』[7]広告欄に『私の鶯』の広告が掲載された（ここで紹介するのはすべて筆者蔵による）。一四日の広告〔図①〕には「巨匠島津保次郎渾身の情熱作品」「大東亜の歌姫李香蘭主演」と特記され、特に「大東亜の歌姫李香蘭」のキャッチフレーズはその後の広告でも繰り返し登場する。そしてそれらの情報のほか、次の宣伝文も広告に盛り込まれている。

愚劣映画か？　傑作映画か？　果然評論百出！　北京新京東京映画界に国際的話題を捲き起こした問題の札ツキ映画が内地より一足お先きに登場！　帝政ロシアの夢破れて白系露人が亡命の街ハルピンに――お丶これは素晴しき李香蘭の歌声！

なぜ公開される前にすでに「評論百出」だったのか不明だが、とにかく「国際的話題を捲き起こした問題の札ツキ映画」といったように、本作をめぐる毀誉褒貶があったことがわざと仄めかされている。

公開館の飛仙劇場は燈市東口大街の北側に位置し、一九三二年建築の瀛寰戯院を前身とし、もうひとつの国泰劇場は西絨線胡同の南側にあって、もとは一九二四年開業の中天劇場だった。両方とも日本軍の北京占領によって経営者が日本人に変わり、日本映画の専門館となったのである。

八月一五日付『東亜新報』の広告［図②］では、「巨匠の芸術意欲燃えて、歌姫李香蘭が新生面に立つ！」とあるように、「芸術」「歌姫」などのキーワードが使われ、翌一六日になると数百字に及ぶ映画の「ものがたり」まで紹介されている。広告は日毎に意匠を変えているが、一七日の封切当日には、飛仙劇場の上映に「白系ロシア人の娯しい唄と音楽の協和楽団出演」による「実演」が組み込まれることが伝えられた［図③］。この「実演」は、二二日から二四日までは飛仙劇場から国泰劇場に移ることになった。結局、『私の鶯』は飛仙では二三日までの七日間、国泰では二四日までの八日間にわたって上映されたことが確認できる。

図②　『東亜新報』1944 年 8 月 15 日広告

図③　『東亜新報』1944 年 8 月 17 日広告

　そのほか、華北電影を後ろ楯とする中国語雑誌『華北映画』第六〇号（一九四

上映館	上映期間	上映日数	参照文献
国際劇場	1944年9月2日（土）―9月8日（金）	7日間	『大陸新報』
大華大戯院	1944年9月11日（月）―9月20日（水）	10日間	『申報』
国泰大戯院	1944年10月1日（日）―10月7日（土）	7日間	『申報』
杜美大戯院	1944年11月3月（金）―11月6日（月）	4日間	『申報』
平安大戯院	1945年6月24日（日）―6月30日（土）	7日間	『申報』

表①　上海における『私の鶯』の上映状況

図④　『華北映画』第60号（1944年8月20日）表紙

四年八月二〇日）の表紙は『私の鶯』の李香蘭の写真で飾られた［図④］。しかも、その前号の八月一〇日号では「李香蘭主演ミュージカル大作「北国歌后」が近日上演」（「北国歌后」は同作の中国語タイトル）という記事で「日ならずして華北各地で上映する」と予告されている。それが事実なら、その後、華北電影の配給を受けて天津・青島・済南・太原・張家口などでも公開された可能性がある。

さらに、上海発行の日本語紙『大陸新報』九月一日付の紙面に『私の鶯』が「内地封切に先だつて特別公開！」と謳い上げる広告が掲載されており、北京に続き中華電影の配給で上海でも公開されていた。同紙の広告によれば、『私の鶯』は九月二日から八日までの七日間国際劇場で上映された。国際劇場は蘇州河北岸の虹口・海寧路に位置する日本人向けの日本映画封切館である。

また、国際劇場での公開に続き、共同租界の大華大戯院、フランス租界の国泰大戯院、杜美大戯院などで相次いで中国人観客向けに上映されたことが、中国語紙『申報』の広告によって確認できる。こちらでは『哈爾濱歌女』という中国語タイトルが使われていたが、翌年の平安大戯院での上映も含め、判明した同作品の上海上映の状況を右の表で示しておく(8)［表①］。

2 二時間完成版は実在するのか

『私の鶯』が大華大戯院で上映されたときに、「哈爾濱歌女特刊（附全部華文対白）」という中国語プログラムが作られている。表紙の配役表のほか、全一二頁のプログラムには中文・英文のあらすじと全台詞の中国語が付けられている(9)［図⑤］。大華大戯院はもともとアメリカ映画の専門館だったが、一九四三年一月に租界唯一の日本映画常設館に変えられた。観客の九割が中国人だったために、中国語のイヤホン解説、あるいはスライド解説のほかに中国語プログラムも作られていたのである(10)。

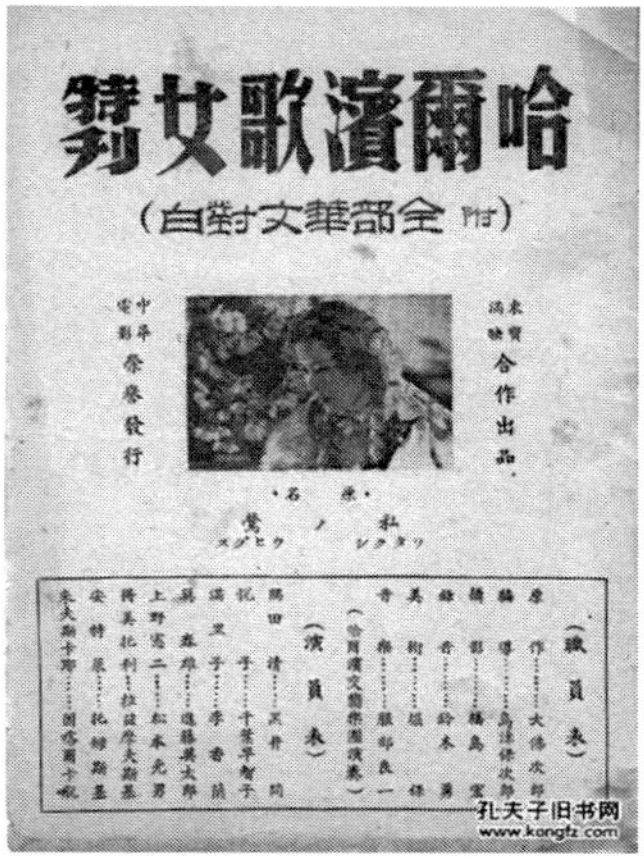

図⑤「哈爾濱歌女特刊（附全部華文対白）」

この「哈爾濱歌女特刊」は上映プリントの内容を推察するための貴重な一次資料である。そこに掲載された中国語訳の全台詞と現存のフィルムを照合することによって、上映プリントの内容や上映時間を推測できるからである。

現在、『私の鶯』のフィルムは二種類存在する。一九八四年にプラネット映画資料図書館が見つけ出した『運命の歌姫』と改題された七〇分のものと、東宝の倉庫から発見されたフィルムがあり、後者をもとに市販の日本映画傑作全集『私の鶯』V

ＨＳ（九九分モノクロ／TND1664／二〇〇三年）が作られた。ここで前者を七〇分版、後者を九九分版と呼ぶことにする。

実のところ、完成当時の『私の鶯』は約二時間に及び、現存の七〇分版、九九分版はいずれも短縮したものと言われてきた。それを最初に主張したのは、『私の鶯』の助監督を務めた池田督《とく》だった。『ミュージカル』第一一号（一九八五年三月号）の「幻のミュージカル映画『私の鶯』」特集に寄せた文章では、同作品について「仕上げ予定が九千呎だったのが完成仕上げでは一万一千呎にも伸びた（昭和一九年三月二四日金曜に現像終了、完成）ほどの文字通りの大作」だったとして、「無傷の『私の鶯』」の完全版の存在を証言した。『李香蘭　私の半生』もこの見方を踏襲し、「フィルムの長さ一万一千フィート、上映時間約二時間」とする。それ以来、フィルムの存在が確認されていないにもかかわらず、そのような「約二時間」の完全版があったと信じられてきた。

今回、「哈爾濱歌女特刊」掲載の中国語全台詞と九九分版ＶＨＳを比較してみたが、その結果、九九分版のいくつかの場面の会話が中国語台詞には見られず、上映版ではカットされたと見られる。とすれば、中国上映版は九九分版よりさらに数分間短くされたと推測できる。両者を照合した結果を次の表で示す［表②］。

それによると、中国上映版で削除されたと思われる場面は合計四分三〇秒だった。つまり、中国上映版は九九分版より約五分ほど短いと推測される。逆に、「特刊」の中国語台詞には九九分版に見られない場面や台詞は皆無である。つまり、九九分版は中国上映版より以前に存在したもので、中国上映版はそれをもとにやや短く再編集したものと断定できよう。

こうなると、そもそも伝説の「二時間」完全版は本当にあったのかという疑念が生じる。むしろ、九九分版こそが完成版だったのではないか。もし「二時間」の完全版があったとすれば、九九分版はいつ何のために作られたのか説明する必要があるが、いまだにそれについての合理的な説明が見られない。逆に、九九分版が完成版で

	『私の鶯』VHSでのタイムコード	長さ	場面	主な台詞
1	45:22－47:07	1:45	ディミトリがキャバレーの主人との対話	主人「お陽気に踊るんだぜ。ウラジミル君、二時間も早く到着だね」、ディミトリ「主演を早める訳には？」………
2	47:08－47:50	0:42	教会前の通りで花を売る満里子とワーリャとの対話	ワーリャ「マリヤ、どうして学校をやめたの」、満里子「学校へ行かなくともパパが教えてくださるの」………
3	50:07－51:34	1:27	上野の家で上野と満里子との対話	上野「いいよいいよ、取ってき給え。君の両親はこっちで何をしてきたの」、満里子「お父さんだけです」………
4	1:07:56－1:08:16	0:20	籠城の地下室	男「皆日本人ですね。万一の際は一塊になって闘ってきれいに死んで見せましょう。私なぞ二〇年この方、ハルピンに根をおろして来た、死んでこの地のこやしになるのは本望です」
5	1:29:19－1:29:35	0:16	病床のディミトリを隅田が見舞う	隅田「君、行こう。私のいることはディミトリ・イワイーヴィッチに苦しめるようなものだ」

表②　中国上映版でカットされたと思われる場面

あると仮定すれば、なぜのちに七〇分短縮版が編集されたか、以下に見る様々な状況証拠で推論できるのである。

七〇分版の成立に関して、佐藤忠男が「戦後、誰かがこのフィルムを興行に用い、その際、反共映画と見られる部分や、中国人の排日意識を描いた部分などを、日本を占領している連合軍の一員としてのソビエトと中国に遠慮してカットしたのであろう(11)」という見解を示したことがあり、ほぼ定説になっているようである。しかし、この問題について筆者は異なる推論をしてみたい。つまり、七〇分版が編集されたのは「戦後」ではなく、完成版ができあがった直後の一九四四年四月頃、この新作を日本国内で上映するためだったという仮説である。

その背景には戦時下の映画をめぐる次のような事実がある。一九四四年三月、「決戦非常措置要綱」が閣議決定され、高級な娯楽が禁止されるとともに高級な興行場が三月五日で閉鎖された。東宝関係では東京宝塚劇場・日本劇場・有楽座・帝国劇場・北野劇場・梅田映画劇場・宝塚大劇場などの閉鎖が決められた。[12] さらに、二〇日の次官会議で「決戦非常措置に基く興行刷新実施要綱[13]」が決定され、映画の興行時間を合計一時間四〇分に短縮し、それに対応して劇映画の長さが二〇〇〇メートル（約六六〇〇フィート、七三分）以内に制限された（劇映画以外にもニュース映画などが上映された）。つまり、『私の鶯』は現像が終了した三月二四日の時点で、完成版の長さ（「二時間」にせよ九九分にせよ）がすでに新規定を大幅に超えており、日本国内ではそのまま上映することができなくなっていたのである。そこで、国内で上映するために東宝が七〇分の短縮版にしたのではないかというのが筆者の推論である。さらに、同要綱は「興行内容の刷新」を要請し、「戦時下の国民生活と遊離せるもの又は華美軽佻若は不健全と認めらるものに非ざること」と明確に規定しており、「華美軽佻若は不健全」と判断されることを避けるために、タイトル『私の鶯』を『運命の歌姫』に改変したのではないだろうか。

実際、同じく東宝製作の映画で、完成したフィルムを短縮して再上映した例がある。黒澤明の初監督作品『姿三四郎』（もと九七分）は公開一年後の一九四四年三月に再上映された際、一部カットされ七九分に短縮された。[14] また、四四年一一月に公開された松竹の李香蘭出演作『野戦軍楽隊』は六三分の長さで、やはり「実施要綱」の新規定に従っている。

かくして、一九四四年三月二四日に現像終了したと言われる『私の鶯』は九九分のままでは日本で上映できないため、七〇分の短縮版が作られたのではないだろうか。もっとも、そうして日本向けに再編集された短縮版もついに上映されなかったようだが。

3「大陸スター」からの転身劇

『李香蘭　私の半生』は「幻の映画」と題する一章をさいて『私の鶯』について回想しているが、その一部の記述が検証されないまま流布したのが、『私の鶯』が伝説化された原因の一端にもなっていると思われる。少なくとも、同作品の構想の経緯に関する次のような記述は、多くの先行研究に踏襲されていながらも、それを裏付ける傍証が見られず無条件に信じることはできない。

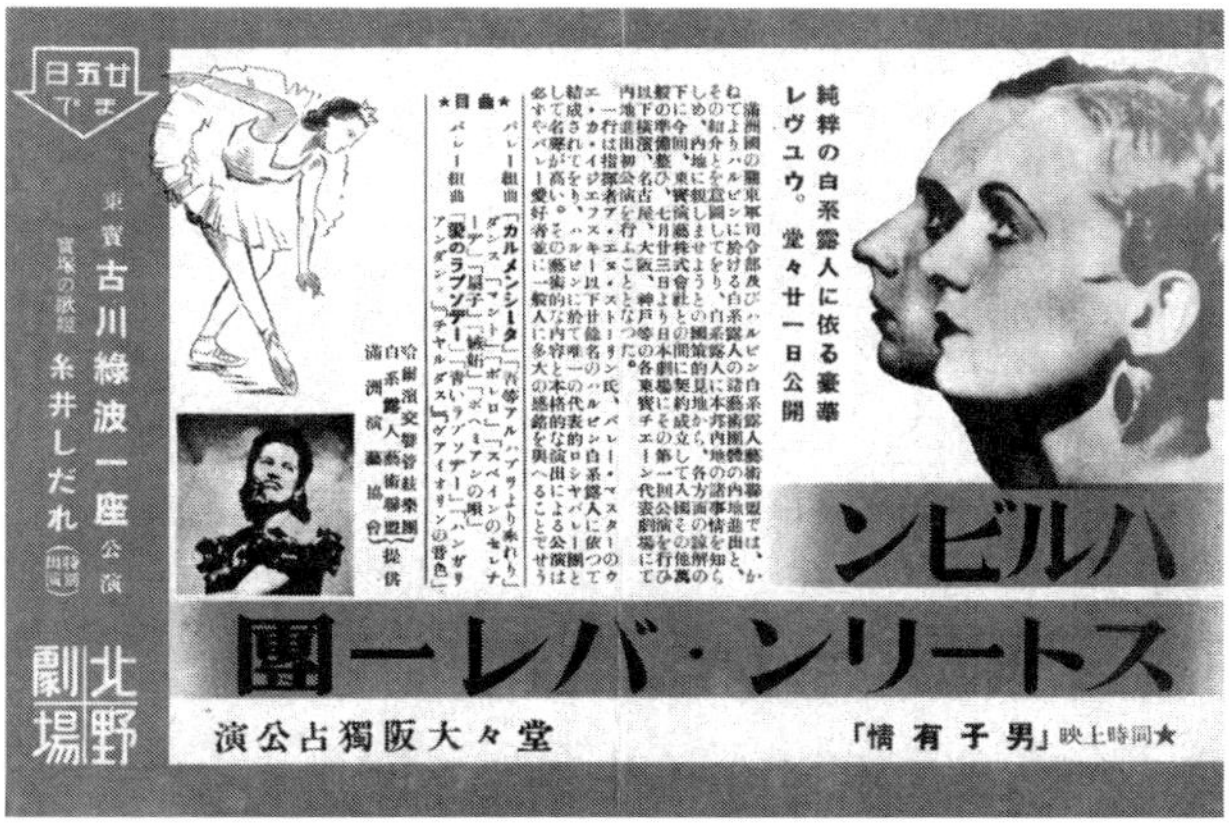

図⑥　ハルビン・ストーリン・バレー団の大阪・北野劇場公演パンフレット（筆者蔵）

もともとこの映画は、来日したハルビン・バレエ団の舞台に感激した島津監督が親しい友人の岩崎〔昶《あきら》〕さんと一夜、ミュージカル映画の夢を語り合って構想を練り映画化を企画したのだった。

非常時に許可がおりるはずはなかったのだが、二人のパトロン的存在だった東宝の製作担当重役、森岩雄さんの政治力で、東宝と満映に働きかけた結果、満映作品という名目で当局も眼をつむったものらしい(15)。

ここの「来日したハルビン・バレエ団」とは、ハルビン・ストーリン・バレー団の一九四一年七月二三日からの日本公演を指していると思われる〔図⑥〕。ハルビン交響管弦楽協会・白系露人芸術聯盟提供、関東軍司令部後援のバレー公演は、七月二三日の日本劇場での第一回公演に続き、横浜・名古屋・大阪・神戸など東宝系列の代表的な劇場で行われた。(16) しかし、「ハルビン・バレエ団の舞台」に感激した島津保次郎が、なぜ「ミュージカル映画」の夢を岩崎昶と練ったのか、それだけでは辻褄が合わない。それに岩崎は、同バレー団の日本公演が行われる一年前に「映画法」反対の声を上げたことで投獄され、四一年二月に釈放されたばかりで、この頃はまだ「保護観察処分」の最中だった。岩崎自身の言葉で言えば、それは「憲兵と特高に絶えず附きまとわれ監視されていた(17)」時期であり、しかも、同年末に東京地裁で懲役二年、執行猶予三年の判決を受けた岩崎が、根岸寛一の紹介で嘱託として満映の東京支社に入社したのは四二年の夏頃だから、その前年の夏にはまだ映画会社とはほとんど関係がなかったはずである。

『李香蘭　私の半生』は、「コスモポリタン・ミュージカル」として『私の鶯』の「芸術映画」の面を強調しすぎるきらいがある。(18)「来日したハルビン・バレエ団」と結びつけたのも、おそらく同作が時局とは無関係に、製作者たちの純粋な芸術的感興のために作られたことを強調したかったからと見受けられる。山口淑子は『私の鶯』を「切迫した時局の中で」作られた「芸術の香り高いヨーロッパ的な音楽叙事詩」と讃え、内容は「現実の時局からかけ離れた」もので「時局に対する精一杯の抵抗を読みとることができる」として、「必然的に内務省検閲にとおるのはむずかしい(19)」とも説明している。

しかし、そもそも「ハルビン・バレエ団」の「来日」がきっかけだったというのも、山口淑子本人の記憶によるものかどうか怪しい。『私の鶯』の七〇分版プリントが大阪で発見された際、雑誌『ミュージカル』第一〇号（一九八四年一二月号）が同作のシナリオを特別掲載し、その文末に「幻の音楽映画『私の鶯』の悲劇」という匿名の解説を付けた。そこに、ハルビンのバレエ団の一つが「昭和十六年の夏の三ヶ月間、初の来日公演を行ない」「その舞台を東宝の巨匠だった島津保次郎監督が観て感銘を受け」たと書かれている。つまり、山口淑子の記述は必ずしも当事者としての記憶ではなく、不確かな二次情報に依拠した可能性があることに注意すべきである。

実際は、『私の鶯』の企画・製作に関しては「ハルビン・バレエ団」よりもハルビン交響楽団の方がより緊密に係わっていたと思われる。『私の鶯』がクランクインする一年前の一九四二年六月、李香蘭は「満洲国建国十周年」の記念使節としてハルビン交響楽団と北京・天津で共演したことがある。「満洲建国十周年記念特別公演」と銘打たれたその「哈爾濱交響楽団　李香蘭　提携大音楽会」は華北電影の後援によるもので、李香蘭が中国大陸で行った最初のコンサートでもある。しかし、なぜか山口淑子の回想ではそのことは一言も触れられていない。岩野裕一の『王道楽土の交響楽』においてその事実が発掘されているが[20]、六月二三・二四日に北京の新新大戯院で行われたコンサートは昼夜二回の二日公演で、一部・二部はリムスキー・コルサコフとベートーヴェンの交響楽演奏、第三部は李香蘭による「荒城の月」「何日君再来」など七曲の独唱であり、会場は超満員の盛況だったという。

このコンサートの成功が、銀幕における双方の提携を促す契機となったのではないか。この時期は、折りしも李香蘭が従来の「大陸映画」によって定着した「大陸スター」のイメージから、転身を遂げようとした時期でもある[21]。それを示唆する資料としてここで紹介したいのは、「提携大音楽会」終了後、北京飯店で行われた元満映監督の王則と李香蘭の対談である。

王則は当時北京で発行されていた『国民雑誌』の編集長を務めていたが、彼が満映の宣伝部にいた頃に一九歳の李香蘭が入社してきたので、李香蘭がまったくの日本人であるという本当の出自を最初から知っていた。『国民雑誌』一九四二年八月号掲載の対談[22]では、李香蘭の本名は「山口淑子」で、「王則こそ李香蘭という名前を宣伝に利用した張本人」（原文の中国語を拙訳。以下同）とも書いている。しかし、彼は満映を批判する文章を書いたために満洲警察に監視されるようになり、退社して北京の武徳報社に入ったが、その後、四四年夏に国民党地下党員の容疑で満洲警察に逮捕され、四五年の年頭、獄中で惨殺された。

『国民雑誌』掲載の対談において、王則が李香蘭に向かって「今流行りものの大陸映画は、狭隘な見地から大陸を背景に撮影したことを標榜しているだけのもの」と手厳しく批判し、「これから先、あなたはいつまで大陸スターでいたいのか」と問い詰める。李香蘭は「役者は両手だとすれば、製作者こそ頭脳なの。手は終始頭脳によって動かされるのよ」と弁解し、「いつか優秀な監督にめぐり合って、芸術的な良心作を一緒に作りたい」と答えた。撮影の合間に李香蘭が三浦環《たまき》に声楽を学んでいると聞いた王則が「そういえば、大陸スターとしてのあなたの行き先、いや、むしろ戻るべきところは、歌壇のステージに上ることではないか」と発言しているのは、その後の彼女の華麗な転身を予言したかのようである。

同時期の六月のことだったが、陸軍の指導のもと、満映と華北電影、中華電影の三社で「大陸映画連盟」が設立され、「大陸映画連盟会議」の申し合わせにより、満映の李香蘭を使った映画を中華電影と中華聯合製片公司を加えた三社共同で製作することになった。それによって、『萬世流芳』の製作が決まった。『萬世流芳』は一九四二年一〇月二〇日に上海でクランクインし、撮影を終えた一一月一八日に李香蘭が『新影壇』のインタビューを受けている。出演した映画の代表作は、と聞かれた彼女は、「これまでに演じた役は、演技も企画も自分の意思によるものではなかった。今度戻ったらミュージカル映画を演じるが、この映画で自分が満足できるかもしれない。というのは、構想は全部私が出すもので、これまでのどの出演作よりも良いものになると思う。これまでの作品は自分が満足できるものは一つもないのだ」[23]と答えた。『新影壇』は中華電影が刊行する雑誌で、李香蘭の動向に大いに注目していた。それだけに、インタビューの答えは、中国人女性を演じることで人気を博した「大陸スター」の路線を変えたいという切迫感と、新作「ミュージカル映画」で斬新な自分を打ち出そうとする意欲をあらわにしている。「構想は全部私が出すもの」とまで言い切っているのも事実とさほど違わないと思われる。なぜなら、ミュージカル映画に主演するのは、李香蘭がそれまでずっと温めてきた夢でもあったからである。[24]『私の鶯』はその直後の一二月にハルビンでクランクインした。

こうして見てくると、『私の鶯』は、李香蘭の「大陸スター」から「大東亜の歌姫」への転身を象徴した作品であり、そのために製作された映画だったとさえ言えよう。そして結果として、この映画の出演によって作り上げられた「東亜の鶯」という新しい神話は、それまでの「大陸スター」のイメージを塗り替えることに見事に成功した。

4 国籍疑惑を塗り替える歌姫神話

『私の鶯』をめぐる回想の中で、「企画段階から、主役の少女・満里子（ロシア名マリヤ）役は、私を念頭において構想を練ってくれた[25]」という山口淑子の証言は、前掲のインタビューでの発言を考え合わせるとほぼ真実だと思われる。

この映画の主要な制作陣も李香蘭を中心に結集したようだ。『日本映画』一九四三年六月号掲載の島津保次郎のシナリオ『私の鶯』には「原作大佛次郎」と明記され、『李香蘭　私の半生』をはじめとする多くの文献にも大佛次郎の小説「ハルビンの歌姫」が『私の鶯』の原作だったとされていながら、「ハルビンの歌姫」の発表誌は明らかにされず、筆者はついに原作を見つけ出すことができなかった。岩野裕一によれば、一九四一年六月に大佛次郎が「『私の鶯』取材のために渡満した」際、ハルビンで歌劇『スペードの女王』のステージを李香蘭と共に鑑賞したという。[26]だとすれば、大佛次郎がその原作小説を書いた時点で、すでに李香蘭をモデルとして意識していた可能性がある。

他の主要制作メンバーと李香蘭の関係を見ると、製作の岩崎昶にとって同作は『迎春花』『サヨンの鐘』『萬世流芳』に続いて製作を担当した四作目の李香蘭映画にあたる。満映入社後に彼は李香蘭のマネージャー兼プロデューサーとなり、実際、製作にかかわったのはすべて彼女の出演作であった。監督の島津保次郎は当時東宝を代表する監督の一人で、『私の鶯』と並行して同時期に李香蘭が主演したもう一作の『誓ひの合唱』を演出し、それは『私の鶯』より先に完成し日本で公開された。作曲家の服部良一は、『白蘭の歌』『支那の夜』など李香蘭が主演する大陸映画の音楽・主題歌を作曲して、「チャイナメロディー」を作りあげた作曲家で、本作主題歌となるロシア風歌曲「私の鶯」（モイ・サラベイ）を手がけた。振付の白井鐵造《てつぞう》は、一九四一年二月の日劇で行われた「歌ふ李香蘭」ショーの演出・構成を担当していた。また、李香蘭は、四二年五月に白井鐵造作・演出の「第三回東宝国民劇」『蘭花扇』に主演している。このように見れば、東宝は李香蘭のために実に豪華な顔ぶれを配したことがわかる。

『私の鶯』は結果的に李香蘭の満映での最後の作品となるが、その役柄はこれまでのものと決定的に違う。なぜなら、李香蘭はこの映画で初めて日本人を演じたのである。このことは、満映の中国人スターとして売り出され中国人として振る舞ってきた彼女が、実は日本人だったということを暗に認めたに等しい。なぜなら、東宝と満映の提携作品において、中国人俳優が日本人役で主演となることは、それまでは絶対ありえなかったからである。すなわち、岩崎昶、島津保次郎などの映画人がこの映画を李香蘭を中心に構想した際、彼女が紛うことなき日本人であるということを暗黙の前提としていたのである。映画における異なる国籍の「生みの親」と「育ての親」を持つヒロインのハイブリッド性は、そもそも主演の李香蘭のものでもあり、後に述べるように「私の鶯」という題名までがヒロイン及び役者自身の出自と帰属をめぐる謎と真実を暗示するかのようである。

ただし、同時期に撮影された『誓ひの合唱』では、李香蘭は相変わらず中国人少女の役で、大陸の日本軍前線守備隊を歌で慰問する「朱蓮」を演じている。この作品は『私の鶯』と同じく東宝・満映の提携、島津保次郎の脚本・演出、服部良一の作曲、白井鐵造の振付など、実質的に『私の鶯』の姉妹作であり、島津は最初から二本の作品の同時撮影を予定していた。(27)『誓ひの合唱』に続き、『戦ひの街』(松竹)、『野戦軍楽隊』(松竹京都)でも李香蘭は引き続き中国人に扮したが、出演作は明らかに彼女の歌唱力を生かす方向に変わっていく。戦線への歌謡慰問など軍事色の強いプロパガンダ作品で中国人少女を演じながら、国籍の境界を行き来する「歌姫」を演じることで、従来の「大陸スター」のイメージを「大東亜の歌姫」で塗り替えることを目論んでいたのだろう。つまり、『私の鶯』は李香蘭にとっては、「大東亜の歌姫」の誕生物語を内外に向けて作り上げていく、なかば自己言及的な映画とする側面があったのである。

しかし、そのような物語としては、映画にはやや合理性を欠く設定が見られる。映画の満里子(マリヤ)は二歳の頃に生みの親にはぐれ、声楽家ディミトリに引き取られて男手一つで育てられた。だとすると、日本人コミュニティーと切り離された環境で育った満里子が、普通の日本人のように日本語が話せるのはおかしいし、彼女が中国語を自由に話せるのも不自然であろう。つまり、ロシア語・日本語・中国語を流暢に話すのは、物語のヒロインというより、むしろ李香蘭自身の出自と優れた言語能力によるものだと言うしかない。

作中の満里子は、渡辺直紀がすでに論じたように、「民族と言語を越えたコスモポリタン的な人間として自立していくパフォーマンスを随所で見せる」(28)。しかし他方では、映画では満洲の諸民族を庇護する国としての日本の優越性を主張していることにも留意すべきである。その典型的なシーンとして、映画のエンディングでは、臨終のディミトリが満里子に「偉大」な「美しい神の国」である「日本」へ帰れと遺言を残す(29)〔図⑦〕。

ディミトリが帝政時代のロシア帝室劇場付の声楽家だとしたら、ロシア正教の信者だったはずである。ところが、死ぬ間際に彼は日本という現世の国を「神の国」と呼ぶ。ロシア正教の「神」を日本の国家神道の「神」に

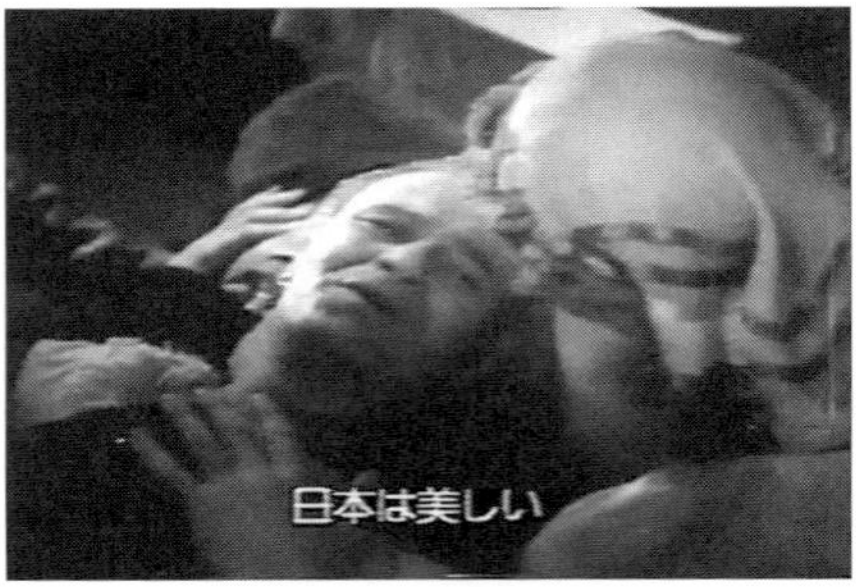

図⑦　「日本は美しい神の国だ」と言い遺すディミトリ（『私の鶯』東宝・満洲映画協会、1944年）

図⑧　上海に行こうとしたディミトリと満里子（同）

すり替えることで作り出された日本讃美。それは、映画の表面上に紡ぎ出されたコスモポリタンの物語が、結局は見せかけの政治的な虚構だったことを暴露してしまう。

　隠された日本中心主義を中核に作られたこの映画で、「私の鶯」という題名は一体どう解釈すればいいのか。映画ではディミトリが確かに一度ヒロインのことを「私の鶯」と呼ぶ。結局のところ、満里子（満洲的記号）とマリヤ（ロシア的記号）という二つの名を持つヒロインは、その帰属すべき「偉大な」「神の国」である「日本」の「鶯」なのだという究極の意味合いが、その題名の指し示すところだろう。

　この映画には満洲に住む中国人がほとんど登場しない。現地の中国民衆が不在の物語になっている。その意味では、満映の理事長・甘粕《あまかす》正彦が打ち出した「満人のために映画を作る」[30]という方針には背いている。それなら、『私の鶯』は一体誰に向けて製作された映画なのか。こう問いかけたメリニコワ・イリーナの論稿「『私の鶯』に写った李香蘭の神話と現実」では、ハルビン発行の露字新聞紙『ハリビンスコエ・ヴレーミヤ』の記事が紹介され、それによれば、予定された一〇〇のプリントの内、「三二プリントは日本語版で二〇プリントは満洲の映画館用とされ」「残りの四八プリント」は「南洋の国々」で上映する予定だったという[31]。推測するに、ここでの「南洋の国々」とは、「満洲」の南方である華北地域、華東地域も含まれるのではないだろうか。

事実として『私の鶯』の物語では、政治的中心地としての日本が謳われると同時に、「大東亜」の中心地である国際都市・上海への強い志向性が表れている。映画の序盤でディミトリが上海にいる噂を聞いて、満里子の父の隅田が上海の街頭を歩くシーンがある。そして、中盤にはディミトリが「上海の劇場も立派なオペラを待つてゐる」と友人に促され、満里子を連れて上海へ行こうとしたが、満洲事変で列車が不通になり行けなかったとする〔図⑧〕。さらに終盤では、病床のディミトリが上海にいる友人から劇団を賛助してくれるという便りが来たことを告げられる場面がある。従って、物語のストーリーの自然な展開としては、ディミトリの遺志を受け継いだ満里子は、上海のステージに立つべきなのである。

5 「大東亜の歌姫」のクライマックス

李香蘭が音楽界の頂点に上りつめた場所は上海だった。歌声を武器にした上海進出の成功が、彼女を「大東亜」という政治的な偽りの共同体を表象する記号に一挙に変えてしまった。その第一歩としての出演作『萬世流芳』(一九四三年六月上映)で、鳳姑を演じた彼女は「売糖歌」「戒煙歌」という二曲を西洋式のソプラノで歌い、歌唱力の本領を発揮した。「彼女が演じた映画の中のキャラがこの二曲の西洋風の唄が歌えるなどはきわめて不合理で、物語の筋から見ても違和感を感じる」(32)という観客からの意見もあるものの、その歌声から発散するエキゾチシズムとエロチシズムに人々は魅せられた。そして、一九四四年初夏、李香蘭の独唱曲「夜来香」が百代唱片公司(コロムビア・レコード)からリリースされ、彼女の人気をさらに押し上げた。「夜来香」は李香蘭が上海の新進作曲家・黎錦光に作詞・作曲を依頼したものである。興味深いことに、その歌詞の中にも「那夜鶯啼声凄愴」「也爱這夜鶯歌唱」というように「鶯」のイメージが採り入れられており、北国の夜を唄う『私の鶯』の劇

図⑨ 『申報』1944年6月27日広告

中曲とは対照的に、南国の夜を唄う曲になっている。

上海音楽界における李香蘭の地位を不動なものにしたのは、一九四四年七月一日から蘭心《ライシャム》大戯院で行われた三日連続のリサイタル［33］「李香蘭独唱会」である。広告〔図⑨〕が示すように、中華電影聯合公司と満映の共催によるもので、プログラムには大ヒットした「夜来香」「売糖歌」を含む一〇曲が組み込まれた。雑誌記者が言うには、炎天下に無数の男女が蘭心につめかけ、「彼らは名高い〝東亜の鶯〟、李香蘭の歌声をこの耳で聞きたくやってきたファンの人々なのだ。銀幕で見てはいたものの、ぞっこんほれ込んだ人の姿を一目見たくやって来た人々だった［34］」。ここで「東亜の鶯」という新しい栄冠が与えられていることに留意されたい。そのちょうど二ヶ月後の『私の鶯』の上海公開は、結果的にリサイタルの熱気を追いかける形になった。公開期間中の「上海影壇」に二回連載された長文のインタビュー記事では、このように彼女を賞賛している。「李香蘭は東亜の輝いた銀幕のスターになった。また、舞台においても彼女の歌声や歌唱の面で上げた業績が、東亜ではすでに一流である［35］」。「東亜」という言葉が繰り返されているが、この時期から彼女をめぐるメディア報道には常に「東亜」という冠が付けられるようになった［36］。李香蘭にとって上海進出こそ「東亜」という表舞台での本格的なデビューを意味するが、上海の人々からすれば李香蘭こそ「東亜」を視覚的・聴覚的に表象するものだという奇妙な倒錯が生じたのである。

「大東亜の歌姫」となったクライマックスは、一九四五年六月二三日から二四日まで三日連続して大光明大戯院で一日二回行われた公演「夜来香幻想曲」（夜来香ラプソディー）である。世界的水準の外国人演奏家がいる上海交響楽団の演奏で、「シンフォニック・ジャズを基調とした李香蘭のミュージカル・ショー」を提案したのは、リサイタルの音楽総監督・編曲、また第三部の指揮者も務めた服部良一であり、彼の提案について、「服部さんは」「幻のミュージカル映画『私の鶯』を舞台で再現しようと思ったのかもしれない」と山口淑子は回想する。(37) 第1節で紹介した同時期の平安大戯院での『私の鶯』の公開は、このリサイタルに呼応するための再上映だった。図⑩の「夜来香幻想曲」の広告では「一代歌后」という中国語で最大級の賛辞を李香蘭に捧げている。上海交響楽団演奏、服部良一・陳歌辛の指揮によるこのリサイタルを山口淑子は「中日合作音楽会」と呼んだが、榎本泰子が指摘したように、「太平洋戦争末期の上海で、人心を掌握するための文化工作の一環(38)」だったことを忘れてはならない。リサイタルを企画した川喜多長政、陸軍報道部の中川牧三中尉などが「李香蘭が日本人であると知ったら中国人は聞きにこないだろうとハラハラしていた」が、「蓋をあけてみると、連日満員、新聞の批評も好評だった」。しかも、「聴衆の九十パーセントまでが中国人と租界に住む外国人（白人）だった」という。(39) リサイタルの脚本・構成を担当した辻久一は、それを「日本敗戦直前に打ちあげられた、最も華麗な花火であった」と称した。(40) リサイタル第三部の「夜来香ブギウギ」という、戦争の暗い現実を観客に忘れさせるために考案されたブギのリズムは、戦後日本で爆発的に流行した「東京ブギウギ」のメロディーの先駆けともなった。

ところで、中国人を熱狂させた李香蘭の歌声を陸軍の宣伝・宣撫に利用するという提案が一九四三年秋からあったと、元上海陸軍部報道部長の島田勝巳が証言している。一九四五年二月に再び「対中国民衆工作のために李香蘭を起用する話が持ち上った」が、「彼女は喜んで協力をしてくれることになった」という。それは「重慶の奥地にいる、かって江南の地に暮らした

図⑩　『申報』1945年6月17日広告

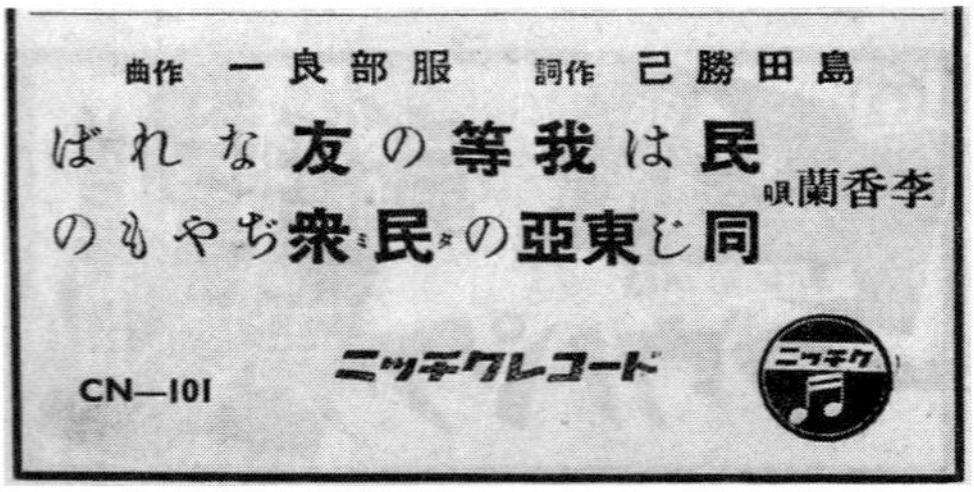

図⑪　『新大陸』創刊号（1945年8月）の広告

人々」に「上海の姿を李香蘭の美しい唄に乗せて送ろう」とする工作だった(41)。また、敗戦直前に宣撫工作用のレコードを作る費用が足りず、李香蘭自身の申し出によりリサイタルのチケット収入で費用を工面したという。そのレコードとは島田勝巳作詞、服部良一作曲、李香蘭唄の「民は我等の友なれば」「同じ東亜の民じゃもの」（ニッチク）の二曲で、これが李香蘭が終戦前に録音した最後のレコードとなった。戦前上海で最後に創刊された日本語雑誌『新大陸』（創刊号、一九四五年八月一日発行）に、このレコードの広告が載せられている［図⑪］。

一九四五年八月六、七日、上海国際競馬場で開かれた恒例のサマー・コンサートに李香蘭はゲスト・シンガーとして迎えられ、服部良一が指揮する上海交響楽団の伴奏で熱唱した。山口淑子自身も言うように、彼女が歌っていたころ広島にはすでに原子爆弾が投下された。長崎に原爆が投下された八月九日にもアンコール公演が行われたが、「コンサートは、アンコール公演というせいもあって満員の盛況だったが、後から振りかえると、あれは「真夏の白昼夢」のように思えてならない」という。その翌日、一〇日の夜に日本降伏を伝える放送が上海に伝わる。

日本敗戦後しばらくの間、李香蘭は依然として上海マスコミの注目の対象だった。種々の曲折を経て、一九四六年三月末、李香蘭は帰国の引揚げ船に乗船する。中国人を装って満映のスターになった彼女が、いざ戦後になれば今度は一枚の戸籍謄本で自分が日本人であることを証明することによって、中国軍政当局からの法的追及を逃れた。中国国籍が起訴の前提となる「漢奸罪」の容疑で李香蘭を被告の席に立たせた検察側の関係者は、宣伝によって被せられたその虚偽のベールを疑わぬ妄信者ばかりだったのか、それともそのように装っていたのか(42)。

とにかく、彼女に無罪判決を言い渡した軍事法廷の裁判までが、李香蘭を使ったプロパガンダの成功を逆に証明していたのであり、虚実が錯綜する「李香蘭神話」が敗戦によっては清算されずに形を変えて終戦後まで生き延びることに加勢したと言える。

（1）山口淑子・藤原作弥『李香蘭　私の半生』新潮社、一九八七年、二三〇頁。
（2）近年、同作品のミュージカル映画としての価値が見直される中、二〇一四年八月一五日、WOWOWはノンフィクション番組「満州映画七〇年目の真実　幻のフィルム『私の鶯』と映画人の情熱」を放送した。番組では監督の島津保次郎をはじめとする制作者たちの「戦時下だからこそ芸術映画をつくる」情熱を讃え、「限られた自由の中で映画人たちは力の限り芸術に挑み続けていた」と解説し、『私の鶯』を「芸術映画」として高く評価した。
（3）池田督「幻の映画『私の鶯』への私の郷愁」、『ミュージカル』第一一号、一九八五年三月号、一二頁。同号『ミュージカル』掲載の西久保三夫「幻のミュージカル映画『私の鶯』を追跡する…」でも、同作品を「公開される機会を失った」「悲劇の映画と呼ばれるにふさわしい作品」と見ている。
（4）佐藤忠男「映画『私の鶯』のこと」、前掲『ミュージカル』第一一号、一〇頁。
（5）前掲『李香蘭　私の半生』二四五頁。
（6）山口猛『幻のキネマ満映――甘粕正彦と活動屋群像』平凡社、一九八九年。引用は平凡社ライブラリー、二二八―二二九頁。
（7）『東亜新報』は一九三九年七月から日本の敗戦まで北京で発行された日本語新聞。派遣軍の機関紙として、同時期上海で発行された『大陸新報』と同様の日本語国策メディアである。
（8）岩野裕一『王道楽土の交響楽　満洲――知られざる音楽史』（音楽之友社、一九九九年）では、一九四五年「六月二四日から三〇日までの一週間、李香蘭主演の『哈爾濱歌女』が平安戯院で封切られていた」ことを指摘している。二八八頁。
（9）http://book.kongfz.com/26491/705455117/。二〇一八年八月三一日アクセス。
（10）千葉俊一『大華大戯院報告書』中華電影研究所資料部、一九四四年参照。

(11)佐藤忠男『キネマと砲聲――日中映画前史』リブロポート、一九八五年。引用は岩波現代文庫、二〇〇四年、二七六頁。

(12)『東宝三十年史』東宝株式会社、一九六三年、三一五頁。

(13)『日本映画』一九四四年四月一日号、二頁。

(14)現在鑑賞できる『姿三四郎』の冒頭には、東宝による次のような「御詫び」が表示される。「本篇は昭和一八年三月完成封切りされた黒澤明氏の第一回監督作品「姿三四郎」を昭和一九年三月再上映した際に当時の国策の枠をうけ監督黒澤明氏並びに製作スタッフの関知せぬまゝ一八五六呎短縮されたものであります」とある。

(15)前掲『李香蘭　私の半生』二四五―二四六頁。

(16)同パンフレットによる。また、一九四一年七月一九日『読売新聞』夕刊には同バレー団の公演を予告する日本劇場の広告などが掲載された。

(17)岩崎昶『日本映画私史』朝日新聞社、一九七七年、二二八頁。

(18)山口淑子は島津保次郎の「芸術映画」を作る意欲を伝えるエピソードとして、ハルビンのホテルで島津が池田督に語りかけたという「日本は必ず戦争に負ける。負けるからこそ、よい芸術映画を残しておかなければならない。やがてアメリカ軍が日本を占領したとき、日本人は戦争映画だけではなく、欧米の名画にも負けない秀れた芸術映画を作っていたという証拠を残しておくために――」(前掲『李香蘭　私の半生』二五四頁)という話を紹介している。しかし、植草圭之助『わが青春の黒沢明』(文春文庫、一九八五年)で、戦争末期に東宝の食堂で徳川夢声、植草などと話し合った島津保次郎が「アメ公たちがやってきたとき、日本でも、こんな時期に、こんな凄え映画作っていたのかって、奴等、肝をつぶすような芸術映画撮って貰いたいんだよ」(六一頁)と黒澤明に期待した話を記している。同じ島津の時期、場所、相手の異なる二つのエピソードだが、内容は大きく共通性を持つ。伝聞による山口淑子の記述より、後者の当事者の記述の方が信憑性は高い。

(19)前掲『李香蘭　私の半生』二五〇―二五三頁。

(20)前掲『王道楽土の交響楽』二三八頁。また、牧野守「魅惑の姑娘スター李香蘭の転生――甘粕正彦と岩崎昶、そして川喜多長政」(四方田犬彦編『李香蘭と東アジア』東京大学出版会、二〇〇一年)に、「提携大音楽会」のプログラムの写真を掲載している。

(21)このことについては、「李香蘭も自覚している様に、一九四二年(昭和一七)はこれまでの姑娘スターからの脱皮を促す転機であった」と、前掲、牧野守「魅惑の姑娘スター李香蘭の転生」で指摘されている。一二二頁。

(22) 「一代尤物大陆明星李香兰小姐与前电影导演现本刊主编王则氏对谈」、『国民雑誌』一九四二年八月号。

(23) 『新影壇』一九四三年第三号、「与李香兰临别时的谈话」。

(24) 『国際映画新聞』一九四〇年新年号に寄せられた随筆「満洲と日本」の中で、李香蘭が「私が個人の希望として一度やらせて戴きたいのは所謂、音楽映画です」と明言している。

(25) 前掲『李香蘭　私の半生』二四六頁。

(26) 岩野裕一「『私の鶯』と音楽の都・ハルビン」、前掲『李香蘭と東アジア』八二頁。

(27) 『映画旬報』一九四二年一二月一一日号の「撮影所通信」では「島津保次郎監督は「ハルビンの歌姫」と「あこがれの歌」を用意してゐる。二本とも李香蘭が選ばれる」とある。

(28) 渡辺直紀「満映映画のハルビン表象――李香蘭主演『私の鶯』(1944)論」、『武蔵大学人文学会雑誌』第四九巻第一号、二〇一七年一二月、二二二頁。

(29) 死ぬ間際のディミトリは「マリヤ、お父様の処へお帰り。日本へ……帰るがいい。日本は美しい神の国だよ。偉大な……ありがたい国だ。尊い国土……」と遺言した。

(30) 甘粕正彦「満人のために映画を作る」、『映画旬報』一九四二年八月一日号。

(31) メリニコワ・イリーナ「『私の鶯』に写った李香蘭の神話と現実」、生田美智子編『女たちの満洲――多民族空間を生きて』大阪大学出版会、二〇一五年、二〇三頁。

(32) 呂萍「李香兰的歌唱・事业・恋爱和结婚」(续)、『上海影壇』第一巻第一二号、一九四四年、三三頁。

(33) 中華電影聯合公司は、中華電影と中国側の映画会社である中華聯合が一九四三年に合併してできた映画会社。

(34) 「李香兰大展歌喉 独唱会速写」、『中国電影画報』第一巻第二号、一九四四年七月九日。

(35) 呂萍「李香兰的歌唱・事业・恋爱和结婚」、『上海影壇』第一巻第一一号、一九四四年九月一日、二四頁。

(36) 例えば、『雑誌』復刊第三七号(一九四五年八月号)掲載の「納涼会見記」で、茶宴に出席し対談した李香蘭と張愛玲について、前者を「第一流の東亜の女性スター」「東亜の映画スター李香蘭女史」と称し、後者を「第一流の中国女性作家張愛玲女史」と呼んだ。前掲『李香蘭と東アジア』一七二頁。

(37) 前掲『李香蘭　私の半生』二八一―二八二頁。

(38) 榎本泰子「中国音楽史から消えた流行歌——もう一つの「夜来香ラプソディー」」、『東洋史研究』第六九巻第三号、二〇一〇年一二月。

(39) 前掲『李香蘭　私の半生』二八八頁。

(40) 辻久一『愛蔵版　中華電影史話——一兵卒の日中映画回想記〔1939-1945〕』凱風社、二〇一六年、三四一頁。

(41) 島田勝巳「運命の歌姫・李香蘭」、『人物往来』一九五六年二月号。島田の文章が『私の鶯』の七〇分短縮版と同じタイトルを付けられたのは、ただの偶然なのだろうか。

(42) 当時上海にいた堀田善衛が一九四五年一〇月二四日の日記に、会田綱雄、武田泰淳との対話として次のように李香蘭に触れている。「その時の話に、緑苑荘の川喜多さんのところにゐる李香蘭について、「李香蘭」はつかまつたが、山口淑子はつかまらぬのだ、といふ話あり。なるほどといふ訳で大いに笑つた」（紅野謙介編『堀田善衛上海日記——滬上天下一九四五』集英社、二〇〇八年、四三頁）。この記述は、李香蘭の漢奸裁判が日中間の暗黙の合意による茶番劇だった可能性を仄めかしているように取れる。

ドイツの銀幕における〈大東亜戦争〉

ハラルト・ザーロモン

はじめに

一九四二年三月五日、『読売新聞』のベルリン支局長である松尾邦之助は、次の報告を東京の本社に送信した。

日本の東亜における水も洩らさぬ作戦、電撃的な大勝利の連続にさすがドイツ人も賞讃を通り越していまは驚異の連続だ。〔中略〕最近ベルリン付近の工場を見学したが工場のどの部屋にも太平洋の地図が壁に貼られてあり、労働者が赤鉛筆で戦況を記録していたが〔中略〕東部戦線の兵隊も日本の勝利を報ずる新聞を奪ひあって読んでゐる、ドイツ人がいま一番残念がってゐるのは大東亜戦争のニュース映画が見られぬことだ。(1)

新聞記者のこの興味深い観察は、ナチス当局が作成した国内情勢に関する報告書などの資料によっても裏付けられる。真珠湾攻撃に次ぐ数カ月間、太平洋や東南アジアの戦況についての関心は継続し、一九四二年二月の半ば、「唯一の戦果」と言われたシンガポールの攻略をもって、頂点に達した。「戦乱の欧州」を二年間も体験した逓信省官僚の山岸重孝が描写したように、その時期には、ベルリンのいたるところで軍艦行進曲や愛国行進曲が聞こえ、全ての新聞が毎日のように日本の事物を広範に紹介していた。(2)『ライヒからの報告』によると、その日本熱の背景には、一九四一年の冬以来、急速に悪化した東部戦線の戦況に対する懸念があった。日本陸海軍の戦

勝はドイツ国民を再び楽観的にする力があったのだ。(3)

こういった状況において、同盟国日本の戦争記録映画は、ドイツの銀幕にどの程度、どのように映写されたか。それによって、太平洋や東南アジアの戦場、つまり〈大東亜戦争〉がどのように描写されたか。そして、ドイツの観客は日本の戦争記録映画をどう受容したか。以上の点を考察したい。

二〇一〇年代に入って以来、戦時期における独日文化交流に関する研究は盛んになり、重要な成果をもたらしている。一例をあげると、二〇一四年に『親衛隊と侍』(*SS und Samurai*)という一般の興味を掻き立てる題名で出版された大著がある。(4) しかし、ドイツの銀幕における〈大東亜戦争〉について詳しく考察する論文は依然としてなく、日独映画関係についての一般の文献にも間違いが多いようである。したがって、本章の目的は上記の問いに光を当てるものである。

1　日本の戦争記録映画——需要と供給

一九三〇年代の初頭から、日独関係の変遷につれて、独日協会(Deutsch-Japanische Gesellschaft)の重要性はますます深まっていった。一九三三年、ヒトラーの政権掌握とともに、協会は、すべての団体と同様ナチスに統合され、日独関係を保護し、ドイツにおける日本への認識を促進するという公的な役割を担うことになった。ベルリン本部のほかに、数年後には、ケルン、ウイーン、フランクフルトという三つの大都市に支部が開かれ、会員数も大幅に増えた。(5)

独日協会は早くから、映画を文化紹介の理想的な手段と考えていたが、適当な映画が不足しているという不満を抱いていた。それゆえに、フリードリヒ・ハック(Friedrich W. Hack)など独日協会の理事メンバーは、劇映画の共同製作に力を注ぐことにし、山岳映画監督のアーノルト・ファンク（Arnold Fanck）と伊丹万作の共同監督作品を支援することを決定した。すでに研究されているとおり、協会はその後、一九三七年のファンク作品『サムライの娘』（Die Tochter des Samurai）の最も重要な後援者の一つとなった。社会的なイベントとしてメデイアの関心を呼び起こした封切りも、独日協会の主催で行われた(6)。

とはいえ、一九三〇年代の後半におけるナチスドイツと日本の政治的な接近も、日本事情を紹介する映画の供給を根本的に容易にする結果にはならなかった。一九三七年の一一月に、日独文化協定の先駆として国際映画協会とドイツの帝国映画院（Reichsfilmkammer）との間に締結された日独文化映画交換協定にもかかわらず、日本映画の一般公開はむしろ例外的なものであった。第二次世界大戦が勃発した後、協会の映画活動は、当面は集会で上映できる日本映画を入手することに集中した。例えば、一九四一年の三月にベルリンを訪問した松岡洋右外相が持参した山本嘉次郎監督の『馬』（東宝映画、一九四一年）は、協会の支部で上映され、拍手喝采を受けた(7)。

ところが、独日協会の映画活動が迅速に進まないことに不満を持った協会の薦めで、明治時代のお雇い外国人エルヴィン・ベルツの息子であるエルヴィン・徳・ベルツが日本政府に招待され、協会嘱託の映画担当者として、一九四〇年の秋に日本に派遣されることになった。映画製作用に一万メートルのアグファの生フィルム提供を約束され、希望に胸を膨らませて母国日本に着いたベルツは、『大和魂』（Der japanische Geist）という記録映画を撮る予定だったが、おそらくは生フィルム不足のせいで、当初の計画を中止せざるを得なくなった。その代わりにベルツは、日中戦争で戦う陸軍飛行士を描写する映画『燃ゆる大空』をドイツ観衆のための再編集し、ドイツ語字幕を付ける仕事に着手した。東宝映画『燃ゆる大空』は、日本陸軍からヒトラー総統に贈呈される予定であったため、緊張のあまりか、この作業も当初は遅れがちだった。

やがて、一九四一年の六月に開始されたドイツ国防軍によるソビエト連邦攻撃作戦によってシベリア鉄道が不通になり、一万キロ以上離れた日本とドイツの映画交流は、以前にも増して困難な状況に陥った。一時は封鎖突破船が効果的に両国の間を行き交ったが、一九四二年の半ばからは、アメリカとイギリスの海軍によって次第に阻止されるようになった。その後、同盟国間の運送は、主として潜水艦の限られた容量で続けられた。困難の程度は、それまで空想的と見なされていた中央アジア横断鉄道が、これからの「東亜共栄圏とヨーロッパ共栄圏」を結びつける方法として真剣に計画されるようになったことからも分かる。(8)

映画観客の関心と戦意高揚という意義にもかかわらず、〈大東亜戦争〉がドイツの銀幕に進出する速度は緩慢だった。一九四二年の初頭には、ナチスドイツの高級指揮官たちが簡単にソ連軍を打ち負かすだろうというのが大方の予想であったが、やがてドイツ国防軍は壊滅的な長期戦争に入り、莫大な損害の実態が明らかになった。同年の三月初頭、フランツ・ハルダー参謀総長（Generalstabschef Halder）は死傷者の数が一〇〇万人を超えたと『戦争日記』に記した。つまり、国防軍の東部戦線に配した兵員のほぼ三分の一が、一年足らずで戦死傷したのである。(9) ちょうどそのころ、ニュース映画の『ドイツ・週刊ニュース』（Deutsche Wochenschau）は、初めて「太平洋における戦争」に特別の注意を向けた。一九四二年三月四日にドイツで封切られた第六〇〇号〔図①〕は、南洋を中心とした地図で開幕し、そこから戦況の描写が一巻余り続く。興味深いことに、この映画は比較的のんびりした編集で、簡単な地図の動画や、意気揚々とした音楽、マニラ、香港、マレー、タイ、ボルネオ、セレベス、シンガポールやスマトラ島の異国情緒などを描き出すショットが挿入されている。明らかに、東南アジアの場面は〈大東亜戦争〉が展開する以前に撮影されており、有名アナウンサーであるハリー・ギーゼ（Harry Giese）の活気あるナレーションこそあるものの、ダイナミックな近代戦争のイメージからはほど遠い。

一九四二年二月七日から一五日にかけてのイギリスの難攻不落の要塞シンガポールの戦いを取り上げてから、物語はスマトラとジャワ島への攻撃で山場へと盛り上がっていく。地図の動画が、戦闘中の日本陸海軍の記録的なショットと入れ替わる。戦艦の艦砲が轟々と発射され、日章旗を持った兵隊が上陸用舟艇に乗って陸地を踏み、大砲と機関銃を使って燃えさかる建物の間を前進する。日本軍が太平洋全域を支配しているという実態を示すために改めて地図を入れてから、オーストラリアさえも攻撃した爆撃機の撮影が続く。時間にすれば二、三分間のこうした場面で、〈大東亜戦争〉の記録的な映像が、初めてドイツの銀幕に登場したのである。

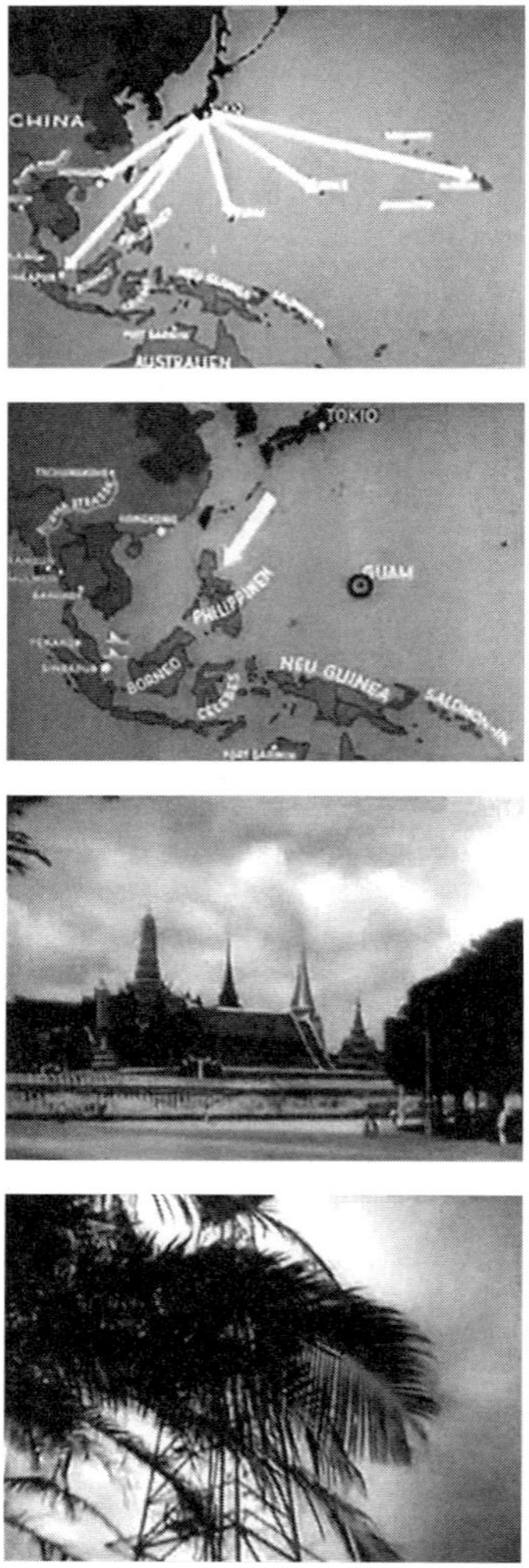

図① 『ドイツ・週刊ニュース』第600号（1942年3月4日公開／Internet Archive より）

2 「天皇の荒鷲」

『ライヒからの報告』によると、東アジアの戦況についての映像はその後もおおいに需要があったものの、『ドイツ・週刊ニュース』では数ヵ月間報じられることがなかった。次にドイツで公開された戦争記録映画は、恐らくエルヴィン・徳・ベルツが日本で再編集した劇映画『燃ゆる大空』とともにドイツに運ばれたものであろう。

ベルツは長年ハリウッドで働いた経験のある阿部豊監督を批判し、特に阿部監督が重視した感傷的な場面をドイツ観衆には不適当だと主張した。その上、技術的な落ち度にも気づいていたため、『燃ゆる大空』を大幅に再編集することに固執していた。しかしながら、一九四一年の春、再編集が未完成にもかかわらず、日本陸軍は上映プリントをベルリンに送り出した。[10] ベルツはあらゆる手段を使って拙速な上映を阻止したが、財政的な問題、生フィルム不足に加えベルツ自身が挑戦的なプロジェクトを多数抱えていたこともあって、その後の再編集作業は非常に遅滞していた。それにもかかわらず、一九四一年の六月の初め、ベルツは松竹からも接触を受け、二年前の吉村公三郎監督の『西住戦車長伝』のドイツ語版を作ることになったと、独日協会の本部に報告した。ベルツによれば、それは内閣情報局の総裁を務める伊藤述史《のぶふみ》が『前方へ、前方へ』という仮題のついたドイツ語版を国民啓発・宣伝大臣ヨーゼフ・ゲッベルスに進呈する予定であった。[11]

結局、再編集された『燃ゆる大空』は、翌一九四二年、『日本の荒鷲』（Nippons Wilde Adler）と名づけられ、実際に日本陸軍からの贈り物としてヒトラー総統とドイツ国民に贈られた。同年六月五日、上映は当時ベルリンで最も重要な封切映画館だった、席数約二二〇〇のウーファ・パラストでおこなわれた。午後、まずは負傷兵や産業戦士のための特別上映の後、ゲッベルス宣伝相などのナチス政治家、国防軍の将軍たち、外交団の代表者や当時の駐独日本大使であった大島将軍の前で、国旗と菊の花で飾られた映画館で公式の封切り上映が続いた。興味深いことに、プログラムは真珠湾攻撃、フィリピン上陸などの戦果を記録した「初めて私たちのもとに届けられた日本のニュース」で始まり、続く劇映画は「日本の荒鷲の凛々しい戦果を可能にする」精神を描写するものとして紹介された。つまり、封切りプログラムの中では、日中戦争と〈大東亜戦争〉が融合されていたのだ。[12]

『日本の荒鷲』封切りの同週に、特に『日本ニュース』第八二号[13]（一九四一年一二月三〇日公開）から取った映像が、『ドイツ・週刊ニュース』（第六一三号［図②］）の編集に使われた。待望の東アジア戦地からの映像は、ドイツの一般観衆を強く惹きつけ、多数の客がとりわけ週報を見るために、当時の日本と同様に、週報、文化映画、劇映画という三本立てを上映する映画館を訪れたようである。映像がどのように受容されたかについては、『ライヒからの報告』に次のような説明がある。

> 東亜における戦場の映像は観客に最も大きな関心を呼び起こし、日本の国防軍について説得力のある印象を残した。撮影は「すこぶるよい」と大多数の客が認めたが、ドイツの撮影と比べると技術的に不完全な点もあった。画は「強くチラチラする」し、不安定な部分もあった。しかし、戦闘場面の近距離からの自然な撮影が、そういった欠点を補った。スチール写真の使用は賞賛を受け、『ドイツ・週刊ニュース』でも使用してはどうかという声もある。観客に最も強い印象を残したのは、香港における日本陸軍の戦勝行進のようだ。兵士たちが戦死した戦友の遺骨を持って行進する様子は広く注目された。また、イギリスの捕虜に対する日本軍人たちの騎士的な振る舞いも特に目を惹いた。(14)

図②『ドイツ・週刊ニュース』第613号(1942年6月3日公開。『日本ニュース』第82号と第83号から取った映像／YouTubeより)

一方、当局の報告によると、「同民族であるイギリス人」が日本人に捕虜にされるのを見て、異様な感じを抱いた客もいた。しかし、強い攻撃精神を発揮する同盟国を誇りに思う客の方が多かった。

事実、「大東亜の戦場からの生の撮影が遠い回り道をして私たちの手に入った」と紹介された、一〇分近い映像は、「天皇の荒鷲」たちの出撃やあらゆる軍事技術、歩兵隊の迅速な前進などを描写して、〈大東亜戦争〉の近代的なイメージを強調している。他方、兵器が人間に及ぼす影響、両軍の死傷兵の映像などは、大部分が隠されている。

その後も、〈大東亜戦争〉は『ドイツ・週刊ニュース』で何度か取り上げられる。しかしながら、さまざまな意味で戦争描写の主人公となったのは、よく知られた映画『ハワイ・マレー沖海戦』である。

3 独日協会による『ハワイ・マレー沖海戦』の公開

『ハワイ・マレー沖海戦』は大本営海軍報道部が企画し、「大東亜戦争一周年記念映画」として東宝映画によって製作された作品である。山本嘉次郎《かじろう》監督の戦争スペクタクル映画である本作は、一九四二年一二月三日に、映画配給社によって「紅系」の映画館で公開され、当局の観客動員も十分あって、「国民のすべてが見た」大ヒットとして知られるようになった。

興味深いことに、『ハワイ・マレー沖海戦』は製作の段階からドイツの映画界でも注目を集めており、円谷英《つぶらや》二が担当した砧《きぬた》撮影所での特撮は、一九四二年一〇月の半ばに、『フィルム・クリーア』誌で報道された。

東京の郊外に、東宝映画による大スケールのセットが作られた。ミニチュアモデルが攻撃当時の港湾の軍事設備とアメリカ軍艦とを詳細に再現している。電動式の小さな潜水艦と飛行機は、攻撃を現実さながらに見せることだろう(15)。

同誌は一二月の冒頭にも、迫る封切りを取り上げ、観客動員の努力にも軽く触れた。その際、真珠湾と東南アジアのそれぞれ別の戦場を描写する二本の映画が封切り予定であるという誤解が生じた(16)。『ハワイ・マレー沖海戦』の上映用プリントがどのような手段でドイツに運送されたかは不明で、プリントの数も到着日も不詳である。いずれにせよ、プリントは到着後に在ドイツ日本大使館で保管され、ドイツ上映用に再編集した後、大使館付き海軍武官が貸し出すことになっていた。ところが、一九四三年一一月、独日協会が大使館の主導で上映の準備を始めたところ、プリントはまだウーファにて再編集中であった。再編集の結果、大幅に短縮されて、ドイツ語字幕が付けられた『ハワイへの道』(Der Weg nach Hawai)というウーファ版が完成した(17)。

独外務省と国民啓発宣伝省の後援を得て、独日協会はこの映画の上映計画を推進した。荘厳な封切りに相応しい映画館として、事務長がウーファのマーブル館(Marmorhaus)に連絡を取った。第一次世界大戦以前に建築されたこの豪華な劇場は、ジークフリート・クラカウアーに「娯楽の宮殿」(Paläste der Zerstreuung)と呼称された高級映画館の一つで、一九二〇年の二月に『カリガリ博士』の封切館となった場所である(18)。多くの劇場とは対照的に、一九四三年の冒頭から打ち続く激しい空襲にもかかわらず被害を受けていなかった(19)。

当初意図していた一九四三年一二月八日の封切りは、国民啓発宣伝省の命令で延期され、同盟国の政治的なイベントとしては、恐らくは急速に悪化する戦況の影響もあって、前年の『燃ゆる大空』の公開の水準には及ばなかった。とはいえ、一九四三年一二月一七日、日本とドイツの国旗に加えて白い菊の花で飾られた映画館で行われた封切りセレモニーには、日本大使である大島将軍、元海軍司令官・独日協会の会長リハルト・フェルスター、人民法廷の法相ローラント・フライスラーなどの錚々たる顔ぶれが参加した。

日本の戦争記録映画のベルリン公開は、多くの効果をもたらした。全国の一般新聞でも報道され、多くの批評が特に日本海軍の精神教育の描写に注目した。

この映画は、技術的な面のみならず、人格教育も少なくとも同様に重視する日本の海軍飛行士の徹底した教育を、非常に印象深く描写している。〔中略〕三年間ほどの訓練後、若い主人公が休暇で帰郷し、この休みの後に初めて飛行機に乗ると語ると、妹が驚いて「えっ、三年間も飛行学校に通ったのに、飛行機に乗ったことがないなんて！」と叫ぶ。確かに、観客の多くも同じ疑問を抱いたことだろう。それにもかかわらず、日本の教育が有意義であり、人格、武勇、決意、思慮深さを育む粘り強い教育が、いざという時に実りを結ぶことは、真珠湾をはじめ、日本海軍が凱旋した多くの海戦と空戦から分かる。(20)

ベルリンにおけるドイツ封切り後、『ハワイ・マレー沖海戦』のウーファ版は、独日協会支部で上映されたようである。実際に、第二次世界大戦が勃発してから、支部の数が急に増え、ブレスラウ（一九四一年）、ミュンヘン（一九四二年）、シュトゥットガルト（一九四二年）、ライプツィヒ（一九四三年）などの都市にも支部が誕生した。以下で、一九四四年五月に創立されたマンハイム・ハイデルベルク支部のケースを取り上げよう。

創立直後、映画上映の計画を立てた後、マンハイム・ハイデルベルク支部の事務長は、適当な映画はないかと一九四四年六月にベルリン本部に問い合わせた。ベルリンからの返答によると、当時、用意してあった上映プリントは、『ハワイ・マレー沖海戦』だけだったが、不安定な交通事情のため、プリントを送付する方法がなかった。そのため、一九四四年七月二〇日に、本部が日本大使館からプリントを入手、マンハイム・ハイデルベルク支部の女性秘書がそれを受け取りにベルリンに向かった。よく知られているとおり、この日は、クラウス・フォン・シュタウフェンベルクが東プロイセンでアドルフ・ヒトラーを時限爆弾によって暗殺する計画を実行し、失敗に終わった日である。ハイデルベルクへの帰途は通常よりも困難だったことだろう。

三日後の一九四四年七月二三日、日曜日の昼間興行として、『ハワイへの道』がハイデルベルク市最大の映画館、一三〇〇席のカピトール（Capitol）で、同週の『ドイツ・週刊ニュース』とともに公開された。マンハイム・ハイデルベルク支部がベルリン本部に宛てて書いた報告書によると、この独日協会の昼興行は強い関心を呼び起こし、無料で入れる会員のほか、数百人の観客が参加した。続いて協会の使者が、いまや人気となったこの映画をベルリンに持ち帰り、決算書や地方新聞の切り抜きが本部に送付された。興行的にはわずかな赤字を出したとはいえ、新聞記事の論調は好意的であった。それらの記事の中には、改めて日本精神とプロイセン主義の共通点を確認するものもあり、次の引用が示すとおり、特に飛行士の犠牲的な精神が印象深かったようだ。

あらゆる物が破壊され、船がなすすべもなく炎上し、沈没し、無数のガソリン・タンクが爆発し、船着き場が宙に吹っ飛ぶ真珠湾上の焦熱地獄において、観客はまたしても強硬な闘志を目の当たりにする。ある撃墜された日本戦闘機が、敵の戦艦のど真ん中へと突っ込んでいって自爆するのだ。こういった場面や、ハワイ沖の米艦撃沈の実写映像が、その場に居合わせたような迫力を醸し出し、感動の盛り上がりを演出する。(21)

『ハワイへの道』は、敗戦の数ヵ月前までライプチヒなどの支部で上映されていたようである。興味深いことに、公的な批評は、戦意高揚の側面からこの映画を高く評価し、写実的な効果を強調した。一つの例を挙げると、ライプチヒの新聞に掲載された批評は、特殊撮影の重要な役割を黙殺し、「日本のニュース映像を使って」編集された映画を賞賛した。

私たちは、〔海軍飛行士が〕ハワイ方向へ離陸し、真珠湾でアメリカの艦隊を発見するまで島の切り立った崖の上空を飛び回り、真珠湾でアメリカ艦隊を発見する過程を目の当たりにする。雷撃機が攻撃を開始するやいなや、アメリカ艦隊は激しい損傷を被る。そこへ、爆撃機、急降下爆撃機、さらには戦闘機が続く。攻撃は間断なく繰り出され、アメリカ戦艦は次々に海へと沈んでいく。偉大で、広壮な光景である。〔中略〕この映画は、日本海軍の航空兵の比類なき精神力、高い航空技能、その狂信的ともいえる闘志、その負けじ魂と死をも恐れぬ勇気の説得力溢れる証明である。ドイツの観客に、日本海軍航空兵の〔ハワイとマレーにおける〕極めて輝かしい手柄の印象深い映像を提供する。(22)

さらに、既に破壊されたベルリンからも、独日協会本部の事務長が次のような便りを日本大使館に宛てて書いた。「この映画は、ドイツ観衆にとても良い効果をもたらしたので、今後も機会があれば、こういう種類の映画を日本から入手できることを期待しています(23)」。

終わりに

ベルリンの独日協会本部の頼んだ「こういう種類の映画」が、その後実際にドイツに送られることがあったのかは不明である。『フィルム・クリーア』は、一九四三年末、東京において、「大東亜戦争の二周年記念映画」として松竹映画『海軍』が封切られたこと、外国記者団向けの特別上映があったことを報道した。同誌の短い記事は、日本で「国民映画」としても推薦された作品の筋を次の通り要約している。

この映画は、ひとりの若い海軍候補生が、学校を卒業し、幼年学校へ進学して、潜水艦艦長としての訓練を受け、やがて将校となって、二人乗りの小型潜水艇による真珠湾攻撃の特別命令を受けるまでの過程を描写する。この作品では、潜水撮影と艦内撮影のみとはいえ、有名な日本の特殊潜水艇が初めて公開される。(24)

記事の最後の文章によると、田坂具隆《ともたか》が監督したこの映画の上映プリントは、すでにドイツにあったようである。とはいえ、ドイツにおいて少なくとも私的な鑑賞会が催された記録はない。いずれにせよ、上記から、戦時期ドイツにおける〈大東亜戦争〉初期の戦果記録への関心が後を絶たなかったことは明白だ。それゆえ、日本の戦争記録映画の上映は終戦期まで続き、公的な解釈と観客の受容を紹介する記事も頻繁に掲載された。恐らく宣伝としての効果を最大化するためだろう、当時の新聞は、話題になった戦争記録の質が変わってきたことには触れなかった。しかし、最初のニュース映像が、実際の戦況から次第に離れた、特殊撮影を多用する劇映画に取り換えられたことは明らかである。

（1）松尾邦之助「ドイツの日本熱〝修身の本が見たい〟待望する大東亜戦争の映画」、『読売新聞』一九四二年三月七日夕刊、二頁。
（2）山岸重孝は一九四三年の冒頭に帰国した。“German Journals Play Up Asian War”, *Nippon Times* 16 January 1943: 1. 同『戦乱の欧洲を行く』鱒書房、一九四三年所収。
（3）*Meldungen aus dem Reich 1938–1945. Die geheimen Lageberichte des Sicherheitsdienstes der SS*（『ライヒからの報告　一九三八年―一九

四五年　親衛隊保安部の秘密状況報告書』). Herausgegeben und eingeleitet von Heinz Boberach. Band 9: Meldungen aus dem Reich Nr. 247 vom 18. Dezember 1941 - Nr. 271 vom 26. März 1942. Herrsching: Pawlak Verlag 1984, S. 3208-3219.

（4）Hans-Joachim Bieber: *SS und Samurai: Deutsch-japanische Kulturbeziehungen, 1933–1945*（『親衛隊と侍——日独文化関係、一九三三年—一九四五年』）München: iudicium 2014.

（5）Günther Haasch (Hg.): *Die Deutsch-Japanischen Gesellschaften von 1888 bis 1996*（『独日協会　一八八八年—一九九六年』）, Berlin: Edition Colloquium 1996, S. 134-35; 353.

（6）最近の研究業績の一例として次の論文があげられる。Valerie Weinstein: "Reflecting Chiral Modernities: The Function of Genre in Arnold Fanck's Transnational Bergfilm, The Samurai's Daughter (1936–37)", in: Qinna Shen and Martin Rosenstock (eds.): *Beyond Alterity: German Encounters with Modern East Asia*, New York; Oxford: Berghahn 2014: 34-51.

（7）岩本憲児・牧野守監修『昭和十六年映画年鑑』（復刻版）日本図書センター、一九九四年（原本：日本映画雑誌協会、一九四一年）、二、一〇頁。

（8）シナン・レヴェント「研究ノート　戦間期における日本の「ユーラシア政策」と三国同盟——「回教政策」・反ソ戦略の視点から」、『アジア研究』第五八巻第一・二号、二〇一二年、八四頁。

（9）Generaloberst Halder: *Kriegstagebuch*（『戦争日記』）, Bd. III, Stuttgart: Kohlhammer 1964, S. 413.

（10）Erwin Toku Bälz: "Bericht über die Entstehung der Deutschen Fassung des japanischen Fliegerfilms 'Moyuru Ozora' (deutscher Titel: 'Nippons wilde Adler')（「日本航空映画『燃ゆる大空』〔ドイツ語の題名は『日本の荒鷲』〕のドイツ語版の成立に関する報告」）, 6.2.1941. Bundesarchiv（ドイツ連邦公文書館）R 64-IV/159, S. 161-62.

（11）ベルツから元海軍司令官・独日協会の会長、リハルト・フェルスターへの手紙（一九四一年六月五日）。Bundesarchiv（ドイツ連邦公文書館）R 64-IV/159, S. 34.

（12）"Das Heldenlied vom japanischen Fliegergeist. 'Nippons wilde Adler' in Gegenwart von Dr. Goebbels und Botschafter Oshima im Berliner Ufa-Palast uraufgeführt"（「日本航空戦士の精神の英雄の歌　『日本の荒鷲』がゲッベルス博士と大島大使の面前でベルリンのウーファ・パラストで封切られた」）, *Film-Kurier*, 6. Juni 1942, S. 1-2.

（13）『日本ニュース』第八二号は「決死的激闘の合間に、我が勇敢なる戦士の手に依って撮影された貴重なる歴史的記録である」という文章で始まる。

(14) *Meldungen aus dem Reich, 1938–1945*（『ライヒからの報告』）. Nr. 272, 30. März 1942 – Nr. 301, 20. Juli 1942. Herrsching: Pawlak Verlag 1984, S. 3802-3823.

(15) "Die Schlacht bei Pearl Harbour im Spielfilm"（「劇映画における真珠湾付近の海戦」）, *Film-Kurier*, 15. Oktober 1942, S. 1.

(16) "'Pearl Harbour' und 'Die Schlacht bei Malaya': Das japanische Volk sieht seine Kriegsfilme"（「「真珠湾」と「マレー沖海戦」　日本国民が戦争映画を見る」）, *Film-Kurier*, 1. Dezember 1942, S. 1.

(17) Bundesarchiv（ドイツ連邦公文書館）R 64-IV/75, S. 59. ロンドンの帝国戦争博物館（Imperial War Museum）に所蔵されているドイツ語字幕付きのプリントの長さは九〇分のようで、つまり、戦時期日本で公開された「本物」よりほぼ三〇分短い。

(18) Siegfried Kracauer: "Kult der Zerstreuung", *Frankfurter Zeitung*, 4. März 1926.

(19) 例えば、上記のウーファ・パラストは、一九四三年一一月二三日の激しい空襲によって破壊された。

(20) "Weg nach Hawai. Japanischer Film in Berlin"（「ハワイへの道　ベルリンにおける日本映画の上映」）, *Fränkischer Kurier. Allgemeine Ausgabe Nürnberg*, 21. Dezember 1943. Bundesarchiv（ドイツ連邦公文書館）R 64-IV/75 参照。

(21) "Der Weg nach Hawai. Sondervorführung eines japanischen Films"（「ハワイへの道　日本映画の特別上映」）. Bundesarchiv（ドイツ連邦公文書館）R 64-IV/75, S. 132.

(22) Fritz Mack: "Der Weg nach Hawaii. Ein japanischer Toho-Film über den Handstreich auf Pearl Harbour"（「ハワイへの道　真珠湾の奇襲についての日本東宝映画」）, *Leipziger Neueste Nachrichten*, 12. Dezember 1944, S. 3.

(23) 日本国大使館文化部宛ての手紙（一九四五年一月五日）より。Rudolf Trömel an Kaiserlich Japanische Botschaft, Kulturabteilung, 5. Januar 1945. Bundesarchiv（ドイツ連邦公文書館）R 64-IV/228, S. 4-5. Haasch, *Die Deutsch-Japanischen Gesellschaften 1888 bis 1996*, 1996 参照。

(24) "Kaigun"（『海軍』）, *Film-Kurier*, 21. Dezember 1943, S. 2.

（付記）本稿の日本語は浅井晶子さんに校閲していただいた。心からお礼を申し上げたい。

年	月	社会全般（映画に関する時事的話題を含む）	主な映画作品（公開順、外国映画は日本公開年、〔ソ〕＝旧ソ連、日本監督名は初出のみフルネーム）
1930（昭和5）	1	金輸出解禁。東京で全国民衆党、大阪で無産大衆党結成。ロンドンで海軍軍縮会議。欧米映画はトーキー化進む	『摩天楼　愛欲篇』（村田実、日活）、『汗』（内田吐夢、日活）、『アスファルト』〔独〕、『ブロードウェイ・メロディ』〔米〕、『アンナ・カレニナ』〔米〕
	2	第二次浜口雄幸内閣発足。林房雄ら共産党の同調者・党員の大検挙（1928年より数次におよぶ）。傾向映画の流行	『何が彼女をそうさせたか』（鈴木重吉、帝キネ）、『戦線街』（古海卓二、右太衛門プロ）、『パンドラの箱』〔独〕、『時のほか何ものもなし』〔仏〕
	3	不況で失業者数が増大、翌年はさらに悪化	『朗かに歩め』（小津安二郎、松竹）、『進軍』（牛原虚彦、松竹）、『ふるさと』（溝口健二、日活、部分トーキー）、『リオ・リタ』〔米〕、『ハリウッド・レヴィュー』〔米〕
	4	鐘紡工場、各地で争議が多発	『落第はしたけれど』（小津、松竹）、『撃滅』（小笠原明峰、日活）、『帰郷』〔独〕、『喝采』〔米〕、『シンギング・フール』〔米〕、『淪落の女の日記』〔独〕
	5	共産党シンパ事件、大学教授らが検挙される。第一回「プロレタリア映画の夕」開催	『この母を見よ』（田坂具隆、日活）、『続大岡政談・魔像篇一』（伊藤大輔、日活）、『あらその瞬間よ』（斎藤寅次郎、松竹）、『鳳陽老虎』〔中・上海〕、『若き翼』〔米〕
	6	エロ・グロ・ナンセンスの流行	『剣』（古海、右太プロ）、『滅び行く武士道』（小石栄一、右太プロ）、『第十一回東京メーデー』ほか（プロキノ）、『渦巻く都会』〔米〕、『大和魂』〔米〕
	7	全国大衆党結成。新興映画社『プロレタリア映画運動の展望』刊	『素浪人忠弥』（伊藤、日活）、『弾丸』（服部静夫、松竹）、『エロ神の怨霊』（小津、松竹）、『テキサス無宿』〔米〕、『潜航艇C1号』〔独〕

年	月	事項	映画
1930（昭和5）	8	農漁村の困窮、社会問題となる。プロキノ機関誌『プロレタリア映画』創刊	『海坊主悩まし』（斎藤寅、松竹）、『大都会』（牛原、松竹）、『ジャズ・シンガー』〔米、部分トーキー〕
	9	米価の大暴落。川喜多長政、上海で東和商事上海支社を開設	『浅草紅団』（高見貞衛、帝キネ）、『諧謔三浪士』（稲垣浩、千恵蔵プロ）、『パラマウント・オン・パレイド』〔米〕、『ラヴ・パレイド』〔米〕
	10	日本政府、中国の名称を「支那」から「中華民国」へ変更。台湾で霧社事件	『無憂華』（根津新、東亜）、『旋風時代』（志波西果、帝キネ）、『旗本退屈男』（古海、右太プロ）、『トゥルクシヴ』〔ソ〕、『西部戦線異状なし』〔米〕、『アジアの嵐』〔ソ〕
	11	浜口首相、テロにあい重傷、翌年死去。新興映画社『プロレタリア映画運動理論』刊	『百姓万歳』（木村荘十二、帝キネ）、『若者よなぜ泣くか』（牛原、松竹）、『エロ大行進曲』〔米〕、『ハレルヤ』〔米〕
	12	犬飼毅内閣成立。紙芝居に「黄金バット」登場	『中山七里』（落合浪雄、ミナトーキー）、『お嬢さん』（小津、松竹）、『足が第一』〔米〕
1931（昭和6）	1	日本農民組合結成。映画館の男女別席制を撤廃	『精力女房』（斎藤寅、松竹）、『吹けよ春風』（田坂、日活）、『キング・オブ・ジャズ』〔米〕、『最後の中隊』〔独〕、『モンテ・カルロ』〔米〕
	2	婦人公民権法案、衆議院を通過、貴族院で阻止される	『淑女と髭』（小津、松竹）、『大空軍』（小沢得二ほか、東京シネマ、陸軍省後援）、『大地に立ち上る者』（辻吉朗、日活）、『モロッコ』〔米〕、『有頂天時代』〔米〕
	3	大日本連合婦人会発足（1942年2月、大日本婦人会へ統合）。軍人によるクーデター未遂発覚（三月事件）	『瞼の母』（稲垣、千恵プロ）、『ミスター・ニッポン』（村田、日活）、『春』〔ソ、記録映画〕、『世界のメロディ』〔独〕、『西部戦線一九一八年』〔独〕、『ビッグ・トレイル』〔米〕
	4	第二次若槻内閣成立	『マダム・ニッポン』（高見、帝キネ）、『侍ニッポン』（伊藤、日活）、『愛よ人類と共にあれ』（島津保次郎、松竹）、『アンナ・クリスティ』〔米〕
	5	河原崎長十郎・中村翫右衛門ら前進座を結成	『黎明以前』（衣笠貞之助、松竹）、『美人哀愁』（小津、松竹）、『嘆きの天使』〔独〕、『全線』〔ソ〕、『巴里の屋根の下』〔仏〕
	6	右翼団体、大日本生産党結成。岩崎昶『映画と資本主義』刊	『愛の闘い』（島津、松竹）、『嘆きの都』（曽根純三、帝キネ）、『モンブランの嵐』〔独〕

年	月	事項	映画
	7	上海・南京で排日運動	『洛陽餓ゆ』（東隆史、阪妻プロ）、『右門十八番手柄』（仁科熊彦、寛寿郎プロ）、『大地』〔ソ〕、『タブウ』〔米〕
	8	古賀政男「酒は涙か溜息か」レコード発売。新興キネマ、京都に設立	『マダムと女房』（五所平之助、松竹、日本初の本格的トーキー）、『東京の合唱』（小津、松竹）、『暁』〔英〕、『間諜X27』〔米〕
	9	関東軍による柳条湖事件（満洲事変）起こる。浅岡信夫『映画国策之提唱』（私家版）。東和商事上海支社が撤退	『三面記事』（内田、日活）、『何が彼女を殺したか』（鈴木、新興）、『市街』〔米〕、『百万 ル・ミリオン』〔仏〕
	10	橋本中佐らによるクーデター発覚、逮捕される。東北・北海道の冷害深刻	『日本二十六聖人』（池田富保、日活）、『心の日月』（田坂、日活）、『魔人ドラキュラ』〔米〕、『犯罪王リコ』〔米〕
	11	関東軍、黒竜江省チチハルの馬占山軍、天津などで戦闘	『舶来文明街』（冬島泰三、月形プロ）、『一本刀土俵入』（稲垣、千恵プロ）、『陽気な中尉さん』〔米〕、『アメリカの悲劇』〔米〕、『カラマゾフの兄弟』〔独〕、『民衆の敵』〔米〕
	12	浅草オペラ館、ムーラン・ルージュ新宿座、開場。犬養毅内閣成立	『生活戦ABC』（島津、松竹）、『仇討選手』（内田、日活）、『北満の偵察』（吉村廉ほか、日活）、『御誂次郎吉格子』（伊藤、日活）、『トレイダ・ホーン』〔米、記録映画〕
1932（昭和7）	1	日本の海軍陸戦隊、上海で中国軍攻撃（第一次上海事変）、3月に停戦	『国士無双』（伊丹万作、千恵プロ）、『金色夜叉』（野村芳亭、松竹）、『極楽二人組』〔米〕、『陽気な後家さん』〔米〕
	2	作られた美談〈肉弾三勇士〉報道。リットン調査団来日	『抱寝の長脇差』（山中貞雄、寛寿郎プロ）、『七つの海』（清水宏、松竹）、『いんちき商売』〔米〕、『三文オペラ』〔独〕
	3	満洲国建国宣言。血盟団事件（一人一殺の暗殺団）。プロレタリア文化運動弾圧	『肉弾三勇士』（七社競作）、『満州行進曲』（川浪良太、新興）、『空閑少佐』（新興）、『弥太郎笠』（稲垣、千恵プロ）、『これがロシアだ』〔ソ、記録映画〕、『ガソリン・ボーイ三人組』〔独〕、『ジーキル博士とハイド氏』〔米〕
	4	トーキー映画が増加し、弁士・楽士の失業と争議が増える	「空閑少佐」もの（四社競作）、『上陸第一歩』（島津、松竹）、『上海戦線四十哩』（上野喜八、トキワ）、『上海』（印南弘、新興）、『上海』（村田、日活）、『フランケンシュタイン』〔米〕、『人生案内』〔ソ〕、『M』〔独〕、『自由を我等に』〔仏〕

年	月	出来事	映画
1932（昭和7）	5	陸軍士官候補生ら、犬養首相ほかを射殺（五・一五事件）、政党政治の危機。挙国一致、斎藤実内閣成立。チャップリン来日。『プロキノ』創刊（『プロレタリア映画』の後継誌）	『魔の上海』（金森万象、協立）、『陸軍大行進』（清水ほか五名、松竹）、『浪子』（田中栄三、オリエンタル発声）、『狂へる天才』〔米〕
	6	農民救済の請願や寄付が活発化	『生れてはみたけれど』（小津、松竹）、『天国に結ぶ恋』（五所、松竹）、『聖ジョンソン』〔米〕
	7	社会大衆党結成	『旅は青空』（稲垣、千恵プロ）、『嵐の中の処女』（島津、松竹）、『モルグ街の殺人』〔米〕、『チャンプ』〔米〕
	8	ロサンゼルス・オリンピック開催（前月30日から8月14日まで）	『輝け日本の女性』（野村浩将、松竹）、『彼女の運命』（高見、新興）、『太平洋爆撃隊』〔米〕、『進めオリンピック』〔米〕
	9	日満議定書調印（満洲国承認）。日本労働組合会議成立（国策協力）。外務省、情報委員会を設置	『新戦場』（赤沢、満洲事変記録）、『満蒙建国の黎明』（溝口、入江プロほか）、『炭鉱』〔独〕、『青の光』〔独〕、『マタ・ハリ』〔米〕、『類猿人ターザン』〔米〕
	10	満洲事変に関するリットン調査団報告書。共産党大弾圧受ける（第三次）	『もだん聖書』（阿部豊、不二）、『白夜の饗宴』（マキノ正博、千恵プロ）、『アトランティド』〔独〕、『今晩は愛して頂戴ナ』〔米〕
	11	米大統領選挙でセオドア・ルーズベルトが勝利、就任は翌年3月。宝塚キネマ設立	『学生街の花形』（清水、松竹）、『また逢ふ日まで』（小津、松竹）、『アトランチック』〔英〕、『ブロンド・ヴィナス』〔米〕
	12	全国大学教授連盟結成（国策協力）	『忠臣蔵』（衣笠、松竹）、『小市民』（倉田文人、日活）、『昭和新撰組』（村田ほか、新映画）、『怪物団』〔米〕、『戦艦エムデン』〔独〕
1933（昭和8）	1	伊豆大島の三原山で女学生の投身自殺（以後、続出）。ナチス、政権獲得、ヒトラー首相就任	『花嫁の寝言』（五所、松竹）、『日章旗の下に』（久保為義、宝塚）、『極楽特急』〔米〕、『街の風景』〔米〕
	2	小林多喜二検挙、虐殺される。「映画国策樹立ニ関スル建議案」可決	『伊豆の踊子』（五所、松竹）、『銃後の勝利』（田中重雄、新興）、『東京の女』（小津、松竹）、『制服の処女』〔独〕、『ひとで』〔仏、前衛映画〕、『貝殻と僧侶』〔仏、前衛映画〕
	3	三陸地方に大地震と大津波。日本、国際連盟から脱退	『アリランの唄』（米沢正夫ほか、宝塚）、『三月十日』（鈴木編集、松竹、陸軍省後援、短編記録）、『お蝶夫人』〔米〕、『暗黒街の顔役』〔米〕

4	古川ロッパら〈笑の王国〉を浅草で旗揚げ。関東軍、華北へ侵攻。鳩山文相、京大教授に辞職を要求。岡村紫峰『映画国営論』（私家版）	『君と別れて』（成瀬巳喜男、松竹）、『天一坊と伊賀亮』（衣笠、松竹）、『堀田隼人』（伊藤、千恵プロ）、『狂乱のアメリカ』〔米〕、『巴里祭』〔仏〕
5	日本軍、中国の北平城外に迫る。滝川京都帝大教授、免官（京大滝川事件）	『曠野の果』（前後篇、辻吉朗、日活）、『叫ぶアジア』（内田、塚本洋行）、『此の一戦』（鈴木編集、朝日新聞社、短編記録）、『新興満洲国の全貌』（満鉄、記録映画）
6	内務省警保局編『各国に於ける映画国策の概況』。獄中の共産党幹部、転向声明。大都映画設立	『河向ふの青春』（木村荘、音画芸術）、『滝の白糸』（溝口、入江プロ）、『盤嶽の一生』（山中、日活）、『仮面の米国』〔米〕、『四十二番街』〔米〕
7	京大・東大で自由擁護連盟結成。全国水平社、身分差別抗議への大集会	『二つ燈籠』（衣笠、松竹）、『われ等若し戦はば』（上野信二郎、新興）、『戦場よさらば』〔米〕
8	関東地域の防空大演習	『ほろよひ人生』（木村荘、P.C.L.）、『祇園祭』（溝口、新興）、『銀嶺征服』〔独〕
9	陸軍、国策案大綱を提示	『出来ごころ』（小津、松竹）、『大満蒙』（松竹、記録映画）、『キング・コング』〔米〕、『雨』〔米〕
10	ドイツ、国際連盟から脱退	『鯉名の銀平』（衣笠、松竹）、『剣鬼三人旅』（並木鏡太郎、寛寿郎プロ）、『大満蒙　蒙古篇』（松竹、記録映画）、『夢見る唇』〔独〕、『グランド・ホテル』〔米〕、『鷲と鷹』〔米〕
11	ヒトラーのナチス、総選挙で圧勝	『丹下左膳　第一篇』（伊藤、日活）、『海の生命線』（横浜シネマ、長編記録映画）、『警察官』（内田、新興）、『大東京』〔ソ、記録映画〕、『クウレ・ワムペ』〔独〕
12	皇太子昭仁誕生（のちの平成天皇）。P.C.L.映画製作所設立	『女人曼荼羅　第一篇』（伊藤、日活）、『鼠小僧次郎吉』（山中、日活）、『制空大艦隊』〔伊〕、『SOS氷山』〔独・米〕、『大帝国行進曲』（カヴァルケイド）〔米〕
1	宝塚、東京で大劇場開場。富士写真フィルム・日本製鉄設立	『只野凡児　人生勉強』（木村荘、P.C.L.）、『弥次喜多』（清瀬英次郎、日活）、『狂乱のモンテカルロ』〔独〕、『狙撃兵』〔ソ〕、『街の灯』〔米〕、『会議は踊る』〔独〕

1934（昭和9）		
2	東海林太郎「赤城の子守唄」レコード化、蓄音機の普及に拍車	『武道大鑑』（伊丹、千恵プロ）、『浅太郎赤城の唄』（秋山耕作、松竹）、『飢ゆるアメリカ』（米）、『輝く日本』（米、記録映画）、『鋼鉄』（伊）、『ヒットラー青年』（独）
3	満洲国、溥儀が皇帝即位。函館の大火、大惨事。内務省、映画統制委員会設置	『風流活人剣』（山中、千恵プロ）、『月よりの使者』（田坂、新興）、『呼応計画』（ソ）、『南風』（米）、『透明人間』（米）、『世界大戦を語る』（米、記録映画）
4	国際文化振興会設立。上方漫才、東京進出。『国際映画年鑑』刊	『さくら音頭』（五所、松竹）、『限りなき舗道』（成瀬、松竹）、『フットライト・パレード』（米）、『生活の設計』（米）
5	東郷平八郎死去、初の国葬	『エノケンの青春酔虎伝』（山本嘉次郎、P.C.L.）、『忠臣蔵』（刃傷篇・復讐篇、伊丹・伊藤ほか、日活）、『にんじん』（仏）、『空中レヴュー時代』（米）、『イワン』（ソ）
6	東京帝大の末広厳太郎教授、治安維持法違反で告発される	『大号令』（吉村廉、大都）、『隣の八重ちゃん』（島津、松竹）、『家なき少年群』（米）、『国境の町』（ソ）
7	岡田啓介内閣成立。全国水平社、差別裁判へ抗議、撤廃を獲得。この頃、台湾で『全台湾』（記録映画）撮影か	『一本刀土俵入』（衣笠、松竹）、『ニッポン』（松竹、記録映画）、『夜間飛行』（米）、『空軍の覇者』（米）
8	ヒトラー、ドイツ総統となる。文相「パパ、ママ」の言葉流行に苦言。第一映画社設立。朝鮮で活動写真映画取締規則公布（施行は9月1日）	『前線部隊』（渡辺邦男、日活）、『日本人なればこそ』（三枝源次郎、太秦発声）、『或る夜の出来事』（米）、『若きハイデルベルヒ』（独）
9	室戸台風、四国と関西に大被害	『愛憎峠』（溝口、日活）、『瓦版かちかち山』（井上金太郎、松竹）、『肉弾鬼中隊』（米）、『空襲と毒瓦斯』（英）、『生きる』（ソ）
10	陸軍の国防パンフ、経済統制と戦力の強化を訴え問題化。アメリカ西部で排日運動	『大仏廻国』（枝正義郎、大仏映画）、『その夜の女』（島津、松竹）、『若草物語』（米）、『第三階級』（米）
11	満鉄の特急あじあ号運転開始。日本労働組合全国評議会（全評）結成	『あるぷす大将』（山本嘉、P.C.L.）、『北進日本』（横浜シネマ、海軍省指導、記録映画）、『浮草日記』（小津、松竹）、『商船テナシチー』（仏）、『クリスチナ女王』（米）

月	出来事	映画
12	日本初の職業野球団創設。丹那トンネル開通	『青年日本を語る』（地上、座談会記録）、『大学の若旦那 日本晴れ』（清水、松竹）、『ハリウッド・パーティー』（米）、『これがアメリカ艦隊』（米）
1935（昭和10）		
1	民政党の斎藤隆夫、軍事費偏重を批判	『花婿の寝言』（五所、松竹）、『唐人お吉』（冬島、新興）、『折鶴お千』（溝口、第一）、『朱金昭』（英）
2	山根幹人主幹『映画国策』創刊。京都で『世界文化』創刊（2年後に治安維持法違反、廃刊）。東北の凶作、食料不足深刻化。極東映画社設立。中国の聯華製作『漁光曲』、モスクワ国際映画祭で栄誉賞受賞	『国定忠治』（山中、日活）、『忠次売出す』（伊丹、新興）、『最後の億万長者』（仏）、『モンブランの王者』（独）、『怪人マブゼ博士』（独）、『未完成交響楽』（独）
3	ドイツ再軍備宣言、徴兵制度へ	『乙女ごころ三人姉妹』（成瀬、P.C.L.）、『坊っちゃん』（山本嘉、P.C.L.）、『アラン』（英、記録映画）、『ベンガルの槍騎兵』（米）、『未完成交響楽』（独）
4	皇帝溥儀、初来日し天皇と対面。美濃部達吉の天皇機関説、不敬罪で発禁。岩崎昶が上海を訪れる	『水戸黄門』（荒井良平、日活）、『女の友情』（村田、新興）、『模倣の人生』（米）、『情熱なき犯罪』（米）
5	戦前最後のメーデー挙行。中条（宮本）百合子・窪川（佐多）いね子、治安維持法違反で逮捕	『すみれ娘』（山本嘉、P.C.L.）、『うら街の交響楽』（渡辺邦、日活）、『気まぐれ冠者』（伊丹、千恵プロ）、『実録世界大戦』（米、記録映画）、『外人部隊』（仏）
6	日本軍、華北で優勢、蔣介石軍は後退	『丹下左膳 百万両の壺』（山中、日活）、『お琴と佐助』（島津、松竹）、『雪之丞変化』（衣笠、松竹）、『別れの曲』（仏）
7	満鉄総裁に松岡洋右就任（5年後には外務大臣へ）	『関の弥太ッペ』（稲垣・山中、日活）、『陽気な連中』（ソ）、『影なき男』（米）
8	中国共産党、抗日救国統一戦線を提唱。吉川英治「宮本武蔵」新聞連載開始	『この子捨てざれば』（斎藤寅、松竹）、『妻よ薔薇のやうに』（成瀬、P.C.L.）、『乙女の湖』（仏）、『男の敵』（米）
9	ナチス、ユダヤ人への弾圧を強める。芥川賞・直木賞の創設	『吹けよ恋風』（五所、松竹）、『西班牙狂騒曲』（米）、『（資本家）ゴルダー』（仏）
10	イタリア、エチオピアへ侵攻	『緑の地平線』（阿部、日活）、『エノケンの近藤勇』（山本嘉、P.C.L.）、『爆弾花嫁』（佐々木啓祐、松竹）、『ヴェルダン』（仏、記録映画、無声版を発声版にして再公開）

年	月	出来事	映画
1935（昭和10）	11	財団法人大日本映画協会設立。芸術映画社設立、文化映画を製作	『街の入墨者』（山中、日活）、『大菩薩峠 第一篇』（稲垣ほか、日活）、『東京の宿』（小津、松竹）、『風雲のシベリヤ』〔ソ〕、『ドン・ファン』〔米〕
	12	警察、大本教へ大弾圧（大正期に続く第二次）。北平（現・北京）で学生たち抗日救国の大デモ	『人生のお荷物』（五所、松竹）、『ジャズの街かど』（渡辺邦、日活）、『暗殺者の家』〔英〕、『テンプルちゃんお芽出度う』〔米〕、『海国の誉れ』〔英〕
1936（昭和11）	1	ロンドン軍縮会議、日本脱退。全日本労働総同盟結成。同盟通信社設立。松竹撮影所、蒲田から大船へ移転。上海映画人、上海映画界救国会を設立	『ふるさとの歌』（牛原、高田プロほか）、『あきれた連中』（岡田敬・伏水修、P.C.L.）、『上海』〔米〕、『ミモザ館』〔仏〕
	2	天皇機関説の美濃部達吉、右翼に襲われて重傷。二・二六事件、東京市に戒厳令	『人生劇場』（内田、日活）、『有がたうさん』（清水、松竹）、『踊るブロードウェイ』〔米〕、『白き処女地』〔仏〕
	3	広田弘毅内閣成立。大本教の京都本殿、警察により強制破壊。メーデー禁止となる	『情熱の詩人啄木 ふるさと篇』（熊谷久虎、日活）、『魔術の女王』（木村荘、P.C.L.）、『大学よいとこ』（小津、松竹）、『歌ふ弥次喜多』（岡田敬・伏水修、P.C.L.）
	4	国号を「大日本帝国」へ統一。大日本映画協会『日本映画』創刊。上海で国防映画のスローガン	『吾輩ハ猫デアル』（山本嘉、P.C.L.）、『家族会議』（島津、松竹）、『河内山宗俊』（山中、日活）、『オペラは踊る』〔米〕
	5	労農無産協議会結成。思想犯の検挙者数六万人近くに達する。全勝キネマ設立	『桜の園』（村田、新興）、『浪華悲歌』（溝口、第一）、『オペラハット』〔米〕、『幽霊西へ行く』〔英〕、『マヅルカ』〔独〕
	6	東宝映画配給社設立	『生命の冠』（内田、日活）、『赤西蛎太』（伊丹、千恵プロ）、『兄いもうと』（木村荘、P.C.L.）、『唄へ今宵を』〔独〕
	7	平野義太郎ほか、左翼文化人の一斉検挙	『秘境熱河』（芥川光蔵、満鉄、記録映画）、『エノケンの千万長者』（山本嘉、P.C.L.）、『艦隊を追って』〔米〕
	8	ベルリン・オリンピック開催。国策の基準に大陸と南方への進出、軍備の充実決定	『男性対女性』（島津、松竹）、『ローズ・マリイ』〔米〕
	9	ひとのみち教団への弾圧（治安維持法違反、翌年解散）	『一人息子』（小津、松竹）、『少年航空兵』（佐々木康、松竹）、『露満国境を探る』（東亜発声、記録映画）、『地の果てを行く』〔仏〕

年	月	事項	映画
	10	大日本青年党結成（モデルはヒトラー・ユーゲント）。魯迅死去	『支那を発く』（松竹、記録映画）、『祇園の姉妹』（溝口、第一）、『迷夢』（山崎藤江・梁株南、朝鮮、日本未公開）、『丘の一本松』〔米〕
	11	日独防共協定調印	『新道』（五所、松竹）、『高橋是清自伝』（前後篇、渡辺邦、日活）、『彦六大いに笑ふ』（木村荘、Ｐ．Ｃ．Ｌ．）、『将軍暁に死す』〔米〕
	12	中国西安で蒋介石が軟禁され（西安事件）、国民党と共産党の国共合作が成立、抗日救国戦線へ。阪妻プロ・右太衛門プロ解散	『ウチの女房にゃ髯がある』（千葉泰樹、日活）、『仇討膝栗毛』（森一生、新興）、『草原バルガ』（芥川、満鉄、記録映画）、『有頂天時代』〔米〕
1937（昭和12）	1	政党と軍部の対立激化、翌月組閣の林内閣は四カ月で解散	『花火の街』（石田民三、ＪＯ）、『花籠の歌』（五所、松竹）、『永遠の戦場』〔米〕、『禁男の家』〔仏〕
	2	切腹抗議する「死のう団」事件（検挙の発端は１９３３年）。徴兵検査合格基準緩和。林銑十郎内閣成立。松竹、演劇・映画関係諸系列を統合、大会社となる	『新しき土』（ファンク・伊丹、日独）、『召集令』（吉村廉、大都）、『荒城の月』（佐々木啓祐、松竹）、『戦国群盗伝』（第一部・虎狼、第二部・暁の前進、滝沢英輔、Ｐ．Ｃ．Ｌ．）、『蒼茫』（熊谷、日活）、『悦ちゃん』（倉田、日活）、『嵐の三色旗』〔米〕
	3	正木ひろしの個人誌『近きより』創刊、軍国・官僚主義を批判	『淑女は何を忘れたか』（小津、松竹）、『からゆきさん』（木村荘、Ｐ．Ｃ．Ｌ．）、『女だけの都』〔仏〕、『平原児』〔米〕
	4	第一回文化勲章、幸田露伴ら受章。極東キネマ設立。この頃台湾で『南進台湾』（記録映画、旧版）製作か	『大阪夏の陣』（衣笠、松竹）、『ジャズ忠臣蔵』（伊賀山正徳、日活）、『朱と緑』（島津、松竹）、『沙漠の花園』〔米〕、『我等の仲間』〔仏〕
	5	文部省編纂『国体の本義』刊	『故郷』（伊丹、ＪＯ）、『裸の町』（内田、日活）、『現代日本』（藤田嗣治・鈴木、国際、短編映画五連作）、『旅路』（李圭煥、朝鮮聖峰・新興）、『激怒』〔米〕
	6	第一次近衛文麿内閣成立（１９３９年1月総辞職）。上海で『新しき土』公開に上海文芸界が抵抗声明を発表	『真実一路』（田坂、日活）、『宮本武蔵』（尾崎純、日活）、『宮本武蔵　風の巻』（石橋清一、ＪＯ）、『愛怨峡』（溝口、新興）、『暗黒街の弾痕』〔米〕

1937（昭和12）	7	盧溝橋事件勃発、支那事変（日華事変、日中戦争）はじまる。『同盟ニュース』第一号。満洲で『宣撫月報』創刊。Cinema Year Book of Japan 1936-37（1938-39年版は2年後）	『婚約三羽烏』（島津、松竹）、『国境の風雲』（千葉、日活短編）、『進め皇軍』（吉村廉ほか、大都）、『明日は来らず』〔米〕
	8	満洲映画協会設立。第二次上海事変。海軍航空隊、南京ほかを渡洋爆撃。国民精神総動員の実践運動起こる。上海の映画人の一部、抗日宣伝のため南下	『陸軍士官学校』（山本弘之、日活文化）、『報国驀進』（伊賀山・首藤寿久、日活）、『人情紙風船』（山中、P.C.L.）、『銃後の赤誠』（水ヶ江竜一、日活）、『皇軍一度起たば』（西鉄平ほか、新興）、『北支の空を衝く』（渡辺邦、東宝）、『南方飛行』〔仏〕
	9	情報部が「愛国行進曲」を募集、以降軍国歌謡が流行。東宝映画株式会社設立。東和製作『東洋平和の道』、中国華北で撮影	『夢の鉄兜』（清瀬英次郎、日活）、『怒濤を蹴って』（P.C.L.、記録映画）、『海軍爆撃隊』（久松静児、新興）、『軍国子守唄』（原研吉、松竹）、『我は海の子』〔米〕
	10	NHKの国民唱歌「海ゆかば」初放送。『独逸映画法』刊	『敵国降伏』（秋山、松竹）、『進軍の歌』（斎藤良輔、松竹）、『千人針』（三枝源、大日本天然色）、『国民皆兵令』（益田晴夫、日活）、『踊らん哉』〔米〕
	11	日独伊防共協定締結、中国国民政府は重慶へ移転。「戦争と映画の大座談会」（『日本映画』一一月号）。市川彩「東亜大陸への第一歩」（『国際映画新聞』一一月上旬号）	『限りなき前進』（内田、日活）、『北支の黎明』（芥川、満鉄、記録映画）、『若い人』（豊田四郎、東京発声）、『燃え立つ戦線』（吉村廉、大都）、『孔雀夫人』〔米〕、『大地』〔米〕、『どん底』〔仏〕
	12	日本軍南京を占領後に虐殺事件起こる。第一次人民戦線事件（日本無産党、全評、労農派の一斉検挙）。『仏蘭西映画法』刊。映画各社も戦時体制へ	『愛国六人娘』（松井稔、東宝）、『浅草の灯』（島津、松竹）、『母の曲』（山本薩夫、東宝）、『軍艦旗に栄光あれ』（海軍省軍事普及部指揮、東宝）、『オーケストラの少女』〔米〕
1938（昭和13）	1	女優岡田嘉子と演出家杉本良吉、樺太からソ連へ亡命。近衛内閣の対中国声明「国民政府を対手とせず」。中華全国電影界抗日協会、武漢で成立	『五人の斥候兵』（田坂、日活）、『鎧なき騎士』〔仏〕
	2	華北に新民映画協会設立。第二次人民戦線事件（大内兵衛ほか労農派教授ら検挙）。石川達三「生きてゐる兵隊」（『中央公論』三月号）発禁。映画一興行三時間以内に制限。朝鮮陸軍、特別志願兵令	『地熱』（滝沢、東宝）、『暁の陸戦隊』（永富映次郎、大都）、『上海』（亀井文夫、東宝、記録映画）、『南京』（秋元憲、東宝、記録映画）、『モダン・タイムス』〔米〕

月	事項	映画
3	安部磯雄（社会大衆党委員長）、右翼に襲われ負傷。映画法、議会へ上程	『忠臣蔵』（天の巻・地の巻、マキノ・池田富、日活）、『阿部一族』（熊谷、東宝）、『死の中隊』（白井戦太郎、大都）、『東京要塞』（清瀬、日活）、『泣虫小僧』（豊田、東京発声）、『愛国行進曲』（曽根、新興）、『間諜最後の日』〔英〕
4	内務省、掲載自粛名簿を各雑誌社へ提示。「映画法を廻る座談会」（『日本映画』四月号）。理研科学映画社設立	『東洋平和の道』（鈴木、東和）、『世紀の合唱』（伏水修、東宝）、『軍国涙の母』（渡部恒次郎、日活）、『スタア誕生』〔米〕、『新婚道中記』〔米〕
5	国家総動員法施行。『日本映画』五月号「映画法特集」	『藤十郎の恋』（山本嘉、東宝）、『陸の荒鷲』（加治商会、記録映画）、『太陽の子』（阿部、東京発声）、『南海制服』〔米〕、『ジェニイの家』〔仏〕
6	勤労動員はじまる。日本映画監督協会に朝鮮映画監督一〇名が加入、朝鮮に支部設置	『田園交響楽』（山本薩、東宝）、『国民の誓』（野村浩、国光）、『花ちりぬ』（石田、東宝）、『エノケンの法界坊』（斎藤寅、東宝）、『舞踏会の手帖』〔仏〕
7	朝鮮・満洲・ソ連国境の張鼓峰で日ソが軍事衝突。映写機の製造禁止。『伊太利映画法』刊	『人生劇場　残侠篇』（千葉、日活）、『母と子』（渋谷実、松竹）、『軍用列車』（徐光霽、朝鮮聖峰・東宝、朝鮮公開は6月）
8	張鼓峰で日本軍とソ連軍の戦闘が続く	『漁火』（島津監修、安哲永、朝鮮極光、朝鮮公開は10月）、『綴方教室』（山本嘉、東宝）、『牧場物語』（木村荘、東宝）、『アルプス槍騎隊』〔独〕、『シピオネ』〔伊〕
9	林芙美子・菊池寛ら従軍作家たち出発。映画監督山中貞雄、中国で戦病死。ポール・ルータ『文化映画論』（厚木たか訳）刊	『北へ帰る』（倉田、日活）、『愛染かつら』（野村浩、松竹）、『路傍の石』（田坂、日活）、『第九交響楽』〔独〕、『紅薔薇行進曲』〔米〕
10	宝塚少女歌劇団、日独伊親善使節として海外へ。ファシズム批判や自由主義の論者たちの禁書・休職が続く。日本軍は武漢・漢口・広東・大冶鉄山を占領	『冬の宿』（豊田、東京発声）、『あゝ故郷』（溝口、新興）、『噫！　南郷少佐』（曽根、新興）、『モスコーの夜は更けて』〔独〕、『ジャン・バルヂャン』〔仏〕
11	近衛文麿首相、東亜新秩序建設の声明、東亜共同体論	『鶯』（豊田、東京発声）、『チョコレートと兵隊』（佐藤武、東宝）、『踊る騎士』〔米〕、『新天地』〔米〕

	1939（昭和14）	
12	汪兆銘、対日和平を声明。日本軍、重慶を爆撃	『軍港の乙女達』（伏水、東宝）、『大陸行進曲』（田口哲、日活）、『ステラ・ダラス』〔米〕、『椿姫』〔中国光明〕、『アヴェ・マリア』〔米〕
1	平沼騏一郎内閣成立。東京の地下鉄、浅草—渋谷間開通。南旺映画社設立	『ロッパの大久保彦左衛門』（斎藤寅、東宝）、『子供の四季 春夏の巻』（清水、松竹、『秋冬の巻』は2月）、『潜水艦Ｄ１号』〔米〕
2	日本軍、海南島上陸。朝鮮内外映画配給組合設立	『揚子江艦隊 漢口攻略の記録』（木村荘、東宝、記録映画）、『南風』（渋谷、松竹）、『爆音』（田坂、日活）、『沼津兵学校』（今井正、東宝）、『ステージ・ドア』〔米〕、『望郷』〔仏〕、『シカゴ』〔米〕
3	各地の招魂神社が護国神社へ改称される。ＮＨＫ技研、テレビの実験放送	『空襲』（田坂・森永健次郎、日活）、『軍国の処女』（和田敏三、大都）、『はたらく一家』（成瀬、東宝）、『戦ふ兵隊』（亀井、東宝、記録映画）、『とらんぷ譚』〔仏〕、『響け凱歌』〔米・英〕
4	映画法公布（10月1日施行）。日本占領下に華北交通・華中鉄道を設立。『戦ふ兵隊』公開禁止	『兄とその妹』（島津、松竹）、『土』（内田、日活）、『大陸の花嫁』（斎藤良、松竹）、『忠臣蔵』（前後篇、滝沢・山本嘉、東宝）、『わが家の楽園』〔米〕
5	満蒙国境でノモンハン事件、日ソの軍事衝突起こる	『続愛染かつら』（野村浩、松竹）、『上海陸戦隊』（熊谷、東宝）、『樋口一葉』（並木、東宝）、『グレート・ワルツ』〔米〕、『青髯八人目の妻』〔米〕
6	満蒙開拓青少年義勇軍の壮行会。日本映画人連盟結成。中華電影設立	『新女性問答』（佐々木康、松竹）、『花ある雑草』（清水、松竹）、『早春』〔独〕、『デッド・エンド』〔米〕
7	国民徴用令（国民の白紙召集、１９４５年３月には国民勤労動員令へ）	『新婚お化け屋敷』（斎藤寅、東宝）、『漢江』（方漢駿、朝鮮半島、朝鮮公開は前年５月）、『五人の兄妹』（吉村公三郎、松竹）、『支配者』〔独〕、『黄昏』〔米〕
8	阿部信行内閣成立。ノモンハンの戦争拡大、日本軍はソ連軍に大敗。独ソ不可侵条約。朝鮮映画人協会結成	『われらが教官』（今井、東宝）、『光われ等と共に』（清瀬、日活）、『女の教室』（阿部、東宝、後篇は９月）、『純情二重奏』（佐々木康、松竹）、『赤ちゃん教育』〔米〕

年	月	事項	映画
	9	ドイツ、ポーランド侵攻、第二次世界大戦はじまる	『エノケンの頑張り戦術』(中川信夫、東宝)、『子供と兵隊』(阿部、大日本児童)、『雪の結晶』(吉野馨治、東宝、文化映画)、『気儘時代』〔米〕、『ブルグ劇場』〔独〕
	10	映画法施行。外国映画の興行に制限。東亜連盟協会設立、石原莞爾構想の日満支一体化	『地平線』(吉村廉、大都)、『残菊物語』(溝口、松竹)、『土と兵隊』(田坂、日活)、『黒蘭の女』〔米〕、『少年の町』〔米〕
	11	米グルー大使、日本の東亜新秩序に反対意見。日本軍、海南島に続く南寧を占領するも苦戦。国内では翌月から白米(精米)を禁止。岩崎昶『映画と現実』刊	『愛染かつら　完結篇』(野村浩、松竹)、『白蘭の歌』(前後篇、渡辺邦、東宝)、『不思議なヴィクトル氏』〔仏〕、『人生の馬鹿』〔墺〕
	12	朝鮮総督府、創氏改名を強制。北京に華北電影設立。満洲開拓政策基本要綱発表	『暖流』(吉村公、松竹)、『空想部落』(千葉、南旺)、『鴛鴦歌合戦』(マキノ、日活)、『銃後の戦士』(加治商会、陸軍省後援)、『聖戦』(横浜シネマ・東京日日新聞社、記録映画)
1940(昭和15)	1	米内光政内閣成立。早大の津田左右吉、記紀の批判的研究書発禁、教授辞任。朝鮮映画令制定(8月1日施行)	『光と影』(島津、東宝)、『多甚古村』(今井、東宝)、『秀子の応援団長』(千葉、南旺)、『太平洋の翼』〔米〕、『放浪の王者』〔米〕
	2	斎藤隆夫、帝国議会で反軍演説(除名され、2年後に再選)	『沃土万里』(倉田、日活)、『東遊記』(大谷俊夫・朱文順、満映・東宝)、『暢気眼鏡』(島耕二、日活)、『翼の人々』〔米〕、『カッスル夫妻』〔米〕、『最後の一兵まで』〔独〕
	3	内務省、不適切芸名の芸能人に改名を指示	『新大陸建設の記録』(桑野茂、同盟通信社)、『宮本武蔵』(三部作、稲垣、日活、完結は翌月)、『絹代の初恋』(野村浩、松竹)、『ロビンフッドの冒険』〔米〕
	4	米ほか生活必需品切符制、映画人の登録制。各新聞社合同で日本ニュース社設立	『蛇姫様』(衣笠、東宝)、『暁に祈る』(佐々木康、松竹)、『そよ風父と共に』(山本薩、東宝)、『授業料』(崔寅奎、高麗、日本未公開)、『ゴールデン・ボーイ』〔米〕、『ロンドン爆撃』〔英、記録映画〕
	5	ヒトラー、西部戦線で攻撃開始	『歴史』(三部作、内田・横田達之、日活)、『揚子江』(青地忠三構成、三枝信太郎監督、横浜シネマ、海軍省後援、記録映画)、『海軍爆撃隊』(木村荘、東宝)、『病院船』(今村貞雄構成、新興、記録映画)

年	月	事項	作品
1940（昭和15）	6	イタリア、英仏に宣戦布告。独軍、パリ占領。『日本ニュース』第一号。映画公社設立。この頃台湾で『南進台湾』（記録映画、新版）完成か	『支那の夜』（伏水、東宝）、『大楠公』（池田富、日活）、『奥村五百子』（豊田、東京発声）、『民族の祭典』（独、記録映画）、『駅馬車』（米）
	7	第二次近衛内閣成立（基本国策要綱決定、八紘一宇・大東亜新秩序建設・南方進出・対英米戦の準備など）。文化映画（記録映画）、全国で強制上映となる	『明朗五人男』（斎藤寅、東宝）、『小島の春』（豊田、東京発声）、『スタンレー探検記』（米）、『ポーランド進撃』（独、記録映画）
	8	街頭に「ぜいたくは敵だ！」の標語。新協・新築地劇団解散・団員検挙。朝鮮で映画法実施	『木石』（五所、松竹）、『或日の干潟』（下村兼史、理研科学）、『志願兵』（安夕影、東亜映画、朝鮮公開は翌年3月）、『踊るニュウ・ヨーク』（米）
	9	日本軍、北部仏印進駐。日独伊三国同盟。映画新体制の標榜。今村太平『記録映画論』刊。大宝映画設立	『浪花女』（溝口、松竹）、『燃ゆる大空』（阿部、東宝）、『黎明曙光』（山内英三、満映）、『祖国に告ぐ』（独）
	10	大政翼賛会設立、会長は近衛首相。ニュース映画、六大都市強制上映	『風の又三郎』（島、日活）、『少国民』（和田、大都）、『大日向村』（豊田、東京発声）、『娘々廟会』（芥川、満鉄、記録映画）、『大平原』（米）、『珊瑚礁』（仏）
	11	ダンスホール閉鎖。紀元二六〇〇年祝賀式典。大日本産業報国会設立	『孫悟空』（前後篇、山本嘉、東宝）、『南進女性』（落合吉人・深田修造、新興）、『国姓爺合戦』（木村恵吾、新興）、『西住戦車長伝』（吉村公、松竹）、『ノートルダムの傴僂男』（米）
	12	内閣情報部廃止、情報局設置。南洋映画協会設立。朝鮮映画製作者協会結成	『旅役者』（成瀬、東宝）、『熱砂の誓ひ』（渡辺邦、東宝）、『お絹と番頭』（野村浩、松竹）、『美の祭典』（独、記録映画）
1941（昭和16）	1	ニュース映画の強制上映全国へ。映画雑誌は一月号より四社九誌に統合、以下『映画之友』『映画評論』『文化映画』『映画研究』『映画旬報』『新映画』『映画技術』『日本映画』『映画』	『祖国を護れ』（秋田敏三・宇佐美彪、大都）、『暁の進発』（中川信、東宝）、『みかへりの塔』（清水、松竹）、『シーホーク』（米）、『故郷』（独）
	2	李香蘭の日劇公演に観客が長蛇の列。情報局による雑誌執筆者禁止名簿内示	『大地に祈る』（村田武、東京発声）、『大将の母』（山本紀夫、大日本教育）、『小林一茶』（亀井、東宝、文化映画）
	3	改正治安維持法、予防拘禁制追加	『戸田家の兄妹』（小津、松竹）、『馬』（山本嘉、東宝）、『皇国の楯』（高木孝一、春秋・東宝）、『福地萬里』（全昌根、高麗、日本未公開）、『心の青春』（米）、『大紐育』（米）

4	小学校を国民学校へ改革（初等科六年、高等科二年）。日ソ中立条約調印。移動映画活発化	『夫婦太鼓』（森、新興）、『花は偽らず』（大庭秀雄、松竹）、『消え行く灯』〔米〕、『青春』〔独〕
5	日本映画社設立、ニュース映画と文化映画を製作	『海を渡る祭礼』（稲垣、日活）、『脂粉追放』（佐々木康、松竹）、『潜水艦1号』（伊賀山、日活）、『砂塵』〔米〕、『勝利の歴史』〔独、記録映画〕
6	第三次近衛内閣成立。日本移動演劇連盟・全国移動映写連盟結成、独ソ戦はじまる。満映・華北電影・中華電影の三社で大陸映画連盟を設立	『歌へば天国』（山本薩・小田基義、東宝）、『暁の合唱』（清水、松竹）、『虞美人草』（中川信、東宝）、『愛の一家』（春原政久、日活）、『明日への戦ひ』〔米〕
7	御前会議で国策要綱、南方進出強化。南部仏印進駐。第三次近衛内閣成立。不破祐俊「国民映画の樹立」（『日本映画』七月号）。映画興行二時間半へ短縮。権田保之助『国民娯楽の問題』刊	『上海の月』（成瀬、東宝）、『闘魚』（島津、東宝）、『結婚の生態』（今井、南旺）、『空征かば』〔伊〕、『ジェロニモ』〔米〕
8	米の対日石油輸出停止（前月には在米・在英・蘭印の日本資産凍結）。映画企業統制	『電撃二重奏』（島、日活）、『簪』（清水、松竹）、『偉人エーリッヒ博士』〔米〕
9	御前会議で国策遂行要領（対米英蘭への戦争準備態勢）。前月より、映画臨戦体制（映画新体制）へ向かう	『秀子の車掌さん』（成瀬、南旺）、『大空の遺書』（益田、大都）、『人間エヂソン』〔米〕、『黒い瞳の女』〔アルゼンチン〕
10	東条英機内閣成立。スパイ容疑で尾崎秀実・ゾルゲら検挙される（ゾルゲ事件）。川面隆三「弾丸としての映画」（『日本映画』一〇月号）。不破祐俊『映画法解説』刊。南旺映画解散。今村太平『日本芸術と映画』刊	『家なき天使』（崔寅奎、朝鮮高麗、朝鮮公開は同年3月）、『指導物語』（熊谷、東宝）、『スミス都へ行く』〔米〕、『薔薇のタンゴ』〔アルゼンチン〕、『空の要塞』〔米〕
11	米の国務長官ハル、日本の大使案を拒否（ハル・ノートを提示）。市川彩『アジア映画の創造及建設』刊	『桜の国』（渋谷、松竹）、『わが愛の記』（豊田、東京発声）、『八十八年目の太陽』（滝沢、東宝）、『君と僕』（田坂指導、日夏英太郎、朝鮮軍報道部）、『江戸最後の日』（稲垣、日活）、『川中島合戦』（衣笠、東宝）、『舞ひ上がる情熱』（小石、新興）、『北の同胞』（坂根田鶴子、理研・北海タイムス社、文化映画）、『城砦』〔英米〕、『青春乱舞』〔仏〕

年	月	事項	作品
	12	日本軍、ハワイ真珠湾、マレー半島攻撃、マレー沖海戦。アジア・太平洋戦争がはじまり、香港、ボルネオ、フィリピンなどへ進撃・占領。アメリカ映画各支社閉鎖。沢村勉『現代映画論』刊。中華電影、租界の上海映画界を全面接収	『元禄忠臣蔵　前篇』（溝口、松竹・興亜）、『次郎物語』（島、日活）、『蘇州の夜』（野村浩、松竹）、『舞姫記』〔独〕、『夜ひらく』〔独〕、『西班牙の夜』〔独〕
1942（昭和17）	1	日本軍、マニラ占領。ほか長沙、クアラルンプール、ボルネオなど南洋へ進撃。大日本映画製作社（大映）設立、新興キネマ・大都・日活制作部を吸収	『大村益次郎』（森、新興）、『家族』（渋谷、松竹）、『さすらひ』〔独〕、『荒天飛行』〔独〕
	2	大日本婦人会発足。日本軍、シンガポール占領、英軍降伏。山根正吉「大東亜映画圏確立の急務」（『映画旬報』二月一一日号）。映画配給社設立	『青春の気流』（伏水、東宝）、『或る保姆の記録』（水木荘也、厚木たか構成、芸術、文化映画）、『元禄忠臣蔵　後篇』（溝口、松竹）、『ビヨンド・ベンガル』〔米、記録映画〕、『意志の勝利』〔独、記録映画〕
	3	蘭・印の連合軍降伏、マッカーサーはコレヒドール島脱出。座談会「大東亜映画建設の前提」（『映画旬報』一九四二年三月一一日号）	『戦ふ兵団』（支那派遣軍、中華、記録映画）、『将軍と参謀と兵』（田口、日活）、『迎春花』（佐々木康、満映）、『宮本武蔵　一乗寺決闘』（稲垣、日活）、『晩春の曲』〔独〕
	4	米・比軍降伏。日本本土、初空襲を受ける。翼賛政治体制下の衆議院総選挙。上海に中華連合映画社設立（日本統括）。日台の配給一元。『映画評論』四月号「特集・大東亜映画建設への構想」	『父ありき』（小津、松竹）、『緑の大地』（島津、東宝）、『待って居た男』（マキノ、東宝）、『間諜未だ死せず』（吉村公、松竹）
	5	日本軍、ビルマ各地を占領。加藤隼戦闘隊長戦死、空の軍神となる。ヒトラー『わが闘争』邦訳上巻刊行（下巻は8月刊）。朝鮮映画配給一元化	『維新の曲』（牛原、大映）、『南海の花束』（阿部、東宝）、『むすめ七人』〔伊〕
	6	日本海軍、ミッドウェー海戦で大敗、戦局の転機となる。井上泰宏『映画法講話』刊	『母子草』（田坂、松竹）、『山参道』（島、大映）、『燃ゆる大空』（40年9月）は『日本の荒鷲』と改題、ドイツで公開
	7	小磯国昭内閣成立。全国の新聞統合進行（12月に完了）。外国映画社設立、南方各地へ支社	『独眼竜政宗』（稲垣、大映）、『海猫の港』（千葉、大映）、『木蘭従軍』〔卜萬蒼、中華聯合〕

月	事項	映画
8	日本軍、ガダルカナル島から撤退。市川彩・石巻良夫『映画新体制論』刊	『伊賀の水月』（池田富、大映）、『マレー戦記』（二部作、三木茂ほか、日映、陸軍省後援、記録映画）、『空の神兵』（渡辺義美、日映、記録映画）
9	『東京新聞』創刊（『都新聞』と『国民新聞』を統合）。「近代の超克」（『文学界』九月・一〇月号、翌年単行本化）。朝鮮映画製作株式会社設立	『母の地図』（島津、東宝）、『南の風』（池田忠雄ほか、松竹）、『ビルマ戦記』（日映、陸軍省監修、記録映画）
10	日本軍、ガダルカナル島総攻撃失敗。映配、バンコクとシンガポールに支社を設置	『新雪』（五所、大映）、『海の豪族』（荒井、日活）、『翼の凱歌』（山本薩、東宝）、『希望音楽会』〔独〕
11	ソロモン海戦（第三次）。大日本産業報国会発足。中野正剛、東条英樹弾劾の演説。大東亜省設置。今村太平『戦争と映画』刊	『歌ふ狸御殿』（木村恵、大映）、『英国崩る、の日』（田中重、大映）、『あなたは狙われてゐる』（山本弘、大映、憲兵隊司令部後援・指導）、『美貌の敵』〔独〕
12	映配、サイゴンとフィリピンに支社設置。大本営、ガダルカナル島撤退を決定	『ハワイ・マレー沖海戦』（山本嘉、東宝）、『東洋の凱歌』（澤村勉構成、比島派遣軍報道部、記録映画）、『西遊記』（万兄弟、中華、長編漫画映画）、『半島の春』（李炳逸、朝鮮明宝、朝鮮公開は前年11月）
1943（昭和18）		
1	日華共同宣言（中国側は汪兆銘主席）。英米音楽の演奏禁止。上海の大華（ロキシー）映画館、日本映画専門館となる	『成吉思汗』（牛原、大映）、『阿片戦争』（マキノ、東宝）、『開戦の前夜』（吉村公、松竹）
2	独軍、ソ連内で降伏。標語「撃ちてし止まむ」のポスター化。雑誌名に英米語使用禁止	『ふるさとの風』（市川哲夫、松竹）、『戦ひの街』（原、松竹）、『ハナ子さん』（マキノ、東宝）、『開拓の花嫁』（坂根、満映、短編、内地検閲許可）
3	朝鮮に徴兵制施行。大日本言論報国会発足（会長に徳富蘇峰）。菊池寛、大映社長就任	『音楽大進軍』（渡辺邦、東宝）、『桃太郎の海鷲』（瀬尾光世、芸術、海軍省後援、長編漫画映画）、『姿三四郎』（黒澤明、東宝）
4	連合艦隊司令長官山本五十六戦死。大日本興行協会設立。岡田眞吉『映画と国家』刊	『敵機来襲』（野村浩・吉村公・渋谷、松竹、陸軍航空本部・東部軍司令部指導）、『望楼の決死隊』（今井、東宝）、『シンガポール總攻撃』（島、大映、陸軍省後援、再現劇）、『くもとちゅうりっぷ』（政岡憲三、松竹、漫画映画）

年	月		
1943（昭和18）	5	アッツ島守備隊全滅。大東亜政略指導要綱決定（早期独立国と帝国領土化を分ける）。日本映画学校開設。中華電影聯合股份有限公司（略称・華影）設立	『海ゆかば』（伊賀山、大映）、『若き日の歓び』（佐藤、東宝）、『ニッポンバンザイ』（三上良二・永富、朝日、漫画・影絵映画）
	6	食料難のため東京で臨時農園化広まる。小出英男『南方演芸記』刊	『暖き風』（大庭、松竹）、『マライの虎』（古賀聖人、大映）、『朝鮮海峡』（朴基采、朝鮮、朝鮮軍報道部、日本未公開）、『潜水艦西へ！』〔独〕
	7	東京都制実施（府と市を一体化）。キスカ島撤退。長谷川如是閑『日本映画論』刊	『サヨンの鐘』（清水、満映・松竹・台湾総督府）、『花咲く港』（木下恵介、松竹）
	8	ビルマ独立宣言、英米に宣戦布告	『誓ひの合唱』（島津、東宝・満映）、『をぢさん』（渋谷・原、松竹）、『急降下爆撃隊』〔独〕
	9	イタリア、連合軍に無条件降伏。台湾徴兵制決定。日本移動映写連盟設立	『マリア・ルーズ号事件　奴隷船』（丸根賛太郎、大映）、『決戦の大空へ』（渡辺邦、東宝）、『愛機南へ飛ぶ』（佐々木康、陸軍航空本部監修、松竹）、『世界に告ぐ』〔独〕
	10	出陣学徒壮行会（明治神宮外苑競技場）。フィリピン、共和国宣言。自由インド仮政府樹立。津村秀夫『映画政策論』刊	『熱風』（山本薩、東宝）、『進め独立旗』（衣笠、東宝）、『無法松の一生』（稲垣、大映）
	11	国民の兵役を四五歳まで延長。大東亜省設置、大東亜会議開催、共同宣言	『重慶から来た男』（山本弘、大映）、『生きている孫六』（木下、松竹）
	12	カイロ・テヘラン宣言（ルーズベルト、チャーチル、蔣介石、のちスターリンも）。映画雑誌は『映画評論』『新映画』『日本映画』三誌へ削減。高島金次『朝鮮映画統制史』刊	『若き姿』（豊田、朝鮮・日本各社協力）、『出征前十二時間』（島、大映）、『海軍』（田坂、松竹）、『ハワイ・マレー沖海戦』は『ハワイへの道』と改題・再編集され、ドイツで公開
1944（昭和19）	1	連合軍機、台湾来襲。日本軍、大陸打通作戦。強制疎開はじまる。多数の言論人・編集者ら検挙さる（横浜事件）	『勝鬨音頭』（大庭、松竹）、『菊池千本槍』（池田富・白井、大映）、『母の瞳』〔独〕
	2	決戦非常措置要綱決定（学徒動員、女子挺身隊など強制）。津村秀夫『映画戦』刊	『あの旗を撃て』（阿部、東宝）、『お馬は七十七万石』（稲垣、大映）、『決戦』（吉村公、松竹）、『勲功十字章』〔独〕
	3	インパール作戦開始、7月に中止、悲惨な結果となる。大劇場・映画館の閉鎖、取り壊し	『加藤隼戦闘隊』（山本嘉、東宝）、『不沈艦撃沈』（マキノ、松竹）、『偉大なる王者』〔独〕

月	事項	映画
4	少女歌劇やショーなど公演停止。社団法人朝鮮映画社設立、製作と配給の一元化	『一番美しく』（黒澤、東宝）、『轟沈』（渡辺義・北村道沖、大本営海軍報道部監修、日映、記録映画）
5	米軍、マーシャル諸島からマリアナ諸島へ進撃	『芝居道』（成瀬、東宝）、『怒りの海』（今井、海軍省後援、東宝）
6	連合軍、ノルマンジー上陸作戦。マリアナ沖海戦で日本海軍大敗	『歓呼の町』（木下、松竹）、『団十郎三代』（溝口、松竹）、『兵隊さん』（方漢駿、朝鮮軍報道部、日本未公開）
7	サイパン島守備隊壊滅。東条英樹内閣総辞職、小磯・米内協力内閣組閣。グアム・テニアン守備隊壊滅。李香蘭、上海で独唱会が大人気（翌年「夜来香幻想曲」で人気増大）	『ベンガルの嵐』（野淵昶、大映）、『還って来た男』（川島雄三、松竹）、『セレベス』（秋元、日映、記録映画）、『リュッツオ爆撃隊』〔独〕
8	学徒勤労令、女子挺身勤労令	『日常の戦ひ』（島津、東宝）、『萬世流芳』（張善・卜萬蒼ほか、満映）、『激流』（渋谷・家城巳代治、松竹）、『私の鶯』（島津、満映・東宝、日本未公開）
9	雲南戦線の拉孟（らもう）・騰越守備隊全滅。相川春喜『文化映画論』刊	『君こそ次の荒鷲だ』（佐々木康・瑞穂春海・穂積利昌、松竹）、『肉弾挺身隊』（田中重、大映）
10	レイテ沖海戦で日本海軍主力ほぼ壊滅。陸海両軍の特別攻撃（特攻）はじまる	『野戦軍楽隊』（マキノ、松竹）
11	米空軍のB29による日本本土空襲、本格化	『かくて神風は吹く』（丸根、大映）、『フクちゃんの潜水艦』（関屋五十二・横山隆一、朝日、漫画映画）
12	東南海大地震、三重県尾鷲で被害甚大。フィルム欠乏のため映画館の興行中止増加	『雷撃隊出動』（山本嘉、東宝）、『陸軍』（木下、陸軍省後援、松竹）、『宮本武蔵』（溝口、松竹）、『狼火は上海に揚る』（稲垣、大映・中華）
1945（昭和20）		
1	米軍の空襲、各地で被災。愛知県三河で大地震、被害甚大	『勝利の日まで』（成瀬、東宝）、『姿なき敵』（千葉、大映）
2	クリミヤ半島でヤルタ会談（ルーズベルト、チャーチル、スターリン）	『間諜海の薔薇』（衣笠、東宝）、『必勝歌』（清水・マキノ・田坂・溝口、松竹）
3	米軍、マニラを占領。B29大編隊による東京大空襲。硫黄島の日本軍壊滅。次いで沖縄への攻撃はじまる	『突貫駅長』（斎藤寅、東宝）、『撃滅の歌』（佐々木康、松竹）

1945（昭和20）		
4	米軍、沖縄本島へ上陸。戦艦大和、沖縄に向けて出撃し沈没、海軍ほぼ壊滅。小磯・米内内閣総辞職、鈴木貫太郎内閣成立	『桃太郎　海の神兵』（瀬尾、松竹、長編漫画映画）、『紅顔鼓笛隊』（木村恵、大映）、『乙女のゐる基地』（佐々木康、松竹）
5	英軍、ラングーン奪回。ドイツ、無条件降伏	『続姿三四郎』（黒澤、東宝）、『日本剣豪伝』（滝沢、東宝）
6	大阪・神戸・名古屋など大空襲。沖縄で負傷兵看護の女生徒たち戦死（のち「ひめゆりの塔」建立）、沖縄守備軍全滅	『三十三間堂通し矢物語』（成瀬、東宝）、『ことぶき座』（原、松竹）
7	B29の空襲、全国各地で続く。ドイツで対日ポツダム宣言（トルーマン、チャーチル、スターリン）。日中戦争以降のニュースカメラマン、多数が殉死	『最後の帰郷』（吉村廉・田中重、大映）、『愛と誓ひ』（今井・崔寅奎、東宝・朝鮮、朝鮮公開は5月）
8	米、広島と長崎に原爆投下。ソ連、対日宣戦布告。日本、無条件降伏。天皇の玉音放送。李香蘭、上海の収容所へ（翌年、川喜多長政とともに帰国）。鈴木内閣総辞職、東久邇宮内閣成立。全国映画館、一週間の興行休止。映画館焼失は五〇〇、全館数の三分の一を超える	『北の三人』（佐伯清、東宝）／終戦時に完成していた作品は『制空』（中川順夫ほか、電通）、『伊豆の娘たち』（五所、松竹）、『花婿太平記』（丸根、大映）、『別れも愉し』（田中重、大映）。うち、『伊豆の娘たち』と『花婿太平記』が8月30日に封切られて、戦後最初の日本映画となった
9	日本全権委員、戦艦ミズーリ号上で降伏文書に調印。連合軍最高司令官マッカーサー、主要方針を発表。ＧＨＱ（連合軍最高司令官総司令部）を東京に設置	

（参考文献）

『日本映画作品大鑑』第五—第七巻、キネマ旬報社、一九六一年
田中純一郎『日本映画発達史』第五巻「日本映画史年表」中公文庫、一九七六年
『昭和史事典』講談社、一九八四年
加藤厚子『総動員体制と映画』新曜社、二〇〇三年
「日本映画情報システム」文化庁ウェブサイト

（作成＝岩本憲児、協力＝晏妮・鄭琮樺）

編者あとがき

本書では、日中戦争の始まりから大東亜戦争を経て、戦後に太平洋戦争と呼ばれた、一九三七年から一九四五年までを狭義の「戦時下」とした。だが実際には時代をもう少し遡り、満洲事変勃発の一九三一年あたりからを視野に入れた。ときに、この時期が「一五年戦争」と呼ばれるのはこの広げた見方であり、中国側では「抗日戦争」と呼んでいるが、現在の日本では「アジア・太平洋戦争」が妥当と思われ、この呼称が広まってきている。ただし、本書では歴史的用語として「大東亜戦争」を使った個所もある。

アジア・太平洋戦争期、映画はどのように時代と関わり、時代に対応してきたのだろうか。

当時の一大娯楽であり、またニュース映画や記録映画をとおして一大映像メディアへ急成長していた映画には、体制側からの大きな期待が寄せられた。とともに、影響力の大きさゆえに、厳しい規制も課せられた。期待と規制、それは映画法の成立にこめられた表と裏の両面であった。また、軍部主導の政治が歯止めを失うにつれて、対中国戦のみならず、対米戦を予期した戦時態勢へと向かい、臨戦体制ともなり、対米英豪蘭との戦争へ拡大していった。日本映画界にとっても未曾有の事態が生じた時期である。

これまで、この時代における日本映画に関してはいくつもの書物や雑誌で論じられてきた。だが、日本の拡大戦略と映画の関係には多くの未調査の課題が残されたままである。本書では個別の作品分析や監督論、スター論は最小限に抑えて、これまであまり論じられることのなかった領域にも照明を当てた。国内の課題としては、映画統制と工作、映画館と興行、農村巡回映画、教育映画、映画ジャーナリズムなどがそれにあたる。また国外の課題としては、日本統治下にあった朝鮮と台湾、日本が強引に造り上げた旧満洲国の満映、そして対戦国となった中国諸地域（とくに華北と上海）、そして当時の同盟国ドイツに限った。香港および日本が重視した南方諸国――東南アジア諸国、インド、南太平洋諸島――における文化宣伝、映画上映の状況に関しては省かざるを得なかった。これらの地域に関しては調査と研究に困難が伴うものの、少しずつ研究報告がなされてはいる。これら戦時下の映画・映画界・映画製作を網羅し、連関させ、総括する作業はまだ先のことになるだろう。

日本統治下時代の朝鮮における映画の発見とそれらの再検討も現在の韓国で活発化しており、その一端は本書にも収録されている。映画との関係ではないが、近年ではいくつかのテレビ局が新たな資料を基に、戦時下の問題に関する興味深い意欲作を放映している。文字資料だけではない映像資料も今後は増えていくことだろう。

最後に、本書に寄稿いただいた国内外の研究者諸氏にお礼申し上げる。

岩本憲児

これまでの映画史研究では、たとえ一五年戦争期の映画を取り上げる際にも、日本映画史、朝鮮映画史、中国映画史の枠組みに沿って論じられるものが多かった。しかし、近年来、歴史研究をはじめ、人文学の隣接分野が示してくれる新たな視座から影響を受けたこともあって、戦時下の映画史研究にも新しい動向が現れている。台湾と朝鮮を植民地にした日本帝国は、満洲事変後、満洲という傀儡「国家」を建設、一九三七年の盧溝橋事件、第二次上海事変を経て、中国で一気に戦争を拡大していった。戦局の推移に伴って、映画は大衆文化の一端から次第に戦時文化国策を実現する主要なメディアに変わり、戦争と切っても切れない関係を持つに至った。戦時下の映画史を語るには、既成の国別映画史の枠組みを打破し、越境的な視点が不可欠であると自覚した研究者がますます増えている。

本書はこのような構想から生まれた企画であり、日本帝国の内側から、また外側からの考察を交錯させ、様々な視点による論考を一冊に収め、戦時下映画の多様な諸相を浮かび上がらせようとするものである。本書はまた戦時下の映画政策、巡回映画、映画製作と観客の間を架橋する映画ジャーナリストの言説及び受容の場である映画館に関する論考を中心に編集し、作品や作家を主な論述の対象とした、これまでの研究書とは異なる映画史アンソロジーにすることを心がけている。

さらに戦時下の時間軸をふまえながら、横の空間へと視野を広げて、日本国内の映画史諸相を満洲、朝鮮、台湾、中国と関連付けるために、海外の研究者にも寄稿してもらった。日本が発動した一五年戦争が最終的に敗北に終わったのと同様、戦時の日本が推し進めていた一連の映画政策の内部において、種々の矛盾が生じており、植民地である台湾、朝鮮、満洲、もしくは占領地の上海までをことごとく日本帝国の文化政策と連動させようとした目標が達成できずに、映画界も敗戦を迎えたのである。戦時映画界の内部における分裂、葛藤とジレンマが、時にはテキストに多義的に投影され、時には映画作家から映画製作、輸出入、配給、批評に関わったすべての映画関係者に至るまでの個人にも顕著に現れていた。一枚岩ではない、こうした複雑な映画史論述を試みた本書の論考がもし読者に何らかの新鮮な知見を与えることができれば、本書を第一歩にして今後さらなる研究成果を成し遂げるように努めていきたいと考える。

ちなみに、長年、戦時下の映画史研究で研究者たちが直面してきた最も大きな困難の一つは、中国における史資料の収集とフィルムの鑑賞である。しかし、厳しい検閲が敷かれている現在にあって、戦時下の満洲、華北と上海など、タブー視されてきた映画研究に挑む若手研究者が次々と現れているのも、事実である。例えば、昨秋に南京で開催された「第七回中国電影史年会」は、「満映と華北電影」「淪陥期《りんかんき》（占領期）映画」の二つのセッションを設け、一〇名ほどの研究者が関連報告を行った。これはいままでは考えられないことであり、タブーを破る意欲的な若手研究者の出現により、共産党イデオロギー主導の既成映画史に対する解体作業がすでに始められているとも言える。このような動きが、映像を含む史資料の公開を促し、近い将来、諸国の研究者がそれぞれの国に所蔵される資料を発掘し、共同研究を行うことが夢ではなくなったと確信している。

最後に本書の刊行にあたり、寄稿していただいた諸氏に感謝を申し上げる。また編集過程で、ひとかたならずお世話になった森話社編集部の大石良則氏にも心からお礼を申し上げたい。

晏　妮

秦　剛（シン ゴウ／ Qin Gang）
北京外国語大学北京日本学研究センター教授　専攻＝日本近現代文学
「東映動画『白蛇伝』におけるポストコロニアルな想像力——その中国表象の歴史的連続性を中心に」（『Intelligence インテリジェンス』第 18 号、文生書院、2018 年 3 月）、「戦時末期の上海で発行された『大陸』——歴史に埋れた〈外地〉の日本語総合誌」（『早稲田文学』2018 年初夏号、2018 年 4 月）

ハラルト・ザーロモン（Harald Salomon）
ベルリン・フンボルト大学森鷗外記念館館長　専攻＝日本近現代史
「『愛の一家』の映画化——戦時期日本とドイツ家庭小説」（岩本憲児編『家族の肖像——ホームドラマとメロドラマ』日本映画史叢書 7、森話社、2007 年）、「ドイツにおける日本映画の受容——最初期の鑑賞会から『十字路』『ハワイ・マレー沖海戦』へ」（『日本映画の海外進出』森話社、2015 年）

上田　学（うえだ まなぶ）
神戸学院大学人文学部准教授　専攻＝映画史、日本思想史
『日本映画草創期の興行と観客——東京と京都を中心に』（早稲田大学出版部、2012年）、『浅草文芸ハンドブック』（共著、勉誠出版、2016年）

門間貴志（もんま たかし）
明治学院大学文学部教授　専攻＝映画史、アジア映画
『アジア映画にみる日本Ⅰ　中国・香港・台湾編』（社会評論社、1995年）、『朝鮮民主主義人民共和国映画史』（現代書館、2012年）

鄭　琮樺（チョン ジョンファ／Chung Chong-Hwa）
韓国映像資料院主任研究員、慶熙大学演劇映画学科兼任教授
専攻＝韓国映画史、韓日比較映画史
『韓国映画100年史——その誕生からグローバル展開まで』（明石書店、2017年）、『韓国近代映画史——1892年から1945年まで』（共著、韓国・ドルベゲ、2019年）

李　相雨（イ サンウ／Lee Sang-Woo）
高麗大学国語国文学科教授　専攻＝韓国近代文学（韓国近代劇・映画）
『植民地劇場の演技されたモダニティー』（韓国·召命出版、2010年）、『劇場、政治を夢見る』（韓国・テオリア、2018年）

渡辺直紀（わたなべ なおき）
武蔵大学人文学部教授　専攻＝韓国文学
『林和文学批評——プロレタリア文学と植民地的主体』（韓国・ソミョン出版、2018年）、『戦争する臣民、植民地の国民文化』（共編、ソミョン出版、2010年）

李　道明（リー ドミン／Lee Daw-Ming）
香港バプテスト大学客員教授　専攻＝映画史（ドキュメンタリーの歴史と美学）
Historical Dictionary of Taiwan Cinema. Lanham, MD: Scarecrow, 2013, 『紀錄片：歷史、美學、製作、倫理』（修訂二版、台湾・三民書局、2015年）

蔡　宜静（サイ ギセイ／Tsai Yiching）
福建師範大学外国語学院准教授　専攻＝日本近代文学
「台湾における日本映画の断絶と交流——一九五〇—一九七二」（『日本映画の海外進出』森話社、2015年）、「小説創作題材の源と異国旅行実践との関連——井上靖、松本清張と司馬遼太郎の三者間の比較」（『台大日本語文研究』第35期、台湾大学日本語文学系、2018年）

［編者］

岩本憲児（いわもと けんじ）
早稲田大学名誉教授　専攻＝映画史、映像論
『「時代映画」の誕生——講談・小説・剣劇から時代劇へ』（吉川弘文館、2016 年）、『ユーモア文学と日本映画——近代の愉快と諷刺』（森話社、2019 年）

晏　妮（アン ニ／ Yan Ni）
日本映画大学特任教授　専攻＝比較映画史、表象文化論
『戦時日中映画交渉史』（岩波書店、2010 年）、『ポスト満洲　映画論——日中映画往還』（共編著、人文書院、2010 年）

［執筆者］（掲載順）

加藤厚子（かとう あつこ）
学習院女子大学非常勤講師　専攻＝日本近現代史
『総動員体制と映画』（新曜社、2003 年）、「映画会社の市場認識と観客」（藤木秀朗編『観客へのアプローチ』日本映画史叢書 14、森話社、2011 年）

近藤和都（こんどう かずと）
大東文化大学社会学部講師　専攻＝メディア研究
「統制の映画配給——戦時下日本におけるメディア・インフラストラクチャーの再構築」（遠藤薫編『日本近代における〈国家意識〉形成の諸問題とアジア——政治思想と大衆文化』勁草書房、2019 年）、「オフ・スクリーンの映像文化史——大正・昭和期の複合施設型映画館」（光岡寿郎・大久保遼編『スクリーン・スタディーズ——デジタル／メディア時代の映像経験』東京大学出版会、2019 年）

平賀明彦（ひらが あきひこ）
白梅学園大学・短期大学名誉教授　専攻＝日本近現代史
『戦前日本農業政策史の研究』（日本経済評論社、2003 年）、『両大戦間期の日本農業政策史』（蒼天社出版、2019 年）

渡邉大輔（わたなべ だいすけ）
跡見学園女子大学文学部専任講師　専攻＝日本映画史、映像文化論、メディア論
『イメージの進行形』（人文書院、2012 年）、『スクリーン・スタディーズ』（共著、東京大学出版会、2019 年）

古賀　太（こが ふとし）
日本大学芸術学部教授　専攻＝映画史
岩本憲児編『日本映画の海外進出——文化戦略の歴史』（共著、森話社、2015 年）、岩本憲児ほか編『日本戦前映画論集——映画理論の再発見』（ゆまに書房、2018 年）解説と解題

戦時下の映画――日本・東アジア・ドイツ

発行日……………………………2019 年 8 月 10 日・初版第 1 刷発行

編者………………………………岩本憲児・晏 妮
発行者……………………………大石良則
発行所……………………………株式会社森話社
〒 101-0064 東京都千代田区神田猿楽町 1-2-3
Tel 03-3292-2636
Fax 03-3292-2638
振替 00130-2-149068
印刷………………………………株式会社厚徳社
製本………………………………榎本製本株式会社

ISBN 978-4-86405-140-8 C1074